Godehard Schramm (Hg.)
Rußland ist mit dem Verstand nicht zu begreifen

rosenheimer raritäten

Rußland ist mit dem Verstand nicht zu begreifen

Selbstbildnisse der russischen Seele

Herausgegeben von
Godehard Schramm

rosenheimer

 ISBN 3-475-52617-4

Dieses Buch erscheint in der Reihe „Rosenheimer Raritäten" im Rosenheimer Verlagshaus Alfred Förg GmbH & Co. KG, Rosenheim. Es wurde gesetzt von Fertigsatz, München, gedruckt und gebunden bei Kösel in Kempten.
Das Titelbild stammt von Howard Sochurek, Washington (USA), und zeigt einen Abschnitt der Baikal-Amur-Magistrale in Nordsibirien. Den Umschlag gestaltete Ulrich Eichberger, Innsbruck.

Inhalt

Scheckenflecken · Ein Portal

Godehard Schramm · Russische Register

Eine Liebe fürs Leben · Heimat in Rußland

Eine Seele von einem Menschen · Porträts

Durch Höllenqualen · Umgang mit dem Heiligen

Einzig der Weg · Aussichten

»Russische Sphinx. Traurig, vor Freude toll,
Ihr schwarzes Blut verströmte sie, sich verschenkend,
Und sieht euch an, teils haß-, teils liebevoll,
Mit Blicken, die sich stumm in euch versenken.«

Alexander Blok

»In seinem Widerwillen, sich zu definieren und Grenzen zu akzeptieren, pflegt der Russe die Doppeldeutigkeit in der Politik, in der Moral, und was schlimmer ist, auch in der Geographie.

Verschmitzt aus Intuition ebenso wie aus jahrhundertelanger Übung in der Verstellungskunst, ist er vielleicht historisch ein Kind, aber keinesfalls im psychologischen Sinne; daher seine verwickelte Anlage als Mensch mit jungen Instinkten und alten Geheimnissen, daher auch die bis zum Grotesken getriebenen Widersprüche in seinem Verhalten.

Immer noch ist er ein unverbesserlicher Liebhaber von Utopien.

Zweifellos ist es bedauerlich, daß Rußland nicht durch die Renaissance hindurchging: daher kommt seine ganze Unausgeglichenheit.«

E. M. Cioran

»Der russische Mensch liebt das Vielleicht, das Ungefähr und das Irgendwie.«

Russisches Sprichwort

Scheckenflecken · Ein Portal

FJODOR DOSTOJEWSKIJ

»Russische Charakterzüge«

1873

Es ist vor allem die Verachtung jeden Maßes in allen Dingen (diese Verachtung ist aber wohlgemerkt fast immer eine vorübergehende Erscheinung, gleichsam ein Blendwerk des Teufels). Es ist das Bedürfnis, über die Schnur zu hauen, das Bedürfnis nach einer herzbeklemmenden Situation: sich mit dem Oberkörper über den Rand eines Abgrundes zu beugen, in die Untiefe zu blicken und – in einigen gar nicht seltenen Einzelfällen – sich wie ein Wahnsinniger kopfüber in den Abgrund zu stürzen. Es ist das Bedürfnis eines Menschen, zuweilen auch eines, der sonst nichts leugnet und die Ehrfurcht kennt, das größte Heiligtum seines Herzens, sein vollständigstes Ideal, das ganze Volksheiligtum in seiner ganzen Fülle zu leugnen, das Heiligtum, vor dem er soeben in Andacht erschauerte und das ihm plötzlich gleichsam zu einem unerträglichen Joche geworden ist. Am erstaunlichsten ist die Hast, mit der sich der Russe in gewissen besonderen Augenblicken seines persönlichen Lebens oder des Lebens des ganzen Volkes beeilt, sich in gutem oder gemeinem Lichte zu zeigen. Manchmal kennt er dabei keine Schranken. Ganz gleich, ob in der Liebe, im Rausche, im Bummel, Ehrgeiz oder Neid – mancher Russe gibt sich immer restlos der Leidenschaft hin und ist bereit, alle Bande zu zerreißen und sich von allem loszusagen: von der Familie, von der Sitte, von Gott. Der beste Mensch kann zuweilen plötzlich zu einem Scheusal, zu einem Verbrecher werden, wenn er in diesen Wirbel hineingerät, in diese für uns verhängnisvolle Raserei krampfhafter und plötzlicher Selbstverleugnung und Selbstzerstörung, die dem russischen Volkscharakter in manchen verhängnisvollen Lebenslagen so sehr eigen ist. Doch mit ebensolcher Kraft, mit ebensolcher Hast, mit ebensolchem Verlangen nach Rettung und Buße kann sich der einzelne Russe, wie auch das ganze Volk, selbst retten, und zwar meistens in dem Augenblick, wo der letzte Strich erreicht ist, d. h., wenn es kein Weiter mehr gibt. Besonders charakteristisch ist dabei, daß der Rückschlag zur Wiederherstellung und Selbstrettung immer ernster ist als die erste ungestüme Regung, – als Streben nach Verneinung und Selbstvernichtung. Ich will damit sagen: die erste Regung ist einem schwächlichen Kleinmut zuzuschreiben; aber seiner Wiedergeburt widmet sich der Russe mit der größten und ernstesten Anstrengung, und betrachtet dabei seine frühere negative Regung mit Selbstverachtung.

Ich glaube, das wichtigste, das wesentlichste geistige Bedürfnis des russischen Volkes ist das Bedürfnis, immer und unaufhörlich, überall und in allem zu leiden. Mit diesem Lechzen nach Leid scheint es von jeher infiziert zu sein. Der Strom der Leiden fließt durch seine ganze Geschichte; er kommt nicht nur von äußeren Schicksalsschlägen, sondern entspringt der Tiefe des Volksherzens. Das russische Volk hat selbst in seinem Glücke stets einen Tropfen Leid; sonst ist ihm das Glück nicht vollständig. Niemals, auch nicht in den feierlichsten Augenblicken seiner Geschichte, zeigt es ein stolzes und triumphierendes Gesicht, sondern immer nur ein bis zum Leid gerührtes; es seufzt und schreibt seinen Ruhm der Gnade Gottes zu. Das russische Volk findet in seinen Leiden gleichsam Genuß. Was dem ganzen Volke eigen ist, finden wir auch in den einzelnen Individuen wieder, natürlich nur ganz allgemein gesprochen.

Abram Terz

»Das Wichtigste am russischen Menschen«

1968

Und doch ist das Wichtigste am russischen Menschen – daß er nichts zu verlieren hat. Daher auch die Uneigennützigkeit der russischen Intelligenz (außer dem Bücherbord). Und die Geradlinigkeit des Volkes: betrunken, für Rußland, die Brust frei! Schießt, ihr Hunde! Nicht Gastfreundschaft – Verzweiflung. Die

Bereitschaft, das letzte Stück zu opfern, weil es sowieso das Letzte ist und es weiter nichts mehr gibt, Schluß, aus. Und die Leichtigkeit der Gedanken, der Urteile. Immer aus dem Vollen. Sie haben nichts angesammelt, sie haben nichts gelernt. Wer wagt es, sie zu verdammen? Sie sind ja verdammt.

Die Trunkenheit ist unser größtes nationales Laster, ja mehr – unsere fixe Idee. Nicht aus Not und nicht aus Kummer trinkt das russische Volk, sondern aus einem uralten Bedürfnis nach dem Wunderbaren und Außerordentlichen, es trinkt, wenn Sie so wollen, mystisch, bemüht, die Seele aus dem irdischen Gleichgewicht zu bringen und sie in den wohligen körperlosen Zustand zurückzuversetzen. Wodka ist die weiße Magie des russischen Bauern, er zieht sie entschieden der schwarzen Magie – dem weiblichen Geschlecht – vor. Der Frauenheld, der Liebhaber nimmt die Züge des Ausländers an, des Deutschen (der Teufel bei Gogol), des Franzosen, des Juden. Wir dagegen, wir Russen, geben für eine Flasche Wodka jede beliebige Schönheit her (Stenka Rasin).

Im Bunde mit der Dieberei (Fehlen des festen Glaubens an realgegenständliche Bindungen) verleiht die Trunkenheit uns eine ungenierte Zügellosigkeit und bringt uns unter den anderen Völkern in die verdächtige Situation des Lumpen. Sobald die »ewigen Festen«, die ständische Hierarchie, zusammenbrachen und durch eine amorphe Gleichheit ersetzt wurden, ist diese Gaunernatur des russischen Menschen an die Oberfläche gekommen. Wir sind jetzt alle Gauner (wer von uns fühlt in seiner Seele und in seinem Schicksal nicht irgend etwas Betrügerisches?). Das gibt uns gegenüber dem Westen unbestreitbare Vorzüge und verleiht zu gleicher Zeit dem Leben und den Bemühungen der Nation den Stempel der Unbeständigkeit, der leichtsinnigen Verantwortungslosigkeit. Wir sind imstande, Europa zu klauen oder eine interessante Häresie hineinzublasen, aber eine Kultur zu schaffen, dazu sind wir einfach nicht imstande. Von uns kann man wie von einem Dieb, wie von einem Säufer alles mögliche erwarten. Uns kann man leicht herumstoßen, mit administrativen Maßnahmen regieren (der Trunkene ist träge, nicht fähig, sich selbst zu lenken, er läßt sich leicht mitschleppen). Und zu gleicher Zeit – wie schwierig ist es, mit diesem schwankenden Volk fertigzuwerden, wie müssen sich unsere Administratoren mit uns quälen!

VALERIJ TARSIS

»Pferdchen Gorbunok und der Bär«

1967

Gorbunok ist der Name jenes liebenswerten, leichtfüßigen Pferdchens, das uns in der russischen Sage begegnet; mein Geist will es nun satteln, um zu einem langen Ritt aufzubrechen, einem Ritt durch Raum und Zeit des tausendjährigen Rußlands [...]: weiterreitend wird meine Seele Helden und Heiligen und Räubern begegnen und den *wessioljie rebiata,* den »fröhlichen Burschen« des russischen Volksliedes, die um ihre Schönen werben, um die kraftstrotzenden, vollbusigen Mädchen der russischen Dörfer und der russischen Dichtung. [...] Zurückkehren wird es in die alten Städte, nach Nowgorod und Susdal, nach Wladimir und Kiew, nach dem heiligen Moskau der Bojaren. Durcheilen wird es das durch die Metamorphose der Revolution veränderte Moskau der Sowjets. Im heutigen Leningrad, der Stadt, die über 200 Jahre lang den Namen ihres Gründers trug, wird ihm der russische Traum von Schönheit und Glanz, von Weltoffenheit und Freiheitssehnsucht begegnen...

Die Wirklichkeit Rußlands übersteigt die Vorstellungen der Phantasie: Unermeßlich im vollen Sinn des Wortes sind allein schon die Reichtümer der russischen Erde. [...] Manchmal spotteten Waldgeister über die gottesfürchtigen Seelen – die Pilger verscheuchten sie, indem sie heftig das Kreuz schlugen. Und in den schweigenden Wäldern erschienen ihnen hoch aufragende Schlösser und Paläste, in denen herrliche Prinzessinnen lebten, es erschien ihnen die Wunderbare Wassilissa, umstrahlt vom Mondlicht und glitzernd von eiskaltem, morgendlichem Tau. [...]

Unser Stamm der Wahrheitssucher ersteht heute wieder, er wächst einer besseren Zukunft entgegen im Glauben an Gott, an den lichten Weg Rußlands. Mit neuer Hoffnung blicke ich auf mein Land – es wird auferstehen und sich wie ein Phönix aus der Asche erheben, seine Schwingen ausbreiten zu neuen Höhenflügen...

Jeder unvoreingenommene Mensch wird an Rußlands Zukunft glauben, wenn er seine Vergangenheit aufmerksam betrachtet, das, was einst war, mit dem vergleicht, was ist; der nicht nur ins Innere des russischen Landes schaut, sondern auch ins Innere der russischen Seele, und in den Spiegel dieser Seele, in die russische Kunst, Literatur und Philosophie. Dann wird er sich zuallererst davon überzeugen, daß Rußland seit den Uranfängen seiner Existenz beständig, leidenschaftlich, widerspruchsvoll und unaufhaltsam den Weg zu Gott suchte, den echten tiefen Glauben. Nie hat sich das russische Volk mit dem goldenen Mittelweg zufrieden gegeben. Nie hat es die Selbstgefälligkeit erfolgreicher Bourgeois zu seinem Ideal gemacht, für die nur satte Gemütlichkeit wichtig ist und der sonntägliche Kirchenbesuch nur ein jeder religiösen Wahrheit entleertes gesellschaftliches Dekorum darstellt.

Nicht umsonst existieren nirgends auf der Welt so viele religiöse Sekten wie in Rußland – von den Einsiedlern, die sich aus dem irdischen Leben zurückzogen, den Skopzen, die freiwillig der wertvollsten Gabe der Natur entsagten, bis zu den Duchoborzen oder den Geißlern, die ekstatisch ihre »Gottesmutter« verehren, die sich jeweils leibhaftig und sinnennah in einer jungen Schönheit verkörpert.

Der Atheismus westlicher Prägung war dem russischen Volk immer zutiefst fremd und ist ihm heute noch fremd, obwohl die jetzigen sowjetischen Machthaber den gegenwärtigen russischen Staat und die gegenwärtige Gesellschaftsordnung auf marxistisch-atheistischem Fundament begründen. Der russische Atheismus und damit auch der sowjetisch maskierte hatte und hat immer einen weltanschaulichen Charakter. Diesen typisch russischen Atheisten hat uns Dostojewskij in der Gestalt des Iwan Karamasow vor Augen geführt und uns – wie es aus Iwans Erzählung »Der Großinquisitor« hervorgeht – als leidenschaftlich religiösen Menschen gedeutet, der sich darüber empört, daß das Christentum seine Botschaft der göttlichen Freiheit des Menschen in dieser Welt nur sehr unvollkommen verwirklicht hat. Das Wesen des Iwanschen Atheismus ist ein metaphysischer Protest und darum nicht ein abstrakt philosophisches, sondern ein urreligiöses Phänomen. Alle großen russischen Denker waren immer religiös. Alle repräsentativen Werke der russischen Dichter und Philosophen sind durchweht von diesem Geist des gläubigen Rußlands. Der Kampf zwischen Gottesglaube und Atheismus, zwischen Rationalismus und mystisch begriffener Wahrheit, der sich, von der Außenwelt wenig beachtet, in Rußland vollzieht, stellt eine besonders bedeutsame Episode der Entfaltung und geistigen Selbstverwirklichung des russischen Volkes dar. [...]

Rußland hat an Europa *und* an Asien teil. Die Christianisierung gegen Ende des 10. Jahrhunderts verknüpft das Schicksal Rußlands schon in seinem Anfangsstadium mit demjenigen Europas. Es formt sich nach dem christlichen Lebensrhythmus; die Geisteshaltung und das Bewußtsein der Gesellschaft orientieren sich an den christlichen Werten. Aber da ist eine Einschränkung zu machen: Rußland wird immer Osteuropa sein; die griechische Orthodoxie und der byzantinische Stil bestimmen den Anfang einer Entwicklung zum eigenständigen russischen Leben und verkörpern lange Zeit die alleinigen Grundlagen der russischen Kultur. [...]

Im Westen hat sich durch Jahrhunderte eine Vorstellung von der »russischen Seele« als etwas Grenzenloses, Schwungvolles, Widersprüchliches herausgebildet. Mehr als irgendein einzelner Wesenszug zeichnet den Russen aus, so daß er unglaubliche Gegensätze in sich vereint.

Dostojewskij porträtiert in den vier Karamasow-Brüdern das ganze Spannungsfeld eines russischen Menschen – die wilde, irdisch-gebundene Sinnenfreudigkeit, das stürmisch und irrational Liebende in Dimitrij; Iwan als verstandesbetonte, doch zutiefst gottsuchende Persönlichkeit (welcher westliche Atheist würde sich so mit dem Teufel unterhalten?); Aljoscha als Verkörperung tiefer Gläubigkeit und des Gefühls für allmenschliche Verbundenheit; in Smerdjakow schließlich findet der Zug des *cholopstwo* Ausdruck, des kriecherischen Dienerns, der servilen Gemeinheit, die sich keiner Menschenwürde bewußt ist. [...]

Wenn in Rußland Festlichkeiten begangen werden, kommt die Großzügigkeit zum Ausdruck – eine Großzügigkeit, die mit dem Konsum an Wodka und *sakuski* (den dazu servierten Vorspeisen) und mit dem Ansteigen der Stimmung allmählich in Maßlosigkeit übergeht ... Man kippt ein Gläschen (natürlich in einem Zuge), ein zweites, dann ein drittes: »Gott liebt die Dreifaltigkeit«; man redet und redet und trinkt und trinkt, und dazwischen prügeln sich zwei, drei Gäste ... Berechnung oder Einteilen kommen nicht in Frage, wenn ein Fest vorbereitet wird. Dostojewskij zum Beispiel verpraßte das ganze Honorar für sein erstes Buch »Arme Leute«, indem er alle seine Freunde, Bekannten und Freundesfreunde zu einem üppigen Gelage einlud. [...] Wenn aber dem Russen die Geduld reißt, wenn er revoltiert, kennt er ebenfalls keine Grenzen; keine Vernunft kann sich dann noch Gehör verschaffen. Puschkin nannte den russischen Aufruhr »sinnlos und erbarmungslos«. Ein Beispiel dafür gibt er in seiner Novelle »Dubrowskij« in der Gestalt des Schmiedes Archip, der völlig unbeteiligt die gehaßten Vertreter des Gerichts – diese »Teufelsbrut«, die den Hof seines Herrn Dubrowskij durch pseudojuristische Kniffe und dank reichlicher Schmiergelder dem rachsüchtigen Nachbarn zugeschanzt hatten und jetzt gekommen waren, davon Besitz zu ergreifen – im Gutshaus verbrennen läßt, nachdem er alle Fenster und Türen verriegelt und Feuer gelegt hatte. Als aber auf dem schwelenden Dachfirst einer Scheune ein Kätzchen jämmerlich miaut, entschließt sich derselbe Archip sogleich, das kleine Wesen zu retten und riskiert dafür sein eigenes Leben: ein Gottesgeschöpf darf man nicht umkommen lassen . . .

Die Gutmütigkeit und latente Grausamkeit haben im russischen Bären ein gar nicht abwegiges Symbol gefunden.

SERGEJ JESSENIN

Die schwere Seele träumt von Himmeln

1919

Die schwere Seele träumt von Himmeln:
nicht hier, da wohnt sie, sie wohnt dort.
Den grünen lieb ich, jenen Schimmer:
wo kein Baum hinreicht, webt er fort.

Die goldnen Stämme treiben Zweige
vor das Geheimnis – Kerzen sinds.
Ein Glühn im Laub, und aus dem Schweigen:
das Sternenwort – zu blühn beginnts.

Vertraut ist mir der Erde Rede,
ich trag die Not, ich trag sie gern:
ich seh das Spiegelbild verschweben,
und da – schon ists der Wandelstern.

Kommt Mond und trinkt in seiner Mähne:
das Pferd, es duldets, läßts geschehn . . .
O könnt ich, wie das Laub, in jene
Untiefen mit den Augen gehn!

Sinaida Gippius

Lied

1893

So groß ist die Sehnsucht, in der ich verbrenne,
  Immer verbrenne!
Ich strebe nach etwas, das ich gar nicht kenne,
  Nicht kenne ...

In brennender Sehnsucht die Tage verstreichen,
  Zerrinnen, verstreichen;
Die Seele erwartet ein Wunder, ein Zeichen,
  Ein Zeichen!

Was unmöglich ist, das soll jetzt geschehen,
  Muß jetzt geschehen:
Ich will es vom lieblosen Himmel erflehen,
  Ich werd' es erflehen!

Fjodor Tjutschew

Diese armen Siedlungen

1857

Diese armen Siedlungen,
diese karge Natur –
heimatliches Land der Langmut,
du Land des russischen Volkes!

Der stolze Blick des Fremden
begreift und bemerkt nicht,
was in deiner demütigen Nacktheit
durchscheint und verborgen leuchtet.

Niedergedrückt von der Kreuzeslast,
hat dich, heimatliches Land,
der himmlische Herrscher in Knechtsgestalt
segnend durchstreift.

Michail Lermontow

Das Vaterland

1841

Doch liebe ich – ich selbst kann's nicht verstehn –
Der heimatlichen Steppen kaltes Schweigen,
Der dunklen Wälder rauschendes Sich-Neigen,
Die Flüsse, weit wie uferlose Seen.
In ländlichem Gefährt lieb' ich, dahinzujagen;
Und bin ich unterwegs bis in die tiefe Nacht,
Lieb' seufzend ich zu spähn aus meinem Reisewagen,
Ob seitab von dem Weg nicht noch ein Weiler wacht.
Ich liebe den Geruch des Brandes,
Der über gelben Stoppeln liegt,
Das Weiß und Grün des Festgewandes,
In dem ein Birkenpaar sich wiegt.
Mit Freude, wie nur ich sie kenne,
Hat mich ein Strohdach oft beglückt,
Hat eine korngefüllte Tenne,
Ein buntes Schnitzwerk mich entzückt.
Oft hab' ich bis zu später Stunde
Dem Festtagslärm im Dorf gelauscht:
Laut ging der Tanz in wilder Runde,
Die Bauern schwatzten, schwer berauscht.

Anna Achmatowa

Heimaterde

1961

Doch niemand auf der Welt ist tränenloser,
Hochmütiger und einfacher als wir.
1922

Wir tragen sie nicht am Kettchen um den Hals,
Wir schluchzen über sie nicht Verse, endlos lange.
Sie nimmt uns nicht den bittren, unsern Schlaf,
Sie scheint uns nicht das lang verheißene Land.

Wir schlagen sie nicht für die Seele
Zum Gegenstand von Ankauf und Verkauf,
Und wenn wir krank, bedrängt und elend auf ihr leben,
Nimmt keiner sie in seine Träume auf.
  Ja, für uns ist das Dreck an Galoschen,
  Ja, für uns ist das, was knirscht auf dem Zahn.
  Und wir mahlen und trampeln und schlucken
  Diesen Staub, schuldlos und uralt.
Doch weil wir uns in sie legen und sie werden,
Nennen wir sie so leicht: unsere Erde.

Pjotr Wjasemskij

Der russische Gott

1828

Glaubt nur nicht, daß ich euch belüge.
Soweit sich's meinen Blicken bot,
sind dies die wahren Wesenszüge
von Rußlands vielgepriesnem Gott:

Schneestürme, Herbergen voll Schaben,
versumpfte Straßen voller Kot
genießt der Reisende als Gaben
von Rußlands vielgepriesnem Gott.

Das arme Volk muß hungern, frieren
und betteln um ein Stückchen Brot.
Nur faule Gutsherrn profitieren
von Rußlands vielgepriesnem Gott.

Mit Hängebrüsten und Ödemen,
in Bastschuhn schuftet man sich tot,
indes die Reichen Sahne schlemmen,
dank Rußlands vielgepriesnem Gott.

Obstschnaps, Salzgurken nur ernähren
den ausgeliehnen Knecht statt Brot,
die Obrigkeit darf an ihm zehren,
dank Rußlands vielgepriesnem Gott.

Der Adlige muß Orden haben,
obwohl ihm eher Stiefel not,
mit zwei Lakain im Schlitten traben,
so will's Rußlands gepriesner Gott.

Er, der nur beisteht dummen Leuten,
doch Klugen mit der Knute droht,
nur sorgt für Überflüssigkeiten,
das ist Rußlands gepriesner Gott!

Was in Europa jeweils Mode,
nicht paßt zu unserm Mostrichpott,
das segnet und erhebt zum Code
Mütterchen Rußlands lieber Gott.

Ausländer sieht man ringsum schalten
willkürlich, unsrem Volk zum Spott.
Besondre Gunst erweist den Balten
Rußlands so vielgepriesner Gott.

LEW TOLSTOJ

»Sewastopol – die Kraft des russischen Volkes«

1855

Dem Matrosen hat es ein Stück Brust herausgerissen. Während der ersten Augenblicke drückt sich in seinem schmutzbespritzten Gesicht nur Schreck aus und eine gemachte, verfrühte Duldermiene, wie sie Menschen in solcher Lage eigen ist. Doch als die Tragbahre vor ihn hingestellt wird und er sich ohne Hilfe mit der unverletzt gebliebenen Seite darauf legt, gewahren Sie, daß sich dieser Ausdruck ändert und einem Ausdruck der Begeisterung und hoher, unausgesprochener Gedanken Platz macht; die Augen des Verwundeten glühen, er preßt die Zähne zusammen und reckt den Kopf unter Anstrengung höher. Und als man ihn dann mit der Tragbahre aufhebt, läßt er die Träger haltmachen und sagt mühsam, mit bebender Stimme zu seinen Kameraden: »Lebt wohl, Brüder!« Er will noch etwas, offenbar irgend etwas

Ergreifendes hinzufügen, wiederholt aber nur dieselben Worte: »Lebt wohl, Brüder!« Nun tritt einer seiner Kameraden auf ihn zu, setzt ihm die Mütze auf, die der Verwundete ihm hinhält, und kehrt ruhig und gleichmütig, die Arme schwenkend, zu seinem Geschütz zurück. »So ergeht es täglich sieben oder acht Mann«, sagt der Marineoffizier, der das sich in Ihrem Gesicht ausdrückende Entsetzen bemerkt, während er sich gähnend eine Zigarette aus gelbem Papier dreht...

Somit haben Sie also die Verteidiger Sewastopols unmittelbar am Ort der Verteidigung gesehen und kehren zurück, ohne merkwürdigerweise den Geschossen und Kugeln, die Sie weiterhin auf dem ganzen Weg bis zum zerstörten Theater umschwirren, die geringste Beachtung zu schenken: Sie kehren ruhig, gehobenen Geistes zurück. Das Wichtigste und Beglückendste, was Sie mitbringen, ist die Überzeugung, daß es unmöglich sei, Sewastopol zu erobern, und darüber hinaus, daß es überhaupt unmöglich sei, die Kraft des russischen Volkes, wo auch immer, zu erschüttern. Diese Unmöglichkeit haben Sie nicht beim Anblick der zahllosen Traversen und Brustwehren, des raffiniert ausgeklügelten Netzes von Laufgräben, Minen und übereinander aufgebauten Geschützen erkannt, wovon Sie nichts verstanden haben, sondern an den Augen, den Reden, der Haltung, an dem, was man den Geist der Verteidiger Sewastopols nennt. Das, was sie tun, tun sie mit einer solchen Selbstverständlichkeit, mit so wenig Anstrengung und Anpassung, daß Sie zu der Überzeugung gelangen, diese Menschen könnten noch hundertmal mehr, könnten alles vollbringen. Sie begreifen, daß das Gefühl, das sie ihr Werk tun läßt, nicht jenes kleinliche, von Eitelkeit und Gedankenlosigkeit bestimmte Gefühl ist, das Sie selbst empfunden haben, sondern ein andersartiges, mächtigeres Gefühl, das aus ihnen Menschen gemacht hat, die unter ständigem Beschuß und angesichts Hunderter Todesmöglichkeiten ebenso ruhig leben wie angesichts des einen Todes, dem alle Menschen ausgesetzt sind, und die unter solchen Bedingungen im Schmutz hausen und ununterbrochen arbeiten und wachsam sein müssen. Um einer Auszeichnung, einer Beförderung willen oder infolge von Drohungen können sich Menschen solchen Bedingungen nicht unterwerfen: es muß einen anderen, höheren Beweggrund geben. Dieser Beweggrund liegt in einer Empfindung, die bei Russen selten offen zutage tritt und schamhaft verborgen bleibt, aber in der Tiefe der Seele eines jeden ruht: in der Liebe zur Heimat. Die Berichte über die erste Zeit der Belagerung Sewastopols, als noch keine Befestigungen und keine Truppen vorhanden waren und faktisch keine Möglichkeit bestand, es zu halten, aber dennoch nicht der geringste Zweifel darüber aufkam, daß eine Kapitulation unmöglich sei; über die Zeit, als Kornilow, ein des alten Griechenlands würdiger Held, bei einer Truppenbesichtigung sagte: »Wir wollen sterben, Brüder, aber Sewastopol nicht übergeben!« und unsere Russen, denen keinerlei Phrasenmacherei liegt, darauf antworteten: »Wir wollen sterben! Hurra!« – diese Berichte haben erst jetzt aufgehört, für Sie bloß eine schöne historische Überlieferung zu sein, und sind zu einem unumstößlichen Zeugnis von Tatsachen geworden. Jetzt begreifen Sie die Menschen, die Sie soeben gesehen haben, und stellen sie sich klar als jene Helden vor, die in schwerer Zeit nicht verzagten, sondern sich gehobenen Mutes und mit Freude auf den Tod vorbereiteten – nicht für die Stadt, sondern für das Vaterland. Noch für lange Zeit wird diese Epopöe Sewastopols, deren Held das russische Volk war, in Rußland ihre erhabenen Spuren hinterlassen ...

FJODOR DOSTOJEWSKIJ

»Zwei mal zwei ist fünf«

1864

Denn es wäre doch möglich, daß der Mensch nicht nur das Wohlergehen liebt! Vielleicht liebt er ganz ebenso sehr das Leiden? Vielleicht bringt ihm das Leid ebensoviel Gewinn wie das Wohlergehen? Und der Mensch liebt zuweilen wirklich das Leiden, bis zur Leidenschaft kann er es lieben, und das ist Tatsache. Hierfür braucht man nicht erst in der Weltgeschichte nachzuschlagen; man frage sich selbst, wenn man nur ein Mensch ist und zum mindesten ein wenig gelebt hat.

Die Unmöglichkeit – das ist die steinerne Mauer! Was für eine steinerne Mauer? Nun, versteht sich, die Naturgesetze, die Ergebnisse der Naturwissenschaften, der Mathematik [...] Da ist ja doch nichts zu machen, denn, wie gesagt: Zweimalzwei – Mathematik! Versuchen Sie, zu widersprechen.

»Na, hören Sie mal!« wird man Ihnen zuschreien, »dagegen gibt es keine Auflehnung, das ist doch so klar wie zweimal zwei vier ist! Die Natur wird Sie nicht fragen; was gehen Ihre Wünsche die Natur an, und ob die Naturgesetze Ihnen gefallen oder nicht! Sie müssen die Natur so nehmen, wie sie ist, und folglich auch alle ihre Gesetze nebst allen Resultaten. Die Mauer bleibt eben eine Mauer« ... usw., usw.

Herrgott, was gehen aber mich die Gesetze der Natur und der Arithmetik an, wenn mir aus irgendeinem Grunde diese Gesetze und das Zweimal-zwei-ist-vier nicht gefallen? Versteht sich, ich werde solch eine Mauer nicht mit dem Kopf einrennen, wenn ich tatsächlich nicht die Kraft dazu habe, aber ich werde mich mit ihr doch nicht aussöhnen, bloß weil es eine Mauer ist und meine Kraft nicht ausreicht.

Als ob solch eine Mauer tatsächlich eine Beruhigung wäre, als ob sie wirklich auch nur irgendein Wort der Friedensvermittlung enthielte, einzig weil sie Zweimal-zwei-gleich-vier ist! Oh, Absurdität aller Absurditäten! Eine ganz andere Sache ist doch, alles verstehen, alles erkennen, alle Unmöglichkeiten und Steinmauern; sich mit keiner einzigen dieser Unmöglichkeiten und Mauern aussöhnen, wenn es einen vor dem Aussöhnen ekelt; auf dem Wege der unumgänglichsten logischen Kombination zu den allerwiderlichsten Schlüssen kommen – über das ewige Thema, daß man sogar an der Steinmauer irgendwie selbst schuld ist, obgleich es wiederum bis zur Durchsichtigkeit augenscheinlich bleibt, daß man durchaus nicht schuld ist – [...] Wohin aber soll der Mensch gehen? Wenigstens kann man an ihm, wenn er irgendwo ein Ziel erreicht hat, immer eine gewisse Verlegenheit wahrnehmen. Das Streben nach der Erreichung des Zieles liebt er, das Erreichen selbst aber – nicht mehr so ganz; und das ist natürlich furchtbar komisch. Mit einem Wort: der Mensch ist komisch geschaffen; in allem zusammengenommen ist augenscheinlich ein Witz enthalten. Doch das Zweimal-zwei-ist-vier – bleibt immerhin eine verteufelt unerträgliche Sache. Zweimal-zwei-ist-vier – das ist meiner Meinung nach nichts als eine Frechheit! Zweimalzwei-ist-vier steht wie ein unverschämter Bengel, die Hände in die Seiten gestemmt, mitten auf unserem Wege und spuckt bloß nach rechts und links. Ich gebe ja widerspruchslos zu, daß dieses Zweimal-zwei-ist-vier eine ganz vortreffliche Sache ist; aber wenn man schon einmal alles loben soll, dann ist auch Zweimal-zwei-ist-*fünf* mitunter ein allerliebstes Sächelchen.

Wladimir Dal

»Sprichwörter des russischen Volkes«

1862

Die Seele: das ist eine geheimnisvolle Sache.

*

Ein Herz ohne Geheimnisse wäre wie eine leere Urkunde.

*

Das Herz ist ein Prophet, doch die Seele gibt das Maß. Die Seele ist das Maß für alles.

*

Die Seele ist kein Nachbar, dem du ausweichen kannst.

*

Hat deine Seele gesündigt, sind auch deine Beine mitschuldig.

*

Angenehme Kühle liebt die Seele, doch der Leib das Dampfbad.

*

Mit dem Körper hat die Seele ihre Plage.
Aß die Seele keinen Knoblauch, gibt's auch keinen üblen Geruch.

*

Die Seele christlich, aber's Gewissen zigeunerhaft.

*

Die Seele für Gott, den Leib für den Staat und den Rücken zur eigenen Herrschaft.

*

Eine fremde Seele gleicht einem dunklen Wald.

*

Der Deutsche hat etwas arg dünne Beinchen und seine Seele ist ein wenig kurz.

*

Was dem Russen bekommt, daran krepiert der Deutsche.

*

Nicht in der Stärke, in der Wahrheit ist Gott.

*

Groß ist die heiligrussische Erde, nur Wahrheit und Gerechtigkeit haben nirgendwo ein Plätzchen.

ALEXANDER BLOK

»Die Musik ist nämlich kein Spielzeug«

1918

Wir liebten die Dissonanzen, das Heulen, das Geläute, die plötzlichen Übergänge ... im Orchester. Aber wenn wir sie wirklich geliebt und uns nicht nur, nach dem Souper in einem modischen Theatersaal sitzend, an ihnen ergötzt und zerstreut haben, dann müssen wir die gleichen Klänge vernehmen und lieben, da sie aus dem Weltorchester auffliegen, und hörend begreifen, daß sie nach wie vor ein Gleiches verkünden. Die Musik ist nämlich kein Spielzeug. [...]

Alles umzuändern. Alles so einzurichten, daß es sich verwandeln kann; daß unser verlogenes, schmutziges, langweiliges, niederträchtiges Leben zu einem gerechten, reinen, fröhlichen und guten Leben wird.

Wenn solche Gedanken, die seit alters in der Seele des Menschen, in der Seele des Volkes schlummern, ihre Fesseln sprengen und ihre schäumende Flut die Dämme und Wehre fortreißt, spricht man von Revolution. Ist der Wandlungsprozeß gemäßigter, weniger heftig, spricht man von Aufruhr oder Umsturz, aber gerade *das* heißt Revolution. Sie gleicht dem Naturgeschehen. Weh dem, der glaubt, daß die Revolution die Erfüllung nur seiner Träume bringe, mögen diese Träume noch so edel und hochgemut sein. Die Revolution trägt, wie der Gewitterwind oder der Schneesturm, stets das Unerwartete und Unbekannte mit sich. [...]

Dieses Dröhnen kündet allemal von *Großem.*

Die Wucht der russischen Revolution, die die ganze Welt ergreifen möchte (weniger kann eine echte Revolution nicht wünschen, über die Erfüllbarkeit des Wunsches haben wir nicht zu befinden), ist eins mit der Hoffnung, einen Weltzyklon zu entbinden, der in die vom Schnee verwehten Länder den warmen Wind und den Duft der Orangenhaine bringen und den sonnenversengten Steppen des Südens den kühlen nördlichen Regen schenken wird. »Frieden und Verbrüderung der Völker« – das ist die Losung der russischen Revolution. Davon dröhnt ihre Flut. Das ist die Melodie, die hören muß, wer Ohren hat zu hören.

Die russischen Künstler besaßen genug »Vorahnungen und Vorzeichen«, um von ihrem Land gerade eine solche Berufung zu erwarten. Nie zweifelten sie daran, daß Rußland ein großes Schiff ist, dem eine lange Fahrt bevorsteht. Wie die Volksseele, in deren Schutz sie groß geworden, zeichneten sie sich niemals durch Berechnung, Mäßigung und Übergenauigkeit aus; »alles, alles was mit Untergang droht« barg für sie »unerklärliche Wonnen« (Puschkin). Das Bewußtsein, fehlgeordnet zu sein und das Morgen nicht zu kennen, begleitete sie. Wie für das Volk in seinen tiefsten Träumen galt auch für sie das *Alles oder nichts*. Sie wußten, daß nur das Ideale die Anstrengung lohnt, obwohl das Ideale schwer zu erreichen ist, wie Platon gelehrt hat. Die großen russischen Künstler – Puschkin, Gogol, Dostojewskij, Tolstoj – versenkten sich in die Finsternis, aber sie besaßen auch die Kraft, darin auszuharren, denn sie glaubten an das Licht. Sie kannten das Licht. Wohl waren sie alle – wie das ganze Volk, aus dem sie hervorgegangen sind – verzweifelt in der Dunkelheit und knirschten vor Wut. Aber sie wußten, daß früher oder später alles sich ändern würde, denn das Leben ist schön.

SIMON FRANK

»Entweder alles oder nichts«

1925

Es ist eben eine Eigentümlichkeit der russischen Denkungsart, daß sie sozusagen von Hause aus intuitiv angelegt ist. Das nur Systematische und Begriffliche im Erkennen erscheint ihr zwar nicht als Nebensache, doch aber als etwas Schematisches, das der vollen und lebendigen Wahrheit doch nicht ebenbürtig ist. Die tiefsten und bedeutendsten Gedanken und Ideen wurden in Rußland nicht in systematischen, wissenschaftlichen Werken, sondern in ganz anders gearteten literarischen Formen ausgesprochen [...]: Asket, Wundertäter und Hellseher, der typische russische »Staretz« (Seelenleiter), wie ihn Dostojewskij in der Gestalt von Sosima geschildert hat, war zugleich ein tiefsinniger, mystischer Denker, der auf Grund persönlicher Erfahrung eine ganz originelle, in der mystischen Weltliteratur einzig dastehende Lehre vom »Erwerben des heiligen Geistes« entwickelt hat.

Auch waren alle tiefsten russischen Denker und Philosophen zugleich Religionsphilosophen oder Theologen. Merkwürdig zugleich ist es auch, daß man diesen Satz umkehren kann: nicht die Theologen vom Fach, nicht geistliche und hierarchisch anerkannte Leiter der Kirche waren es, die (mindestens im 19. Jahrhundert) zur Entwicklung der religiösen und religionsphilosophischen Ideen in Rußland das Bedeutendste und wirklich Originelle beigetragen haben, sondern eben freie weltliche Denker und Schriftsteller. [...]

Wer da meint, ein Volk wäre überhaupt keine konkrete geistige Persönlichkeit, sondern nur ein Kollektivbegriff, eine Sammlung von Einzelmenschen, der verneint eigentlich die innere objektive geistige Einheit des Volkes, und für den würde damit auch das ganze Thema einer nationalen Weltanschauung gegenstandslos. [...]

Man darf sagen, daß die national-russische Religiosität ein sehr starkes Gefühl für das Kosmische hat. Die Verehrung und Heilighaltung der *»Mutter-Erde«* ist ein charakteristisches Element der russischen Volksreligiosität, das von Dostojewskij zuerst mit dem für den russischen Glauben so wichtigen Kult der Mutter Gottes in Zusammenhang gebracht wurde und dann von Wladimir Solowjew, Florensky und Bulgakow zu einer theologischen Theorie der »heiligen Sophia«, der Gottesweisheit, als eines göttlich-kosmischen Prinzips, als einer Hypostase der Gottheit in der kreatürlichen Welt entwickelt wurde [...] in dem Sinne, in dem es auch bei Goethe heißt: »Nichts ist innen, nichts ist außen – denn was drinnen, das ist draußen.« Nicht das Streben zu Gott, sondern das *Sein in Gott* bildet das Wesen dieses religiösen Ontologismus aus. [...]

Das Chaotische in der Natur lauert, als unser Mutterhort, im Grunde unserer eigenen Seele, und ist deshalb, in all seiner Rätselhaftigkeit, jedem menschlichen Herzen begreiflich. [...] Betrachten wir das Seelische so von innen heraus, wie es in unseren Träumen, unseren Affekten und Leidenschaften, unseren Sehnsüchten und Verklärungen für sich selber im eigenen Erlebnis ist, so erhalten wir einen ganz andersartigen Begriff von ihm. Es kann dann gar keine Rede davon sein, daß die Erscheinungen dieses Gebietes gewissen materiellen Erscheinungen räumlich-zeitlich zugeordnet werden könnten und durch diese

Zuordnung ihr bescheidenes Plätzchen in der objektiv-gegenständlichen Welt erhielten. Sie bilden im Gegenteil ein Weltall für sich, das sozusagen in einer ganz anderen Weltdimension liegt, – unermeßlich in seiner Tiefe und Reichhaltigkeit, nach eigenen Gesetzen lebend, die in einem anderen Weltplane sinnlos und unmöglich sind, hier aber mit unmittelbarer Evidenz herrschen. Der Mensch, wie er in der äußeren Welt hervortritt, scheint ein winziger Teil des Weltganzen zu sein und sein Wesen erschöpft sich für den äußeren Blick mit diesem Scheine; tatsächlich aber ist das, was wir »Mensch« nennen, in und für sich etwas unermeßlich größeres und qualitativ ganz anderes als ein kleiner Weltfetzen; es ist eine äußerlich in einem kleinen Umfang hineingepreßte, geheime Welt ungeheurer, potentiell unendlicher Kräfte. [...]

Es wohnt dem russischen Geiste ein Streben nach Ganzheit, nach allumfassender und konkreter Totalität inne, nach einem letzten und höchsten Werte und Grunde; durch dieses Streben ist das russische Denken und Geistesleben nicht nur in seinem innersten Kerne religiös – denn man darf behaupten, daß jedes geistige Schaffen in seinem innersten Kerne eben religiös ist –, sondern die Religiosität durchflutet und durchdringt auch alle äußeren Gebiete des russischen Geisteslebens. Der russische Geist ist sozusagen durch und durch religiös. Er kennt eigentlich keine Werte außer den religiösen; er strebt eigentlich nur nach Heiligkeit, nach religiöser Verklärung. Das ist vielleicht der größte Unterschied zwischen dem westeuropäischen und russischen Geist. Dem russischen Geist ist die Differenziertheit, die Abgesondertheit einzelner Gebiete und Werte des westlichen Lebens fremd und unbekannt, und nicht wegen seiner Primitivität (wie es oft auch westlich-gebildete Russen meinten), sondern eben weil es seinem innersten Wesen widerspricht. Alles Relative, woraus es auch bestände – sei es Moral, Wissenschaft, Kunst, Recht, Nationalität usw. – hat als solches für den Russen gar keinen Wert. Es erhält seinen Wert erst durch seine Beziehung zum Absoluten, erst als Äußerung und Erscheinungsform des Absoluten, der absoluten Wahrheit und des absoluten Heils. Darin besteht der prinzipielle Radikalismus des russischen Geistes, wovon der politische Radikalismus oder Maximalismus nur eine Verzerrung und Entstellung ist, verursacht dadurch, daß der Geist von seiner wahren, nämlich religiösen Wurzel schon losgerissen ist. Andererseits ist der bekannte russische Nihilismus, der nicht nur eine einzelne historisch bedingte Form der russischen Weltanschauung ist, sondern einen dauernden Krankheitszustand des russischen Geisteslebens bildet, nichts anderes, als die Kehrseite, der negative Pol eben dieses geistigen Radikalismus. Der russische Geist kennt eben keine Mittelposition; entweder alles oder nichts – ist seine Parole. Entweder besitzt der Russe wahre »Gottesfurcht«, wirkliche religiöse Verklärtheit, und dann offenbart er bisweilen Züge einer bewunderungswürdigen Tiefe, Reinheit und Heiligkeit, oder er ist ein reiner Nihilist, verkennt alles, glaubt an nichts mehr, hält alles für erlaubt und ist dann oft zu entsetzlichsten Untaten und Abscheulichkeiten bereit. Es fällt ihm gar nicht ein, daß man sich durch autonome Moral-, Rechts- und Staatspflichten gebunden fühlen kann, ohne danach zu fragen, worauf im letzten Sinne ihre Gültigkeit beruht.

WLADIMIR BUKOWSKI

Das Kriterium der Wahrheit

1981

Man kennt ihr gegenüber drei Einstellungen:
- Es kann nur eine Wahrheit geben.
- Die Wahrheit muß irgendwo in der Mitte zwischen zwei widersprüchlichen Behauptungen liegen.
- Es gibt zahlreiche Wahrheiten, und jede Ansicht enthält ihre eigene.

Jede dieser Einstellungen kann richtig sein, wenn sie auf die eine oder andere Kategorie von Problemen angewandt wird. Doch unglücklicherweise neigen Menschen, die in verschiedenen Systemen erzogen wurden, dazu, einer von ihnen den Vorzug zu geben (und die beiden anderen zu ignorieren).

Ich hatte oft Gelegenheit, diesen Unterschied zu beobachten, wenn Menschen in der UdSSR und hier im Westen diskutierten. Bei uns streitet man sich die ganze Nacht hindurch bis zur Heiserkeit und versucht entweder, den Partner eines Besseren zu belehren oder gemeinsam die einzige Wahrheit zu finden. Hier dagegen gibt es kaum echte Diskussionen. Beide Seiten bescheiden sich damit, ihren Standpunkt in allen Einzelheiten darzulegen und zu präzisieren, aber sie diskutieren nicht. Sie machen Versuche, einen Kompromiß, nicht jedoch die einzige Wahrheit zu finden.

Es ist nicht leicht, dieses Phänomen zu erklären. Vielleicht haben wir uns, nachdem wir die Ideologie selbst verworfen haben, unbewußt ihre Einstellung zur Wahrheit angeeignet, oder vielleicht hat sich der westliche Mensch, in der pluralistischen Gesellschaft aufgewachsen, an den funktionellen Charakter der Wahrheit und an Kompromisse gewöhnt. Natürlich bezieht sich dies nur auf den »durchschnittlichen« Menschen beider Welten – Ausnahmen lassen sich in jedem Land in genügender Zahl finden. [...]

Einem bestimmten Teil des westlichen Establishments (»den Kräften des Friedens«) war unsere Bewegung ein Dorn im Auge. Diese Leute wollten sich am liebsten freundschaftlich mit dem Sowjetregime einigen und ihm alles zugestehen, was es verlangte. Das, was einem ohnehin abgenommen wird, sollte man lieber freiwillig aufgeben. Es hatte keinen Zweck, den »russischen Bären« zu reizen. Vor allem aber wollte man exportieren, exportieren, exportieren – alles mögliche: von Coca Cola bis zur Menschenwürde. Sie hatten sich sogar die Theorie zurechtgelegt, daß jede Befreiungsbewegung im Osten gefährlich sei, da sie das Gleichgewicht in der Welt zerrütten und zu einem Krieg führen könne. Ein satter Kommunist sei besser als ein hungriger, und der Handel sei ein Instrument des Friedens. Unsere Existenz störte sie einfach bei ihren Absprachen mit der Sowjetunion. Der ideologische Unterschied galt ihnen durchaus nicht als Hindernis, denn ihrer Meinung nach gab es kaum noch Differenzen.

Für einen anderen Teil des Establishments (»die Kräfte des Fortschritts und des Sozialismus«) waren wir nicht nur ein Dorn im Auge, sondern ein Messer an der Kehle. Seine Vertreter betrachteten die UdSSR als »objektiven« Verbündeten, an dem jede Kritik äußerst unerwünscht war, weil sie indirekt auch ihre eigene Ideologie traf. Wir erschütterten mit unseren Aussagen die Grundlagen ihres Wohlbefindens. [...] Die einzige Kraft, die uns stützte, bestand aus der aufrichtigen, suchenden Jugend mit beliebigen politischen Einstellungen und Menschen, die jeder Politik fernstanden. Es war eine gewaltige Kraft, die zusammen mit dem nicht parteipolitischen Teil der Presse die »Weltmeinung« bildete. Unsere Gegner waren nicht einmal bereit, offen und ehrlich über den Kern der Dinge mit uns zu diskutieren, sondern beschränkten sich auf persönliche Angriffe – eine für die sowjetische Propaganda sehr typische Methode, die uns deshalb nicht sehr erstaunte. [...]

Ich bemühe mich gewöhnlich, moralistische Abstraktionen und Überlegungen in den Kategorien von »Gut« und »Böse« zu vermeiden. Um aber die in der Welt entstandene Situation möglichst deutlich und kurz zu beschreiben, muß ich auf sie zurückgreifen. Die *Wahrheit* ist immer naiv und selbstsicher. Sie ist überzeugt zu triumphieren, wenn die Menschen sie erkannt haben, und deshalb ist sie immer schlecht organisiert. Im Gegensatz dazu ist die *Lüge* zynisch, listig und stark durch ihre Disziplinierheit. Sie hat nicht die geringsten Illusionen über ihre eigenen Vorzüge oder ihre Aussichten auf einen ehrlichen Sieg; für sie ist jeder Trick erlaubt.

DMITRIJ LICHATSCHOW

»Rus' und Rossija zusammen bilden Rußland«

1988

Man überhäuft Rußland mit Vorwürfen. Man lobt Rußland in den Himmel. Die einen halten seine Kultur für nicht eigenständig, für reine Nachahmung. Die anderen sind stolz auf seine Prosa, Poesie, sein Theater, seine Musik und Ikonenmalerei ... Die einen sehen in Rußland eine Hypertrophie des staatlichen Anfangs, und das Volk halten sie für gehorsam und demütig. Wieder andere berufen sich auf den anarchistischen Grundzug im russischen Volk und seine beständige Neigung zum Aufrührerischen, zur Feindseligkeit gegenüber der Staatsmacht. Sie verweisen dabei auf das Fehlen einer begrenzenden Zielstrebigkeit in unserer Geschichte. Wieder andere sehen in der russischen Geschichte eine »russische Idee« verwirklicht, das Vorhandensein eines Bewußtseins für eine Hypertrophie der eigenen Mission. [...]

Rußland ist unermeßlich. Und das nicht nur wegen seiner verblüffenden Verschiedenartigkeit der menschlichen Natur, der

Kultur, sondern auch dank seiner Verschiedenartigkeit im Niveau in allen Seelen seiner Bewohner; das reicht von der außergewöhnlichen Neigung zum Geistigen bis hin zu dem, was man im Volk so nennt: »ein Brachfeld anstelle der Seele«. [...]

Ein gigantisches Land. Und eben ›das Land‹ ist die allererste Grundlage: es ist Erde, Staat und Volk in einem. Als man von Generation zu Generation zu den Heiligen ging, um Vergebung der Sünden bittend, Gott preisend, da kam man zu fuß, in Bastschuhen und barfuß, um diese Grundlage und den Raum zu fühlen, den Staub der Straßen und das Gras der schmalen Fußwege; dies alles galt es zu sehen und zu erleben – nur unterwegs. [...] Tausend Werst gehen – nach Kiew, gar bis zum Athos: denn auch das war ein Stück Rußland. Das größte russische Heiligtum war ja einst die Kiewo-Petscherskaja-Lawra, und die Ukrainer können stolz sein, daß ihre Stadt vom allerersten Anfang an der Mittelpunkt der ganzen russischen Erde war: der künftigen Ukraine, Groß- und Weißrußlands. Trotz aller Abgeschiedenheit der Orte untereinander entstand ein Gefühl der Zusammengehörigkeit. Das russische Land, genauer, das Land der alten Rus', das »rus'sische«, war anfangs nur schwach besiedelt, und die Bevölkerung empfand ihre Abgeschiedenheit deutlich, fürchtete das sie umgebende, unbekannte Land. Zwischen Wäldern, Sümpfen und Steppen mühten sich die Menschen, ihre Existenz zu behaupten und sie setzten Zeichen – mit Kirchen wie Leuchttürmen. Nirgendwo sonst in der Welt gibt es eine derartige Liebe zum strahlenden Gold – von ferne zu sehen an den Kuppeln und Zwiebeltürmen der Kirchen. Die Goldflammen der Kirchen oder der Kerzen sind Symbole des Geistigen. Man solle die Kerze nicht ausgehen lassen – so heißt es in alten Schriften, die sich um die Ganzheit der Russischen Erde sorgten... Auch solle man keinen Menschen vorbeigehen lassen, ohne ihn gegrüßt zu haben... So heißt es in der »Belehrung« des Wladimir Monomach. Und so wurde die Gastfreundschaft zu einem wichtigen Grundzug des »rus'sischen« Charakters. Der christliche Glaube wurde mit so vergleichsweise wenig Widerstand aufgenommen – er führte ja »die Rus'« in die Weltgeschichte und Weltgeographie ein. Erst im Glauben hörten die Menschen auf, sich als verlassenes, einsames Volk zu fühlen und sie erhielten dadurch eine Vorstellung von der Menschheit als einem Ganzen. [...]

Wir sind ein Land europäischer Kultur. Dazu führte uns das Christentum. Gemeinsam mit ihm nahmen wir die byzantinische Kultur auf; in einem sehr großen Maß über Bulgarien, wobei die bedeutendste Rolle die Sprache spielte, die wir mit der ganzen bulgarischen Kultur annahmen: Das Kirchenslawische ist der Anfang schlechthin. [...]

Zum ganz individuellen Antlitz Rußlands gehört auch ein Zug zur Wahrheitsliebe, derzufolge der Einzelne sich nicht versteckt, sondern aufrichtig in all seinem Tun bis zum äußersten Punkt geht. Damit korrespondiert auch die sogenannte »Scham vor der Form«, die man besonders deutlich in unserer Literatur beobachten kann. Diese Scheu vor der Form stellt sich als Quelle unaufhörlicher Bereicherung heraus. Sie ist auch eine Passion, aufgeblasene Lügen zu enthüllen – ein Haß auf jede Form der Phrase, der nackten Wahrheit. In diesem Zusammenhang muß man auch das Phänomen der »Wahrheitssuche« sehen – sie war der Hauptinhalt der russischen Literatur seit dem Beginn im zehnten Jahrhundert. Und wenn man dabei das Verhältnis zum Staat in Rußland betrachtet, dann war diese Opposition nicht nur geprägt durch intellektuelle oder politische Haltungen, sondern kam aus einer »Opposition der Seele«. Die Literatur wurde sozusagen zu einem eigenständigen »zweiten Staat«. [...]
Betrachtet man die geschichtliche Entwicklung, dann ist für den Russen eine Gleichzeitigkeit charakteristisch: zur gleichen Zeit bestehen Konservativismus und rasche Wechsel. Es scheint sogar, daß manchmal gewisse Wechsel innerhalb einer Generation sich in Rußland innerhalb weniger Jahre vollziehen als im Westen. Das liegt nicht nur an einer gewissen Neigung zum Unordentlichen im russischen Leben, sondern auch daran, daß im russischen Leben unwillkürlich etwas vom Alten, vom unguten Alten bleibt, was seinerseits die Leidenschaft befeuert, sich rascher dem Neuen zuzuwenden. So war es beispielsweise schon in der Epoche von Peter dem Großen: Einerseits entschiedene Veränderungen, Wechsel, andererseits überhaupt keine Veränderung in den Lebensbedingungen der Bauern; mit einer entschiedenen »ideologischen Erneuerung« korrespondierten bewahrende Kräfte, die die Lebensbedingungen »beim Alten« beließen. So gleicht die russische Geschichte einem Fluß beim Eisgang. Diese Besonderheit der russischen Kultur kann man zweifach einschätzen: einmal als segensreich für die Gesamtentwicklung, dann aber auch als negativ überhaupt, weil sie immer wieder zu dramatischen Situationen führte. [...]

Aber dank der Vermischung von ganz verschiedenen Strömungen des kulturellen Erbes ist diese russische Kultur erfüllt von innerer Freiheit. Unglücklicherweise besteht diese Freiheit, über die Rußlands Kultur verfügt, nicht nur in der freien Wahl von Lehrern und ›Lehrmaterial‹, nicht nur in der Schaffensfreiheit, sondern auch in der Freiheit, sich vom Fremden wie vom Eigenen loszusagen, zu vernichten und zu zerstören, zu verraten und zum Unbekannten zu stempeln: der Reihe nach Gebäude, Städte, Dörfer, Bilder, Denkmäler, Volkskunst und dann Autoren und Künstler selbst – schließlich die ganze Intelligenz. Nicht zufällig richtet sich die Aufmerksamkeit der russischen Philosophie dem Problem der inneren Freiheit zu: man lese Berdjajew, Frank, Karsavin und allen voran Dostojewskij. Das Bewußtsein für diese dringliche Wahl war bei Tjutschew und vielen anderen scharf entwickelt. Die Unumgänglichkeit der Freiheit wurde beinahe krankhaft in der philosophischen Lyrik Bloks und bei Wladimir Solowjow gefühlt. Sich an Rußland wendend, schrieb Solowjow: »Welcher Osten willst du sein: / Der Osten eines Xerxes oder Christi Osten?« So bleibt Rußland für uns kein abstrakter Begriff.

Nikolaj Gogol

Man muß Rußland lieben

1844

Ohne Liebe zu Gott kann niemand gerettet werden, aber diese Liebe zu Gott haben Sie nicht. Im Kloster werden Sie sie nicht finden; ins Kloster gehen nur diejenigen, die Gott bereits selbst dorthin berufen hat. Ohne Gottes Willen kann man auch ihn nicht lieben. Wie aber sollte man den lieben lernen, den noch keiner sah? Durch welche Gebete und Anstrengungen kann man von ihm diese Liebe erflehen? Sehen Sie nur, wie viele gute und vortreffliche Menschen es zur Zeit auf dieser Welt gibt, die heiß um diese Liebe ringen und nur Dürre und kalte Leere in ihren Seelen verspüren. Es ist schwer, zu jemandem Liebe zu fassen, den noch keiner gesehen hat. Christus allein hat uns das Geheimnis gebracht und verkündet, daß uns in der Liebe zu unseren Brüdern die Liebe zu Gott geschenkt wird. Man muß sie nur so zu lieben lernen, wie Christus geboten hat, und am Ende stellt sich ganz von selbst die Liebe zu Gott ein. So gehen Sie denn in die Welt, und gewinnen Sie zunächst die Liebe zu Ihren Brüdern.

Doch wie soll man Liebe zu seinen Brüdern, Liebe zu den Menschen fassen? Die Seele will allein das Schöne lieben, die armen Menschen aber sind so unvollkommen, so wenig Schönes ist an ihnen! Wie also soll man das wohl fertigbringen? Danken Sie Gott zuallererst dafür, daß Sie ein Russe sind. Dem Russen tut sich dieser Weg jetzt auf, und dieser Weg ist Rußland selbst. Wenn ein Russe nur sein Rußland liebgewinnt, so wird er alles lieben lernen, was darin ist. Zu dieser Liebe führt uns eben jetzt Gott selber hin. Ohne die Krankheiten und Leiden, die sich in solcher Zahl im Inneren unseres Landes angehäuft und die wir selber verschuldet haben, würde keiner von uns mit ihm Mitleid empfinden. Mitleid aber ist bereits der Beginn der Liebe. Schon sind Rufe laut geworden gegen die öffentlichen Mißstände, Lügen und Bestechlichkeit – nicht einfach die Entrüstung der Anständigen über die Gewissenlosen, sondern ein Aufschrei des ganzen Landes, das unterdessen bemerkt hat, wie Feinde von draußen in großer Menge bei uns eingedrungen sind, sich über die Häuser ergossen und ein schweres Joch jedem einzelnen Menschen aufgebürdet haben; schon wollen die, welche diese schrecklichen Feinde der Seele freiwillig in ihre Heimstätten aufgenommen haben, sich selbst von ihnen befreien und wissen nur nicht, wie sie es anstellen können, und alles vereint sich in einer einzigen erschütternden Klage; ja selbst die Fühllosen geraten nun in Bewegung. Aber eine wahrhafte, echte Liebe ist noch bei keinem zu spüren – auch Sie besitzen sie nicht. Noch lieben Sie Rußland nicht: Sie können sich bekümmern und erregen, wenn Sie die Gerüchte über all das Schlechte hören, das sich in unserem Rußland abspielt, aber das alles erzeugt in Ihnen nur trockenen Verdruß und Mutlosigkeit. Nein, das ist noch keine Liebe, ein weiter Weg dahin liegt noch vor Ihnen; das, was Sie derzeit empfinden, ist kaum mehr als eine sehr, sehr ferne Vorahnung davon. Nein, sobald Sie wirklich Rußland liebgewonnen haben, wird auch Ihnen ganz von selbst der kurzsichtige Gedanke vergehen, der jetzt bei so vielen anständigen und sogar recht gescheiten Leuten aufgekommen ist, man könne heutzutage bereits nichts mehr für Rußland tun, es brauche diese Menschen überhaupt nicht mehr; ganz im Gegenteil werden Sie erst dann mit aller Kraft empfinden, wie gewaltig diese

Liebe ist, und daß man mit ihr alles erreichen kann. Nein, wenn Sie Rußland wirklich liebgewonnen haben, werden Sie sich darum reißen, ihm zu dienen. Nicht als Gouverneur, nein, als Kreispolizeihauptmann werden Sie wirken wollen, den letzten Platz, den Sie entdecken, werden Sie ergreifen, und ein Fünkchen tätigen Schaffens auf diesem Posten Ihrem ganzen gegenwärtigen untätigen und nutzlosen Dasein vorziehen. Nein, noch lieben Sie Rußland nicht. Solange Sie aber Rußland nicht lieben, werden Sie auch Ihre Brüder nicht lieben, und ehe Sie Ihre Brüder nicht lieben, werden Sie nicht in Liebe zu Gott entbrennen, und solange Sie nicht in Liebe zu Gott entbrannt sind, werden Sie keine Erlösung finden.

WASSILIJ GROSSMAN

»Es gibt kein Rätsel!«

1955–1963

Ist die russische Seele immer noch rätselhaft? Nein, es gibt kein Rätsel.

Gab es eins? Was ist rätselhaft am Sklaventum?

Ist etwa das russische Entwicklungsgesetz wirklich nur ein russisches? Ist es der russischen Seele und wirklich nur ihr bestimmt, sich nicht mit wachsender Freiheit, sondern mit wachsendem Sklaventum zu entwickeln? Zeigt sich wirklich hierin das Fatum der russischen Seele?

Nein, natürlich nein. [...]

Es wird Zeit, daß die Enträtsler Rußlands begreifen – nur das tausendjährige Sklaventum hat die Mystik der russischen Seele geschaffen. Und in der Begeisterung für die byzantinische asketische Reinheit, die christliche Sanftmut der russischen Seele liegt ein unwillkürliches Anerkennen, daß das russische Sklaventum unerschütterlich sei. Der Ursprung dieser christlichen Sanftmut, dieser byzantinischen asketischen Reinheit ist derselbe wie der Ursprung der Leninschen Leidenschaft, Unduldsamkeit, seines fanatischen Glaubens – er liegt in der tausendjährigen leibeigenschaftlichen Unfreiheit.

Deshalb haben sich die Propheten Rußlands so tragisch geirrt. Wo ist sie denn, »die russische Seele«, die »allmenschliche und alles vereinende«, der Dostojewskij vorhergesagt hat, »das endgültige Wort der großen gemeinsamen Harmonie, der brüderlichen endgültigen Eintracht aller Völker nach Christi evangelischem Gebot auszusprechen«?

Mein Gott, worin zeigt sie sich denn, diese allmenschliche und alles vereinende Seele? [...]

Das Leibeigenschaftliche der russischen Seele lebt sowohl im russischen Glauben als auch im russischen Unglauben, in der sanftmütigen russischen Menschenliebe, in der russischen Uferlosigkeit, Verwegenheit und dem Rowdytum, im russischen Geiz und der Spießbürgerlichkeit, in der ergebenen russischen Liebe zur Arbeit, in der russischen asketischen Reinheit, in der russischen Erzverschlagenheit, in dem den Feind vernichtenden Mut russischer Kämpfer, im Fehlen der menschlichen Würde im russischen Charakter, im verzweifelten Meutern russischer Aufrührer, im Fanatismus der Sektierer; die Leibeigenschaftsseele steckt in der Leninschen Revolution wie in der leidenschaftlichen Empfänglichkeit Lenins für revolutionäre Lehren des Westens, in der Besessenheit Lenins, in seinen Gewalttaten, in den Siegen des Leninschen Staates.

Überall in der Welt, wo es Sklaventum gibt, werden solche Seelen geboren.

Worin besteht denn die Hoffnung für Rußland, wenn sogar seine großen Propheten nicht Freiheit von Sklaventum unterscheiden?

Worin besteht denn Hoffnung, wenn der Genius Rußlands die sanftmütige und helle Schönheit der russischen Seele im fügsamen Sklaventum sieht?

Worin besteht denn die Hoffnung für Rußland, wenn sein größter Veränderer, Lenin, die Bindung der russischen Entwicklung an die Unfreiheit, die Leibeigenschaft nicht zerstört, sondern verfestigt hat?

Wo ist die Zeit der freien russischen menschlichen Seele? Ja, wann kommt sie endlich?

Und vielleicht kommt sie nie, wird es sie gar nicht geben.

Andrej Tarkowskij

»Rastlose Sehnsucht – und Opfer bringen«

1984

In jedem Fall steht für mich ganz außer Zweifel, daß es das Ziel jedweder Kunst ist, die nicht bloß wie eine Ware »konsumiert« werden will, sich selbst und der Umwelt den Sinn des Lebens und der menschlichen Existenz zu erklären. Also den Menschen klarzumachen, was der Grund und das Ziel ihres Seins auf unserem Planeten ist. Oder es ihnen vielleicht gar nicht erklären, sondern sie nur vor diese Frage zu stellen.

Um mit dem Allgemeinsten zu beginnen: Die unbestreitbare Funktion der Kunst liegt für mich in der Idee des *Erkennens,* jener Form der Wirkung, die sich als Erschütterung, als Katharsis, äußert. Von jenem Augenblick an, als Eva den Apfel vom Baum der Erkenntnis gegessen hatte, war die Menschheit zu ewiger Wahrheitssuche verurteilt. [. . .]

Kunst entsteht und entwickelt sich dort, wo jene ewige, rastlose Sehnsucht nach Geistigkeit, nach einem Ideal herrscht, die die Menschen sich um die Kunst scharen läßt.

Ich kann einfach nicht glauben, daß ein Künstler imstande ist, nur aus Gründen seiner »Selbstverwirklichung« zu schaffen. Selbstverwirklichung ohne gegenseitiges Verstehen ist sinnlos. Selbstverwirklichung im Namen einer geistigen Verbindung mit den anderen ist etwas Quälendes, das keinen Nutzen bringt und letzten Endes große Opfer von einem fordert. [. . .]

Ein wirklich freier Mensch kann nicht in egoistischem Sinne frei sein. Die Freiheit des Individuums kann auch nicht das Ergebnis gesellschaftlicher Anstrengungen sein. Unsere Zukunft hängt von niemand anderem als von uns selbst ab. Wir aber haben uns angewöhnt, alles mit fremder Mühe und fremdem Leid zu begleichen, und ignorieren dabei die einfache Tatsache, daß doch alles in dieser Welt zusammenhängt und es schon deshalb keinen Zufall gibt, weil wir Willensfreiheit und das Recht haben, zwischen Gut und Böse zu entscheiden. [. . .] Freiheit – das ist das Bringen von Opfern im Namen der Liebe.

Um nicht mißverstanden zu werden: Ich spreche hier von der Freiheit im hohen ethischen Sinne dieses Wortes. Damit möchte ich keinesfalls gegen die unbezweifelten Werte polemisieren, die

die europäischen Demokratien auszeichnen. Doch auch unter den Bedingungen dieser Demokratien taucht das Problem fehlender Spiritualität und Einsamkeit des Menschen auf. Mir kommt es so vor, als hätte der moderne Mensch in seinem Kampf für sicher recht wichtige politische Freiheiten jene Freiheit vergessen, über die die Menschen aller Zeiten verfügten – die Freiheit nämlich, sich selbst ihrer Zeit und Gesellschaft zum Opfer zu bringen.

Das Leiden rührt von der Unzufriedenheit her, von dem Konflikt zwischen dem Ideal und jenem Zustandsniveau, auf dem man sich gerade jeweils befindet. Erheblich wichtiger als ein »Glücks«-Empfinden ist es, seine Seele im Kampf für eine wahrhaft göttliche Freiheit zu stärken.

Die Kunst bekräftigt jenes Beste, zu dem ein Mensch fähig ist – also Hoffnung, Glauben, Liebe, Schönheit, Andacht oder das, was man sich erträumt und erhofft. Wenn sich ein Nichtschwimmer ins Wasser stürzt, dann beginnt sein Körper, also nicht etwa er selbst, instinktive Bewegungen zu seiner Rettung zu machen. Auch die Kunst ist so etwas wie ein ins Wasser geworfener Menschenkörper – sie existiert als ein Instinkt, der die Menschheit im geistigen Sinne nicht ertrinken lassen will. Im Künstler manifestiert sich der geistige Instinkt der Menschheit.

Was ist überhaupt Kunst? Das Gute oder das Böse? Kommt sie von Gott oder vom Teufel? Aus der Kraft des Menschen oder aus seiner Schwachheit? Ist sie vielleicht ein Unterpfand für menschliche Gemeinschaft und ein Bild sozialer Harmonie? Besteht darin etwa ihre Funktion? Sie ist so etwas wie eine Liebeserklärung. Wie ein Eingeständnis der eigenen Abhängigkeit von anderen Menschen. Sie ist ein Bekenntnis. Ein unbewußter Akt, der aber den eigentlichen Sinn des Lebens widerspiegelt – die Liebe und das Opfer.

»Rußland ist mit dem Verstand nicht zu begreifen,
Mit der gewöhnlichen Elle nicht auszumessen;
Es hat einen besonderen Charakter –
An Rußland kann man nur glauben.«

Fjodor Tjutschew

Godehard Schramm · Russische Register

Frachtbrief nach Perm, vor dem Ural

Liebe Svetlana, hier in Europa geschieht Überraschendes. Wie in der biblischen Geschichte kehrt ein verlorener Sohn zurück: Rußland, und in die Freude mischen sich Verwunderung und Unsicherheit. Wenn wir nach Italien fahren, wissen wir in etwa, was uns bevorsteht, doch im Wort Rußland schwingt etwas Unheimliches mit. Für alles habe der Deutsche ein Instrument, so heißt es in einem russischen Sprichwort, aber für Rußland fehlt uns ein Maßstab. Ganz am Anfang meiner Begegnung stehen Bücher: Dostojewskij zuerst – ein Tollhaus, dachte ich; mörderisch gehen die miteinander um. Nicht viel anders, du erinnerst dich, wirkten die Verkäuferinnen: hochmütig, die Taxifahrer nachts: starrsinnig, die Menschen in den Schlangen: demütig geduldig – und dann das Aufflackern von Freude, wenn wir über Bücher sprachen: als wäre dort die eigentliche Welt. Als mir eine Zöllnerin in Brest die Schreibmaschine abnahm; als wir zwei Stunden vor dem armenischen Restaurant warteten, und offensichtlich immer nur gute Bekannte hineinkamen, bis ich voll Zorn den Fuß in die Tür stemmte und höhnisch nach dem gleichen Zutrittsrecht für alle fragte; als bei sämtlichen Pforten von Bedeutsamkeit der Propusk, der Ausweis, gezeigt werden mußte – jedesmal war über die Klinge einer Macht zu springen, die nie eindeutig zu fassen war wie das Gebot eines Verkehrsschildes. Eines Morgens wolltest du mir noch unbedingt ein Bild in Moskau zeigen und bist einfach nicht zur Arbeit gegangen. Du kommst viel zu spät zurück nach Perm, wandte ich ein, doch das kümmerte dich nicht, wolltest mir unbedingt noch Gedichte von Jessenin geben und einen Brief Puschkins, und dann fiel, halb traurig, halb sehnsüchtig froh das Stichwort: Das ist eben unsere russische Seele, hast du gesagt und Puschkin wie einen Kronzeugen angerufen: »Rußland, seine unermeßliche Weite...« Nein, es ist kein Zwang, es ist Zustimmung, wenn wir selbst etwas tun, was uns fühlen läßt, daß wir selber unermeßlich sind: So lautete deine Erklärung auf mein Kopfschütteln. Du hast dann, es war schon am Bahnhof, dein Zug zum Ural stand bereit, jenes Gedicht von Tjutschew auswendig mir mitgegeben und Verse von Arsenij Tarkowskij; diesen Namen sollte ich mir merken, und ich wunderte mich, wie jetzt deine Stimme einen anderen Ton annahm – feierlicher, behutsam dem Rhythmus, dem Reim gehorchend, beinahe zärtlich, und vor unseren Augen stieß die Schaffnerin einen Soldaten die Stufen des Waggons hinab, nur weil er sich in der Wagennummer geirrt hatte...

Als ich zum Abschied, lang ist das her, leichtfertig mit dir wettete, daß sich Genaueres über die russische Seele sagen ließe als daß sie eben weit, unergründlich, grausam, aber auch gütig sei, da ahnte ich nicht, worauf ich mich da einließ. Der Zug rollte schon, da rief ich dir nach: Rußland sei mit dem Verstand nicht zu begreifen: das ist nichts als Selbstschutz, ihr wollt euch absichtlich nicht in die Karten schauen lassen, ihr braucht diese geheime Reserve, mit der wiegt ihr dann all das auf, was ihr euch tagtäglich gefallen laßt von den eigenen Landsleuten – und mit dem Rattern der Räder kam dein Echo zurück: An Rußland kann man nur glauben...

Es sind die Bilder von damals nicht erloschen: die rote Mauer des Kremls in Jaroslawl und der knöcheltiefe Schlamm auf Wegen an Holzhäusern vorbei; der verdutzte Milizionär weit hinter Nowgorod, an einer Straßensperre im Schnee, da er feststellte: ich hatte mich erkühnt, anstatt mit Bus oder Bahn mit einem Taxi nach Leningrad zu fahren; betende Frauen an einem offenen Sarg in einer Kirche in Leningrad; die Konturen der Kirchen von Rostov Velikij oder das warme Leuchten der Kuppeln von Kolomenskoje und im Donskoj-Kloster ... Oasenbilder. Es war, zunächst, die unauflösliche Spannung zwischen Alltag mit Demütigung und köstlichem Eis und einer geistigen Welt, deren Vertreter in der Musik und in den Büchern zu Hause zu sein schienen – wie David Ojstrach, Svjatoslav Richter oder Boris Pasternak.

Die Autos rasten, die Metro funktionierte, plötzlich verkaufte jemand auf dem Kallinin-Prospekt Bierflaschen aus der DDR aus einem Pappkarton, neue Hotels schossen hoch, wie Hobel schoben die SIL-Laster den Schnee rücksichtslos in Seitenstraßen –

und dazwischen gleichsam archaische Erscheinungen, denen die Zeit nichts anzuhaben vermochte: zwei Busse, beide mit reichlich Verspätung, fuhren in einem Moskauer Vorort aufeinander zu, als wollten sie einander rammen, doch tauschten die beiden Fahrer nur ein paar Berichte und Papyrossy aus... Und dann diese geradezu hypnotische Gegenwart der Literatur: wie eine Geheimwährung immer im Umlauf, immer gültig – du kennst den ersten Satz von Tolstojs »Anna Karenina«: »Alle glücklichen Familien gleichen einander, jede unglückliche Familie ist auf ihre Weise unglücklich.« Und dann Puschkin, 1836 an Tschaadajew, noch heute gültig: »... diese Gleichgültigkeit gegenüber allem, was Pflicht, Gerechtigkeit und Wahrheit bedeutet, daß diese zynische Verachtung für das Denken und die Würde des Menschen wahrhaft unerträglich ist...«

Ich bin ein leidenschaftlicher Leser, und, liebe Svetlana, infiziert von der Besessenheit, in diesem aussichtslosen Unterfangen, jemals auch nur annähernd die bedeutendsten russischen Autoren zu kennen, dennoch eine Vorstellung von dem zu gewinnen, was auch für uns einen Wert bildet. Wie ein Verrückter habe ich gelesen und nun bin ich überzeugt, daß der Schlüssel, um Rußland begreifen zu können, in seiner Literatur liegt. Einen ganzen Sommer lang lasen meine Frau und ich uns gegenseitig in Holland Dostojewskijs »Dämonen« vor. Immer wieder sind wir erschrocken: jede Frage geht uns noch heute an; nicht nur die hellsichtige Schilderung des künftigen kommunistischen Funktionärs ist dort getroffen, sondern auch der provokatorische Satz, daß wir alle tatsächlich an allem mit schuld seien, und auch diese provokatorische Verheißung: daß »keine einzige Regung der Seele« verlorengehe und die Rettung des Einzelnen darin liege, daß er alles Verlangen nach Rechtfertigung vor den Menschen »überwinde«, verzichte, um so den eigenen Stolz zu »beschämen«: »Sieger bleiben, die Freiheit gewinnen...«

Solche Zauberformeln machen mich betroffen. Ein Grundverhältnis zur Welt finden, das scheint mir die Hauptaufgabe eurer Literatur zu sein. Damals faßte ich den Plan, ein Lesebuch zusammenzustellen mit Schlüsselstellen, in denen das Schillern der so oft beschworenen russischen Seele aufleuchtet: eine unendliche Melodie, und es kommt nicht darauf an, die Anfänge zu finden, sondern jene Vorstellungen davon, die im Laufe von Jahrhunderten wie Flüsse in den großen Strom dieses Symbols einmündeten.

Sieben Jahrzehnte unter der Allmacht von Lenins Befehlen: wie ein Impfstoff wirkt die Literatur. Zu allererst scheint sie die Fähigkeit zum begierigen Lesen aufrechtzuerhalten. Ihr lest anders. Lesen heißt bei euch aufnahmebereit sein und erinnert werden. So wird Anschluß an die unermeßliche Geschichte gewonnen. Der Lesende, der sich oft als bedeutungslos erfährt, hat so Anteil an einer Gemeinschaft, die sich erst in der Literatur mit Gestalten offenbart.

Ich kenne keine Literatur, in der so eindringlich von der Bezogenheit zum eigenen Land die Rede ist wie in der russischen. Dem muß die Erfahrung vorausgegangen sein, daß dieses Land selbst schwankender Grund ist. »O Rußland, mein Rußland!« schrieb Gogol in seinen »Toten Seelen«, »wie offen und öde ist doch alles in dir, russische Tiefebene... Aber dennoch, welch unbegreiflich geheimnisvolle Macht zieht mich zu dir? Ach, russisches Land, was willst du von mir? Welch geheimnisvolles Band fesselt uns aneinander? Und erschreckend umfängt mich die Maßlosigkeit deiner riesenhaften Ausbreitung und erschüttert mich mit unheimlicher Kraft bis ins Innerste meiner Seele... O du wundersame, rätselhafte, weltweite Ferne des russischen Landes...«

Unmöglich, daß mit diesem Rußland jeweils zuerst ein Gebiet mit klar umrissenen Staatsgrenzen gemeint sein kann; eher eine vage Vorstellung von einem Land unter dem Herrschaftsbereich dieser einen Sprache. Dem Fremden teilt sich ein zwiefaches Bild mit: ohne daß ihr es auf Begriffe bringen könnt, geht ihr mit dem Wort Rußland wie mit einer Selbstverständlichkeit um, und dabei entsteht der Eindruck, als verstündet ihr dieses Land selbst in einem unaufhörlichen Werdeprozeß. Die letzten vier Jahre begieriger Lektüre der »Literaturnaja Gazeta«, der großen Wochenzeitung, bestätigen dieses Bild: da ist etwas im Fluß, doch die Beziehung und Entfernung zu den richtigen Maßstäben bleibt. Ihr könnt noch weinen um euer Land. »Ein so wunderbares Land so zu versauen; es in etwas Unterwürfiges, Geducktes, Erbärmliches, völlig Rechtloses zu verwandeln«, das notierte Andrej Tarkowskij 1981 in seinem Tagebuch.

Im unaufhörlichen Kampf mit der Wirklichkeit habt ihr, auch das entnehme ich euerer Literatur, einen doppelten Boden in euer Leben eingezogen: Bilder und Vorstellungen, die dieser Wirklichkeit ihre Alleinherrschaft bestreiten – und doch enträt nichts dem Bann der Wirklichkeit, und zugleich scheint jedes Gedicht eine Bescheinigung, daß allein das Wirkliche nicht das

Eigentliche sein kann. Verbunden mit Vergangenheit, Gegenwart und Zukunft: daraus entstand Zuversicht, beinahe gläubiges Vertrauen in die Literatur, dort könne die Wahrheit gefunden werden, die das alltägliche Leben vorenthält. Solche Bereitschaft zu glauben ist ein Glaube wider alles Wissen. Und steckt nicht auch in solcher Unbelehrbarkeit ein Verlangen nach Freiheit und Macht, die sich immer gegen Macht behaupten muß, weil Wirklichkeit stets als Macht bei euch empfunden wird? Euere Literaturgeschichte ist ja auch Streitgeschichte – ich deute nur an das Verhältnis zwischen Turgenjew und Dostojewskij. Die staatlich legalisierte Ausrottung des Andersdenkenden ist ja erst eine Errungenschaft der Zeit nach 1917.

Auch das hat seine Wurzeln. Raskolnikow muß die äußerste Versuchung, mit Gott zu streiten, sich als Mutprobe auferlegen und töten, ehe er zur Umkehr gelangt. Dabei scheint es, als wolle er durch die äußerste Verneinung auch die Liebe provozieren.

Übertreibung und Verlangen nach Ausschließlichkeit... Aus Furcht, daß dieses Phänomen Rußland mit dem Verstand allein nicht zu begreifen sei, hat bei uns 1920, und das leuchtet mir ein, Karl Scheffler ein Buch herausgegeben, als dessen Autor er Dostojewskij angibt. Unter dem Titel »Die Seele Rußlands« wählte er aus vier seiner Romane bezeichnende Passagen aus. Freilich, allein mit Dostojewskij ist diese oft mörderische Vielfalt, dieses besessene Verlangen nach Wahrheit jetzt auf der Stelle, dieser Reichtum des unbedingten Verlangens nach Sinn nicht zu fassen.

Aus der Literatur sind weder eine belgische noch eine dänische Seele bekannt; bei uns hört man noch hie und da etwas vom deutschen Gemüt; – russisch und Seele zu einem suggestiven Paar zu verbinden, das ist euer Privileg. Für sich genommen schmeckt das Wort Seele gar nicht nach Religion; es ist Ausdruck für ein Empfinden der unantastbaren Würde des Menschen, der, sobald er auch nur einen Schritt auf andere zugeht, dieses Verhältnis, diese Beziehung als eine Form von Macht begreift und danach handelt. Auch hat es den Anschein, als verstündet ihr damit ein allumfassendes Organ, das Empfinden und Erleben höher stellt als Wissen von Tatsachen. Selbstachtung verbindet ihr damit ebenso wie jene Einsicht, daß zu einem freien Menschen das Geheimnis gehören muß. »Wir brauchen keine Erkenntnis«, schrieb Andrej Tarkowskij 1979 in seinem Tagebuch, »wir müssen nur lieben und glauben. Der Glaube vermittelt Erkenntnis durch Liebe.« Der Reiz solcher Aussagen liegt sowohl in der Ausschließlichkeit und Übertreibung als auch in der Hinwendung zu dem höchsten Wert, der Liebe. Zu den Motiven, sich immer wieder auf eine russische Seele zu berufen, gehört nicht nur ein Selbstschutz, den das Wort als Rückhalt gewährt, sondern auch das Verlangen überhaupt, sich auf eine Idealvorstellung berufen zu können, die durch etwas Gemeinschaftliches ausgewiesen ist. Vorstellungen politischer Art spielen dabei so gut wie keine Rolle.

Stets aufs neue verwundert mich die Beständigkeit eines Wortes wie Seele bei euch: offen, in seinen Bedeutungen schillernd und ob seiner suggestiven Kraft eingesetzt. Ein Wort, das je nach Zusammenhang auch andeutet: Leben ist als Geschenk erfahren, und demnach lautet des Menschen Antwort danken, dienen und, in der Steigerungsform, leiden. Diese Scheu vor der begrifflichen Festlegung ist ein Nachhall jenes Staunens, daß wir überhaupt leben. Darum schillert auch ein anderes, ebenfalls mit »russisch« verbundenes Wort bei euch so sehr: »die Wahrheit« (Prawda). Euch scheint sie nur als unaufhörliche Suche bedeutsam und vorantreibend. In der Beliebigkeit der Bedeutung leuchtet eine alte »Erblast« durch: Joseph Schütz, einer unserer Kenner eurer Sprache, hat dieses Mehrdeutige beschrieben. Viel früher als die »russische Seele« war die »russische Wahrheit« im Umlauf: eine Kodifizierung von russischem Recht; doch daneben meint das Wort auch »Gerechtigkeit«, und zugleich ist es mit der Variante »Wahrheit« als Name eures Parteiorgans im Umlauf. So lassen sich keine Definitionen für die russische Seele finden, doch offenbart dieses Symbol ein heftiges, manchmal rebellisches Verlangen nach einem Gleichsein mit den Elementen; mit ihm wird das Elementare beschworen, von dort aus geht es in ein reichverzweigtes Labyrinth.

Als neulich ein Chor eurer Schwarzmeerflotte bei uns gastierte, stellte ihn ein Showmaster des Westdeutschen Fernsehens so vor: »Hören Sie etwas von der russischen Seele ...«, und dann erklang »Kalinka«. Stelle dazu Wodka und einen Tisch voller Matrjoschkas, dann hast du das Kitsch-Fremdbild beisammen ... Mich indes ergreift der unauflösliche Zusammenhang dieses Wortpaares mit der Vorstellung, daß dies unbeschreibliche Organ den Schriftstellern eurer Sprache Anstoß und Kraft gibt, den Menschen darzustellen in seiner Fähigkeit, sich zu den höchsten Werten in Beziehung zu setzen – und dies in einer Fortdauer, die immer wieder unterbrochen, doch nicht zerstört werden kann, so daß einen aufs neue die entwaffnende Einfachheit verblüfft, mit der solche Erklärungen abgegeben werden: Anatolij Rybakow schließt seinen Roman »Die Kinder vom Arbat« (1988) mit der Hoffnungsformel, daß das »Menschliche im Menschen nie getötet werden kann«. Und ihr selbst wißt ja am besten, daß ihr nicht unter allen Umständen dazu fähig seid, euch daran zu halten. Am meisten aber setzt mich eure Beharrlichkeit in Erstaunen: Durch Jahrhunderte hindurch ist die »russische Seele« ein brennendes Thema – ich hoffe, daß dich meine Annäherung in Perm erreicht... Vielleicht liest du gerade die erste Mainummer der »Literaturnaja Gazeta« mit Jewtuschenkos neuestem Traktat: »Mit den Frauen beginnt das Volk«. Es könnte sein, daß wir beide diesen Text zur gleichen Zeit lesen und so auf eine romantische Weise verbunden sind, denn zwischen den Zeilen lese ich auch dies: Wenn man auch Rußland als ein Ganzes mit dem Verstand nicht begreifen kann, dann kann man doch am Verstande vieler Russen zweifeln, wenn Jewtuschenko ungeschminkt wahre Wirklichkeit enthüllt. Für dich selbst hoffe ich, daß Jewtuschenkos Definition nicht zutrifft, aber es muß wohl wahr sein, wenn er schreibt, daß die Sowjetfrauen heutzutage drei Arbeiten hätten: »die erste Arbeit ist die Arbeit, die zweite das Schlangestehen, die dritte umfaßt Kinder, Haus und Küche«. Wir wollen hier keine soziologischen Vergleiche zwischen unseren Ländern anstellen, aber es erschüttert einen, wenn Jewtuschenko von einem Besuch in der DDR erzählt: da kam eine junge Frau aus dem Altaigebiet – sie hatte für gute Arbeit als Prämie eine DDR-Reise bekommen – und ging in einen Lebensmittelladen, und es gab Wurst und Käse »ohne Schlange«. Sie fiel in Ohnmacht: »Wie soll man das verstehen, sagte sie. Gut, wir haben den Krieg gewonnen, aber die haben ihn erst zu Ende gewonnen. Naja, ich hab nichts dagegen, daß sie jetzt gut leben, aber warum müssen wir so schlecht leben? Warum?« Und Jewtuschenko fügt hinzu: »Gott sei Dank kam das Mädchen nicht gleich nach Westberlin, wo es Läden mit noch weit größerer Auswahl gibt – mehr als 500 Sorten verschiedener Würste.« Es steht mir Häme nicht an, aber das ist mit dem Verstand zu begreifen: nach 70 Jahren kommunistischem Ausschließlichkeitsanspruch... Und doch führt von dieser bitteren Klage, die keine Konsequenzen zieht, auch ein Weg zu unserer russischen Seele. Ich spüre mit einem Mal, wie diese Zauberformeln für manches nicht taugen. Auf der Stelle kann ich Jewtuschenko zustimmen, wenn er sagt:

»Die Mutter ist die erste Heimat eines jeden Kindes«, und ebenso seinem Schlußsatz: »Mit den Frauen beginnt das Volk. Kann man denn ein Volk schätzen, wenn man die Frauen nicht schätzt?« Wie aber, liebe Svetlana, mag es kommen, daß Frauen bei euch noch eher zum Opfer bereit sind? Verwechselt ihr nicht allzuoft Opfer und Gehorsam? Als die Frauen der nach Sibirien verurteilten Dekabristen mit ihren Männern, freiwillig, in die Verbannung zogen, da geschah das Opfer um eines Wertes willen.

»Ohne Literatur kann keine Gesellschaft existieren«

Fjodor M. Dostojewskij, Aussage im Prozeß der Petraschewzen, 1849

Rußlandreise mit der Fregatte »Russkaja Literatura«

In keiner europäischen Literatur sind Schriftsteller so am Mitgestalten eines Bildes vom ganzen Land beteiligt wie in der russischen; gerade die gewaltsam Vertriebenen hören nicht auf, sich um dieses Land zu sorgen.

Gogol, der auch im Ausland weilte, beschwor die Macht der Sprache, die aller Wirklichkeit zum Trotz »selbst in die rauhesten Gemüter ein Gefühl für die Heiligkeit« dessen hineintragen werde, was einem jeden ermögliche zu sagen: auch er habe und sei Teil dieses »russischen Rußlands«.

Früh begegnen wir einer Überhöhung der Bedeutung des Wortes Rußland. Da mischen sich Abwehr, Stolz und Trotz – Europa gegenüber. Jewtuschenko stellte in den sechziger Jahren die suggestive These auf: »In Rußland ein Dichter zu sein, das ist mehr als nur ein Dichter zu sein.« Er sprach dabei nicht von der Sowjetunion.

Derselbe Dichter berief sich als junger Autor in seinem Poem vom »Bratsker Wasserkraftwerk«, in einem »Gebet vor dem Poem«, auf die Großen der russischen Literatur und stellte sich in eine Linie der Fortdauer: Puschkin, Lermontow – bis Pasternak. Dieses Pochen auf Dauer ist auch eine Abwehr gegen die Zeit. Doch geschieht im selben Lande die Berufung auf

Geschichte auch unter dem Aspekt einer vorsätzlich verfälschenden Aneignung. 1970 etwa trug eine reich »illustrierte Geschichte der UdSSR« den Untertitel: »15. bis 17. Jahrhundert« – damals gab es keine UdSSR! Rußland wurde zum Vorfahren des Sowjetstaates hochstilisiert, der auf seine Weise mit profanierten Feiertagen die früheren Kirchenfeiertage zu übernehmen versuchte.

So offenbart sich Macht: Man ist nicht nur derjenige, der man ist, sondern will auch als derjenige gelten, den man vorgibt zu sein. Der Ausweis der Macht – Gogol hat das in seiner Komödie vom »Revisor« enthüllt.

Ein Ausweis von Macht anderer Art sind die Bücher der Klassiker, und klassisch ist dort jedes Buch, das Spuren von Gefahr für Leib und Leben trägt. Von wenigen Ausnahmen abgesehen, ist russische Literaturgeschichte auch Leidensgeschichte. Freilich, die Leidensgeschichte der Autoren des 19. Jahrhunderts ist jeweils eine individuelle. Nur ein Jahrzehnt nach dem Sieg der Leninschen Sowjetmacht wurde genau das wieder eingeführt, das als erste in der Weltgeschichte abgeschafft zu haben man besonders stolz war: die Leibeigenschaft. Die Machthaber der UdSSR waren es, die mit genauen Richtlinien den Künstlern vorgaben, wie und worüber sie zu schreiben hatten. Verstöße gegen diese Vormundschaft, besonders während Stalins Herrschaft, wurden unzählige Male mit dem Tode bestraft. Selbst im inzwischen gemilderten Satzungsentwurf für den sowjetischen Schriftstellerverband heißt es, 1989, daß die »Prinzipien der multinationalen Sowjetliteratur« die der »Parteilichkeit« und »Volksverbundenheit« seien, und bei allem »Pluralismus der Meinungen« seien die Grundzüge des »Leninschen Verständnisses« gültig. Unterwerfung nach wie vor. Aber das Wissen um die Macht der anderen hat einen besonderen Ton in die russische Literatur eingeschmolzen. Und wenn auch die kommunistischen Machthaber mittels Sprache Macht ausüben, es blieb die Widerstandskraft der russischen Sprache selbst, deren »erstaunlicher Wortreichtum«, so Pjotr Kropotkin, nicht nur feine Nuancen für Gefühle bereithält, sondern durch seine Verben eine besondere Form von Beweglichkeit anbietet. Indem im Russischen die Zeiten nicht mit Hilfsverben gebildet werden – wie »ich werde« oder »ich habe« –, sondern durch das Voranstellen von Präfixen an die Verben, lassen sich die Wortstämme leicht in andere Richtungen biegen. Kein Wunder, wenn diese Sprunghaftigkeit, diese Beweglichkeit auch in Bereiche übertragen wird, in denen nicht allein gesprochen, sondern auch gehandelt wird.

Diese russische Literatur gilt immer wieder als die letzte Rückzugslinie der unabdingbaren Liebe zum Land, wenn dies selbst zum Gefängnis geworden war. Zur Entsagung ohnedies durch äußere Umstände gezwungen, kommen Autoren und ihre Gestalten dem zuvor, indem sie Leiden als Grundausstattung des Menschen bezeichnen und ihm so als die stets wichtigere Frage die nach dem Sinn, der eigenen Verantwortung und Entscheidung stellen.

In Romanen und Erzählungen muß das Entsetzen über die eigene Fähigkeit zur Willkür passiert werden, so daß das Entsetzliche überhaupt erst zur Gewissensbildung befähigt. Ich denke an Leskows hinreißende Erzählung »Das Tier«; und von den »großen Fünf« (Dostojewskij, Tolstoj, Turgenjew, Gontscharow und Lesskow) ist der letztere derjenige, dem am meisten die Objektivierung der eigenen Biographie gelungen ist. Er ist der freieste der Erzähler, der sich ohne alle Einmischung ganz seinen Gestalten hingibt.

Rußlands Literatur ist ausgemünzte Erfahrung mit Menschen unter Einbezug von Idealen. Der »Erniedrigte und Beleidigte« sucht Zuflucht dort, wo sein Leiden im übermenschlichen Sinne gerechtfertigt wird. Grunderfahrungen in einer nicht seltenen »Zeit der Wirren«, so der Titel einer Erzählung Alexej Tolstojs, der Rechts- und Verhaltensunsicherheit schmähen das Leben selbst nicht, sie bilden den Antrieb zur Suche nach innerer Freiheit, und Literatur gilt als Instanz, die sich unmittelbar in Beziehung setzt zum letzthin Unangreifbaren, zur Ethik.

Ganz zu Beginn der russischen Literatur, in der »Nestorchronik«, wo die »Taufe der Kiewer Rus« geschildert wird, ist von einer »heiligen Taufe« die Rede, von Christus. Trotz vieler Unterbrechungen blieb der Bezug zu dieser Hinwendung gewahrt, und sie wirkt gerade durch die zeitweise Verschüttung. Wie Sonden reichen Stücke der Literatur immer wieder an das Christentum heran, um in das Alltagsleben den Glanz des Glaubens, des wahrhaft Absoluten hereinzuholen. Neben anderen Bezügen erwähnt Andrej Tarkowskij in seinem Film über den Ikonenmaler Andrej Rubljow (1966) ausdrücklich jene Stelle im Paulusbrief an die Korinther (I,13): »Die Liebe ist langmütig, die Liebe ist gütig, ... sie erträgt alles.«

Dieser Bezug zum Glauben – mit dem offenkundigen Mißverhältnis: mehr unanständige Menschen und Verbrecher bevölkern diese Literatur denn Heilige – offenbart uns ein russisches Verhältnis zum Paradox. Dazu gehört die Selbstverständlichkeit, daß allein das Unbedingte, eben das Letzte von Belang ist. Daraus folgt eine Neigung, Fortschritt und Nicht-Fortschreiten keinesfalls als einander entgegengesetzt zu verstehen. Dazu gehört auch die Betonung des Gefühls, sein Vorrang vor dem Geist. Die Gewißheit des Glaubens ist vorrangig eine der Empfindung. Darum auch der absolute Vorrang der Liturgie in der russischen Kirche. Und von daher läßt sich begreifen, warum die Literatur gleichsam auch eine liturgische Aufgabe in Rußland übernommen hat – ein Dienst am Ganzen. Haben die Chansons eines Okudschawa oder Wysotzkij nicht auch einen liturgischen Anklang?

»O Äcker, Äcker, Äcker,
Du ellenlanges Leid,
Bald pocht das Gestern stärker,
Im Herz strahlt Rußland breit.

Land wilder Überschwemmung
Und stiller Frühlingsmacht!
Ich hab bei Stern und Dämmrung
Die Schule durchgemacht.«

Sergej Jessenin

Dreiklang mit Dissonanzen – Ouvertüre und Hoffnungssalut

Zum Bau des Buches

Rußland ist mit dem Verstand nicht zu begreifen, aber seine Literatur ist auch eine Schule der Liebe. Eine Liebeserklärung an diese Literatur: das ist die erste Absicht meiner Zusammenstellung.

Wenn westdeutsche Politiker immer wieder beteuern, gerade Außenpolitik müsse »berechenbar« bleiben, dann schmunzelt mancher Russe: wer sich so verhielte, opferte ein Reservat an Freiheit. Das Drunter und Drüber, das bei starkem Seegang erst nach Planken der Gewißheit greift – das liegt manchem Russen mehr.

Durch ein Portal mit Scheckenflecken führt der Weg – das Gescheckte, das Befleckte ...

Zeitlebens hat sich Dostojewskij bemüht, den geheimen Motiven und Verhaltensweisen seines Volkes auf die Schliche zu kommen. Er weigerte sich, das Widersprüchliche mit einem Mechanismus der Seele zu erklären – unter bestimmten Bedingungen verhalten sich Russen so... Gleichwohl kannte er den teuflischen Mechanismus solcher Verhaltensweisen. Sein lebenslanger Kampf galt der Befreiung aus eigener, letztlich selbstverschuldeter Gefangenschaft. Ein Motiv seiner Ungeduld hat Manès Sperber in seinem Dostojewskij-Essay enthüllt: Wer »die Spannung der Erwartung nicht ertragen kann«, setze »alles auf eine Karte«, denn »der sonst stets weitgespannte Bogen zwischen Anfang und Ende, Absicht und Ergebnis, ist dem Spieler eine unerträgliche Zumutung«. Dem Kampf mit dem Unerträglichen liegt die Sehnsucht zugrunde, der unbekannten höchsten Autorität, die zum Leben auffordert, als Ebenbürtiger entgegenzutreten. Hier findet sich eine Wurzel von Dostojewskijs Radikalität.

Dieselbe Grundgewißheit setzt Andrej Sinjawskij, der unter dem Namen Abram Terz schreibt, ein Jahrhundert später fort. Demnach gelte noch immer für den Russen das Wissen, daß er nichts zu verlieren habe. In diesem Eingeständnis offenbart sich Selbstgewißheit – daß eben dieser letzte Hort niemandem geraubt werden könne.

Valerij Tarsis beschreibt die als gültig empfundene, das Leben in Rußland bestimmende Spannung als zwischen Wahrheitssuchern und Teufelsbrut. Nicht der Heilige und der Sünder bilden das Gegensatzpaar, da der Heilige ja stets sündigt, sondern der Heilige und der Gerechte.

Die nun folgenden Gedichte stehen für eine vorbehaltlose Bejahung des ganzen Landes über einen Zeitraum von mehr als einem Jahrhundert hinweg. Sie gehören zu einer Vielzahl thematisch ähnlicher Gedichte, die »die Weite, welche Traurigkeit« (Sologub) oder das »unbefleckte Geheimnis« (Blok) preisen. Manchmal muten sie auch an wie Freibriefe für die dann oft allzu früh erfolgte Kapitulation vor einem Mächtigen. In der Summe des Geglückten aber wird das echte Rußland geglaubt, gerade wenn man Artjom Wesjolys Roman als symbolischen und stets gültigen Titel voraussetzt: »Rußland mit Blut gewaschen«.

Mit Wjasemskijs Gedicht vom »russischen Gott« wird eine,

wenn hier auch negative Beschwörung eines russischen Mythos aufgegriffen, der seit 1794 als fester Topos im Umlauf ist: Gott mit dem »adjectivum nationale« als Sonderform der Übertreibung. Darauf gründete dann die Verklärung des »Arm-Seligen« und des russischen »Duldervolkes«. Darin ist auch ein Ausdruck von Selbstbefriedigung zu erkennen und dieses Zwiespalts: gerade die Beschwörung des »Gewissens« entsetzt den Handelnden von eben diesem »inneren« und »unbestechlichen Zeugen« der eigenen Tat.

Um 1860 hat ein Kenner der russischen Sprache und ihres Wörterbuches russische Sprichwörter gesammelt: Wladimir Dal. Das Sprichwort hat etwas vom Durchhauen des Gordischen Knotens, ein Verlangen nach Gewißheit, gepaart mit Augenzwinkern über Volltreffer der Selbstentlarvung.

Zum besonderen Charakter der Selbstdarstellung gehört die Wiederholung von Bildern, die das Gewünschte bis zum für alle verbindlichen Mythos erhebt. Tolstoj hat in seiner frühen Erzählung über »Sewastopol« die Schonungslosigkeit des Krieges dargestellt und daraus die Beschwörung der »Kraft des russischen Volkes« abgeleitet, die in ihrer Idealität der Wirklichkeit stets überlegen ist.

Unvollständig wären diese Selbstbildnisse ohne die Abscheu vor dem mathematischen Korsett. Dostojewskij greift hier das Thema auf. Die eigene Entscheidung an sich muß aus Gründen der Selbstachtung höher stehen; in diesem Falle sind Irrationalität und Beharrlichkeit eng miteinander verbunden.

Alexander Bloks Überlegungen, kurz nach der Oktoberrevolution niedergeschrieben, fügen dem die Überzeugung an, daß Freiheit besser im Sturm, wider »mathematische Logik« oder organische Prozesse zu gewinnen sei. In diesem Text ist die Übertreibung besonders aufgeblüht. Auch da ist eine Abzweigung und Fortdauer zu beobachten: mit der Berufung auf die Macht der Schrift, auf ihre Autorität arbeitet das Leninsche Herrschaftskonzept, allerdings in totaler Verengung. Diese negative Form von gehorsamer Übertreibung könnte ein Fotobuch illustrieren, das alle Plätze in Orten der UdSSR zeigt, auf denen Lenin mit stets gleicher Geste steht.

Im Gegensatz zur deutschen Philosophie kennt die russische keine strengen Schulen oder Systeme – der Marxismus ist ja Import. Das Philosophieren galt, von wenigen Ausnahmen abgesehen, als Aufgabengebiet der Literatur. Doch war es ein Philosoph, Simon Frank, der 1925 ein »Streben nach Ganzheit«

als den bedeutsamsten Charakterzug der russischen Seele darlegte.

Unter diesem Umfassungssymbol ist Bukowskis rigoroses Verlangen nach dem »Kriterium der Wahrheit« als Fortsetzung zu verstehen: Ein Autor, der erst im Austausch mit dem chilenischen KP-Chef Corvalan in Freiheit kam.

Es war eine Überraschung, als der 1906 geborene Dmitrij S. Lichatschow, ein Kenner der altrussischen Kultur und Literatur, 1988 in der »Literaturnaja Gazeta« einen umfangreichen Essay mit der Überschrift »Rossija« veröffentlichte und dabei kein einziges Mal von der Sowjetunion, sondern von dem aus der Ukraine, Weiß- und Großrußland gebildeten »Rußland« sprach. Dieser Beschwörung des russischen Selbstwertes – mit eindeutig christlicher Herkunft – ging vier Jahre zuvor eine »Anmerkung über das Russische« voraus, worin Lichatschow als unabdingbar zum russischen Selbstverständnis drei Werte zählte: »Natur, Heimat und Güte«. Er zeigte dabei auch eine Grundierung des Wortes »Natur« durch drei verschiedene Worte: »Svoboda, volja und privolje«. Das erste läßt sich eindeutig mit Freiheit wiedergeben, dagegen schillert »volja« in verschiedene Richtungen: Wille, Wunsch, und in der Verbindung von Belieben und Macht. Auch »privolje« hat doppelte Bedeutung: weite, offene Fläche und volle Freiheit im Sinne von sorglosem Leben. Auch da die Neigung zur Beschwörungsformel: »volja« als »Sorglosigkeit und glückseliges Versinken im Bestehenden ...«

Durch viele Jahrzehnte hindurch laufen die Verbindungen solcher Vorstellungskräfte: Gogols »Vermächtnis« aus dem Jahre 1845 fordert, daß nur derjenige Rußland verstehen könne, der es liebe. Diese Variante des Übertreibens – »an Rußland kann man nur glauben« – entspricht einer Forderung nach Bedingungslosigkeit – der Liebe. Darin steckt der Wunsch, es Gott gleichzutun in jenem »also hat Gott die Welt geliebt ...« Damit wird Rußland unter dem Blickwinkel seiner jeweiligen Staatsform zweitrangig. Wenn dann nicht Ziele als Ideal gelten, sondern der Antrieb dazu, so liegt dieser Vorstellung die Erfahrung zugrunde, daß sich ein jeder stets nur als ein Werdender empfinden kann; dem Abgeschlossenen kommt dann nur relativer Wert bei. Alles Feste hat dann nur die Stabilität einer Oase unterwegs. Dabei fällt es dann schon leicht, zu verstehen, daß als eine Antwort auf die oft beschworene Formlosigkeit Rußlands ein Kreis von Intellektuellen sich zu Beginn dieses Jahrhunderts zu den »Formalisten« zusammenschloß, um so radikal wie nur möglich mit strengen Formen zu arbeiten, nur das gelten zu lassen, was man als »Fakt« beschreiben kann.

Und wieder ist es ein Aufleuchten von fortgesetzter, wiewohl oft unterbrochener Tradition, wenn 1984 der Filmregisseur Andrej Tarkowskij in seinem Buch »Die versiegelte Zeit« gleichsam Gogol fortsetzt und seine Gedanken über Opfer, Leiden, Freiheit und Liebe verficht. Er, jahrelang in seiner Heimat verfehmt, 1986 in Paris gestorben, wurde erst postum als zum »sowjetischen Film« gehörig offiziell anerkannt.

Vor diesem Hintergrund leuchtet Wassilij Grossmans Schärfe ein, mit der er der Versuchung widerspricht, solche Mythen einer stets lauteren russischen Seele als Selbstbetrug und zur Unterdrückung einzusetzen. Mit seiner Absage an den Mythos von der »weiten und gutmütigen russischen Seele« greift er eine Formulierung aus Dostojewskijs »Schuld und Sühne« auf: da hatte Dostojewskij 1865 neben dem Problem der »Selbstermächtigung« eine seiner Gestalten aufschreien lassen, was wie eine Vorahnung künftiger Dummheit anmutet: es war ein Aufschrei gegen die »Abneigung gegen den organischen Prozeß des Lebens. Eine lebendige Seele können sie eben nicht brauchen! Eine lebendige Seele will leben, eine lebendige Seele läßt sich in keinen Mechanismus einspannen, eine lebendige Seele ist verdächtig...« Im »Glückseligkeitszuchthaus« wäre nur noch eine »Sklavenseele« gefragt, und dies sagte ein Mann namens Rasumichin, dessen sprechender Name ja wie eine Verhöhnung des Verstandes-Menschen klingt, eine Parodie auf den selbstherrlichen »razum«, den Verstand.

In diesem Rückgriff auf ein Bild Dostojewskijs bestätigt Grossman unwillentlich einen anderen Mythos: den der Unbesiegbarkeit der russischen Literatur, denn nach Beschlagnahme seiner Manuskripte und der Zeit des Totschweigens wird auch dieser Autor in seiner Heimat nun wieder offiziell anerkannt.

Nach dieser Dissonanzen-Ouvertüre beginnt, in vier Kapitel gegliedert, die Sammlung von Quellentexten. Sie besteht ausschließlich aus Werken der Literatur. Ich habe auf das Drama ebenso verzichtet wie auf die Gattung der Satire, auch auf die politisch akzentuierten Streitschriften gehe ich nicht ein. In diesen vier Kapiteln habe ich Erzählungen, Prosa, einige Gedichte und wenige Romanauszüge zusammengefaßt als einen greifbaren Ausdruck russischer Seele.

Die Einschränkung, die der Titel dieses Buches beinhaltet, eröffnet gleichwohl den Nachvollzug beschriebener Erfahrungen – beginnend mit der Urheimat Kindheit.

Heimat, mitgeteilt in der Urerfahrung der Kindheit: Gontscharow stellt die Übereinstimmung von Menschen mit den Gezeiten der Jahreszeiten in vertrauter Landschaft in »Oblomows Traum« dar.

Die Spannung zwischen Geborgenheit und Willkürmacht, der in Ansätzen Widerstand entgegengebracht wird, schildert Aksakow. Ernst Jünger machte in seinen Tagebüchern als erster auf diesen Schriftsteller bei uns aufmerksam, dessen Gesamtwerk auf deutsch noch nicht vorliegt.

Zum Glauben an Rußland gehören Versuche, einer zumeist als wild erlebten Natur standzuhalten: hier nicht vertreten durch das Schneesturm-Motiv eines Puschkin oder Tolstoj, auch nicht durch den »Heroismus« der frühen Sowjetzeit, sondern von Rußlands erstem Nobelpreisträger Bunin.

Zur Mitgift der Kindheit zählen Erfahrungen von Grausamkeit. Wieder ist es Dostojewskij, der in »Raskolnikows Traum« eine Maßeinheit dieser ungewöhnlichen Elle vorgibt.

Dasselbe Thema wirkt fort in den Erzählungen von Olescha und Schmeljow, den es neu zu entdecken gilt. Und erneut ist es dann Dostojewskij, bei dem das Phänomen der Grausamkeit eindringlich ergründet wird. Solche Erfahrungen wirken als Trauma fort – »unsere russische, unsinnige, nutzlose große Tiefe«, klagte Andrej Tarkowskij in seinem Tagebuch »Matryrolog«, und er selbst hat diese Traumata umgewandelt zu Sinnbildern, so wie Dostojewskij in mehreren Anläufen das Erlebnis seiner Scheinhinrichtung zu überwinden versuchte.

Auf schwankendem Grund haben Naturschilderungen ihre besondere Bedeutung. Darin eingewoben sind Turgenjews »Aufzeichnungen eines Jägers« mit jenem Staunen über die Selbstverständlichkeit des Sterbens des russischen Menschen. Doch nicht dies, auch nicht die Birken oder »der Wald«, wie bei Korolenko oder Melnikow, oder Anna Achmatowas Gedicht auf eine abgehauene »Weide« steht als Symbol für die geschwisterliche Nähe und Liebe zur Natur, sondern Solschenizyns Studie über Jessenins Heimat und Prischwins Hymnen an die Fähigkeit zur Freude.

Wie Tschechows »Insel Sachalin« in einer Traditionskette der Gefangenschaftsberichte steht, so gehören auch Stepuns »russische Eisenbahnen« in einen thematischen Zusammenhang: ein

Typus der Forschungsreise, die nicht nur das Aroma der Reise schildert, sondern auch die Fähigkeit bezeugt, in jeder Lage Sinnbilder zu beschwören, die allein durch die Literatur in diesem Leser-Land geläufig sind.

Karamsins »Briefe eines russischen Reisenden« (1789) von einer Reise nach Deutschland sind bekannt; kaum zur Kenntnis genommen wurde die beinahe zeitgleich erschienene »Reise von Petersburg nach Moskau«, die ihrem Autor 1790 zunächst die Todesstrafe, dann »Begnadigung nach Sibirien« einbrachte. Die subjektive Literatur beginnt in Rußland mit Radischtschews fingiertem Reisejournal; es schließt mit einer Attacke gegen jegliche Zensur. Reise wird hier verstanden als Unterwegssein in ethischer Mission; Gogol hat dasselbe Motiv in seiner Komödie vom »Revisor« aufgegriffen.

Ein anderes Echo auf Radischtschews Reise gab Puschkin 1836 mit Einwänden – auch er argumentiert mit scheinbar gesicherten Verallgemeinerungen: »Seht euch den russischen Bauern richtig an: Ist auch nur eine Spur von sklavischer Unterwürfigkeit in seinem Auftreten, in seinen Worten? ... Natürlich braucht es noch großer Veränderungen: aber man soll die sowieso recht tätige Zeit nicht noch drängen. Die besten und dauerhaftesten Veränderungen sind die, die wir einer bloßen Verbesserung der Sitten verdanken, ohne die gewaltsame politische Umwälzung, die für die Menschheit furchtbar ist«. So reichen Autoren verschiedener Generationen einander die Hand, Schreiben gleicht dem Offenhalten einer eisfreien Verbindung: zum Geistigen, zum Ethischen, zum Glauben.

Auf dieser krummen Linie der Kontinuität fügen sich dann Bilder von zwei Hauptstädten an: von den Zeitgenossen Wosnesenskij und Kuschner. Der eine bestätigt den Glauben an die innere Unversehrbarkeit der Stadt, der andere veranschaulicht die Fähigkeit, in vielen Zeiten zugleich zu Hause sein zu können. Dabei weist Brodskij, nach Pasternak wieder ein Nobelpreisträger, auf die verheerende Wirkung der ersten Lüge hin.

Rußland – ohne Sibirien ist es nicht vorstellbar. Der dort geborene Erzähler Rasputin schildert es ohne Romantik, gleichwohl mit der Leidenschaft zur unerschütterlichen Bindung.

Jewtuschenko, ebenfalls gebürtiger Sibirier, der mit mythischen und provozierenden Bildern begann, der trotz Kritik nie mit dem eigenen Land brach, der um seine Vorzugsstellung weiß, hat trotz polemischer Eindeutigkeit früherer Gedichte erst in der Ära Gorbatschow offene Prosa veröffentlicht, die Mißstände beim Namen nennt. 1988 ging er, als Parteigänger von Perestrojka und Glasnost, mit der oft beschworenen und zugleich fatalen Kunst des Duldens ins Gericht.

Erst durch Verlust und Zerstörung begriff Solouchin die geistige Heimat, die von Ikonen gestiftet wurde: 1969 erzählte er von Rettungen dieser schwarzen Bretter, die mehr sind als nur Restaurierungen. Ein neu gewonnenes Verhältnis zum göttlichen Bild leuchtet auf.

Zeit wird in Rußland von vielen Schriftstellern als Raum begriffen; dadurch spielt die Zeit eine weniger bedrohliche Rolle – und genauso gültig wie im Entstehungsjahr 1882 ist Turgenjews Hymne auf die russische Sprache: auch sie ein Synonym für Heimat. Dieselbe Kontinuität taucht später bei dem im Pariser Exil lebenden Maximow auf: unverändert die Aufgabe der russischen Literatur, zu beiden Seiten des Abgrunds den »ewigen Kampf des Gewissens« darzustellen, das Gewahren der Kluft zwischen Ideal und Wirklichkeit.

Zu Rußland gehört die Schärfe des Nebeneinanders. Wie die Ikonostase ohne Christus-Ikone unvorstellbar ist, so gehört zu Menschenbildern, neben Verbrechern, das Erkennen Christi im Nächsten. Über ein Jahrhundert auseinander und nah beisammen sind zwei Prosastücke von Terz und Turgenjew: »Das häßliche Mädchen« und »Christus«.

In der Folge von Porträts, zu denen ich auch Jewtuschenkos »Ehrenerklärung« aufnahm, da sie durch das Ideal eben das Defizit im tagtäglichen Leben darstellt, schildert Below einen Anker – die legendäre Babuschka, die Großmutter, inmitten gefährdeter Ehen. Dabei wäre auch an Schukschins Erzählung »Ich glaube« (1977) zu denken, wo ein Mann einem Popen gesteht: »Die Seele tut weh ...«

Als Kontrast zum Rauhen und Groben Nabokovs Einladung, immer wieder Tschechow zu lesen, dessen »Der Dicke und der Dünne« vor dem Hintergrund der zaristischen Beamten-Rangtabelle zu sehen ist: 14 Stufen im militärischen wie im zivilen Bereich legten damals mit Titel und Anredeformen die Pyramide der Gesellschaft fest; ›der Dicke‹ ist dabei ganz oben, als Geheimrat schon auf Platz drei, während ›der Dünne‹ als Kollegienassessor eben den 8. Rang einnimmt.

Im heutigen Rußland, das laut eigener Definition eine klassenlose Gesellschaft sei, sagen die Menschen ganz einfach »Nomenklatura« zu den höheren Rängen, die u. a. in priviligierten Geschäften einkaufen können.

Im Chor der Gefangenen eine Frauenstimme: Irina Ratuschinskaja, erst 1987 freigelassen. Mit ihrem Bericht gehört sie zu den ermutigenden »Aufzeichnungen aus einem Totenhaus«, worin einst Dostojewskij (1861) die Vielfalt der Menschen kennenlernte: »Die Wirklichkeit ist unendlich mannigfaltig im Vergleich zu allen, selbst den ausgeklügeltsten Ergebnissen abstrakten Denkens und verträgt keine scharfen und groben Unterscheidungen.« Zugleich sind solche Dokumente im Zusammenhang mit Solschenizyns Lagererfahrungen zu sehen. Im Folgeband zum »Archipel Gulag« (»Seele und Stacheldraht«) hat er die eine Kardinaleinsicht festgehalten: »Einfach am Leben bleiben heißt jedoch nicht um jeden Preis. Um jeden Preis, das heißt um den Preis des andern.«

Von dieser »Seelenscheide« handelt auch Lesskows Erzählung von einem Gerechten. Sein »Wachtposten« sorgt durch die Rettungstat für Verwirrung, zugleich offenbart dieses Idealbild, wie hier Schuldfähigkeit und Vergebung als christliche Haltung möglich sind.

»An Rußland kann man nur glauben« – das bedeutet auch glauben an die Befähigung, daß in diesem Lande immer wieder Menschen geboren werden, die über ihre Landesgrenzen hinaus ein Opfer bringen und ihm dadurch die Sphäre des Geistigen, bis hin zum Glauben, erschließen. Das bedeutet auch, daß im Alltagsleben eine Vorstellung von einer zusammengefaßten Kraft, Rußland, fortbesteht, die sich der Beschränkung auf die Ausrechnung – sei es Bruttosozialprodukt oder Waffenstückzahl – widersetzt. Im Verbund mit dem ganzen Volk kommt dem Einzelnen ein ungeheuerer Wert bei: es ist der Gewissenhafte, dessen »im Inneren ist's getan« (Ernst Jünger) wie eine Strahlung weiterreicht. Dieses »im Inneren« trifft eine Vorstellung von Seele überhaupt; in der französischen Übersetzung der »Strahlungen« Ernst Jüngers lautet der Satz so: »Car tout est accompli dans l'âme«. Gleichwohl gehört zu den russischen Idealvorstellungen von »der Seele« auch die liebevolle Zuwendung zum anderen – die Seele des anderen »pflegen wie einen Garten«, so heißt es in Manès Sperbers »Sokrates«.

Funktionieren, Produzieren, Mehrwert und Wettbewerb – alles schön und gut; wenn das allein den Menschen ausmachen sollte, kann man ihn gleich auf die Müllkippe werfen. Gleichgültig, ob ein russischer Dichter wie Andrej Bjelyj in seinem Roman »Petersburg« (1905) die bis dahin herkömmlichen Formen des Romans sprengte, ob Majakowskij blindlings an die Verheißung der Weltrevolution glaubte: das alles gründet auf einem Menschenbild, das dem Einzelnen einen Rang einräumt, der dem Universum gleicht. Der Mensch muß als undefinierbar eingeschätzt werden, nicht als blanke Produktionsziffer.

Mag die russisch-orthodoxe Kirche auch in vielen Bereichen versagt haben, eine Grundlage hat sie in Rußlands Geschichte gelegt: Sie hat Gemeinschaft gebildet, die den Menschen und die Heiligen umfaßt, und sie hat den Dienst als Form der Verherrlichung anschaulich gemacht. Sie hat, allen Verfehlungen und Unterwerfungen dem Staat gegenüber zum Trotz, die Gewißheit im Menschen gebildet, daß ihn etwas adelt, was kein Mensch verleihen kann – die unermeßliche Gnade, die letzthin jedes Verbrechen als Belanglosigkeit erscheinen läßt, wenn nur der Mensch sich auf die Liebe einläßt. Während westliche Filmemacher von der Jagd nach zählbarem Erfolg geplagt und verblendet werden, so daß reine Unterhaltung schon als hohes Gut in Umlauf kommt, schrieb Andrej Tarkowskij 1970 in seinem Tagebuch: »Die Religion ist die einzige Sphäre, die dem Menschen zur Erfassung des Allmächtigen zur Verfügung steht.« Da steckt auch das begierige Verlangen nach einer Objektivität, die dem Menschen zumutet: vor Gottes Objektivität vollkommen nackt zu erscheinen, wie im Alten Testament.

Um diese geistige Dimension Rußlands zu erhärten, geht in der russischen Literatur eben nicht nur der Mensch, sondern sogar die Gottesmutter – für den Menschen – durch die »Höllenqualen«. Und wir finden die Tradition dieses Opfergangs in vielen Beispielen. Für mich verkörpert ihn am anschaulichsten Dostojewskijs zweite Frau, die nicht nur Kleider und Schmuck dem Spieler opferte, sondern ihr ganzes Leben. Dostojewskijs grandioser Dank war der einfache Satz: Ich erkenne meine Freunde an ihrem Verhalten meiner Frau gegenüber. Finden wir auch in beider Verhältnis Spuren der Eifersucht, im Letzten überwiegt das verwirklichte Ideal menschenmöglicher Treue, unabdingbar, bedingungslos, wie es im Paulusbrief an die Korinther als Ideal entworfen ist.

Jener frühe apokryphe Text vom »Gang der Gottesmutter durch die Höllenqualen« begründete mit die Vorstellung von der Seele als Gottes Mitgift und ebenbürtiges Organ des Menschen – für ihn, für das Erbarmen mit dem anderen. Auch das Mit-Leiden des Dichters und Religionsphilosophen Solowjow beruht auf dieser Botschaft und Verheißung.

Das Suchen und Werden als einen Seelenweg des Durstes

nach Glauben zeichnen die »Aufrichtigen Erzählungen eines russischen Pilgers« nach, Vorbilder für die lebenslangen Pilgerreisen von Figuren Dostojewskijs und Lesskows, auch einiger von Tolstoj.

Nahe beieinander stehen auch Volkstheologie und Märchenmoral. Ein Märchen, um 1900 im Weißmeergebiet aufgezeichnet, belegt das. Da verwundert es nicht mehr, daß 1956 Pasternak die Seele in Verbindung mit Gewissensnot brachte – es ist des Menschen wachstes Organ, und wenn er es nicht verdeckt, das unbestechlichste.

Nach 1917 hat Rußland, in einem Schlag, zweierlei nachgeholt: Reformation und Renaissance. Die bis zum Brutalen reichende Trennung von Staat und Kirche, und die Feier der Selbstherrlichkeit des Menschen, der sich suggeriert, alles allein schaffen zu können. Die tollwütige Vernichtung der Kirchenwelt durch die Kommunisten gelang aber nicht nach Plan. Inseln und Oasen hielten sich.

Wladimir Lindenberg, 1902 geboren, mit einer Kindheit in einem ehemaligen Tatarendorf vor Moskau, früh nach Japan und China gekommen, als Fünfzehnjähriger vor dem Erschießen durch einen ehemaligen Kutscher (als Rotarmist) gerettet, hat in seinen Büchern, die er erst nach Emigration und Verhaftung durch die Nationalsozialisten (als Arzt) schreiben konnte, immer wieder von der Kirche als dem »himmlischen Zuhause« geschrieben. Er empfand es nicht als erniedrigend, daß in der Ostkirche der Gläubige nur »sehr selten« eine aktive Rolle in der Liturgie spielte. Er verstand es als Geschenk, daß man als Beter vor der Ikone stand, »die die Gegenwart göttlicher Kräfte symbolisiert«. Auch wußte er um die immerwährende Ausstrahlungskraft dieser Beständigkeit. Auf den Ikonen wird immer das Gold den Himmel verkörpern; das Weiß ist die Farbe der Reinheit; Purpur »geziemt Kaisern und Königen«; die Erzengel, »als Botschafter Gottes«, tragen stets »rote Gewänder«; Blau »ist die Farbe des Himmels«, Grün die »Farbe des Heiligen Geistes« und Braun »die Farbe der Erde«. Lindenberg erlebte das noch: jede »Kleinigkeit« hat ihre »verborgene symbolische Bedeutung«. Auch das macht den Reichtum der russischen Seele aus: zugewandt einer Dimension, die das Vertrauen nicht auf menschlichen Verstand gründet.

In dem längst verschollenen Roman »Unersättliche Seelen« hat Iwan Naschiwin nicht nur das Scheitern von Künstlerfiguren in der revolutionären Zeit geschildert, hier leuchtet noch einmal im Bewußtsein der Hauptfiguren das mittlerweile ohnmächtig gewordene Erinnern der klassischen russischen Literatur auf – und so gewinnt die Atmosphäre eines unersättlichen Lebens auch die Aura des Karfreitags: der Schmerz über den Bruch, der Schmerz der Selbstherrlichkeit, die sich allein nicht zufriedenzustellen vermag.

Nach Jahren der staatlich legitimierten Ausrottung von allem, was nach Christentum roch, tauchten plötzlich 1987 in der nach wie vor bedeutendsten russischen Monatsschrift »Novyj Mir« Gedichte einer Frau auf: Marija Awwakumowa, die mit ihrem Namen den des unerschrockenen Bekenners Awwakum fortführt – »Palmsonntag«. Mein Lehrer Joseph Schütz hat eines übersetzt mit Gespür für den besonderen Charakter. Wir im Westen staunen bei solchen Gedanken stets aufs neue über die »U-Boot-Fähigkeit« vieler Russen: über lange Zeit die Luft anhalten zu können, schweigen, abtauchen, um dann unversehrt wieder aufzutauchen.

Gleichen wir nicht, hüben wie drüben, dem ungläubigen Thomas, der sichtbare Zeichen braucht, um glauben zu können? Das Beispiel von Emmaus: wenn es gelänge, dies unter alltäglichen Umständen zu erfahren... Fjodor Sologub hat es in seinem »Weg nach Emmaus« beschrieben.

Gilt uns in Deutschland, trotz aller Geschäftigkeit, nach wie vor Weihnachten als das Fest des Christentums, so gründet die Ostkirche auf Ostern. Die Mitte dieses Glaubens ist Ostern. Dostojewskijs letzter Roman, die »Brüder Karamasow«, endet ja mit einem gemeinsamen, beinahe fröhlichen Bekenntnis zur Auferstehung. Auch dieses Geheimnis ist mit dem Verstand nicht zu begreifen: es setzt den vorbehaltlos Glaubenden voraus.

Da schildert Gogols »Ostersonntag« keine Kirchenlehre, sondern angesichts dieser einzigartigen Heilsbotschaft das Nichtheranreichen des Menschen an sie. Gleicht diese Liebeserklärung nicht einem unaufhörlichen Liebesvorschuß?

Dem folgt hier Solschenizyns Klageschrift »Osterprozession« als Spießrutenlaufen inmitten höhnischer Zuschauer, denen angesichts der technischen Errungenschaften solche Gefühle wie ein Rückschritt erscheinen. Und dennoch wittern sie, daß bei solcher Demut etwas anderes im Spiel ist; die Rangtafeln jedweder menschlichen Ordnung können das Letzte nicht sein.

Abram Terz vertiefte dieses Selbstverständnis des Glaubens, indem er Verstehen einem andauernden Erringen unterstellte.

Zum besonderen Charakter der Selbstbildnisse der russischen

Seele gehört auch, daß in Tolstojs Roman »Auferstehung« dem Zauber der Osterfrühmesse bald ein Höllensturz folgt: sein »Gefängnisgottesdienst« als Gipfel der Blasphemie. Der Zorn eines Menschen über das Beibehalten von Ordnungen, die im tagtäglichen Leben längst erloschen. Ist nicht in Tolstojs Infamie auch eine Hoffnung?

Die Schwierigkeit, hier mit Adjektiven genauer zu beschreiben, deuten Rosanows Aphorismen an: die Balance zwischen Unterwerfung und freiwilliger Zustimmung.

Als Edzard Schaper den Heiligen Drei Königen in einer Erzählung noch einen vierten beigesellte, war dieser ein russischer, der mit einem zottigen, »unverwüstlichen russischen Pferdchen« sich zum Stern aufmachte. Ein Roman Schapers trägt den Titel »Die sterbende Kirche«; daß der christliche Glaube in Rußland nicht starb, dazu trägt auch die Literatur ihren Teil bei. Turgenjews »Gebet« hat gar nichts mit Frömmigkeit zu tun; es vereint die Summe aller Widersprüche, die Angst vor Form und Formel, und deutet das Unendliche im wahrhaften Gebet an.

Brodskijs Klage über den Abriß einer Kirche – eine »Haltestelle in der Wüste« – ist auf seine Weise auch ein Gebet.

Solschenizyn hat einmal einen Zusammenhang zwischen Revolution und Religion hergestellt: ein Grund für die Unterwerfung sei, daß man den Menschen eingetrichtert habe, daß es stets nur »auf das Resultat« ankomme, und zum »Trug aller Revolutionen« gehöre es, vorgeblich die »Träger des Bösen« zu vernichten (und damit auch die »des Guten«), indes man »das Böse selbst« übernehme, während es die Religionen seien, die »das Böse im Menschen« bekämpften. Reinhold Schneider hat in seiner Studie über den »altrussischen Glauben« auf die »unauflösbare Einheit« von »Symbol und Gehalt, Zeichen und Lehre« hingewiesen; bei allem Streit um Glaubenswerte mache »Größe und Kraft der russischen Seele« auch das »Wissen um den Sinn der Krankheit« aus sowie die Fähigkeit, »sich vor dem Gegner zu demütigen«, und er kam zu dem Schluß, daß Geduld, Zuversicht und »die Kraft des Leidenden« letztlich »die stärkere geschichtliche Macht« seien.

Zu dieser Macht gehört in Rußland die »Göttliche Liturgie«, deren Wirkung Gogol so eindringlich beschreibt.

Schließlich als letztes in diesem Kapitel ein Bild. Angesichts von Holbeins Gemälde »Der tote Christus«, das Dostojewskij in Basel 1867 so sehr ergriffen hat, schreibt er über die engste Stelle, den Paß, über den man zum Glauben an die Auferstehung gelangen kann. Seine Begegnung mit diesem Bild hat er in seinen Roman »Der Idiot« eingebracht.

So wundert es nicht, daß in den sechziger Jahren dieses Jahrhunderts Tarsis seine Hoffnungen auf Rußland auf eine der Karamasowschen Brüdergestalten setzt. Auch das eine Form von Glauben: an die Erneuerungsfähigkeit des Landes durch einzelne; voller Zuversicht und immer »auf dem Weg«, wie es zwei Gedichte anschaulich machen – von Puschkin und dem Zeitgenossen Tschuchonzew, und die Angstträume Remisows.

»Nein, es ist kein Widerspruch, daß ein persönlicher Charakter nicht nur Ausdruck seiner selbst, sondern auch eines größeren Charakters ist, und daß dieser größere Charakter wiederum sich durch tausend Persönlichkeiten offenbart, ähnlich wie die Natur sich nicht begnügt, die Idee eines Tieres, etwa einer Muschel, in einer einzigen Form zu verwirklichen, sondern in einem überreichen Spiel selbst die entferntesten Möglichkeiten dieser Idee zu erschöpfen strebt. Diese Mannigfaltigkeit der Einheit und die Einheit im Mannigfaltigen macht jene sinnvolle Fülle des Lebens aus, die uns immer wieder des Atems beraubt.«

Ernst Jünger, Vorwort zu »Die Unvergessenen«, 1928

»Die Widersprüchlichkeit der menschlichen Seele, die ihrer Einheit und Ganzheit sonderbarerweise keinen Abbruch tut, ist ja einer der Hauptgründe für ihre Stabilität im Leben.«

Fjodor Stepun, Das Antlitz Rußlands, 1961

Russia, la Russie, Rosja, Rußland – ein Machtwort

Nur ein Land auf dem eurasiatischen Kontinent hat sich seit seiner Fassung als Staat auf Kosten anderer bis zum Jahr 1945 wie kein anderes vergrößert: Rußland.

Aus der Keimzelle des Kiewer Reichs wuchs es; den großen Landgewinn unter Katharina II. übertrumpfte nur einer, Stalin.

Nur ein Land ist bislang den Fängen des großen Ostreiches wieder entkommen, Finnland.

Nur ein Land in Europa hat 1917 so radikal seine eigene

Staatsbezeichnung gewechselt, daß es nach offizieller Darstellung dies gar nicht mehr gibt, Rußland.

Aber die größte Teilrepublik der Sowjetunion ist die »Russische Sowjetische Föderative Sozialistische Republik« (RSFSR), die das altertümliche Adjektiv »rossijskaja« beibehält.

Die erste Strophe der Nationalhymne der UdSSR besingt den »unerschütterlichen Bund freier Republiken, den auf ewig die Große Rus zu einer Einheit zusammenschweißte...« Rußland blieb als Kern, nur Stalin verschwand aus der dritten Strophe als »Erzieher«, statt seiner rückte »Lenins Partei« nach.

Nur in einem Bereich lebt das Wort Rußland ungebrochen fort: noch immer ist der Patriarch von Moskau auch der von ganz Rußland. Der prawoslawischen Kirche, die sich selbst als die rechtgläubige bezeichnet, steht der Allerheiligste Patriarch vor – »Moskovskij i vseja Rusi«.

In der Union der sozialistischen Sowjetrepubliken blieb eine Sprache die beherrschende, das Russische.

Seine Ausstrahlung ist auch als Macht spürbar. In der Übersetzung des Staatsnamens sind uns alle Lehnwörter aus dem Lateinischen vertraut – Union, sozialistisch und Republik, nur das Machtwort »sowjet« (der Rat) blieb weltweit unübersetzt. Solche Anerkennung ist auch Gehorsam.

Seit 1986 sind »Umbau«, Perestrojka, und »Durchsichtigkeit«, Glasnost, in aller Welt geläufig. Der gegenseitige Wortaustausch zwischen Sprachen ist ein Kapitel für sich; bezeichnend, daß sich neben vielen anderen Lehnworten der deutsche »Schlagbaum« im Russischen beheimatete. Ein Licht auf die gegenseitige Wertschätzung wirft ein deutsches Wort: Schaben heißen bei uns auch »Russen«. Auch Namen können Machtworte sein. Das eroberte Tilsit heißt Sowjetsk; Königsberg, die Stadt Kants, wurde zu Kalliningrad entdeutscht, nach Stalins postumer Entmachtung seine Stadt in Wolgograd umbenannt.

Nur ein Land, das auf die christliche Taufe vor tausend Jahren zurückblicken kann, lebt in einer solchen Widersprüchlichkeit seiner Fremdbilder: Haß und Geringschätzung einerseits (»Wir sind in Europa nur Hanswürste«; Dostojewskij, 1877), Bewunderung für das Heilige Rußland andererseits.

Dazu kommt im Lande selbst die Aufrechterhaltung eines falschen Mythos vom Rußland, das nie angegriffen, sich immer nur gewehrt habe. Tolstoj bestätigt in seinem Roman »Krieg und Frieden« eine zeitweilige Selbsteinschätzung: angesichts der Bedrohung durch Napoleon galt der Zar als »Retter Europas«.

Ein jugoslawischer Diplomat, frei von Vorurteilen, weiß, was er sagt: »Die arrogante Sprache, die russische Diplomaten zu führen pflegen, wenn sie sich überlegen fühlen.« (Veliko Mićunović, Moskauer Tagebücher, 1982).

»Hoi Ros« nannte einst der Patriarch von Konstantinopel jene »nordmanni«, Ruderer und Seefahrer im Norden. Beinahe zeitgleich tauchen in Chroniken die beiden Urformen von Rußland auf: »Rossija« (um 1517 bei Iwan IV.) und »Rus«, beide mit ihrem eigenen Adjektiv, und daneben besteht noch die volkstümliche Variante »Roseja«.

»An Rußland glauben...« Unzählige Male taucht diese beschwörende Formel bei Gogol und Dostojewskij auf; die russische Literatur selbst hat das Wort geadelt und zum Mythos erhoben. 1959 zählte der junge Dichter Jewtuschenko zu den »russischen Talenten« Frühling und Birke, das als Mutter empfundene Land, den rebellischen Sohn Rasin (und Puschkin hatte über den Aufrührer Pugatschow geschrieben, wie nach ihm noch Jessenin), und dann kam Jewtuschenkos liturgisch zelebriertes Adjektiv »ewig«: »večno – kak sama Rossija« – ewig wie Rußland selbst. So überzeugt von der Fortdauer des eigenen Landes ist man in Rußland. Ganz selbstverständlich klingt dort Jewtuschenkos Einschwörung auf die »heilige Liebe zur Heimat«.

Dazu Dostojewskijs Verheißung: »Für immer hassen kann der Russe nicht.« Wir möchten diesen Gnadenerweis nicht willkürlich zugemessen erhalten, sondern uns immer darauf beziehen können, ohne Wenn und Aber der jeweiligen weltpolitischen Großwetterlage. Die nur relative Gültigkeit dieser Zuversicht sahen wir beim Beharren auf der lebenslangen Strafe für Rudolf Heß.

Doch das Machtwort Rußland bekommt anderen Glanz, wenn es als »russisch« mit anderen Begriffen verbunden ist. Da lodert die gänzlich unnationalistische Sehnsucht auf, die »getrennten Himmel und Erde unserer Seelen zu einer unsagbaren Einheit« zu verbinden, wie es Andrej Bjelyj 1905 in seiner »Apokalypse« beschwor und unter Berufung auf Puschkin behauptete, er habe die »tiefen Wurzeln der russischen Seele bloßgelegt, die sich bis in das Welt-Chaos erstrecken«.

Bis zum Welt-Chaos will ich nicht vordringen – aber etwas von jenem »größeren Charakter«, den Ernst Jünger so anschaulich bezeichnete, leuchtet ja auf in den über fünfzig »Persönlichkeiten« dieses Buches, dessen Texte Stepuns Axiom bestätigen.

Leihgaben für den Streit um einen Begriff

»L'âme d'un peuple! Une question se pose d'abord: cette âme existe-t-elle et peut-on en parler avec quelque précision? Une agglomération d'êtres humains, tout à fait fortuite souvent et formée d'éléments hétérogènes. [...] L'âme russe, puisque d'âme nous parlons, est simple et complexe à la fois. Tout entière de contrastes, elle est aussi souvent sincère, en paraissant dissimuler, que fausse, en prenant les dehors de la vérité. [...] L'âme du paysan russe est une pierre dure qui cèle à l'intérieur des matières précieuses qu'on ne peut extraire que par un travail rude et persistant et que recouvre une glaise molle et boueuse où les énormes pouces de toutes les laideurs ont laissé leurs empreintes.«

A. de Nesselrode, L'Ame Russe, Paris 1913

»Die russische Volksseele ist voller Gegensätze, wie es auch bei vielen anderen Völkern und überhaupt bei jeder menschlichen Persönlichkeit, wenigstens potentiell, der Fall ist. Hier aber, in der Seele des russischen Volkes, treten diese Gegensätze häufig besonders schroff und unvermittelt auf. Es wäre höchst einseitig und naiv, diese seelischen Gegensätze lediglich auf landschaftliche Hintergründe zurückzuführen. Wohl aber hat das Element der Weite, das Unübersehbar-Grenzenlose der russischen Landschaft für die Gestaltung und Entwicklung der russischen Volksseele eine ungeheure Bedeutung gehabt. Der Ruf dieser Ferne, dieser sich grenzenlos ausbreitenden, weiten Landschaft tönt sowohl aus der russischen Lyrik wie aus den Schilderungen eines Tolstoj, Turgenjew oder Tschechow (›Die Steppe‹) heraus, sie gibt auch dem russischen Volkslied häufig seinen Ton.«

Nikolaus v. Arseniew, Die geistigen Schicksale des russischen Volkes, Graz 1966

»Hier haben wir die letzten heilbringenden und Unendliches versprechenden Tendenzen derjenigen Richtung der russischen Seele (ihrer Neigung, außerhalb der Wirklichkeit zu leben), die es ihr allein ermöglichte, sich mit dem über dem ganzen russischen Leben lastenden Zwang abzufinden, ohne durch das Bewußtsein seines Vorhandenseins geistig gelähmt zu werden. Das heißt natürlich die russische Seele gewöhnte sich an ein

Leben jenseits der Wirklichkeit außerhalb ihrer selber, und das heißt endlich, da doch die Menschenseele irgendwo leben muß, an ein Leben ganz innerhalb ihrer eigenen Wirklichkeiten. Schrankenloser Subjektivismus wäre demnach das eigentliche geistige Schicksal Rußlands. Das ist auch im großen und ganzen der Fall. Es bleibt nur eine Einschränkung zu machen: Zweifellos zeigen die Seeleninhalte einzelner Menschen weitgehende Übereinstimmung, wenn es sich um eine Menschenmehrheit handelt, die solchen gemeinsamen Schicksalen unterworfen ward, die an sich tief und elementar in ihr Seelenleben eingreifen (der Vorstellungskreis erhält da dieselben Elemente in dem, was ihn bestimmt, und auch die Willensrichtungen werden die gleichen: unter dem Einfluß derselben Elementarbedürfnisse).«

Karl Nötzel, Die Grundlagen des geistigen Rußlands, Leipzig 1923

»Eigentlich müßte die Überschrift dieses Kapitels – Die russische Seele – in Anführungszeichen gesetzt werden, denn sie befindet sich in bedenklicher Nähe des so beliebten französischen Ausdrucks ›âme slave‹, dieses gefährlichen Kreuzwegs heilloser Mißverständnisse. Doch war kein treffenderes Wort für den gemeinsamen Untergrund einer großen Anzahl russischer Vorstellungen, Dinge und Lebensweisen zu finden. [...] Dennoch bleibt ein solcher Versuch, so unvermeidlich einseitig, subjektiv und unvollständig er ausfallen mag, genau so berechtigt wie eine biographische Studie, die Deutung eines Gemäldes oder die kritische Betrachtung einer Tragödie. [...] Ein Körnchen Wahrheit ist in der ersten besten Verallgemeinerung enthalten.«

Wladimir Weidlé, Rußland. Weg und Abweg, Stuttgart 1956

»Die Problematik der ›russischen Seele‹ liegt darin, daß ein Wesensbegriff des Russischen mit ihr, die höchst geschichtlich ist, gewonnen erscheint. Diese Illusion der russischen Seele verlegt auch heute noch weithin den Zugang zu originärem Eindringen in das unbekannte Land des russischen Geistes. Man hat ja mit ihr, gleich wie sie aufgefaßt und nicht gefaßt wird, alles und ist so weiterer Mühe glücklich enthoben. Man darf apodiktisch konstatieren und braucht nicht hermeneutisch zu forschen. Russische Denker haben selbst von ›russischer Seele‹ und ›russischer Idee‹ gesprochen. Aber das sollte nicht absolut genommen, sondern vermittelt werden. – Neuerdings hat der

Sprachwissenschaftler und Literaturhistoriker D. S. Lichatschow in seinem Aufsatz ›Wurzeln der russischen Mentalität‹ (Oktober 1982) den Zusammenhang des geographischen Faktors, der Landschaft mit der Seele des Volkes wieder eindringlich betont. Dieser dürfe in der Geschichte der Menschen nicht vergessen werden –. Somit bleibt die Explikation des Verhältnisses von natürlicher russischer Seele und Geschichte gegenüber naheliegenden Überhöhungen der Bedeutung des Terminus ›russischer Seele‹ durchaus dringend. [...] Zudem ist die Ethnopsychologie als Erklärungsinstanz für das ›Russische‹ an russischer Philosophie äußerst ambivalent. Sie gibt vor, für russische Philosophie eine Gasse des Verständnisses zu schlagen, indem sie ihre vermeintlichen, im Volkscharakter begründeten Besonderheiten hervorhebt. [...] Damit wird die quasi-romantische Herleitung des ›Wesens‹ russischer Philosophie aus russischem Volkscharakter, russischer Denkart oder Seele (die ja, wenn sie als ›breite Natur‹ (širókaja natura) gefaßt wird, alles aus sich ableiten läßt) aufgegeben zugunsten einer vernünftigen Prüfung ihrer Texte – einer, wie philosophisch nicht anders möglich, immer wieder aufzunehmenden – auf das in ihnen allgemein Bedeutsame hin. [...] N. Gogol hatte in den ›Toten Seelen‹ den Gutsbesitzer Tentetnikow – auch ein Oblomow! – verzweifelt danach fragen lassen, wo der Mensch sei, der ›der russischen Seele in ihrer eigenen Sprache dieses allvermögende Wort Vorwärts!‹ zurufen werde.«

Wilhelm Goerdt, Russische Philosophie, Freiburg 1984

»... daß der Terror zum apriorischen Bestand des russischen Seelenlebens gehört. Dies ist einer der vielen Gründe, die die russische Seele für den Europäer zum Rätsel machen. Es verhält sich offenbar so, daß der Russe nicht imstande ist, mit zwei Augen in die Welt zu schauen: zu erkennen, daß die Wahrheit immer das Produkt einer Doppelansicht ist; *es fehlt ihm der stereoskopische Blick.* Er ist durchaus außerstande, die Dinge rund zu sehen: nämlich von vorn und hinten. Er weiß nicht, daß jedes Dogma sein Gegendogma fordert, als seine gottgewollte Lebenshälfte, mit der vermählt es erst fruchtbar wird. [...] Die mystische russische Liebe ist die der Ebene, immer längs der Erde – längs der Erde. Er kann die Welt nicht als Gewölbe konzipieren, sein Blick geht immer in die Fläche, was aber keineswegs bedeutet, daß er flach ist. [...] Eben weil der Russe so subjektiv ist, verwandelt sich ihm Denken sogleich in Dichten, und wenn man ein starkes und treues Bild seiner Weltanschauung gewinnen will, muß man es nicht in seiner spekulativen Prosa suchen, sondern in seiner erzählenden. Ja, im russischen Künstlertum liegt vielleicht auch der geheimste Sinn des russischen Nihilismus. Denn was sind beide anderes als Verneinungen der Realität: das einemal als hassender Zerstörungstrieb, das andremal als liebender Gestaltungsdrang?«

Egon Friedell, Kulturgeschichte der Neuzeit, München 1931

»Samstag, 2. März 1872

Zum Essen waren heute bei Flaubert Théophile Gautier, Turgenjew und ich. Turgenjew, dieser sanfte Riese, dieser liebenswürdige Barbar mit seinen weißen Haaren, die ihm in die Augen fallen, der tiefen Falte, die wie eine Wagenfurche von der einen Seite der Stirne zur anderen zieht, und seinem kindlichen Geplauder entzückt uns, schon bei der Suppe, oder wickelt uns, wie die Russen sagen, mit seiner Mischung von Naivität und Feinheit ein. Die verführerische Eigenschaft der slawischen Rasse – eine Eigenschaft, die bei ihm gehoben wird durch die Originalität eines selbständigen Geistes und ein ungeheures, weltumspannendes Wissen.«

Tagebuch der Brüder Goncourt, München 1947

»Es ist ein besonderer, russischer Typus von Mensch, der die Gerechtigkeit in dieser Welt immerzu sucht. Die Rede ist nicht von Rebellen irgendwelcher Art. Es geht auch nicht um die vielen literarisch gestalteten Gottsucher, Grübler, Mystiker, Einsiedler, Narren in Christo oder um eigenwillige schlichte Rechtgläubige, die allesamt ihren Part zur russischen Geistesgeschichte beigetragen haben. Es geht mir hier um diejenigen, die offensichtlich kein Pendant in den westlichen Literaturen haben: es geht um eine ganze Galerie ansehnlicher Gestalten von ›Gerechten‹ aus nahezu allen sozialen Schichten Rußlands. Im Russischen heißen sie immer schon die ›Pravedniki‹ – der Prawda Ergebene, für dieselbe Eintretende – (Sing. pravednik). Manchmal sind es schon fast Heilige in dieser Welt. Mit der russischen Volksfrömmigkeit ist dieses geistige Phänomen aber nicht restlos oder gar gültig zu fassen oder zu erklären. Die Attribute, die einer Beschreibung des Phänomens wohl dienstbar gemacht werden können, sind vielschichtig, oft heterogen, auch kombiniert und gar nicht so selten situativ geprägt. (›Gerechter‹) ›pravednik‹-sein ist ebenso eine menschliche Haltung aus christlichem Glauben gespeist, als mehr noch ein Stachel wider die schier endlos andauernde knechtische Entrechtung und damit auch wider die Entwürdigung des Individuums. Der Pravednik ist der personifizierte Protest gegen die Rechtlosigkeit, ausgedrückt im duldnerischen Dienen oder im klaglosen Darben des Individuums, doch zeugnishaft kraft der gottgegebenen Würde des Humanum. Er lebt auch aus der offenbarten vollkommenen Gerechtigkeit am Kreuz. Zu den Zeugnissen solcher Gerechten steuert denn auch Aleksandr I. Solženicyn nicht wenig aus jüngster Zeit bei. Er kennt in seiner Erzählung ›Matrjonas Hof‹ (Novyj mir 1, 1963) eine solche Gerechte in einem armseligen sowjetischen Dorf der Nachkriegszeit; und von ihr heißt es: ›Alle haben wir neben ihr gelebt und nicht begriffen, daß sie jene Gerechte war, ohne die, wie es im Sprichwort heißt, kein Dorf bestehen kann. Und keine Stadt. Und auch nicht unser Land‹.«

Joseph Schütz, Prawda. Das Ringen um Gerechtigkeit.
Die ethische Wurzel russischen Christentums, Erlangen 1988

Tausend Seelen, unersättliche Seelen: Wortkunde

Mit keiner Definition könnte ich klipp und klar sagen: nur das hat man unter russischer Seele zu verstehen oder es wäre dieses Feld allein mit der Ostkirche abzudecken; auch der Streit darüber bringt keine endgültige Formel. Aber an meinen Lehrer Joseph Schütz entsinne ich mich jetzt, der hielt darauf, daß Phänomene einer Sprache durchaus mit dem Verstand zu begreifen seien; ohne das Wissen um sprachliche Zusammenhänge sei alles Deuten von Literatur Stochern im Nebel. Freilich, sprachwissenschaftliche Probleme lassen sich eher eingrenzen, dafür führen ihre Lösungen auch weiter.

In jeder Sprache teilen sich Urerfahrungen und Ordnungen mit, die auch einer Idealvorstellung entsprechen. Es spricht für das Russische, daß sein Wort für den Menschen, »čelovek« (»ein Teil, Glied von Kraft«, so Joseph Schütz), nur in der Einzahl verwendet werden kann; für die Mehrzahl muß ein anderes Wort, »ljudi«, eingesetzt werden.

Zu solcher Achtung vor dem Einzelnen gesellt sich dieser russische Kontrast: In vielen Verbindungen schillert das Wort für Seele, »duša«; gebrauchte man es jedoch in der Mehrzahl, dann waren damit Leibeigene gemeint. Gogols Roman von den »Toten Seelen« hat das Phänomen vom Handeln mit nicht vorhandenen Leibeigenen 1842 weltberühmt gemacht. Einerseits Seele als das wahrhaftigste, weil unerschöpfliche Symbol (grenzenlos, die »Sprache der Andeutung« sprechend, so Tarkowskij): als Symbol für die Freiheit des Menschen und seine Beziehungsfähigkeit zu Gott, andererseits die Seelen, also die Knechtung des Menschen durch seinesgleichen in reinster Besitzform. Beides in einem einzigen Wort!

In der Sprache teilt sich Lebensgewißheit einer im Letzten nur durch eine Sprache vereinte Gemeinschaft mit. So bezeichnete das Russische in einer heute nicht mehr gebräuchlichen Wendung »sterben« mit »Gott die Seele zurückgeben«. Auch im Gleichgültigen und Gleichmütigen zieht das Russische die Mitwirkung der Seele heran: »ravnodušnyi«. Dem »ganz gleich wie es ausgeht« liegt wortwörtlich zugrunde »wie es eben Gott auf die Seele legt«. Bezeichnen wir ein inniges Verhältnis mit »ein Herz und eine Seele«, bleibt das Russische allein bei der Seele: »žit' duša v duši«. Einen herzensguten Menschen adelt der Russe, indem er mit Bindestrich dem Menschen die Seele voranstellt: »duša-čelovek« entspricht unserem »eine Seele von einem Menschen«.

Das Umfassende, die Fessel des Verstandes Sprengende des »ganz und gar«, das wir »mit Leib und Seele« umschreiben, ist dem Russen ebenso geläufig; wenn er jedoch »für die Seele« sagt, meint er Befriedigung der eigenen Bedürfnisse. Bei besonderer Zuneigung verwendet er die Anrede »moja (meine) duša«.

Im nah verwandten Bulgarischen hat das gleichlautende »duša«, je nach Zusammenhang, zwei Bedeutungen: Seele oder Atem. Im Russischen hat das Wort für »Geist« auch denselben Wortstamm: »duch« und »duša«.

Das russische »edinodušnyj« bezeichnet das Einmütige. Für heuchlerische Falschheit und Doppelzüngigkeit gebraucht der Russe »dvoedušie«. Im Neuen Testament (Jakobusbrief 1,8) wird ein Zweifler so charakterisiert: »Er ist ein Mann mit zwei Seelen, unbeständig auf all seinen Wegen«; was die Zürcher Bibel mit »zwiespältig« wiedergibt und die Vulgata als »vir duplex animo«, lautet im Russischen »dvoedušnye«. Alexander Solschenizyn schließlich bezeichnete ein häufiges Verhalten seiner Landsleute gar als »troedušie« (troe = drei): jeweils voneinander verschieden sei, wie der Russe denke, dann spreche und schließlich danach handle. Und lange Erfahrung prägte das russische Wort für den Mörder, Räuber oder Übeltäter: es ist der Seelenvernichter, »dušegub«, und so bot alte Erfahrung ihren Wortschatz an, um neues Unheil zu benennen: »dušegubka« nannten sie den Vergasungswagen der Nationalsozialisten.

Auf dieser Grundlage ist es dann eine Expedition, sich auf die Fülle von Erscheinungsformen dessen einzulassen, was unter der Bezeichnung ›russische Seele‹ im Umlauf ist. Eckpfeiler bilden dazu Pisemskijs Roman von den »Tausend Seelen« (1858) oder Naschiwins Roman »Unersättliche Seelen« (1928).

Unzufrieden mit der Auskunft meines Russischlexikons, das die Seele als »die innere, psychische Welt des Menschen, sein Bewußtsein und Denken« ausweist, schlug ich in der Konkordanz zur Bibel nach: Klar ist die Aussage im Buch der »Weisheit« (15,11): »Seinen eigenen Bildner hat er nämlich nicht erkannt, den, der ihm eine wirkende Seele eingehaucht und den Lebensatem eingeblasen hat.« Ohne dieses Grundverständnis kann über Seele nicht gesprochen werden; erst durch sie wird der Mensch »zu einem lebendigen Wesen« (Genesis, 2,7).

Die einleuchtendste Erfassung der Seele fand ich in Martin Bubers »Erzählungen der Chassidim«. Da antwortet ein Rabbi auf die Frage nach dem Gebot der Liebe: »Alle Seelen sind eine; jede ist ja ein Funken aus der Urseele, und sie ist ganz in ihnen allen, wie deine Seele in allen Gliedern deines Leibes ... Weißt du nicht, daß die Urseele aus Gottes Wesen kam und jede Menschenseele ein Teil Gottes ist? Und wirst du dich seiner nicht erbarmen, wenn du siehst, wie einer seiner heiligen Funken sich verfangen hat und am Ersticken ist?« Auch das deutsche Wort Seele ist mit einer solchen Vorstellung eingespeist: die Seele, »saiwolo«, vom ewigen See herkommend.

In diesen »Selbstbildnissen der russischen Seele« zeigt sich, daß Seele auch Beziehungsfähigkeit bedeutet, in dreifacher Richtung: zuerst die unaufhörliche Bezogenheit auf andere, die um so dichter ist, je weiter das Land ist; in diesem Geflecht erst setzt das ein, was wir als Selbsterfahrung und Bewußtsein für das eigene Ich nennen; und schließlich die dritte Dimension, die Beziehung zum Glauben, ohne den Verantwortung der Willkür unterworfen wäre.

Erst auf dieser Grundlage hat sich die Vorstellung von einer »Seele des Volkes« gebildet, die als der Generalnenner das Gemeinsame der »russischen Seele« bildet. Der polnische Dichter Adam Mickiewicz ging von einem allgemein vorherrschenden Charakterzug aus, als er 1843 von der russischen Seele sprach als einer Sonderform der »slawischen Seele«. Der Selbsteinschätzung mancher russischer Autoren ist mit Skepsis zu begegnen, so wie nie zu vergessen ist, daß »Rußland« heute Bestandteil einer Weltmacht ist, mit Anspruch auf Weltherrschaft.

Gleichwohl berührt es mich immer wieder, wie russische Schriftsteller beschwörend ihr Nationaladjektiv zu suggestiver Größe erheben. Stepun rühmt die »echt russische Geschicklichkeit«, mit der sie sich »spielend in schwierigen, gefahrvollen« Lagen zurechtfinden, und ein fremder Augenzeuge, Udo von Alvensleben in seinem Tagebuch vom Kriege »Lauter Abschiede« (1971), bestätigt das: »Tod und Schmerzen bedeuten den Russen nicht viel«, sie bewiesen »vollkommenen Gleichmut«, doch seien sie auch »unberechenbar«.

Zu diesen Registern gehört Pasternaks Notiz zu Skrjabin: »der ureigene russische Hang zum Außergewöhnlichen«; in Dostojewskijs »Schuld und Sühne« behauptet einer: »der Russe hat ja überhaupt diesen Hang zum Schrankenlosen«, und in seinem Film »Andrej Rubljow« läßt Tarkowskij einen Tataren sagen: »bei euch in Rußland ist alles möglich«.

Da gleichen einander oft die Bilder durch Jahrhunderte hindurch: was Nesselrode als Mischung aus »courage« und »fatalisme«, samt der sekundierenden Wirkung des Alkohols, andeutete, bestätigte Tarsis mit seinem Hinweis auf das so häufige »dumpfe Schweigen des Volkes«.

Nimmt man die Hypothese vom Zusammenhang zwischen russischer Seele und Seele des Volkes an, dann enthüllt Dostojewskij (in seinen »Aufzeichnungen aus einem Totenhaus«) nichts anderes als den leidenschaftlichen Versuch, das Allgemeine als einen Wert zu beschreiben, um »alle« verstehen zu können: »Der russische Charakter beinhaltet ja so viel Objektivität und Nüchternheit der Ansichten, so viel Ironie vor allem sich selbst gegenüber... Vielleicht rührte von dieser dauernden heimlichen Unzufriedenheit mit sich selbst auch die große Unduldsamkeit dieser Menschen in ihren Alltagsbeziehungen, ihre Unversöhnlichkeit und das häufige gegenseitige Verspotten her.«

Freilich, hie und da kokettieren sie auch mit der Unfaßbarkeit dieses Wortes: Georgij Iwanow deutete es einmal an: »ein bemerkenswertes Weib, ein Star, ein Schlaukopf, aber irgendwas fehlt, das Allerwichtigste. Das, was wir Russen die Seele nennen.«

Für mich als leidenschaftlichen Leser russischer Literatur ist dies von Belang: Angesichts einer erstaunlichen Herrschaft von dummen, groben und unfähigen Menschen, denen die Erniedrigung und Beleidigung leichter fällt als die Versorgung des Landes mit dem Lebensnotwendigsten, leuchten die Beispiele der geistigen Suche um so heller, auch als Vorbilder. Ich teile Thomas Manns Geringschätzung nicht: »Dostojewskij – mit Maßen«. Die Liebe zu dieser Literatur, vor allem zu ihren Menschen braucht Maßlosigkeit als einen Zugriff zum Unendlichen.

> »Ich erkläre (vorläufig wiederum ohne Begründung), daß die Liebe zur Menschheit undenkbar, unbegreiflich und sogar absolut unmöglich ist ohne den Glauben an die Unsterblichkeit der menschlichen Seele. [...] Ich behaupte sogar und wage es auszusprechen, daß die Liebe zur Menschheit im allgemeinen, als eine Idee genommen, eine der für den menschlichen Verstand unfaßbarsten Ideen ist. Gerade als Idee. Nur das Gefühl allein kann sie rechtfertigen. Aber das Gefühl ist eben nur bei einer gleichzeitigen Überzeugung von der menschlichen Seele möglich. (Auch das sage ich ohne Begründung.)«
>
> *Fjodor M. Dostojewskij, Tagebuch eines Schriftstellers, Dezember 1876*

Grundstimmen, Aliquote und Mixturen

Eine Orgel verfügt über mehrere Register. So heißt eine jeweils gleichartige Pfeifenreihe. Diese Register umfassen Grundstimmen, Aliquote und Mixturen ...

OSTERNACHT. ST. SÈRGE, PARIS
Kein Instrument, nur Stimmen. Stundenlang standen wir in der Holzkirche. Der Gesang loderte – »Christus ist auferstanden«, »er ist in Wahrheit auferstanden«. Mit diesem Gruß ging ein

jeder auf den Priester zu und tauschte den Osterkuß. Diese Botschaft, einmal im Jahr, mit brennenden Kerzen ins Gedächtnis gerufen: so klingt Zuversicht in der Fremde. Die Sprache trug wie ein stämmiges Floß. Darauf die Fackel der Wiederholung: Slava, Ruhm sei Gott, und immer wieder »um Frieden bitten wir den Herrn«. Nur so, nicht am Verhandlungstisch, kann er gewonnen werden.

BRANDBILDER I

Langsam steigt die eine Hälfte der Klappbrücke in Petrograd nach oben. Ein Gefährt mit weißem Pferd hat die Passage nicht mehr geschafft, nun hängt der Wagen auf der einen Seite herab, auf der anderen baumelt über dem Fluß an Lederstricken der Schimmel.

Die Gesichter der Matrosen des Panzerkreuzers: mit eigenen Augen sehen sie die Maden im Fleisch, das man ihnen anbot – Sergej Eisenstein.

Der junge Isaak Babel freut sich in Odessa auf seinen Taubenschlag: vor seinen Augen reißt jemand den Tauben die Köpfe ab.

SEELBAD IN KARLSBAD

Im Mittelalter wurden in manchem fränkischen Ort Arme nach dem Gottesdienst auf Gemeindekosten gebadet, dann gespeist und mit Trank beschenkt – Seelbad hieß das.

Am Sonntag Sexagesimae hörte ich Johann Sebastian Bachs Kantate »Mein Seelenschatz ist Gottes Wort«. Solche Musik kann Glauben verkünden. Dann fuhr ich nach Karlsbad. Von einem der Höhenzüge, die das schmale Tal des Badeortes umschließen, leuchteten blau und golden die sechs Kuppeln der Kirche. Der hier residierende Bischof gehört zum Episkopat der »Russisch-Orthodoxen Kirche«. So nahe reicht Rußland heran ...

In der Kirche versah eine gebürtige Ukrainerin den Dienst: »Die Seele – sie ist von Gott. Wenn ein Mensch sein Leben empfängt, erhält er von Gott seine Seele. Das ist Gottes Mitgift für jeden. Dann macht sich jeder auf den Weg – ein Engel kann er werden oder ein Teufel. Die Seele ist unser höchstes Gut. Das Geheimnis gibt die Kraft ...«

Die Frau wandte sich zur Ikonenwand, bekreuzigte sich und sprach über uns den Segenswunsch: daß uns ein Engel behüte.

VERFÜHRUNG

Von den Leninbergen konnte ich auf Moskau schauen. Noch lähmte mich die Anfangsangst: das Russische war noch verschlossen wie der Kreml. Ich las Ostrowskijs »Wie der Stahl gehärtet wurde«, und mit einem Mal war ich, wie ein Kind auf seiten Siegfrieds, dann Hagens, ganz auf der Seite des jungen Revolutionärs Pawel Kortschagin. Seine Zuversicht, auf der richtigen Seite zu kämpfen – diese Gewißheit war verführerisch. Mit einem Mal hat man einen Freibrief in der Hand, der alles rechtfertigt: »der ersehnte Traum« wird wirklich »Wirklichkeit« werden...

Es gibt eine Fotografie: Andrè Gide am Totenbett von Ostrowskij – als ob Gide in diesem Augenblick begriffe: »Das innere Leben ist hier wichtiger als die Beziehungen der Menschen zueinander.« (A. Gide, Dostojewskij)

BAD EMS

Aus der russischen Kirche am Ufer der Lahn erklang Gesang – es war nur Kassettenmusik, aber ich erstand dort ein Neues Testament in Russisch und Altkirchenslawisch. Dostojewskijs Lieblingsbuch; die eiserne Ration in der Katorga. Ich mußte an seine Unterscheidung denken: noch »sternhagelbesoffen« komme »der Deutsche stolz« nach Hause, der »russische Säufer« aber betrinke sich »aus Kummer«...

SCHLITZOHR PUSCHKIN

Verbannt, begnadigt, unter Polizeiaufsicht – in seinen Briefen konnte er sich meisterhaft verstellen. Überhaupt die Briefe russischer Dichter an die Herrschaft... Samjatins demütige Bitte an Stalin; Pasternaks flehentliches Schreiben an Chruschtschow, ihn nicht außer Landes sterben zu lassen; Gorkijs Vasallen-Unterwürfigkeit in Telegrammen an Stalin; die Gesuche der Frauen von Dostojewskij und Tolstoj an das Zarenhaus... Puschkin schrieb an den Chef des seinerzeitigen Staatssicherheitsdienstes, daß er wohl dem Willen der Obrigkeit gehorche, aber die »Forderung der Polizei nach einer Unterschrift demütigt mich in meinen Augen« (17. 8. 1828). An Wjasemskij (Mai 1826) dieser Ton: »... ist es wahr, daß Baratynskij heiratet? Ich fürchte für seinen Verstand. Eine legitime Fotze ist eine Art warmer Mütze mit Ohrenklappen. Der ganze Kopf verschwindet darin... Die Ehe kastriert die Seele...« Puschkin heiratete 1831. Auf »Etikette« verstand er sich.

SINAIDA
Auf einem Stuhl zurückgelehnt. Schwarze Samtjacke. Weißer Kragen. Auch am Ärmel weißer Pluderstoff. Die Hose eng anliegend; nahtlos geht sie in schwarze Seidenstrümpfe über. Die lässig überkreuzten Beine münden in spitzen schwarzen Lackschuhen. Um den Kopf Lockenpracht. Der Kopf ein wenig schräg gehalten. Die Augen nicht weit geöffnet – Sehschlitze. Der Blick: Bleib mir vom Leib mit deinen Ikonen! Ich halte es in diesem russischen Schlamm nicht aus! Es stinkt nach Besoffenen und Kwaß-Patriotismus! In Paris fühlte ich mich wohl; aber, wo bleibt dann unsere grundlose Traurigkeit? Lenin? Ich kann ihn mir im Bett einfach nicht vorstellen. Der Maler – hat er mich gut getroffen? Es soll so aussehen, als wollte ich jetzt aufspringen und eine Sünde begehen.

Auf einem Stuhl zurückgelehnt. Schwarze Samtjacke. Die Hose eng anliegend; nahtlos geht sie in schwarze Seidenstrümpfe über – so hat Lev Bakst 1906 die Dichterin Sinaida Gippius gezeichnet.

ARCHANGELSKOJE
Ich liebe dieses Schloß mit seinem Park, sagte sie. Es ist mir lieber als die Stadt. Und du liebst die Kirchen – Kolomenskoje, das Donskoj-Kloster; dann fuhr sie mit der Hand über mein Gesicht: begreif doch, das alles haben wir ausgerottet; nur mit Hochmut konnten wir uns vom Alten losreißen. Es ist doch unerträglich, jeden Tag dieselben Ikonen anzustarren, voller Kerzenruß. Ich weiß, wir haben das Liebste verloren. Andächtig schauen wir in den Quelle-Katalog; wir sind zum Verlieren geboren. Wenn wir lieben, wollen wir uns verlieren. Langsam gingen wir durch den Winterpark, Hand in Hand.

RUSSENBIRKE
»Der russische Mensch liebt diesen heimatlichen Baum sehr«, schrieb Alexander Twardowskij. »Sehr«, das sagte auch Lena. Das gefleckte Weiß, es ist so voller Erinnerung. Das Birkenweiß ist so leicht, manchmal vergessen wir dann die schwere Erde, das schwere Leben; und alle unsere Vorlieben kommen uns so teuer zu stehen, »sehr« ...

RUSSISCHE NÄCHTE
Tatjana stand auf: Verbrennen müßte man sie alle – diesen verlogenen Tolstoj, diesen Lügner Gorkij in seiner Moskauer

Jugendstil-Luxusvilla; alle haben sie sich berauscht an diesem Nur-Rußland, Nur-Rußland und insgeheim nach Europa gestarrt. Erstickt wären wir doch in diesem Nur-Rußland-Sack. Da, lies: Wladimir Odojewskij, »Russische Nächte«! Hier: die achte Nacht – Sebastian Bach: die »innere Sprache der Künste... Alle Künstler arbeiten an ein und demselben Werk... Wie schwer es ist, in den Gneisblöcken und Oxynit-Kristallen des Urgesteins das Mysterium Gottes zu erkennen...«

ALEXANDER-NEWSKIJ-KATHEDRALE, PARIS

Vor den Ikonen brannten Kerzenbündel. Der Gesang war verhallt. Selbstverständlich war das Stehen, das Schweigen, das Küssen der Heiligenbilder. Da fiel einer Frau ihre Kindheit in Polen ein, und sie weinte. Sie beweinte das Selbstverständliche der Kindheit. Draußen, nahe der Kirche, in einem russischen Geschäft, sagte sie, angesichts eines elektrischen Samowars: Für solche Erlebnisse gibt es keinen Ersatz. Ihr Deutschen begreift das so schwer.

DER ROTGRÜNE EISENLASTER

Markttag in der nordholländischen Marinestadt Den Helder. Zwischen Ständen und Spielzeug fallen mir Pappschachteln auf – kyrillische Buchstaben. Ein schwerer Laster aus festem Blech: rotes Führerhaus mit primitivem Verschluß an den Türen; die grüne Ladefläche des Kippers – wie mit Mutters Einmachgummis seine Mechanik gemacht; und daneben, aus demselben Blech, ein Bagger, seine Schnur hart wie ein dünner Kälberstrick. Ich kam von diesen beiden russischen Spielzeugen nicht los. Ich fühlte das feste Blech an, seine scharfen Kanten – die Moskauer Geschäfte tauchten jetzt auf: es gab ein Vierteljahr lang nur zwei Gummipuppen – die eine mit Budjonnymütze, die andere mit Rotgardistentschako; einen handtellergroßen Schützenpanzer aus Gußeisen; eine MIG-21; einen hölzernen Hampelmann... und natürlich die Matrjoschkas. Etliche Stunden später, ich saß schon im verabredeten Café, kam meine Frau mit zwei großen Schachteln: sie hatte mir die beiden Fahrzeuge mitgebracht: zwei Stück Sentimentalität – für deine russische Seele. Ich freute mich »wie ein Kind«, das einen Beweis für den Himmel gefunden hat. Die Seele, sagte ich, ist vom Osten her im Kommen; schau, im ZEIT-Magazin heißt der Aufmacher über Kloster Andechs »Bier für die Seele«...

DIE AXT

Es gibt im Russischen Worte, so stark aufgeladen mit Sinn und Bedeutung, daß sie noch nach dem Verlangen schmecken, die Welt mit ein paar Worten zu packen. Eines davon ist die Axt, »topor«. »Mit der Axt kommst du durch die ganze Welt«, so lautet eines der zahlreichen »Topor«-Sprichwörter in Dals Sammlung. »Kak topor«, wie eine Axt; so bezeichnete man einen bösen Menschen. »Die Axt ist der Kopf für jede Sache« (Dal). Solche Verherrlichung eines Zugriffs zur Welt, auch noch im Nachklang – unser Erschrecken, unsere Zurückhaltung ist nicht unbegründet.

DEUTSCH/DEUTSCH

Wenn Moskauer Verkäuferinnen die ziemlich fehlerfrei gebrauchte russische Grammatik mit sächsischem oder überhaupt unverkennbarem DDR-Akzent hören, überfällt sie auf der Stelle Taubheit. Es gibt dann erst recht nichts. Wenn du aber ihre Sprache singst, wenn du dich einläßt auf ihre Weichheit und mit den Abweichungen der betonten und unbetonten Vokale spielst – dann können sie manchmal sogar zaubern.

BÜCHERBURG BEI PARIS

Ein Haus in einem Garten in einem Vorort von Paris. Eine moderne Druckmaschine läuft. Auf den Treppenstiegen liegen die Packen der frischgedruckten Nummern seiner Zeitschrift »Sintaksis«. Oben, in einem Korbstuhl, umgeben von Büchern: Andrej Sinjawskij. Nur russische Bücher, nur Bücher in Russisch. Nein, es besteht kein Anlaß für ihn, Französisch zu lernen. »Gute Nacht« hieß sein gerade erschienener Roman – »einen guten Morgen für alle Unternehmungen« wünschte er in der Widmung. Die Bücher, sie stehen für die uneinnehmbare Festung des Geistes. Natürlich muß auch in der Emigration gestritten werden: »Maximow spielte sich mit seinem ›Kontinent‹ wie der Chef hier auf, da hab ich meine eigene Zeitschrift aufgemacht...« Und dann besang er die Freude des Schlafens unter freiem Himmel, »davon hat Paris ja etwas, auch für uns...«

TRÄNEN IN RECKLINGHAUSEN

Inmitten des Ruhrgebiets diese herrliche Sammlung von Ikonen... Ach, wenn es doch endlich soweit wäre, mühelos wenigstens nach Kiew fahren zu können, sich ins Auto oder in den Zug setzen, ohne Visum – wie nach Italien. Wieder einmal nach

Recklinghausen, zur Ikoneninsel. Diese Bilder ohne Schatten, die alles Alltägliche als bedeutungslos von sich weisen! Und jede Farbe hat ihre Bedeutung, und die Nöte der Maler (der Künstler) sind gegenstandslos... Da kamen eines Tages, erzählt Wladimir Lindenberg, Priester aus Rußland; der Museumsdirektor ließ sie allein, und als die Russen nach langer Zeit wiederkamen, liefen ihnen Tränen über die Wangen. Der Deutsche hielt sie für Tränen der Rührung – es waren Tränen der Trauer; denn Ikonen schaut man nicht als Kunstwerke an, vor ihnen betet man.

BRANDBILDER II
Tatareneinfall in eine Kirche: Einem Gefesselten schütten sie kochenden Teer in den Mund.

Ein junger Mann versucht den befohlenen Glockenguß – er gelingt, nachdem der Maler Rubljow ihn ermuntert hat, und da verspricht der Maler, daß er selbst wieder malen werde – dann endet der Schwarzweißfilm von Andrej Tarkowskij, und es beginnt der Farbfilm. Langsam tastet sich die Kamera an Farbflecken heran – schließlich die Ikone selbst, die »Troiza«, die Dreieinigkeit, aus dem Jahr 1411: es sind drei jugendliche Engel. Der Maler fürchtete sich nicht mehr vor der Schönheit.

DUŠA NARODA – DIE SEELE DES VOLKES
1916 vollendete Michail V. Nesterow sein Gemälde »Na Rusi«, mit dem Untertitel »duša naroda«, die Seele des Volkes. Hier wird durch unzählige Gestalten, allesamt auf dem Weg, einen Augenblick nur innehaltend, die Idee von der Einheit der »Heiligen Rus« dargestellt. Das Bild steht in einer langen Tradition, der das Motiv des »Unterwegs zu Christus« vertraut ist. In den vorderen Reihen dieser Menschenschar erkennt man Priester der Kirche, aber auch Angehörige von Sekten, Wladimir Solowjow, Tolstoj und Dostojewskij, eine Nonne führt einen Blinden – alle sind sie vereint, und voran geht ein Knabe, so daß es anmutet wie eine Vorwegnahme der letzten Zeile aus Bloks Poem »Die Zwölf«: »Vperedi – Isus Christos« – Vorne gehet Jesus Christ... Die Einheit aller, in einem Bild.

I MILLE PRIGIONERI DI GORBACIOV
1986, im Frühjahr, leuchtete an der Kirchentür in Bardolino am Gardasee groß ein orangenes Plakat – mit schwarzweiß eingedrucktem Zug von Menschen. Es lud zu einer Versammlung nach Verona ein: die »dissidenti russi«, Leonid und Tanja

Pljuschtsch, würden daran teilnehmen. In der Bundesrepublik Deutschland habe ich nirgendwo ein solches Plakat gesehen.

In dem kühl-perfekten Kongreßsaal in Verona begann ein Feuer aufzulodern. Ein Mann, der nur hinkend gehen konnte, nervös wirkte, erzählte von Einzelschicksalen in Lagern der UdSSR. Ein jedes glich einem Scheit Holz, das um einer Idee willen brannte. Der Scheiterhaufen der Schuld flackerte. Jeder war dieses Verbrechens schuldig: er wollte die Vormundschaft des Kommunismus nicht anerkennen. Leonid berichtete von der Selbstherrschaft von Lagerverwaltern, die mühelos Strafen verlängern konnten. Von sich selbst sprach er nicht. Seine Frau, mit schwarzem Haar und gepreßter Stimme, und er selbst – sie sprachen sehr rasch, als wollten sie ein Mißverständnis aufklären: im großen Ostreich ist das Recht des Einzelnen nur in Kopekengröße vorhanden, man zahlt mit den Rubelscheinen der Macht. Diese beiden Menschen sprachen von Landsleuten – als Freiwild behandelt: es sind Schiffe, die langsam versinken, man muß ihnen Rettungsringe zuwerfen, jetzt, auf der Stelle. Ach, wenn ihr doch wüßtet, wie den Rechtlosen dort auch nur ein Wort von hier den Druck auf die Seele milderte ...

KARLSBADER SPRÜNGE

Februar 1986: In der wohlgefüllten internationalen Buchhandlung auch eine russische Abteilung – kaum Käufer. Eisig abgefertigt ein Offizier der Roten Armee. In den unteren Regalen reihenweise Ladenhüter: Breschnews Gesammelte Werke. Immerhin fand ich dort Dals »Sprichwörter«.

Februar 1989: Dieselbe Buchhandlung. In der russischen Abteilung ist die russische Literatur wieder eingezogen. Auf einem eigens aufgestellten großen Tisch die Fülle des Nachgeholten: Nabokov, Bulgakows »Meister und Margerita«, auch Hemingway, und russische Käufer, die wie Bienen eine blühende Wiese beflogen – als hätte die u-bootartige Geduld vor allem ihre Wachheit geschärft. Was nächste Woche hereinkommt – bei den Russen weiß man das nie, sagte die Verkäuferin.

OSTERBOTSCHAFT

Rot, gelb, grün und blau, manche gescheckt – Ostereier im Korb. Die Ölbäume antworteten dem Morgenlicht. Bäume und Pflanzen übersetzten wieder einmal den Frühling. Das Geläut der Osterglocken über der Landschaft am Gardasee – auch das: Verherrlichung. Und doch fehlt etwas. Als kämen wir auf dieses Pferd nicht mehr hinauf. Etwas fehlt. Erwarten wir von der Kirche zuviel? Klang nicht in den italienischen Osterliedern etwas von Inbrunst, die wir sonst so vermissen? Sind wir zu überheblich geworden, um Goethes Rat nachzuvollziehen: »Schwerer Dienste tägliche Bewahrung – sonst bedarf es keiner Offenbarung«? Offenbarung, erwarten wir sie nicht so: »Wie eine spitze Nadel drang es mir in die Seele«?

Ich ging am Ostermorgen durch die Weinfelder. Noch tags zuvor hatten Bauern, jeweils eine Weidenrute im Mund, die überzähligen Triebe ausgeschnitten und nur jeweils zwei, drei Triebe eines Weinstockes mit Weidenruten festgebunden. Sie verrichten ihre Arbeit mit Bedacht. Es ist etwas Heiliges an solchen Bildern: wenn ein Mensch sich mit seiner Hände Arbeit mit der Erde verbindet. Natürlich, ich war jetzt in Gedanken beim »heiligen Rußland«. Ich nahm Dostojewskijs »Brüder Karamasow« und ging lesend durch die Weinfelder. Das sechste Buch, »Ein russischer Mönch«, hatte ich aufgeschlagen.

Da stieß ich auf einen wunderbaren Satz: Derjenige, der nicht auf herkömmliche Weise zu beten vermag, sieht eine Frau die Lampe vor der Ikone anzünden: »Du betest zu Gott, indem du das Lämpchen anzündest, und ich bete, indem ich mich über dich freue; folglich beten wir zu einem Gott.« Ich spürte ein Licht aufgehen, als käme Kraft nach unendlicher Müdigkeit.

Und: Hatte derselbe junge Mann nicht recht, wenn er davon sprach, daß »jeder vor allen und für alles schuldig« sei? Ich müßte die nächste Zigarettenkippe vom Weg aufheben.

Tags zuvor hatten wir an die Kinder gedacht, sie des nachts bedacht mit kleinen Ostergaben: »wenn nur die Seele fähig ist, das Wertvolle zu suchen«, so las ich im selben Buch weiter.

»Ich fühle, daß es so ist…« Und weiter: »Wenn jemand schuld ist, so sind wir es zur Hälfte…« Und ein nächster Hinweis: nicht zu glauben, man müsse seine »ganze Zeit« an die Arbeit hingeben – ein Stündchen müßte übrig sein: Für Gott, für den Nächsten.

Der Nächste, nicht die Welt, nicht die Fernen; derjenige, für den du selbst verantwortlich bist. »Opfere alles in allem nur eine Stunde in der Woche.« Schon wollte ich kehrtmachen – zu den Kindern, zur eigenen Frau gehen, sie um Verzeihung für alle Vernachlässigung bitten… Die »Seele dürstet nach dem Wort und der Aufnahme alles Schönen«, so las ich Dostojewskijs Osterbotschaft, und plötzlich durchfuhr's mich: Jeder ist dein

Bruder, deine Schwester, jedem mußt du, auch wenn du ihn haßt, dieselbe Würde einräumen. »Das Paradies, sagte er, ist in jedem von uns verborgen.« Ich empfand diesen Satz wie ein Tor in eine verwandelte Welt. Und in diesem Augenblick wünschte ich, daß sie in Rußland endlich den Erztyrannen Lenin stürzten, sich selbst befreiten von dieser profan gewordenen Gehorsamsreligion, die alles so einfach macht. Man huldigt Lenin, der Partei, beruft sich auf alten Gehorsam, gar auf das Religiöse in aller Politik in Rußland, aber dieser profane Gehorsam, der sich religiöser Formen bedient, ist die Bankrotterklärung des freien Menschen; sie ist eine Zuflucht für seine willentliche Verantwortungslosigkeit. Wie sonst hätte Rußland so zu einem Mörderstaat werden können, in dem der Mensch mit dem Gehilfen Angst über andere regiert? All diese eingeschüchterten Seelen – wenn sie die »Brüder Karamasow« läsen, es bedürfte keiner Geheimpolizei mehr, die Liebe schlüge zwanghaften Erfolg und den Zwang zu Resultaten aus dem Feld.

> »Die Welt der Dostojewskijschen Fiktion bleibt ein bestürzendes Durcheinander gefährlicher Unordnung der Verhältnisse und unzähmbarer Maßlosigkeit aller Gefühle, wenn man nur einen Augenblick die Bedeutung der Demütigung und die ›Gewalt der Demut‹ verkennt, von der er sich nie entfernen konnte.«
>
> *Manès Sperber, Fjodor M. Dostojewskij. Ein biographischer Essay, Hamburg 1972*

> »Diese Beziehung von Mensch zu Mensch [...] hat beim Russen eine andere, elementarische Färbung. [...] Das Liebenswerte, wie es sich dort durch eine feine Anstrengung, durch seelische Aktivität erzeugt, [...] hat einen weiblicheren, aber auch dunkleren, amoralischen Zug.«
>
> *Ernst Jünger, Strahlungen, 1949 (Woroschilowsk, 1. Dezember 1942)*

Dostojewskijs Zauberwort »plötzlich«

In drei ganz verschiedenen Phasen meines Lebens habe ich Dostojewskij gelesen, und erst beim dritten Gang entzündete sich eine vorbehaltlose Liebe für diesen Autor, von dem ich jedes Werk schätze, ganz besonders sein »Totenhaus«, weil dort neben der »willkürlichen Offenbarung der Persönlichkeit«, die da »plötzlich nackt zutage« tritt, das Revolutionärste dargestellt ist: des Menschen Grund ist die Unsicherheit. Und seine Aufgabe ist es, ihr standzuhalten, weil er weiß, daß darin sein Heil liegt. Dostojewskij adelt mit seiner ganzen grauenhaften Szenerie letzthin den Menschen mit der Vorstellung eines unaufhörlichen Ringens um die Achtung vor seiner Menschenwürde, die sich erst dann entfaltet, wenn er nicht mehr sich selbst meint, sondern alle einschließt als Ebenbilder Gottes, mit der Fähigkeit zu verzeihen.

Im »bestürzenden Durcheinander« in Dostojewskijs Schriften, in denen auch die Umgangssprache eine nicht unbedeutende Rolle spielt, hagelt es oft ein Wort, unzählige Male habe ich es unterstrichen: »plötzlich«.

Dieses Schaltwort bezeichnet nicht nur das elementar Jähe, sondern überhaupt die Möglichkeit einer Wendung, einer Wende. Es ist kein Zaubertrick eines in die Enge Getriebenen, dem in höchster Not nur noch die Rettung des Plötzlichen einfällt, nein, es ist Zeichen dafür, daß dem Augenblicklichen große Bedeutung beikommt. Das Wort ›plötzlich‹ offenbart die Fähigkeit, sich der Allmacht des Alltäglichen zu widersetzen. Das Wort ›plötzlich‹ bedeutet Macht, aber nicht absolute Macht, auch nicht nur Macht des Sprechenden, Handelnden oder Erzählenden, sondern Macht, die das Rätselhafte aufreißt und Wahrheit enthüllt. Inmitten aller Beschwernisse (und lebenslanger Geldnot des Autors) das Bekenntnis eines »unverbesserlichen Idealisten«: »ich suche Heiligtümer«.

In diesem ›plötzlich‹ steckt das Verlangen, nicht vor den Zuständen zu kapitulieren. Wiewohl alle noch so grauenvollen Gestalten und Typen dieser Welt zueinander komplementär stehen, sind sie nie ›alles‹. Dostojewskijs »alles sagen« meint mehr als die Summe. Sein ›plötzlich‹ gleicht nicht der Kunst eines Regisseurs, der plötzlich eine Bildfolge abbricht und die Kamera schwenkt ins Unerwartete, es ist ein Wort für Freiheit und Synonym für die Rettungsmöglichkeit des Einzelnen.

Dostojewskijs Zauberwort ›plötzlich‹ bescheinigt den Mächten und Mächtigen der Welt ihre Relativität, also ihre Begrenztheit. Dieses ›plötzlich‹ wirkt wie ein Ferment der Begnadung; es ist Zeugnis der Verbundenheit mit der Welt als Gottes Welt, auch wenn Glauben (sei es in kirchlicher oder nichtkirchlicher Weise) als die den Menschen bestimmende Unsicherheit gefühlt wird.

Dostojewskij beschreibt die Welt als ein Konglomerat aus »Gemeinheiten und Dummheiten« – und er weist ihren Anspruch auf Allmacht entschieden zurück. Er weiß, daß jeder gerne willkürlich handeln will, aus eigenem Willen kürend; aber nur, wenn die Selbstüberwindung gelingt, kann sich Freiheit einstellen.

In »Schuld und Sühne« ereignen sich zwei Anläufe zu einem Satz, der nichts anderes sein will, als das Geheimnis des Lebens zu begreifen. Aber eben dieses »also das ist die Lösung« wird bei Dostojewskij nicht als eine abgeschlossene Formel begriffen, sondern als ein Paß, über den es weitergeht. Auf diesem Paß erfahren zwei Menschen mit Staunen, daß sich »im Innern« eines Menschen »Schmutz«, »Schande« und »heilige Gefühle vertragen«.

Die eigene Erfahrung ist nicht alles. Dostojewskij setzt manche seiner Gestalten immer wieder in Beziehung zum Neuen Testament, zu seiner Idee vom »alles neu« werden. Überhaupt läßt sich Dostojewskij als Autor des Neuen Testaments begreifen, während Tolstoj zur Welt des Alten Testaments gehört, die ohne die Gestalt Christi auskommt. Die wider Willen zur Dirne gewordene junge Frau in Dostojewskijs »Schuld und Sühne« relativiert mit einem Satz alle Macht, Willkür, Freiheit und eigene Erniedrigung: sie glaubt an Christus, der ihr »alles gibt«. Gleichwohl warnt Dostojewskijs Werk eindringlich vor der Vorstellung, die so gewonnene Einsicht – »also das ist die Lösung« – wäre fortan in Erbpacht und gesichert. Noch seine letzten Briefe zeugen von einer unaufhörlichen Hoffnung, vom Unabgeschlossenen des Lebens. So ist es auch kein Wunder, daß seine »Dämonen« 1987 zum meistgelesenen Buch in der Sowjetunion wurden. Und wenn auch immer wieder, wie z.B. in der »Prawda« vom 10. Mai 1989, den Lesern eingehämmert wird, »die Sowjetmenschen glauben der Partei« als der »einzigen organisierenden Kraft« zur Erneuerung, so ist das ein beschnittener Glaube. Die noch so suggestive Kraft kann über den Irrtum nicht hinwegtäuschen, daß letztlich eine Partei, ein Menschenwerk, nicht der Gegenstand des ›alles‹ erhoffenden Glaubens sein kann. Nimmt man Dostojewskijs Romane und Erzählungen, seine Briefe und das »Tagebuch eines Schriftstellers« als eine Trilogie zusammen, so erkennt man, daß er als erster Schriftsteller Rußlands Leben und Schreiben als eine Einheit verwirklicht hat. Die unverhüllte Autobiographie deckt wie eine Goldwährung Irrtümer und Einsichten.

Wenn Dostojewskij in jedem seiner Bücher vom »Mysterium des Lebens« schreibt, in einem jeden eine »lebendige Seele« erkennt und oft suggestiv auffordert, trotz aller Scheußlichkeiten doch »an Rußland zu glauben«, so liegt auch dem eine Idee zugrunde, da Dostojewskij in der Lage war, eine jede Erniedrigung und Beleidigung als eine zweifache zu begreifen: zuerst für den Betroffenen geltend, dann als symbolische Störung des Verhältnisses zwischen Mensch und Welt.

Die von Dostojewskij häufig angesprochene Bereitschaft des Russen, an Rußland zu glauben, war von ihm auch als Bannkraft empfunden worden wider die Gefahr, daß sich ein jeder »vereinzele«. Wenn man in diesem Zusammenhang auch manche törichte Einsicht Dostojewskijs findet – eine uns übertrieben anmutende Hoffnung auf die einigende Kraft des Wortes ›Rußland‹ –, so können jene, die dann zur russischen Einheit nötigten, in Dostojewskij keinen Anwalt für staatlichen Zwang finden.

Die Lüge ist für die Wahrheit notwendig

1873 wählte Dostojewskij diese Überschrift für eine seiner aktuellen Stellungnahmen in seinem »Tagebuch eines Schriftstellers«. Sie war nicht ironisch gemeint; sie deutet einen russischen Charakterzug an – als Verallgemeinerung gewiß ungültig, in vielen Fällen jedoch macht sie eine Tradition durch Jahrzehnte hindurch sichtbar.

Ein Gedicht Jewtuschenkos aus dem Jahre 1953, erstmals in »Novyj Mir« 11/1987 veröffentlicht (»Das Urteil«, zum 5. März 1953, Stalins Todestag), schließt mit den Zeilen: »als die Menschen zu Stalin über Menschen hinweggingen, / denn über Menschenleiber zu gehen, hat er sie gelehrt.« Ich will hier keinen geheimen Mechanismus der Seele enthüllen, doch wird in den Versen das Oszillieren zwischen Lüge und Wahrheit exemplarisch deutlich: Um die eine Wahrheit zu sagen – daß Stalin in der Tat lehrte, rücksichtslos über Menschenleiber zu gehen –, wird ›er‹ zugleich, und das ist die Lüge, zum Alleinverantwortlichen, der alle anderen gleichsam entschuldigt, so als ob es zum Gezwungenwerden nicht auch Zustimmung gegeben hätte.

1987 erschien in der Bundesrepublik Deutschland ein umfangreicher Katalog zu der Ausstellung »Tausend Jahre Kirche in Rußland« (nicht in der Sowjetunion). Im Geleit skizzierte der Patriarch von Moskau und ganz Rußland, Pimen, Wesenszüge dieser Kirche; seine Passage über deren Geschichte zwischen 1917 und 1977 enthüllt auf erschreckende Weise, wie eine ›russische Seele‹ unter lauter Rücksichtnahmen, wie eine »Sklavenseele« im Hinblick auf künftige Rettung, Wahrheit mit Lüge verbindet: »Nach dem Fall der Zarenherrschaft im Februar und der Einführung der sozialistischen Ordnung im Oktober 1917 wurde die Wiederherstellung des Patriarchats, der höchsten kanonischen Form der Kirchenordnung, möglich. [...] Das bald darauf folgende Dekret der Sowjetmacht vom 23. 12. 1918 ›Über die Trennung zwischen Kirche und Staat und zwischen Schule und Kirche‹ legte die neue Rechtsgrundlage der Russischen Orthodoxen Kirche fest. Später wurde die Glaubensfreiheit in der UdSSR gesetzmäßig durch die Verfassung von 1936 und die neue Verfassung von 1977 bestätigt; die Rechte der Gläubigen, sich zu einer Religion zu bekennen und religiöse Kulte zu verrichten, wurden dadurch gestärkt.«

Von dem einen Irrtum abgesehen (die Wiederherstellung des Patriarchats wurde längst vor 1917 angestrebt), ist daran nichts unrichtig, aber allein schon die Bezeichnungen »Rechtsgrundlage« und »Glaubensfreiheit« sind angesichts von Kirchenvernichtung und Priestermord eine entsetzliche Verhöhnung der Wahrheit. Man könnte hier Dostojewskijs Hypothese so formulieren: Die Lüge ist angesichts der Macht notwendig, um als Unterlegener sich behaupten zu können.

Schon 1972 hatte Solschenizyn in einem »Fastenbrief« an denselben Patriarchen geklagt, daß dieselbe Kirche ihre »erregte Meinung« zu jedem »bösen Vorgang« im fernen Afrika habe, aber schweige angesichts der Erniedrigung, daß bei jeder Taufe in der UdSSR der Paß vorzulegen sei.

Es war immer wieder ›die russische Literatur‹, die auf die unheilige Allianz von Lüge und Gehorsam im eigenen Lande hinwies. In seinen autobiographischen Büchern erwähnt Lewitin-Krasnow, wie in den vierziger Jahren die Kirche zum Komplizen der Staatsmacht wurde. Den offiziellen Darstellungen zufolge gab es damals keine »Verbannten«, die Kirche konnte also expressis verbis nicht für sie beten. Sie umging das Verbot, indem sie eben für die »Leidtragenden« betete, und jeder wußte, was gemeint war. Und selbst da konnte auf eine positive russische Tradition zurückgegriffen werden: Seit alters nannte man ja in Rußland die Verbrecher die »Unglücklichen«. Freilich, Lewitin-Krasnow wußte, daß Mord und Lüge »untrennbare

Gefährten« sind, im Buch »Weisheit« (1,11) heißt es ja auch: »ein Mund, der lügt, tötet die Seele«. Erst seit dem Machtantritt Gorbatschows beginnen sich immer mehr Menschen in Rußland dieser Hypothek nach und nach zu entledigen, einer Hypothek, von Menschen errichtet, die wußten, daß sie mit Lüge Herrschaft ausübten.

»Wir haben keinen Begriff von der seelischen Marter, die dem Selbstmord vorausging.«

Boris Pasternak, Menschen und Standorte, 1956

Ein langer Zug von Selbstmördern

Jeder, der sich nicht als Alleinbewohner einer Insel umbringt, setzt sich mit einer solchen Tat noch einmal in Beziehung zu den anderen. Jeder Selbstmord ist, als allerletzte Geste, auch ein Zuruf an die noch weiter Lebenden. Ein Loch reißt er auf, eine Wunde, die sich lange nicht schließt. Auch der versuchte Selbstmord verwandelt – es fällt einem fortan schwer, bei jeder Begegnung nicht an diese Geheimwaffe zu denken. Wo immer sich in unserer Nähe ein Selbstmord ereignet, lodert auch jener Satz Dostojewskijs auf, wonach wir alle an allem mitschuldig seien.

Von allen Selbstmorden in der Literatur hat mich am meisten berührt die Tat, mit der Lesskows Erzählung von der »Lady Macbeth des Mzensker Bezirks« schließt: »Katerina Lwowna zitterte. Ihr flatternder Blick blieb an einer Stelle haften und wurde immer wilder. Ein- oder zweimal streckte sie die Arme aus und ließ sie wieder sinken. Noch eine Minute – da erbebte sie plötzlich am ganzen Körper, bückte sich, ohne die Augen von der dunklen Welle zu lassen, packte Sonetka an den Beinen und warf sich mit ihr zusammen in einem einzigen Satz über den Rand der Fähre.« Man wirft den Bootshaken aus, in der Strömung tauchen beide Frauen noch einmal auf, doch da stieg »Katerina Lwowna empor, stürzte sich auf Sonetka, wie sich ein starker Hecht auf eine weichflossige Plötze stürzt, und beide wurden nicht mehr gesehen«.

Diese grausame Schlußszene verbindet Selbstmord mit Rache. In diesem Falle ist es der äußerste Versuch, Gerechtigkeit herzustellen – auf eigene Faust und mit Einsatz des eigenen Lebens. Der Selbstmord schillert hier auch in der Farbe des Opfers. Am Ende der Selbstbefreiung dieser russischen Frau, die alles für sich erreicht hatte – den Geliebten, die mörderische Beseitigung aller lebenden Hindernisse für diese Verbindung –, begreift sie, wiederum durch Erniedrigung und Beleidigung, daß sie sich in einem vergriffen hatte: der Geliebte kann nicht zum Besitz werden. Und nachdem sie sich bis zum Unerträglichen gedemütigt fühlt durch die Nebenbuhlerin, nimmt sie diese, auf der Überfahrt in die Verbannung, mit in den Tod.

Wie anders das Opfer der »Anna Karenina«, die, ebenfalls von der Unerträglichkeit ihres weiteren Daseins überzeugt, ihrem Leben ein Ende bereitet, sich als Vorwurf für das gescheiterte Leben mit dem zweiten Mann unter den Zug wirft ...

Und noch einmal das Opfermotiv, nun bei Dostojewskij: auch »die Sanfte« setzt ihrem Leben eigenhändig ein Ende, unerwartet, und wirksam; nicht einmal einen Zettel hat sie hinterlassen: »Niemand ist an meinem Tode schuld«, wie es sonst Selbstmörder tun. Dafür erinnert die Tat daran, daß »das Paradies« in »meiner Seele« war, und der Autor selbst weist auf den Zusammenhang zwischen »Selbstgeißelung« und »Selbstverherrlichung« hin.

Aus anderen Gründen bringt sich Dostojewskijs Swidrigajlow um – er sieht seine Lebensaufgabe verfehlt. Bei Stawrogin dagegen, in den »Dämonen«, ist dem Motiv der Selbstbestrafung das unausgesprochene Eingeständnis der Bindungsunfähigkeit, der Bindungsunwilligkeit unterlegt. Jeweils dort, wo er durch verantwortliche Bindung an andere hätte eingreifen können, hat er sich selbst gerettet – bis er zum Schluß selbst zum Strick greift und den Zettel mit der bekannten Formel hinterläßt: »Niemanden anschuldigen, ich selbst«. Es ergreift mich immer wieder, daß diesem Schluß zum Trotz Dostojewskij noch eine Rettung ersann – jenes 9. Kapitel, »Bei Tichon«, in dem das Modell einer Rettung durch Verzicht entworfen wird, um das »unermeßlich Erhabene« am Menschen zu retten.

Tolstojs Erzählung »Der Tod des Iwan Iljitsch«, konzipiert aus Furcht vor der Todesangst, ist eigentlich auch die Geschichte eines Selbstmordes – mit einem geradezu magnetischen Mechanismus der Selbstzerstörung, wiewohl man hätte meinen sollen, daß »es ihm hätte klar sein müssen, daß seine Wut über die Zustände und Menschen seine Krankheit nur noch verschlimmerte«.

Diese Gestalten sind umschlossen von einem schmerzensreichen Rosenkranz der tatsächlichen Selbstmörder in der russischen Literatur von Radischtschew bis Fadejew 1956. In der herrschenden Literaturgeschichtsschreibung des großen Ostreiches war es noch bis vor kurzem unüblich, sich näher über diese Todesart auszulassen. Ein »tragischer Tod«, so lautete die Tabuformel.

Pasternak war überzeugt, daß sich Majakowskij »aus Stolz erschossen« habe, »weil er etwas in sich oder neben sich verurteilt hat, mit dem seine Eigenliebe nicht Frieden schließen konnte«. Zu Jessenins Selbstmord vermutete Pasternak: er hat sich »erhängt ohne eine klare Vorstellung von den Folgen und in der Tiefe der Seele denkend – wer weiß, vielleicht ist es noch nicht das Ende ...«

Zum Selbstmord zählt auch der Zwang zum Selbstmord. In diese ›sokratische Nebenlinie‹ der russischen Geschichte gehört ein Aspekt der russischen Oper. Ich muß hier leider jede weitere Beschäftigung mit der Musik russischer Komponisten ausschließen, obgleich die Literatur reichlich Stoff für die Opernkomponisten geschaffen hat und ich mir wünschte, daß einmal in Deutschland alle russischen Opern gespielt würden, so daß man das Fortwirken russischer Themen bis hin zu Schostakowitsch nachvollziehen könnte. Ein Ende des selbstmörderischen Umgangs mit der eigenen Musik zeichnete sich im großen Ostreich erst 1989 ab, als der Komponist Alfred Schnittke erstmals offen über die oft gestellte Frage Rede und Antwort stehen konnte (in der »Literaturnaja Gazeta«): »Wohin ist die Melodie verschwunden ...« Einer der mörderischen Eingriffe bestand in der Ent-Zarisierung von Glinkas Oper »Ein Leben für den Zaren« (1834). Um die ›russische Musik‹ zu wahren, wurde die Oper 1924 ›proletarisiert‹ – in einer dritten, nachstalinschen Fassung wurde dann anstelle des Zaren ein Kaufmann eingesetzt, immerhin.

Die Problematik des ›national-russischen‹ Mythos in der Oper (»Boris Godunow« oder das Altgläubigen-Problem in Musorgskijs »Chowanschtschina«) muß hier ebenfalls ausgeschlossen bleiben. Aber daß nach Angriffen der »Prawda« 1934 zwei Jahre nach der Uraufführung von Schostakowitschs Oper »Die Lady Macbeth von Mzensk« (nach Lesskows Erzählung) das Werk umgearbeitet werden mußte, mit neuem Titel 1963 erst als »Katerina Ismajlowa« wieder gespielt werden und dann seit 1979 wieder die Originalfassung in der UdSSR gespielt werden konnte, das gibt über Rußlands besonderen Charakter nach wie vor zu denken.

Im Kontrast zum Wirklichen steht immer wieder die Sehnsucht nach Utopia, dem eigentlichen ›Anderland‹, nach »Inonia«, von dem Jessenin 1918 schrieb. 1876 brachte Dostojewskij zwei Worte in einen engen Zusammenhang: »Vom Selbstmord und Hochmut«. Ohne diese Erscheinungsformen ist Rußland nicht zu begreifen.

»Und was bedeutet denn wissen? Naja, ich weiß mit Sicherheit, daß ich Tolstoj bin, ein Schriftsteller, ich habe eine Frau, Kinder, graue Haare, kein schönes Gesicht, einen Bart – das alles steht auch im Paß. Aber über die Seele steht nichts im Paß; über die Seele weiß ich nur eines: Die Seele will die Nähe zu Gott. Und was ist das, Gott? Das ist, nun ja, ein Teil davon ist meine Seele. Das ist alles, was ich dazu sagen kann. Wer das Nachdenken gelernt hat, dem fällt es schwer zu glauben, aber in Gott leben kann man nur im Glauben. Tertullian hatte schon recht, als er sagte: ›Der Gedanke ist schon das Böse‹.«

Maxim Gorkij, Erinnerungen (Lev Tolstoj; Kap. 49), 1919

Über die Seele steht nichts im Paß: Lew Tolstoj

Jedesmal, wenn ich zu lesen beginne, bin ich von Tolstojs drei großen Romanen hingerissen: »Krieg und Frieden« (1868/69), »Anna Karenina« (1878) und »Auferstehung« (1899). Am meisten berührt mich seine Fähigkeit, bei der Schilderung des Verhaltens seiner Gestalten jeweils ihre geheimsten Motive mit aufzudecken, ohne dabei den Leser um das Vergnügen zu bringen, diese Begründungen selbst zu entdecken. Dieses Enthüllen der verborgenen Absichten hat eine ungeheuere Faszination: sie zeigt den Menschen als Wahrheitssucher und daß jeder vom Sinn seiner Lebensaufgabe überzeugt ist. Tolstoj hatte nicht nur »gute Augen«, mit deren Ausbeute die Romane so anschaulich wurden; Nabokov betonte eigens eine andere Besonderheit: »Er ist der einzige Autor, den ich kenne, dessen Uhr im gleichen Rhythmus tickt wie die zahllosen Uhren seiner Leser.« Nabokov nannte es das Phänomen der »Normalzeit«, die Tolstoj in seine Werke gebracht habe, so daß uns seine Romangestalten so nahe stehen.

Eigenartig, wie sich in diesen hinreißenden Romanen die Figurenkonstellation von Buch zu Buch zu einer Pyramide verwandelte: In »Krieg und Frieden« eine ganze Epoche; in »Anna Karenina« in der Hauptsache zwei Paare, und in der »Auferstehung« zwar auch ganz Rußland mit dabei, aber eigentlich nur noch ein Paar.

Grandiose Romane – und dann ihre unbefriedigenden Schlüsse ...

Wieder komme ich auf Dostojewskij. Ein Satz offenbart beider gegensätzliche Welten und ein diametral entgegengesetztes Verhältnis zur Welt: für Dostojewskij war Geld »geprägte Freiheit«, für Tolstoj »geronnene Macht«.

Oder das Ausklingen von zwei Romanen: in Dostojewskijs »Schuld und Sühne« hat Raskolnikow im Straflager, wo er seine Strafe für den Mord verbüßt, das Neue Testament von seiner künftigen Frau bekommen; es liegt wie ein Zauberstein unterm Bett; allein schon das Denken daran gibt Zuversicht. Dagegen in Tolstojs »Auferstehung« eine aberwitzige Aufzählung von den »fünf Geboten« nach Matthäus, als ließe sich die Heilige Schrift wie eine Liste von Paragraphen lesen und anwenden. Bei Dostojewskij die Freiheit der Zuwendung (nach einer Niederlage), bei Tolstoj die Selbstgeißelung durch Unterwerfung; etwas Unfreies grundiert sein Werk.

In Aufzeichnungen, Traktaten und vor allem in seinem Tagebuch treten widerwärtige Züge Tolstojs auf; er verstand es meisterhaft, seine Umgebung glauben zu machen, daß seine »Nächstenliebe« eine Art »Fernstenliebe« ist, der er mühelos und schamlos seine Allernächsten opferte. Sein Tagebuch und das seiner Frau liest sich manchmal wie eine Episode aus einem ›libanesischen Bürgerkrieg‹: mörderisch. Es wäre eine reizvolle Aufgabe, beider Tagebücher einmal parallel nebeneinander in einem Buch zu veröffentlichen.

Manches, was sich in Rußland nach 1905, erst recht nach 1917 ereignete, ist bereits bei Tolstoj angelegt. Er hatte Züge eines tyrannischen Maximalisten; ich stimme Korolenkos Charakteristik ohne Einschränkung zu: Es hatten sich in seiner »Seele alle Bösartigkeiten und Widersprüche unseres Daseins schmerzhaft verknotet«. Das Bösartige zeigt sich nicht nur im Krieg mit seiner Frau, sondern auch in seiner Taktik, bewußt zu verfälschen; so hat er in seiner Erzählung vom »Vater Sergej«, die man auch als verhüllte Autobiographie lesen kann, den Weg eines »außergewöhnlich ehrgeizigen« Mannes zum Mönch dargestellt und dabei so getan, als wüßte er nicht, daß in der orthodoxen Kirche stets ein Nebeneinander von Heilswegen gelehrt wurde – Tolstoj aber lehrte den einen, den ausschließlichen Weg, und er machte so, mit einem Ausschließlichkeitsanspruch sondergleichen, aus dem Nebeneinander ein Gegeneinander. Da hilft es auch nicht, wenn man seine ›urchristlichen‹ Ansätze zu einem reichlich verschwommenen Lehrbuch der Liebe zusammenfaßt und sie als »Lichtspur einer russischen Seele«, wie 1984 geschehen, in Umlauf bringt. Das Verlangen nach Vollkommenheit erscheint bei Tolstoj in seiner Perversion: »Er wollte ganz dazugehören« – und schloß die anderen aus.

Fedor Stepun spricht denn auch von Tolstojs »Willkür seiner Definition«. Allerdings nennt er auch die »religiöse Tragödie« Tolstojs: Im Gegensatz zu Dostojewskijs Gottesvorstellung, den der Jubelgesang der Liturgie preist, ist Tolstojs Gott »der Schmerz der Todesangst«. Mit diesem Schmerz wiederum hat Tolstoj nie kokettiert, er hat zeitlebens an ihm gelitten.

Tolstoj suchte die eine, die radikale Lösung für alle Nöte des Menschen – Dostojewskij verlangte die radikale Lösung zunächst von sich selbst; seine Absage an den »Spieler« in sich selbst war eine seiner zentralen Kehrtwendungen.

Auch deshalb geht mir Dostojewskij stets nahe, auch wenn sich einem oft die Haare sträuben in seinem Tohuwabohu, angesichts seines Hochmuts über ›die Deutschen‹. Da hat er kurzerhand jede eigene Erfahrung zu einer allgemeingültigen Aussage erhoben. Tolstojs Pamphlete dagegen machen mir Angst ob ihrer Unerbittlichkeit, er kennt das Erlebnis der Gnade nicht; Dostojewskij indes ahnt, daß sie mit dem um Verzeihung Bitten beginnt. Rußlands geistige Gegensätze sind am schärfsten in diesen beiden Gestalten verkörpert.

»Der Ikonenmaler stellt das Sein dar, ja, das Heils-Sein; Schatten dagegen ist nicht Sein, sondern einfache Abwesenheit des Seins [...]. Der Ikonenmaler geht vom Dunklen zum Hellen, von der Finsternis zum Licht [...]. Die Ikonenmalerei stellt die Dinge als von Licht hervorgebracht dar.«

Pawel A. Florenskij, Die Ikonostase, Stuttgart 1988

Plötzlich kann man wieder Ikonen sehen

Zur Wiederentdeckung Pawel Florenskijs

Eigentlich ist die Beharrlichkeit erschreckend: Da zeigt ein Staat »1000 Jahre russische Kunst«, und in 700 Jahren entstand, auf dem Feld der Malerei, nichts anderes Bedeutendes als die schier unendliche Variation desselben Themas – die Ikone. Von wenigen Ausnahmen abgesehen: kein Dürer, kein Rembrandt – allenfalls ortsgebundene Schulen; über Jahrhunderte hinweg nichts anderes als Heiligenbilder, Gottesmütter, Christus und Bilder zur Heiligen Schrift. Natürlich, selbst den Russen wurde das einmal zu eng, und sie haben das fast alles, wortwörtlich, gesprengt, aber so eine Mitgift wird man nicht los...

Diese russische Besessenheit, Ikonen zu malen. Eigentlich ist das ja Wandmalerei. Dieses intime Verhältnis zu den Heiligen – eine Leidenschaft zum Verehren. Im Land selbst: Wirren, Kämpfe, Bürgerkrieg, bis zum Erbrechen wiederholt, aber in den Kirchen diese Gewißheit: Vor dem Altar immer die Ikonenwand, und jede Ikone gemalt als Fenster in den Himmel. Das Himmlische ist sichtbar – in der Ikone.

Eigentlich ist das ein Wunder; so dumm können sie ja nicht gewesen sein, um nicht zu sehen, wie Gutsbesitzer ihnen die Töchter wegnahmen, wie sie immerzu geknechtet wurden. Doch in den Ikonen davon nichts. Ikonen klagen nicht. Die Marter ist immer ein Stück sinnvollen Wegs. Diese Kraft, sich eine Ahnung vom Herrlichen zu behalten – und alltags der Schnaps, der Schmutz, die Prügel, die Ohnmacht. Sie nahmen das alles auf die leichte Schulter des Glaubens.

Oft war ich ergriffen, wenn ich russische Mönche hörte – in der Abtei von Chevetogne oder anderswo: Kirchenmusik ohne jede Einmischung eines Instruments; nur des Menschen Stimme soll erklingen. Solche Ausschließlichkeit durchzuhalten, das ist mit dem Verstand wahrlich nicht zu begreifen. Haben sie am

Ende ihre Liebe nicht idealisiert? Diese wundersame Macht ihrer Liturgie: hartnäckig sich jeder Reform verweigernd, denn am Ende wär's nur ein Entgegenkommen der Bequemlichkeit des Menschen: nichts da!

Daß sie so scharf unterschieden zwischen Heiligem und alltäglichem Bereich... Diese Zuversicht ins Unverrückbare. Unter den vielen Heiligen, und für jeden Tag steht ja einer als Schutzengel bereit, immer wieder der Nikolaus mit den Episoden seines Eingreifens ins Alltagsleben, als wollten die Ikonenmaler die Kirchenbesucher ermuntern: Seht her, der hat es geschafft, der ist nicht ertrunken in den Alltagsverrichtungen... Wunderliches Volk, das sich an unerreichbaren Vorbildern erfreut!

Wir haben dazu nicht hinreichend Worte. Das Christentum hat sie gegen manches immun gemacht – trotz so vieler Tyrannen. Die Zeit hat in Rußland, anders als bei uns, lange auf Granit gebissen. Freiheit jedenfalls schmeckt anders, wenn man das Jahr kreisen läßt um die Gültigkeit der großen Feste; man hechelt dann zwar Europa in manchem hinterher, aber der Zugang zum Hafen Gottes bleibt eisfrei. Das offenbaren die Ikonen.

Auf dem Weg dorthin hab' ich Glück gehabt. Zwei Lehrern bin ich zur gleichen Zeit begegnet, jeder öffnete die Tore nach Osten anders. Der eine hielt auf die Sprache, und ganz am Anfang war das nicht mehr als Spießrutenlaufen durch die slawischen Lautverschiebungen. Freilich lag dem die Überzeugung zugrunde, daß nur derjenige, der nichts wissen will, bei Ideologien Zuflucht sucht. Trotz anfänglichem Widerstreben hat mir dieser Lehrer, Joseph Schütz, eines beigebracht: so dunkel ist Rußland nicht, und nur wer die Winkelzüge der Grammatik kennt, vermag auch zu unterscheiden, wo der Mensch lügt – die Sprache selbst nämlich lügt nicht.

Dann kam das Komplementäre in Gestalt einer Frau: im Baltikum geboren, in der DDR eine Zeitlang lehrend, so kam sie nach Erlangen auf den Lehrstuhl für »Theologie und Geschichte des Christlichen Ostens«. Während ihrer ersten Vorlesung hatte sie nur zwei Hörer, doch seither gehörte für mich, dank Fairy von Lilienfeld, unabdingbar zum Osten das Lesen der Dichter. Nicht mit trockener Geschichte traktierte sie uns, wir lasen, des Russischen noch kaum kundig, Solschenizyn und Gogol. Auch das ist Rußland: die besten Exegeten der Bibel sind, mit eigener Erfahrung anreichernd, immer die Dichter.

Ich war in jener Ausstellung in Wiesbaden, 1989, »1000 Jahre russische Kunst«. Ich las den umfangreichen Katalog, ich sah darin das Bild Nesterows aus dem Jahr 1917: »Philosophen«. Es zeigt, in heller Landschaft, zwei Männer nebeneinander gehend: der eine ist S. N. Bulgakow (1871–1944; als Marxist in die Duma gewählt; 1917 brach er mit dem Kommunismus, empfing 1918 die Priesterweihe und, 1923 ausgewiesen, lehrte er bis zum Tode am Russischen Theologischen Institut in Paris), der andere P. A. Florenskij (1882–1937). Er verbrachte seine Kindheit in Tiflis, studierte Mathematik und promovierte 1908 »Über die religiöse Wahrheit«. Er schrieb über die »Kirchliche Liturgie als Synthese der Künste«, hatte einen Lehrstuhl an der VCHUTEMAS-Hochschule in Moskau inne, trat 1921 in die von Trotzkij geleitete Hauptverwaltung der elektrotechnischen Industrie ein, wurde 1928 nach Gorkij verbannt, und da er sich weigerte, dem christlichen Glauben abzuschwören, wurde er 1933 zu zehn Jahren Lager verurteilt. 1937 kam er dort unter ungeklärten Umständen um.

Und dann lese ich in dem reichen, schönen Katalog, von bundesdeutschen Institutionen mitfinanziert, die bekannte Sowjethohnformel über den systematischen ›langsamen Tod‹: »1933 wurde er Repressionen ausgesetzt. 1956 postum rehabilitiert.«

Das ist auch Rußland – durchaus mit dem Verstand jetzt zu begreifen: man mordet, schönt das mit dem Wort »Repression« und zieht sich aus der Schlinge der Schuld, indem man den Ermordeten immerhin »postum« rehabilitiert. Das Eingeständnis des Verbrechens gleicht dem schwarzen Peter: man hat ihn, und schiebt ihn weiter. Die Idee selbst wird dadurch nicht angeschwärzt.

Doch auch das ist jetzt Rußland, endlich wieder: Am 30. November 1988 erscheint in der »Literaturnaja Gazeta« – nach dem Vorläufer einer Florenskij-Publikation in der Zeitschrift »Voprosy Literatury« (Fragen der Literatur) – eine ganze Seite mit einer Abbildung des Priesters Florenskij: zwei Enkel stellen Leben und Werk des Großvaters vor. Der eine ist Dozent am Moskauer Institut für Erdöl, der andere der Abt Andronik ... Ein Mönch darf im Organ des kommunistischen Schriftstellerverbandes schreiben – und die Wahrheit sagen! »Plötzlich«, oh fortwirkendes Zauberwort Dostojewskijs, besinnen sich Menschen darauf, daß dieser Pawel Florenskij, ein »Denker und Theologe, Kunstwissenschaftler und Mathematiker«, als eines der »orientierenden Symbole russischer Kultur« gewürdigt werden muß. Auch der Dichter Rasputin zählt, so die »Literaturnaja

Gazeta« vom 1. Februar 1989, zu den Verehrern von »Vater Pawel«.

Plötzlich kann man wieder Ikonen sehen. Die Allmacht des Staates gesteht, daß sie allein ihre ›Seelen‹ nicht mit zulänglicher Nahrung versehen kann. Ohne das Heilige wäre des Menschen Leben doch zu dürftig. »Der wahre Künstler«, schrieb Florenskij in seinem Buch über die Ikonostase, will nicht »sein Eigenes, koste es, was es wolle, sondern das Schöne«, und, fuhr er fort, alle »Sündhaftigkeit und Vergänglichkeit« können nicht das »Wesen der Welt« ausmachen; ihm kommt es darauf an, sich zum Licht, das die Ikone mit Gold darstellt, in Beziehung zu setzen. Er weiß um dieses unaufhörliche Gegenüber – zur ungegenständlichen Farbe des Lichts, dem Gold, zur Idee. In diesem Verhältnis erst gewinnt er seine Würde. Darauf gründet seine Liebe. Das sind noch Ausnahmen, aber solche Ahnungen sprechen für das geistige Rußland.

> »Ganz beiläufig möchte ich hier bemerken, daß uns im Gefängnis die Freiheit durch unsere Wunschträume und die lange Entwöhnung sozusagen freier erschien als die wahre Freiheit, das heißt, als sie tatsächlich, in Wirklichkeit war.«
>
> *Fjodor M. Dostojewskij, Aufzeichnungen aus einem Totenhaus, 1861*

Hausputz unter Gorbatschow

Fluch und Segen des eigenen Denkens. Geglückte Reformen, ablesbar an der »Literaturnaja Gazeta« 1986 bis 1989

Wie groß Freiheit im Augenblick in Rußland ist, das vermag niemand zu sagen, genausowenig wie jemand alle sowjetrussischen Druckerzeugnisse überblicken kann, aber daß die Zeit einer langen Entwöhnung vorbei ist, das läßt sich an der Wochenzeitung »Literaturnaja Gazeta», dem Zentralorgan des Schriftstellerverbandes, wie an einem Pegelstand ablesen.

Es verwundert mich von Mal zu Mal weniger, wie die Zeit seit 1986 als eine Dostojewskij-Parallele anmutet: stets aufs neue treffen seine Einsichten zu.

Die zurückliegenden drei Jahre zeigen, als Zwischenbilanz, den Prozeß einer Selbstentwertung der eigenen jüngsten Geschichte.

Durch eine bis dahin unterdrückte Schonungslosigkeit in der Darstellung der Stalin-, Chruschtschow- und Breschnjew-Ära, deren letztere in typisch russischer Formelgläubigkeit als »Zeit der Stagnation« bezeichnet wird, unternahmen zahlreiche Autoren den Versuch, durch Aufdeckung des Schlimmen ein neues Selbstgefühl zu entwickeln.

In diesen drei Jahren erlebte nicht nur der sowjetische Leser manche Überraschung. Die Lektüre der »Literaturka« (Auflage über vier Millionen) ist spannend wie ein Kriminalroman geworden. Zwar schmücken die Titelseite, auf grobem Papier, noch immer die Leitfiguren Puschkin und Gorkij, auch der Leninstempel fehlt nicht und der Parteibefehl, daß sich die Proletarier aller Länder vereinigen sollen, aber die Dürre der unterwürfigen Beifallsartikel für die Partei ist gewichen.

Zug um Zug, doch auch sprunghaft, wurde der falsche Gehorsam enthüllt – nur Lenin bildet einstweilen noch die einzig unumstrittene Autorität. Eine Enthüllung gab der nachfolgenden Geleitschutz.

Es begann damit, daß Gorbatschow selbst ziviler auftrat und seine Reden der toten Formeln entkleidete und Tatsachen nannte. Dem folgten Echos von unten. In Konstantin Fedins postum veröffentlichten Aufzeichnungen (»Das wahre Wort finden«) war zu lesen, was der Terror zugenagelter Sätze jahrelang nicht zuließ: Sprachkritik. Fedin zitierte die Standardformeln mit Fragezeichen und gab die übliche Antwort, die das Lügen entlarvte: denn »wie ist unsere Epoche?« Natürlich »heroisch«, und »wie sind unsere Beziehungen zu unseren Freunden?« Natürlich »unverbrüchlich ...«

In diesem Sprachrohr einer Großmacht, das lange Jahre Weltbild und Denkergebnisse diktierte, eingeschworen auf die Alleinrichtigkeit des kommunistischen Weges, begann von Nummer zu Nummer das Detail wichtig zu werden. Durch einen beherzten Leserbrief wurde die Existenz des »Schwarzmarktes« für gesuchte Bücher eingestanden – wo doch nach sowjetischem Selbstverständnis ein solcher gar nicht existieren kann.

Gewohnt an Hofberichterstattung mit einem stets ordensgeschmückten Breschnjew, stellte ein Artikel im September 1988 schonungslos den einst bejubelten Ordens- und Titelsegen des Generalsekretärs als »Accessoires seines Kultes« dar und die

Fähigkeit dieses »Meisters im Kompromiß« zu diesem Amt überhaupt in Frage.

Nicht ohne Ironie erwähnte der Autor auch die russische Tradition des weithin gebräuchlichen »de mortuis nil nisi bene«, das sich in Rußland umkehre: Lobsprüche zu Lebzeiten, harsche Kritik erst nach dem Tode. Damit sublimiere man die nicht vorhandene Möglichkeit, die Herrschenden zu kritisieren.

Zum Schluß bestätigte der Verfasser, ungewollt, Manès Sperbers These, wonach ein Tyrann stets nur mit Hilfe zum Tyrannisieren Bereiter, mit Untertyrannen, herrschen könne. Die »absolute Mehrheit im Apparat« verhielt sich stets wohlwollend – und wurde dafür belohnt.

Auch war in diesem Artikel erstmals vom Willen die Rede, auch »Minderheiten« zuzugestehen zu denken, zu sprechen, zu schreiben und die Wahrheit zu suchen.

Nicht minder offen waren zuvor die Worte über Chruschtschow und den Henker Berija. Da fragte ein Oberst im Ruhestand, wie es möglich gewesen sei, daß ein solcher Henker, den man nicht als Menschen bezeichnen könne, an der Spitze der Parteipyramide stand, neben dem »großen Führer« (Stalin), und, unterstellt, daß Stalin selbst nichts bemerken wollte, die anderen Politbüro-Mitglieder ebenfalls nichts sahen. Und wenn sie sahen: warum schwiegen sie dann?

Das mögen zunächst innerrussische Lösungen sein. Für den Außenstehenden aber ist bedeutsam, wie wieder einmal die Literatur in Rußland (und in diesem Falle unter Mitwirkung zahlreicher Autoren, deren Muttersprache nicht das Russische ist) das öffentliche Interesse, die Sorge um das ganze Land zu ihrem Thema machte.

Jewtuschenkos Beiträge steigerten sich insofern, als er bald auf seine typischen Gedichte verzichtete, in denen er doch oft nur in einer poetischen Formel andeutete. Statt dessen nun offenes Aussprechen. Jewtuschenko brach eine Lanze für den Dichter Gumiljow, der als Weißgardist erschossen worden ist und damit tabu war. Jewtuschenko setzte sich für den Maler Oleg Celkow ein, den man wiederholt ausgeschlossen und nicht ausgestellt hatte.

Andrej Wosnesenskij, der hochbegabte Lyriker, unterbreitete den kecken Vorschlag, das Warenhaus am Roten Platz, den »Gum«, in ein »Dom dum« (dum = Gedanke), ein Haus des Gedankens à la Centre Pompidou in Paris umzugestalten. Wosnesenskij preist in seinem Gedicht »Gottesmutter von 1937«

jene Mütter, die noch wissen, was in Stalinschen Lagern geschah, und vor aller Welt entschuldigte er sich für die Katastrophe von Tschernobyl.

Derselbe Wosnesenskij hatte in seinen »Begegnungen mit Pasternak« mit keinem Wort dessen Roman »Doktor Schiwago« erwähnt. Jahrzehntelang durfte niemand im großen Ostreich diesen Titel auch nur erwähnen. Erst 1987, auf einem Schriftstellerkongreß, konnte es Wosnesenskij, des Geleitschutzes von Gleichgesinnten sicher, wagen, neben manch anderem kritischen Wort, den »Arzt des Lebendigen«, den »Doktor Schiwago«, zu nennen.

Im Jahr darauf erschien endlich Pasternaks Roman zum ersten Mal im Heimatland des Dichters – im »Novyj Mir«, in Fortsetzungen. In einer bald darauf veröffentlichten Gesprächsrunde über die Bedeutung dieses Romans pries ein Teilnehmer Pasternaks Buch als ein »Lehrbuch der Freiheit«. Das hatte um so mehr Gewicht, als bislang allein die Klassiker des Marxismus und der Kanon der Parteibücher den Rang solcher Lehrbücher einnahmen.

Die bislang geleistete Nachholarbeit ist gewaltig, viele verbannte Schriftsteller werden wieder geachtet. Doch kam dies nicht nur von innen. Hätten die gewaltsam Vertriebenen und die echten Emigranten nicht über Jahrzehnte hinweg Widerstand geleistet, gekräftigt durch jene Zuversicht des »an Rußland kann man nur glauben«!

Dudinzew, einst berühmt geworden durch seinen Roman »Der Mensch lebt nicht vom Brot allein«, ist einer der vielen ›Heimkehrer‹. Vorbehaltlos konnte er seine Lieblingslektüre nennen: Schopenhauer, Spinoza, Spengler und Solowjow, sodann Dostojewskij und Gogol und, mit Einschränkung, Turgenjew (doch dann »nimmt ihn die Seele mit Genuß an«). Über das staatlich verordnete Kommißbrot der Soz-Realismus-Klassiker kein Wort . . .

Freilich, derzeit haben die Worte »Perestrojka«, »Glasnost« und »Neues Denken« auch schon etwas Einhämmerndes, Zwanghaftes, als wäre nun dieses die allein richtige Formel. Doch immerhin folgen hinter dem Eisbrecher ›Perestrojka‹ in einer eisfreier werdenden Fahrrinne jetzt andere Fahrzeuge.

Die Aufholarbeit der letzten Jahre, einem großen Hausputz gleichend, hat Beachtliches geleistet. Vladimir Nabokovs Werk wurde wieder in der Heimat zugelassen. Der mit dem Bann belegte Arthur Köstler wurde neu übersetzt. In der Vorbemerkung zu seiner »Sonnenfinsternis« hieß es, daß Köstler nach seinem Bruch mit der KP (während der Mordprozesse der dreißiger Jahre) wegen »antisowjetischen Inhalts« unterschlagen wurde, doch seien seine Gedanken »gerade heute« wieder von Belang.

Es wunderte mich nicht, daß zu Beginn des Jahres 1989 ein Interview mit dem polnischen Nobelpreisträger Czeslaw Milosz in der Literaturka gedruckt wurde, wortwörtlich übersetzt aus dem Pariser »magazine littéraire«.

Natürlich, die Methode des Angstverschlusses blieb immer wieder gewahrt: die Literaturka unterschlug den Literaturnobelpreis an Brodskij. Dafür brachte es »Novyj Mir« fertig, Gedichte dieses Autors ohne Namensnennung zu veröffentlichen – mit dem Hinweis für Eingeweihte: »Von einem russischen Dichter, der in Amerika lebt und 1987 den Nobelpreis erhielt«. Wie schrieb doch Dostojewskij einst: »Die Lüge ist für die Wahrheit notwendig ...«

Noch sind die Wurzeln nicht beseitigt, die es immer wieder zur »Angst vor dem starken Mann« kommen lassen, gleichwohl sind wir in diesen Wochen und Monaten Zeugen einer neuerlichen »Selbstrettung« Rußlands geworden, die noch längst nicht abgeschlossen ist. Der Außenminister der UdSSR, Edward Schewardnadse, drückte das 1989 angesichts des Erdbebens in Armenien so aus: »In diesen tragischen Tagen blickte die Weltgemeinschaft auf neue Weise auf uns und sah, vielleicht zum ersten Mal in den über vierzig Nachkriegsjahren, das Sowjetvolk nicht als eine abstrakte Masse, sondern als Mitmenschen auf dem Planeten Erde. Auch wir haben eine neue Sicht auf die Weltgemeinschaft gewonnen und verhielten uns auf neue Art. Wir haben die Hilfe entgegengenommen und somit gleichsam gesagt: Die von uns verkündete Priorität der allgemeinmenschlichen Werte ist keine leere Phrase, sondern Realität.«

Solche Beteuerungen wirken in zweierlei Richtung: ins Land selbst und nach Westeuropa, wo sich niemand wünscht, daß sich Rußland allein im Zustande der Selbsterniedrigung (während der Zeit der Selbstreinigung) zeigt, sondern Rußland es endlich lernt, als Ebenbürtiger unter Ebenbürtigen seine Aufgaben zu erfüllen. Ansätze sind gemacht. Oft sind es auch da die Kleinigkeiten – wenn ich die einst verfälschenden Fotografien vor Augen habe: bei Staatsbesuchen wegretuschierte Wodkaflaschen, und nun die Versuche in »unbefangener Fotografie«: etwa der zerstörte, trocken geschundene Aralsee.

Als Gorbatschow nach seinem ersten Besuch die Bundesrepublik Deutschland verließ, sprach er von einer »Bewegung in der Seele«. Damit antwortete er auf Bundeskanzler Kohls bemerkenswertes Interview, das dieser zuvor der Literaturka gegeben hatte: »Ein Gefühl für europäische Gemeinsamkeit«. Wiewohl Gorbatschow auf der »Option für den Sozialismus« beharrte, sind Ansätze zu einer Abrüstung gemacht: die Angst als Machtmittel muß als erstes verschwinden. Die russische Berichterstattung ist sehtüchtiger für Wahrheit geworden. Das Blendwerk kommunistischer Vormundschaft wird am ehesten von Schriftstellern und Filmemachern niedergerissen. Nach wie vor gebrauchen sie die »russische Seele« als Synonym für Aufopferung – anders ist ihnen Leben nicht vorstellbar; allerdings braucht auch das Opfer einen Zusatz – das Freiwillige. Anstelle des Mißtrauens rückt ein waches Gewissen ein: der beste Verbündete der Seele.

Erstaunlich bleibt das ganz und gar emotionale Fortwirken des Wortes »Seele«. Kandinskij sprach um 1911 vom »inneren Ohr« der Seele, verstand sie als das »Schöpfungsgeheimnis«, und Sergej Salygin, seit 1987 Chefredakteur des »Novyj Mir«, nähert sich in einem Vorwort zu Rasputins Prosa dieser Vorstellung durchaus an. Er schreibt von der unauflöslichen »Diskrepanz zwischen Wirklichkeit und Ideal«. Er fragt: »Was taugt unser ›neues Denken‹ ohne die Wahrheit des Ewigen und Unerschütterlichen?« Dem falschen russischen »Stolz« und der »Sünde der nationalen Enge und Abgeschlossenheit« hält er die Kontinuität der Seele entgegen, in »heiliger Verpflichtung« einzutreten für die »Mutter Natur«, unsere »Mutter Erde«. Zu Recht erinnert Salygin an die Vorbilder der russischen Seele, die eigentlichen »Retterinnen«: es sind die »betagten Frauen«, die ein ungebrochenes »Gefühl für die moralische Verpflichtung« haben.

Es ist die russische Literatur, die Vorbilder für diesen Glauben an Rußland bereithält; ohne sie wäre auch Europa arm.

NÜRNBERG – RECKLINGHAUSEN – WIESBADEN – KARLOVY VARY – ERLANGEN – BARDOLINO – NIEDERALTAICH, Advent bis zum Allerheiligenfest der Ostkirche (Sonntag nach Pfingsten), 1988/89

Eine Liebe fürs Leben · Heimat in Rußland

FJODOR DOSTOJEWSKIJ

»Raskolnikows Traum«

1866

Fjodor Michajlowitsch Dostojewskij, 1821 in Moskau geboren, wurde mit einem Schlag durch seinen ersten Roman, »Arme Leute« (1846), berühmt. 1849 wurde er mit dem Kreis um Petraschewskij verhaftet, zum Tode verurteilt und nach einer Scheinhinrichtung zu vier Jahren Zwangsarbeit in Sibirien begnadigt, denen vier weitere Jahre Militärdienst in Sibirien folgten (»Aufzeichnungen aus einem Totenhaus«, 1861). Er starb 1881. In seinen Erzählungen und Romanen hat er häufig mit dem Traum als Erzählmittel gearbeitet, ebenso mit angeblichen »Aufzeichnungen« anderer. In dem Roman »Schuld und Sühne«, dem »Raskolnikows Traum« entnommen ist, heißt es einmal: »Bei krankhaften Zuständen zeichnen sich die Träume oft durch eine ungewöhnliche plastische Darstellung, Deutlichkeit und außerordentliche Übereinstimmung mit der Wirklichkeit aus. Das Traumbild selbst trägt zwar Züge des Wunderbaren, aber die ganze Umgebung und der ganze Entstehungsprozeß dieses Bildes sind so wahrheitsgetreu und mit soviel feinen, überraschenden und mit dem ganzen Bilde künstlerisch so harmonierenden Einzelheiten ausgestattet, wie der Träumende es sich im wachen Zustande nie ausdenken könnte.«

Raskolnikow hatte einen furchtbaren Traum. Er war wieder ein Kind und lebte wieder in der kleinen Stadt, in der er seine Kindheit verbracht hatte. Er ist sieben Jahre alt und geht an einem Feiertage mit seinem Vater gegen Abend vor der Stadt spazieren. Es ist ein bewölkter Tag, schwül bis zum Ersticken, und die Umgebung ist genauso, wie sie sich in seinem Gedächtnis erhalten hat. Seine Erinnerung hatte sie nicht einmal so treu festzuhalten vermocht, wie sie sich ihm jetzt im Traume zeigte. Das Städtchen liegt völlig offen da, wie auf einer flachen Hand, kaum ein paar Weiden sind in der näheren Umgebung zu sehen;

ganz weit in der Ferne, am Horizont, zieht sich schwärzlich ein kleiner Wald hin. Ein paar Schritte vom letzten Stadtzaun steht ein Wirtshaus, ein großes Wirtshaus, und jedesmal, wenn er auf Spaziergängen mit seinem Vater hier vorbeikommt, macht es einen abstoßenden Eindruck auf ihn, ja, fast jagt es ihm Entsetzen ein. Immer waren viele Menschen da, man hörte Grölen, Lachen, Schimpfen, mit heiseren Stimmen wurden Lieder gebrüllt, Raufereien waren an der Tagesordnung, und unaufhörlich stieß man hier auf Betrunkene, auf furchteinflößende Erscheinungen, bei deren Anblick Raskolnikow sich zitternd an den Vater schmiegte. Am Wirtshaus führt ein Weg vorbei, auf dem immer Staub liegt, und dieser Staub hat so eine eigentümliche schwarze Farbe. Der Weg macht einige Krümmungen und führt dann nach etwa dreihundert Schritten rechts ab zum städtischen Friedhof. In der Mitte des Friedhofes steht eine steinerne Kirche mit grüner Kuppel, und zweimal im Jahr kam er mit seinem Vater und seiner Mutter hierher zum Gottesdienst, wenn die Seelenmesse für seine Großmutter gelesen wurde, die schon lange tot war und die er nie gesehen hatte. Jedesmal wurde dabei die Kutja, die Totenspeise, auf einer weißen Schüssel, in eine Serviette eingeschlagen, mitgenommen, und diese Kutja war sehr süß, sie bestand aus Reis und Rosinen, die in Gestalt eines Kreuzes in den Reis eingedrückt waren. Er liebte diese Kirche, liebte ihre altertümlichen Heiligenbilder, die fast alle ohne Einfassungen waren, liebte den alten Geistlichen mit der zitternden Stimme. Das Grab der Großmutter trug eine Steinplatte, und daneben war noch ein kleines Grab, das Grab seines jüngeren Bruders, der mit sechs Monaten gestorben war und den er ebenfalls nie gekannt hatte; aber es war ihm gesagt worden, er habe noch einen kleinen Bruder gehabt, und jedesmal, wenn er auf den Kirchhof kam, bekreuzigte er sich fromm und ehrfurchtsvoll über dem kleinen Grabe, kniete nieder und küßte es. Und nun träumt er:

Er geht mit dem Vater den Weg zum Kirchhof, sie kommen an dem Wirtshaus vorbei, er faßt den Vater an der Hand und sieht voller Schrecken hin. Ein besonderer Umstand erregt seine Aufmerksamkeit. Es scheint, als sei dieses Mal etwas ganz Besonderes los; man sieht eine Menge von geputzten Kleinbürgerinnen, Bauernweiber und deren Männer und Gesindel aller Art. Alle sind sie betrunken, alle singen sie, und vor dem Eingang steht ein Fuhrwerk, aber es ist ein ganz seltsames Fuhrwerk. Es ist eins von jenen großen Fuhrwerken, die man sonst mit schweren

Lastpferden bespannt und zum Fortschaffen von allerhand Waren und Weinfässern benutzt. Raskolnikow hatte immer gern diese ungeheuren Lastpferde betrachtet mit ihren langen Mähnen und plumpen Füßen, wenn sie so ruhig und gemessen einen ganzen Berg von Lasten hinter sich herzogen, ohne daß es ihnen zuviel wurde, gleichsam als zögen sie leichter den beladenen als den unbeladenen Wagen. Aber merkwürdigerweise war dieses Mal vor so einen großen Lastwagen eine kleine, abgemagerte, rehbraune Bauernmähre gespannt, so eine, wie sie manchmal mit ihren schweren Holz- oder Heufuhren nicht mehr vom Fleck kommen, besonders wenn der Wagen im Schmutz oder in einer tief ausgefahrenen Radspur steckengeblieben ist – wie oft hat er das gesehen! –, und dann schlagen die Bauern so unbarmherzig, so unbarmherzig auf sie ein, schlagen sie sogar über Schnauze und Augen, und es tut ihm so leid, so leid, daß er fast zu weinen anfängt und die Mutter ihn vom Fenster wegbringt.

Plötzlich erhebt sich ein Lärm, aus dem Wirtshaus kommen schreiend und singend, Balalaikas in den Händen, völlig betrunkene Männer in roten und blauen Hemden, die Röcke über die Schultern gehängt. »Steigt auf, steigt alle auf !« schreit einer, er ist noch jung und hat so einen dicken Hals und ein fleischiges Gesicht, rot wie eine Mohrrübe. »Ich fahre euch alle hin, steigt nur auf!« Alle lachen und schreien durcheinander:

»So ein Schinder! Mit dem will er uns fahren!«

»Bist du denn bei Verstand, Mikolka? Wie kann man so eine jämmerliche Stute vor diesen Wagen spannen!«

»Die Braune hat doch sicher schon ihre zwanzig Jahre, Brüder!«

»Steigt auf, ich bringe euch alle hin!« schreit Mikolka wieder und springt als erster auf den Wagen, ergreift die Zügel und stellt sich in seiner ganzen Länge vorn auf dem Wagen auf. »Der Dunkelbraune ist schon längst mit Matwej fort«, schreit er vom Wagen, »und mit der Stute hier habe ich nichts wie Ärger, Brüder, totschlagen sollte man sie, sie frißt ihr Brot umsonst. Ich sage, steigt auf! Ich fahre Galopp! Die soll noch Galopp gehen!« Und er nimmt die Peitsche in die Hand, und man sieht schon, wie er sich darauf freut, auf die Braune loszuschlagen.

»Steigt ein, natürlich!« lacht die Menge. »Hörst du, Galopp soll der Gaul gehen!«

»Der hat seit zehn Jahren keinen Galoppsprung mehr gemacht!«

»Jetzt soll er springen!«

»Der Gaul braucht euch nicht leid zu tun. Brüder, nehmt jeder eine Peitsche, macht euch fertig!«

»Natürlich! Haut los!«

Unter Lachen und Späßen steigen alle auf Mikolkas Wagen. Sechs waren aufgestiegen, aber es war noch mehr Platz da. Jetzt ziehen sie noch ein Frauenzimmer zu sich herauf, eine dicke und rotbackige Person, die unentwegt Nüsse knackt und lacht, in einem bunten Baumwollkleide, mit der Kitschka, dem Kopfschmuck mit Glasperlen, auf dem Kopf, Überschuhe an den Füßen. Und ringsumher lachen auch alle anderen, denn wahrhaftig, wie soll man da nicht lachen? Dieser erbärmliche Gaul soll mit so einer Last Galopp gehen! Zwei Burschen bewaffnen sich mit Peitschen, um Mikolka zu helfen. »Hü!« ertönt es, und das arme Pferd legt sich aus Leibeskräften ins Zeug, aber da ist keine Rede von Galopp, es kann den Wagen kaum im Schritt von der Stelle ziehen, es tritt von einem Fuß auf den anderen, es ächzt und knickt zusammen unter den hageldicht fallenden Hieben der drei Peitschen. Das Gelächter auf dem Wagen und in der herumstehenden Menge verdoppelt sich, aber Mikolka wird böse, und in seiner Wut peitscht er immer rascher auf die Stute ein, gleich als glaube er selbst daran, daß sie Galopp gehen könne.

»Laßt mich auch mal heran, Brüder!« schreit aus der Menge heraus ein Bursche, der Geschmack an der Sache gefunden hat.

»Steigt auf! Steigt alle auf!« schreit Mikolka. »Die zieht euch noch alle! Der will ich es besorgen!« Und er schlägt und schlägt und weiß in seiner rasenden Wut schon nicht mehr, womit er schlagen soll.

»Papa, Papa!« schreit Raskolnikow. »Papa, was tun die da? Papa, sie schlagen das arme Pferdchen!«

»Komm, komm«, sagt der Vater, »sie sind betrunken, sie wissen nicht, was sie tun, die Dummköpfe. Komm, laß uns weitergehen, sieh nicht hin!« Und er will ihn mit sich fortziehen, aber er macht sich von seiner Hand los und läuft auf das Pferdchen zu, ohne zu wissen, was er tut. Dem armen Pferdchen ist es schlimm ergangen. Es stöhnt, es bleibt stehen, es zieht noch einmal an und fällt beinahe zu Boden.

»Schlagt sie tot!« schreit Mikolka. »Dazu taugt sie gerade noch! Ich schlage sie tot!«

»Du bist wohl gar kein Christ, du Satan!« schreit ein alter Mann aus der Menge heraus.

»Hat man so was schon gesehen, so ein Schinder soll so eine Last ziehen!« setzt ein anderer hinzu.

»Du bringst das Pferd ja um!« schreit ein Dritter.

»Keine Angst! Es gehört mir! Ich kann damit machen, was ich will. Steigt nur auf! Steigt alle auf! Ich will nun mal, daß sie Galopp geht!«

Plötzlich dröhnt eine Lachsalve und verschlingt alles andere. Die Stute hatte die unaufhörlichen Hiebe nicht mehr aushalten können und hatte einen kraftlosen Versuch gemacht, auszuschlagen. Selbst der Alte konnte nicht an sich halten und grinste. So ein erbärmlicher Klepper, und will noch ausschlagen!

Zwei Burschen aus der Menge nehmen sich jeder noch eine Peitsche und laufen auf das Pferdchen zu, um es auf die Flanken zu schlagen, jeder von einer Seite.

»Auf die Schnauze! Haut sie auf die Augen, auf die Augen!« schreit Mikolka.

»Ein Lied, Brüder!« schreit einer vom Wagen, und alle auf dem Wagen greifen diesen Gedanken auf. Ein wildes Lied erklingt, ein Tamburin klappert und klirrt, der Kehrreim wird gepfiffen. Das Frauenzimmer knackt Nüsse und lacht.

Raskolnikow läuft um das Pferd herum, läuft nach vorne und sieht, wie die Leute ihm in die Augen schlagen, mitten in die Augen! Er weint. Das Herz krampft sich ihm zusammen, die Tränen fließen in Strömen. Ein Peitschenschlag streift sein Gesicht, er merkt es nicht, er ringt die Hände, er schreit, er stürzt zu dem alten Mann mit den grauen Haaren und dem grauen Bart, der den Kopf schüttelt und den ganzen Vorgang mißbilligt. Eine Frau faßt ihn bei der Hand und will ihn fortziehen, aber er reißt sich los und läuft wieder zu dem Pferdchen. Das ist schon am Ende seiner Kräfte, aber es fängt noch einmal an auszuschlagen.

«Was, auch noch ausschlagen, du Aas!« schreit Mikolka wütend. Er wirft die Peitsche weg, bückt sich und nimmt vom Boden des Wagens eine lange und dicke Deichselstange, faßt sie mit beiden Händen am einen Ende und holt mit voller Kraft aus.

»Er zerschmettert es!« schreien sie ringsum.

»Er schlägt es tot!«

»Es gehört mir!« schreit Mikolka und läßt die Deichselstange in vollem Schwung niedersausen. Man hört den schweren Schlag fallen.

»Hau sie! Hau sie! Feste!« schreien einige Stimmen aus der Menge.

Und Mikolka holt zum zweitenmal aus, und ein zweiter Schlag trifft mit voller Wut den Rücken des unglücklichen Tieres. Es fällt auf die Hinterhand, aber es rafft sich noch einmal auf, es zieht, zieht mit seinen letzten Kräften, zieht nach allen Seiten hin, um die Fuhre vom Fleck zu bringen. Aber von allen Seiten fallen sechs Peitschen nieder, und die Deichselstange hebt sich und fällt ein drittes und mit kurzem Abstande ein viertes Mal nieder. Mikolka rast vor Wut, daß er das Tier nicht mit einem Hiebe totschlagen kann.

»Ist die zäh!« schreit es ringsum.

»Jetzt muß sie gleich hinsein, Brüder, jetzt kriegt sie den Rest!« schreit ein Liebhaber aus der Menge.

»Ein Beil müßte man nehmen! Da wäre es mit einem Schlag zu Ende!« schreit ein Dritter.

»Ach, friß du doch Mücken! Platz da!« schreit Mikolka wütend, wirft die Deichselstange weg, bückt sich wieder und bringt eine eiserne Brechstange zum Vorschein. »Jetzt paß auf!« brüllt er, rafft alle Kraft zusammen und schwingt die Stange gegen sein armes Pferdchen. Der Schlag fiel, die Stute taumelte, sank zurück, wollte noch einmal anziehen, aber wieder saust ihr die Brechstange mit voller Wut auf den Rücken, und sie fällt zu Boden, als habe man ihr alle vier Beine zugleich abgeschnitten.

»Gebt ihr den Rest!« schreit Mikolka und springt wie besinnungslos vom Wagen. Einige Burschen, ebenfalls betrunken und mit roten Gesichtern, ergreifen, was ihnen gerade in die Hände fällt, Peitschen, Stöcke, die Deichselstange, und stürzen auf das verendende Tier zu. Mikolka steht neben ihm und schlägt mit der Brechstange auf seinen Rücken ein. Das Pferd hebt den Kopf, ächzt und verendet.

»Er hat ihm den Rest gegeben!« schreit die Menge.

»Warum wollte es auch nicht Galopp gehen!«

»Es gehört mir!« schreit Mikolka mit blutunterlaufenen Augen, die Brechstange noch in den Händen. Er steht da, als tue es ihm leid, daß es nichts mehr zu schlagen gibt.

»Nun, das sieht man schon, du bist ein richtiger Heide!« hört man jetzt viele Stimmen aus der Menge.

Aber der arme Junge ist nun völlig außer sich. Mit einem Schrei drängt er sich durch die Menge, stürzt sich auf das Pferdchen, umfaßt seinen Kopf, küßt es auf die blutüberströmte Schnauze, küßt es auf die Augen, auf die Lippen... Dann springt er plötzlich auf und stürzt sich mit seinen kleinen Fäusten wie rasend auf Mikolka. In diesem Augenblick ergreift ihn der Vater, der schon lange nach ihm gesucht hat, und zieht ihn aus der Menge fort.

»Komm, komm«, sagt er, »wir wollen nach Hause!«

»Papa! Warum haben sie ... das arme Pferdchen ... totgeschlagen haben sie es!« schluchzte er, der Atem versagte ihm, und aus seiner gepreßten Brust reißen die Worte sich wie Aufschreie los.

»Sie sind betrunken, wissen nicht, was sie tun, es ist nicht unsere Sache, komm nur!« sagt der Vater. Er umfaßt den Vater mit beiden Armen, aber die Brust preßt sich ihm zusammen, sie preßt sich ihm zusammen, er ringt nach Luft, er schreit auf und erwacht.

Er erwachte keuchend und schweißüberströmt, mit schweißnassen Haaren, und sprang entsetzt auf.

»Gott sei Dank, es war nur ein Traum!« sagte er, setzte sich unter einen Baum und holte tief Atem. »Aber was ist das? Habe ich Fieber? So ein grauenvoller Traum!«

Iwan Gontscharow

»Oblomows Traum«

1848

Iwan Alexandrowitsch Gontscharow, 1812 in Simbirsk geboren, arbeitete dreiundzwanzig Jahre (bis 1858) im Finanzministerium zu Petersburg; er starb 1891. Neben Erzählungen (u. a. »Eine Fahrt auf der Wolga« und »Ein Monat Mai in Petersburg«) veröffentlichte er die beiden Romane »Oblomow« (1859) und »Die Schlucht« (1869), sowie die Reisebeschreibung »Die Fregatte Pallas« (1857) – das Dokument einer zweieinhalbjährigen Weltreise, die bis nach Japan führte. In der Gestalt des Oblomow stellt er »elementare Eigenschaften des russischen Menschen« dar. Zu seiner Arbeitsweise schrieb er in seinen ›kritischen Bemerkungen‹ »Lieber spät als nie« (1879): »In dem Augenblick, wo ich zeichne, weiß ich selten, was meine Gestalt, das Porträt, der Charakter bedeuten: ich sehe sie nur lebendig vor mir und schaue, ob ich richtig zeichne, sehe sie handeln mit anderen, sehe also folglich Szenen ...« Er veröffentlichte, lange vor der Vollendung des Romans selbst, ein Kapital daraus: »Oblomows Traum«.

Sowohl ein von Aufregungen zermartertes wie ein davon verschont gebliebenes Herz hätte sich gleichermaßen danach gesehnt, in diesen von allen vergessenen Winkel zu fliehen und hier in einem jedermann unbekannten Glück zu leben. Alles versprach ein ruhiges, langes Leben bis ins Greisenalter und einen unmerklichen, schlafähnlichen Tod.

Gleichmäßig und ungestört vollzieht sich dort der Kreislauf des Jahres.

Kalendergetreu beginnt der Frühling im März, schießen schmutzige Bäche von den Hügeln, taut die Erde auf und dampft im warmen Brodem; der Bauer zieht den Halbpelz aus, geht im Hemd an die frische Luft, hält die Hand vor die Augen, erfreut sich lange an der Sonne und reckt zufrieden die Schultern; dann zieht er den hingeworfenen, mit dem Kasten nach oben liegenden Wagen bald an der einen, bald an der anderen Deichsel, betrachtet den müßig im Schuppen herumliegenden Pflug oder versetzt ihm einen Fußtritt und rüstet sich zur Arbeit.

Es kehren im Frühjahr keine unerwarteten Schneestürme wieder, welche die Felder verschütten und die Bäume mit ihrer Last zerbrechen.

Der Winter behält wie eine unzugängliche, kalte Schönheit seinen Charakter bis zur festgesetzten Frist bei; er täuscht nicht mit überraschendem Tauwetter und schlägt nicht mit dreimal unerhörten Frösten zu; alles geht seinen herkömmlichen, von der Natur vorgeschriebenen, allgemeinen Gang.

Im November beginnt es zu schneien und zu frieren; die Kälte wird um den Dreikönigstag so stark, daß der Bauer, wenn er für einen Augenblick die Stube verläßt, unvermeidlich mit Rauhreif im Bart zurückkommt; aber im Februar spürt eine feine Nase in der Luft schon das milde Wehen des nahen Frühlings.

Der Sommer aber, der Sommer ist ganz besonders berauschend in dieser Gegend. Dort findet man frische, trockene Luft, zwar nicht nach Zitrone und Lorbeer duftend, wohl aber nach Wermut, Kiefern und Faulbaum; dort findet man klare Tage, mäßig heißen, aber nicht glühenden Sonnenschein und fast drei Monate lang einen wolkenlosen Himmel.

Wenn die klaren Tage beginnen, halten sie drei bis vier Wochen lang an; und die Abende sind dort warm und die Nächte schwül. Die Sterne blinken so freundlich, so traut vom Himmel hernieder.

Wenn es regnet, was für ein wohltuender sommerlicher Regen! Rasch und reichlich fallen die Tropfen und springen fröhlich dahin wie große, heiße Tränen eines plötzlich von Freude überwältigten Menschen; und kaum hört es auf, bescheint und trocknet schon wieder die Sonne mit strahlendem, liebevollem Lächeln Felder und Fluren: und das ganze Land lächelt zur Antwort der Sonne glücklich entgegen.

Freudig begrüßt den Regen der Bauer: Der Regen näßt, die Sonne trocknet wieder! sagt er und bietet genießerisch dem warmen Platzregen Gesicht, Schultern und Rücken dar.

Die Gewitter dort sind nicht schrecklich, sondern nur wohltuend: sie kommen regelmäßig zur festgesetzten Zeit und vergessen fast nie den Eliastag, wahrscheinlich deshalb, um die bekannte Überlieferung im Volke aufrechtzuerhalten. Auch die Zahl und die Stärke der Donnerschläge scheint alljährlich die gleiche zu sein, als hätte der Fiskus der ganzen Gegend eine bestimmte Jahresmenge an Elektrizität zugeteilt.

Von keinen furchtbaren Stürmen, keinen Verwüstungen ist in jener Gegend zu hören. [...]

Stille und ungestörte Zufriedenheit herrschen auch in den Sitten der Menschen dieser Gegend. Weder Diebstähle noch Morde oder sonstige furchtbare Begebenheiten haben sich jemals ereignet; keine starken Leidenschaften oder kühnen Unternehmungen regten sie auf.

Welche Leidenschaften und Unternehmungen hätten sie auch aufregen sollen? Jeder kannte dort nur sich selber. Die Bewohner dieser Gegend lebten weitab von anderen Menschen. Die nächsten Dörfer und die Kreisstadt waren fünfundzwanzig bis dreißig Werst entfernt.

Die Bauern brachten ihr Korn zur gegebenen Zeit an den nächsten Wolgahafen, der ihre Welt wie Kolchis oder wie die Säulen des Herakles begrenzte, oder sie fuhren vereinzelt einmal im Jahr auf den Markt und hatten sonst keinerlei Beziehungen zur Außenwelt.

Ihre Interessen blieben auf sich selber beschränkt, sie überschnitten und berührten sich nicht mit denen anderer Leute. [...]

Die glücklichen Leute lebten im Glauben, daß es anders gar nicht sein könnte, und waren überzeugt, daß alle anderen genauso lebten wie sie und daß anders zu leben eine Sünde wäre. Sie hätten es auch gar nicht geglaubt, wenn man ihnen gesagt hätte, daß andere Leute anders pflügen, säen, ernten und verkaufen. Was für Leidenschaften und Aufregungen hätte es also geben können bei ihnen?

Es gab zwar bei ihnen, wie bei allen Leuten auch Sorgen und Schwächen, Abgaben oder Pachtzins, Faulheit und Schlechtigkeit; doch dies alles berührte sie nicht sonderlich und brachte ihr Blut nicht in Wallung.

Sergej Aksakow

»Daß derlei Dinge geschehen konnten ...«

1856

1791 in der Orenburger Gegend geboren, besuchte Aksakow als einer der ersten Studenten die Universität von Kasan; nach der Zeit jenseits der Wolga arbeitete er in Moskau als Zensor (ab 1827 – fristlose Entlassung 1832). »Aufzeichnungen eines Anglers« (1847), »Aufzeichnungen eines Jägers aus dem Gouvernement Orenburg« (1852); die »Familienchronik« (1856) und »Bagrovs Kinderjahre« (1858) bilden zusammen seine Autobiographie; Erzählungen mit »erdachten Figuren zu schreiben«, lehnte er grundsätzlich ab. Er starb 1859 in Moskau. Das zweite Kapitel der »Familienchronik« konnte erst durch die Vermittlung »einflußreicher Freunde« die Zensur passieren – der Autor allerdings tarnte in seinem Vorwort zur ersten vollständigen Ausgabe diese als »Erzählungen der Familie Bagrow«. In diesem Erfahrungsbericht, der mit der Umsiedlung (»besonders zuwider aber ist sie dem russischen Menschen«) beginnt, schildert Aksakow Motive der Grausamkeit – aber auch das späte Eingreifen der gerechten Frau, die sich mit Hilfe ihres Onkels dem Bösen widersetzt, der schließlich von zwei Untertanen vergiftet wird: »Ja, die moralische Übermacht der gerechten Sache hatte hier das Böse in die Flucht geschlagen«. Der Autor schildert dann auch das Zwiespältige der Frau selbst – nach der Tat: »Unbegreiflich schien es, wie sie so um diesen Mann trauern konnte – diesen ›Auswurf der Menschheit‹, wie alle ihn nannten –, der ihr so viel Leid angetan hatte, den sie unmöglich mehr lieben konnte. Doch ist hier die Erklärung: Einige Jahrzehnte später hat einmal meine Mutter, die Praskowja Iwanowna sehr liebte, bei einem vertraulichen Gespräch über vergangene Zeiten gefragt: ›Sagen Sie mir, Tantchen, wie war es nur möglich, daß Sie so verzweifelt über den Tod Michail Maximowitschs waren? Ich an Ihrer Stelle hätte gesagt: ›Gott hab' ihn selig!‹ und wäre heilfroh gewesen.‹ – ›Schäfchen‹, gab Praskowja Iwanowna zurück, ›schließlich habe ich ihn vierzehn Jahre geliebt, wie könnte ich da in einem Monat aufhören, ihn zu lieben, selbst nachdem ich erfahren hatte, was für ein schrecklicher Mensch er war. Vor allem aber verzweifelte ich wegen seines Seelenheils! Er ist gestorben, ohne für seine Sünden büßen zu können!‹«

Inzwischen stieg das Ansehen Kurolessows nicht täglich, nein fast stündlich, könnte man sagen. Freilich hatte der arme Kleinadel allerlei durch ihn zu leiden; ihm gegenüber zeigte er oft ein herrschsüchtiges, anmaßendes Wesen, das läßt sich nicht leugnen. In diesen Kreisen wurde er nicht geliebt, statt dessen aber gefürchtet. Der Hochadel dagegen lobte ihn dafür, daß er den ›kleinen Leuten‹ zeigte, wo sie hingehörten.

Mit der Zeit jedoch, von Jahr zu Jahr, wurden seine Reisen auf die Nachbargüter häufiger und länger; vor allem seit den Unglückszeiten, in denen Praskowja Iwanowna sich völlig in den Schmerz über den Tod der Kinder vergrub. Wahrscheinlich konnte der Ehemann die ewigen Tränen seiner Frau und die Stille im Hause nicht ertragen, denn ein ganzes Jahr lang wollte Praskowja Iwanowna keinen Menschen sehen. Übrigens reizte ihn selbst die lärmende und lustige Gesellschaft in Tschurassowo bald nicht mehr.

Allmählich aber mehrten sich die Gerüchte, daß der Major nicht nur streng, sondern auch grausam sei; er ginge, so hieß es, so oft auf seine entfernteren Güter, besonders auf das bei Ufa, um sich dem Trunk und anderen Lastern hinzugeben; dort habe sich eine üble Gesellschaft zusammengefunden, und bei diesen Saufereien käme es zu den abscheulichsten Ausschreitungen; der Major vor allem ließe sich auf furchtbare Schlägereien ein, bei denen schon mehr als einer seiner Gegner ins Jenseits gewandert sei. Dabei habe er die Chefs der Polizei und der Gerichte fast alle auf seiner Seite, sie seien zum Teil bestochen, andere wieder habe er betrunken gemacht, und nun hätten sie Angst vor ihm. Die unteren Beamten und der Kleinadel aber zitterten vor ihm, denn er ließe jeden, über den er sich ärgere, fangen, und zwar am hellichten Tage; der Unglückliche würde dann in einen tiefen Keller oder ein Erdloch gesperrt, wo er bei Wasser und Brot hungern und frieren müsse, solange es dem Major gefiel. Manchmal ließe er ihn auch mit der sogenannten ›Katze‹ – einer Art Geißel – bis aufs Blut verprügeln.

Diese Gerüchte waren, verglichen mit der Wahrheit, harmlos; Kurolessows blutdürstige Natur trieb ihn, gesteigert durch den

Alkohol, zu immer wilderer Raserei, und da seine Stellung ihm volle Freiheit bot, entwickelte sich sein Wesen zu einem jener fürchterlichen Phänomene, die den normalen Menschen vor Grauen erzittern lassen. Er besaß eine schreckliche Mischung aus den raubtierhaften Instinkten eines blutrünstigen Tigers und dem eiskalten Verstand eines denkenden Menschen.

Bald erkannte jeder, daß die Gerüchte auf Wahrheit beruhten, und kein Mensch aus der Umgebung Praskowja Iwanownas, weder ihre Verwandten noch die Nachbarn, noch die Dienerschaft täuschten sich mehr über den wahren Charakter Michail Maximowitschs. Wenn er von seinen Reisen mit den widerlichen Ausschweifungen nach Tschurassowo zurückkehrte, so zeigte er sich wie früher von seiner besten Seite, war liebenswürdig und aufmerksam zu seinen Freunden, respektvoll vor Höhergestellten, besorgt und zärtlich seiner Frau gegenüber; diese hatte inzwischen ihren Kummer ausgeweint und lebte gesund und fröhlich wie ehedem, und wie ehedem war ihr Haus voll von Gästen und Heiterkeit. Obgleich Michail Maximowitsch in Tschurassowo mit niemandem Streit anfing und das Prügeln und Zanken dem Dorfschulzen und dem Verwalter überließ, so zitterten doch alle vor ihm, wenn er sie nur streng ansah; selbst seine Verwandten und guten Freunde waren ihm gegenüber nicht mehr unbefangen und zeigten eine gewisse Vorsicht im Umgang mit ihm. Die einzige, die nichts zu merken schien, war Praskowja Iwanowna, oder, wenn sie etwas merkte, so schrieb sie dem Verhalten der Leute ganz andere Gründe zu; der unwillkürlichen Hochachtung nämlich, die ihr Mann den Menschen einflößte: durch seine vorbildliche Wirtschaftsführung, seine vornehme Lebenshaltung und durch seinen festen Charakter. Vernünftige Leute, die Praskowja Iwanowna gern hatten und sahen, daß sie vollkommen ruhig und glücklich war, freuten sich darüber, daß sie nichts ahnte, und hofften nur, daß diese Ahnungslosigkeit noch recht lange fortbestehen würde. Freilich gab es auch genug Frauen unter den ärmeren Nachbarinnen, denen es auf der Zunge brannte und die gar zu gern aus der Schule geplaudert hätten, um sich für den Hochmut und das anmaßende Wesen des Majors zu rächen. Was sie hinderte, der jungen Hausfrau reinen Wein einzuschenken, war aber nicht nur ihre Angst vor dem Hausherrn, diese allein hätte sie kaum zurückgehalten; das größte Hemmnis bei der Ausführung solch liebenswürdiger Absichten war die Haltung Praskowja Iwanownas selbst: Sie duldete auch nicht die kleinste Andeutung negativer Art über ihren Mann; sie war viel zu klug, scharfsinnig und energisch, um nicht sofort jede noch so schmeichlerische Rede zu durchschauen, in der sich bösartige Anspielungen gegen Michail Maximowitsch versteckten. Dann runzelte sie ihre dichten, dunklen Augenbrauen und erklärte kurz, daß sie niemanden in ihrem Hause dulden werde, der schlecht von ihrem Manne spreche. Auf solche eindeutigen Drohungen hin wagte es selbstverständlich niemand mehr, sich in ihre Angelegenheiten zu mischen. Nicht einmal der alte Diener, der schon der Liebling ihres Vaters gewesen war, oder ihre alte Kinderfrau konnten es wagen, mit ihr zu reden, da sie, entgegen den damaligen Sitten, auch mit ihnen nicht so vertraut war. Dabei schien es gerade diesen beiden Alten bitter nötig, ihrer Herrin die Augen zu öffnen, denn sie beide hatten Verwandte auf den Nachbargütern, die schwer unter Michail Maximowitschs Roheiten zu leiden hatten. Einmal faßten sie den verzweifelten Entschluß, der jungen Haufrau die Wahrheit zu sagen, und benutzten einen Augenblick, als sie ganz allein war, um bei ihr einzutreten. Doch kaum hatte die Kinderfrau den Namen Michail Maximowitschs ausgesprochen, da wurde Praskowja Iwanowna schon so wütend, daß sie fast die Fassung verlor: Sie schrie die alte Wärterin an, sie solle sich hüten, ein Wort über den Hausherrn zu sagen, sonst würde sie sie niemals wiedersehen, und man würde sie für immer nach Paraschino verbannen. So wurden sämtliche Mäuler gestopft, und es gab keinen Weg, um die Wahrheit über Michail Maximowitsch an seine Frau heranzutragen. Praskowja Iwanowna glaubte blind an ihren Mann und liebte ihn abgöttisch. Sie wußte, daß sich Außenstehende stets gern in fremde Angelegenheiten mischen und daß mancher gern mit Dreck wirft, um später besser im trüben fischen zu können; deshalb hatte sie es sich fest vorgenommen und zur Regel gemacht, daß sie niemals eine Kritik an ihrem Mann dulden würde. An sich keine schlechte Regel zur Erhaltung des häuslichen Friedens; doch keine Regel ohne Ausnahme! Es ist gut möglich, daß in diesem Falle Praskowja Iwanownas energischer Wille und ihre strengen Anschauungen ihren Mann von vielem hätten zurückhalten können, vor allem, wenn gleich zu Anfang von ihrer Seite etwas geschehen wäre; zumal sie es war, der die Güter gehörten. Wahrscheinlich wäre er viel zu gerissen gewesen, sich um die Vorteile zu bringen, die ihm der Reichtum gewährte, und hätte sich vielleicht doch gehütet, seine Ausschweifungen derart zu übertreiben; er hätte seinen abnormen Leidenschaften Zügel angelegt und sich mit kleinen Schweinereien, die er geheimhalten konnte, begnügt, wie es so mancher andere vor ihm getan hatte.

So vergingen einige Jahre. [...] Kurolessowo und Paraschino waren fertig, auf beiden Gütern errichtete er kleine Herrenhäuser mit den zugehörigen Nebengebäuden, und als auch diese Bauten standen und alles beendet war, da kam die gefährliche Zeit für ihn: Er hatte keine Arbeit mehr, seinem Leben fehlte die innere Spannung, und er wußte nicht, womit er es ausfüllen sollte – nun bekam die Trunksucht Gewalt über ihn mit all ihren Folgen, seine wilden Triebe erwachten, und allmählich verwandelte sich seine angeborene Grausamkeit in eine Gier nach menschlichen Qualen und Menschenblut. Verwöhnt durch seine Stellung als gefürchteter Herr über zahllose Menschen, die ihm in Angst und Unterwürfigkeit ergeben waren, verlor er bald jedes Maß und ließ seiner teuflischen Willkür freien Lauf.

Unter seinem Gesinde, ja sogar unter den Bauern seiner Dörfer suchte er sich ein gutes Dutzend Halsabschneider aus, die sich so recht dazu eigneten, seine wüsten Befehle durchzuführen, und gründete mit den Burschen eine Art Räuberbande. Als diese sahen, daß ihr Herr sich ungestraft alles leisten konnte, glaubten sie an seine Allmacht und – selbst meist betrunken und lasterhaft – taten sie frech und bereitwillig, was von ihnen verlangt wurde. Hatte jemand Michail Maximowitsch durch ein unbedachtes Wort oder eine Handlung geärgert – es genügte bereits, daß der Betreffende nicht pünktlich zu einem der Saufgelage erschien –, schon rannten auf den Befehl ihres Herrn einige seiner sauberen Spießgesellen zu dem Unglücklichen, ergriffen ihn, insgeheim oder auch in aller Öffentlichkeit, wo immer sie ihn fanden und schleppten ihn zu Michail Maximowitsch; hier wurde er mißhandelt, gefesselt, in ein Kellerloch geworfen, auf Befehl auch geprügelt. [...]

Es ist schwer, sich vorzustellen, daß derlei Dinge noch vor achtzig Jahren in Rußland geschehen konnten, doch gibt es keinen Zweifel an der Wahrheit meines Berichtes.

Die Zügellosigkeit, die Saufereien und die sinnlose Willkür – dies alles war schon schlimm genug: und doch steigerte sich dies alles bei Michail Maximowitsch um so mehr, je mehr Freiheit er hatte, seine grausigen Instinkte auszuleben. Immer wilder wurde sein Blutdurst; Menschen zu martern, wurde ihm zu einem Bedürfnis, zu einem physischen Genuß.

IWAN BUNIN

Der Gebirgspaß

1892–1898

1870 geboren, erhielt Bunin als erster russischer Autor 1933 den Nobelpreis. 1929 hatte er seine Heimat verlassen und lebte fortan in Frankreich, wo er 1953 starb. Drei Jahre später wurde er in der UdSSR rehabilitiert. Zu seinem Werk zählen u. a. Romane und Novellen: »Antonäpfel« (1900), »Das Dorf« (1910), »Suchodol« (1912), »Der Herr aus San Franzisko« (1916), »Grammatik der Liebe« (1929). Horst Bienek hat sich durch Neuausgaben für diesen Autor eingesetzt.

Es ist schon lange Nacht, und ich schleppe mich immer noch durch die Berge zum Paß, schleppe mich durch den Wind, inmitten des kalten Nebels, und hinter mir geht am Zügel ohne Hoffnung, aber geduldig das nasse, müde Pferd und klirrt mit den leeren Steigbügeln.

Als ich in der Abenddämmerung am Rand der Kiefernwälder rastete, hinter denen dieser kahle, öde Aufstieg beginnt, sah ich in die unermeßliche Tiefe unter mir mit dem besonderen Gefühl des Stolzes und der Kraft, mit dem man immer von einer großen Höhe hinunterschaut. Man konnte noch Lichter im dunkel werdenden Tal weit unten an der Küste des engen Meerbusens unterscheiden, der sich nach Osten hin ausdehnte, sich wie eine dunstig blaue Wand erhob und den halben Himmel umfaßte. Aber in den Bergen war es schon Nacht. Es wurde schnell dunkel, ich näherte mich auf meinem Marsch den Wäldern, die Berge traten immer düsterer und majestätischer hervor, und in den Klüften zwischen ihren Spitzen senkte sich mit erstaunlicher Geschwindigkeit in langen schrägen Schwaden dichter Nebel, der vom Sturm hinuntergejagt wurde. Er riß sich von der Hochebene los, die er mit einer riesigen lockeren Schicht bedeckte, und schien mit seinem Fall die düstere Tiefe der Schluchten zwischen den Bergen zu vergrößern. Er hatte den Wald schon durchsetzt und wallte mit dem dumpfen tiefen und verhaltenen Rauschen der Kiefern auf mich zu. Schnee und Wind und winterliche Frische erfüllten die Luft. Die Nacht brach an, und ich ging lange unter dem dunklen Nebel, dem rauschenden Gewölbe des Bergwaldes dahin, den Kopf zum Schutz vor dem Wind gesenkt.

»Bald kommt der Paß«, sagte ich zu mir selbst. »Bald werde ich hinter den Bergen im Windschatten, in einem hellen Haus mit Menschen sein.«

Doch es vergeht eine halbe, eine ganze Stunde. Jede Minute scheint mir, der Paß sei zwei Schritte von mir entfernt, aber der kahle, steinige Aufstieg nimmt kein Ende. Schon lange sind die Kiefernwälder unter mir geblieben, schon lange habe ich das niedrige, verkrüppelte Buschwerk hinter mir gelassen, ich beginne müde zu werden und zu frieren. Ich denke an die Gräber zwischen den Kiefern unweit vom Paß, wo einige im Schneesturm von den Bergen gestürzte Holzfäller beerdigt sind. Ich spüre, in welch einer wilden und menschenleeren Höhe ich mich befinde, ich spüre, daß um mich herum nur Nebel und Schluchten sind, und ich denke: ›Wie werde ich an den einsamen Grabsteinen vorbeikommen, wenn sie wie dunkle menschliche Gestalten aus dem Nebel auftauchen? Werden meine Kräfte ausreichen, von den Bergen hinunterzusteigen, wo ich schon jetzt beginne, die Vorstellung von Zeit und Ort zu verlieren?‹

Aus dem jagenden Nebel vor mir zeichnet sich undeutlich etwas Schwarzes ab, irgendwelche dunklen Hügel, die schlafenden Bären gleichen. Mühsam bahne ich mir meinen Weg – springe von einem Stein auf den anderen, das Pferd rutscht aus und klirrt mit den Hufeisen über die nassen kahlen Felsblöcke, steigt mühsam hinter mir hoch –, und plötzlich merke ich, daß der Weg wieder langsam zu steigen beginnt! Da bleibe ich stehen, von Verzweiflung erfaßt. Ich zittere am ganzen Leibe vor Anstrengung und Müdigkeit, meine ganze Kleidung ist vom Schnee durchnäßt, und der Wind pustet durch sie hindurch. Soll ich etwa rufen? Aber jetzt haben sich sogar die Hirten zusammen mit den Ziegen und Schafen in ihre homerischen Hütten verkrochen – wer wird mich hören? Ich sehe mich entsetzt um: »Mein Gott! Habe ich mich etwa verirrt?«

Es ist spät. Dumpf und verschlafen rauscht in der Ferne der Kiefernwald. Die Nacht wird immer geheimnisvoller, und ich spüre das, obwohl ich weder die Uhrzeit weiß noch meinen Standort kenne. Jetzt ist auch das letzte Licht in den tiefen Tälern erloschen, und der graue Nebel bemächtigt sich ihrer, da er weiß, seine Zeit ist gekommen, eine lange Zeit, in der man das Gefühl hat, daß alles auf der Erde ausgestorben ist, daß niemals ein Morgen kommen wird, nur Nebel wird aufsteigen und die erhabenen Berge in ihrer mitternächtlichen Wache umhüllen, die Wälder in den Bergen werden dumpf rauschen, und immer dichter wird Schnee auf den öden Gebirgspaß fallen.

Um mich vor dem Wind zu schützen, drehe ich mich zum Pferd um. Das einzige Lebewesen, das bei mir ist! Aber das Pferd sieht mich nicht an. Naß und frierend, gebückt unter dem hohen Sattel, der ungefüg auf seinem Rücken ragt, steht es da, den Kopf mit angelegten Ohren geduldig hängenlassend. Und ich ziehe boshaft am Zügel, drehe mein Gesicht wieder dem nassen Schnee und dem Wind zu und gehe ihnen wieder verbissen entgegen. Wenn ich mich bemühe, das, was mich umgibt, genauer zu betrachten, sehe ich nur grauen jagenden Dunst, der mir Schnee in die Augen treibt. Wenn ich genauer hinhöre, unterscheide ich nur das Pfeifen des Windes an den Ohren und ein eintöniges Klirren hinter dem Rücken. Das ist der Klang der gegeneinander schlagenden Steigbügel.

Aber merkwürdig: Meine Verzweiflung beginnt mich zu stärken. Ich beginne mutiger auszuschreiten, und jemandem alles zum Vorwurf zu machen, was ich ertrage, bereitet mir Freude. Der Vorwurf verwandelt sich schon in jene düstere und feste Gleichgültigkeit allem gegenüber, was man ertragen muß, bei der Hoffnungslosigkeit süß ist.

Endlich ist der Paß erreicht. Aber mir ist es schon ganz egal. Ich gehe über die ebene, flache Steppe, der Wind jagt lange Nebelzotteln und wirft mich beinahe um, aber ich beachte ihn nicht. Allein am Pfeifen des Windes und am Nebel spürt man, wie tief sich die späte Nacht der Berge bemächtigt hat, schon sehr lange schlafen in den Tälern in ihren kleinen Hütten die kleinen Menschen; aber ich beeile mich nicht, ich gehe mit zusammengebissenen Zähnen und murmele, an das Pferd gewandt:

»Geh, geh nur. Wir werden uns so lange hinschleppen, bis wir umfallen. Wieviel so schwere und einsame Gebirgspässe hatte ich schon in meinem Leben! Wie die Nacht rückten gegen mich Not, Leiden, Krankheiten, Untreue der Geliebten und bittere Enttäuschungen der Freundschaft vor – und es kam die Zeit der Trennung von allem, was einem liebgeworden war. Und ich griff schweren Herzens wieder zu meinem Wanderstock. Und die Aufstiege zu neuem Glück waren steil und schwierig, Nacht, Nebel und Sturm empfingen mich in der Höhe, schreckliche Einsamkeit erfaßte mich auf den Gebirgspässen. Aber – los, gehen wir!«

Stolpernd schleppe ich mich wie im Schlaf. Der Morgen ist

noch fern. Die ganze Nacht werde ich bis zu den Tälern hinuntersteigen müssen, und erst im Morgengrauen wird es mir vielleicht gelingen, irgendwo in einen todähnlichen Schlaf zu versinken, mich zusammenzukauern und nur das eine zu spüren: wie süß Wärme nach dieser Kälte ist.

Der Tag wird mich wieder mit Menschen und Sonne erfreuen und mich wieder für lange täuschen. Wo werde ich in Nacht und Sturm auf den kahlen und seit undenklichen Zeiten öden Bergen niederstürzen und für immer liegenbleiben?

FJODOR STEPUN

Russische Eisenbahnen

1950

Der Philosoph und Schriftsteller wurde 1884 in Moskau geboren, emigrierte 1922 und war von 1926 bis 1937 Professor an der TH in Dresden, seit 1946 in München, wo er 1965 starb. Werke: »Die Wandlung des Nikolaj Pereslegin« (Briefroman, 1928), »Vergangenes und Unvergängliches« (Autobiographie, 1950), »Dostojewskij« (1952), »Dostojewskij und Tolstoj« (1961), »Das Antlitz Rußlands und das Gesicht der Revolution« (1961 – Zusammenfassung der dreibändigen Autobiographie).

Wenn ich an meine Fahrten durch Rußland zurückdenke, erinnere ich mich vor allem der russischen Eisenbahnwagen. Der Rhythmus ihrer rollenden Räder und die in ihnen herrschende Stimmung waren ganz anders als Rhythmus und Stimmung der Eisenbahnwagen im westlichen Europa. Einer der zeitgenössischen russischen Religionsphilosophen hat den Gedanken ausgesprochen, daß die russische Seele einen festgegründeten Hausstand wenig schätze, da sie jegliche Behausung in diesem Leben nur als Station auf dem Wege zum Jenseits empfinde. Dieser freilich nur zum Teil richtige Gedanke steht keineswegs im Widerspruch zu der Tatsache, daß sich in jedem russischen Fernzug sofort ein gemütliches häusliches Leben einrichtete: wenn jedes Haus nur eine Station ist, warum sollte da ein Eisenbahnwagen nicht auch ein richtiges Haus sein?

Die Seele der Eisenbahnhäuslichkeit war, wie bekannt, der Tee. Mein Gott, wieviel wurde davon zwischen Moskau und Jekaterinburg, zwischen Moskau und Kislowodsk getrunken, es ist kaum auszudenken! Die Familien reisten alle mit ihrem eigenen Teekessel, dem intelligenzlerischen Einzelgänger wurde der Tee vom Heizer gebracht, bei dem der Samowar Tag und Nacht brodelte. Seinerzeit staunte niemand über diesen Samowar. Wie war ich aber gerührt – man verzeihe mir diese Emigranten-Sentimentalität –, als ich im Jahre 1928, auf dem Wege nach Dwinsk, in einem der Staatszugehörigkeit nach lettischen, der Stimmung nach aber noch typisch russischen Eisenbahnwagen den heimatlichen Samowar wiedersah! Wahrlich, er erschien mir nicht als Samowar, sondern als der gute Geist des heimatlichen Herdes. Heimatlich erschien mir auch der Heizer, der mir und meiner Frau je ein Glas starken, heißen, duftenden Tees brachte, wie man ihn in Westeuropa nur selten bekommt. Das Nickeltablettchen in der wie eine Kohlenschaufel schwarzen Hand, das Zitronenscheibchen auf einer Untertasse: all dies vor langer Zeit Eingeführte und von der neuen lettischen Regierung nicht Abgeschaffte im Fernzug rührte uns beide fast zu Tränen. Das Teetrinken im Eisenbahnwagen mit reichlichem Imbiß und endlosen Gesprächen dauerte stundenlang. Imbiß und Gespräch waren sehr verschieden. In der ersten Klasse anders als in der zweiten, im Schnellzug anders als im Personenzug; anders, wenn der Zug nach Warschau und von dort aus weiter ins Ausland, als wenn er in die Kaukasischen Kurorte oder in die Wolgaländer fuhr.

Den elegantesten, den »allerinteressantesten« Reisenden begegnete man natürlich in den Zügen nach dem Ausland. In den internationalen Schlafwagen erster Klasse mit der Aufschrift »Moskau–Paris« trafen sich wie im Klub und schlossen rasch Bekanntschaften die Stars aller gehobenen Berufe: berühmte liberale Advokaten, hohe Militärs, die Zivil angelegt hatten und es nicht zu tragen verstanden, Schauspieler der Kaiserlichen Theater, anglisierte Vertreter des kaufmännischen Mäzenatentums und die reizenden Moskauer Damen, die von dem Baden-Baden Turgenjews, von Paris und Nizza schwärmten. Zu welcher Tageszeit der Zug auch abfahren mochte: ein, zwei Stunden später waren bereits in jedem Abteil angeregte Unterhaltungen zu hören. Auf den Fenstertischen lagen appetitliche weiße Servietten und darauf, als Gemeingut, was jeder aufzutischen hatte: goldgelb gebratene Hühnchen, hauchdünne Scheibchen zartesten Kalbsbratens, weiße Steingutdosen mit gepreßtem Kaviar, Blätterteigpastetchen, dazwischen Madeira in breitschultrigen Korbflaschen, Tee, Konfekt, und so manches andere für den verwöhnten Gaumen. Die Gespräche drehten sich stets um die Vorzüge des fortschrittlichen Europas und um unsere eigene Rückständigkeit. Der Russe besitzt ein großes Talent im Schönreden. Wie im Gerichtssaal entwickelten die berühmten Verteidiger ihre »bahnbrechenden« Gedankengänge. Wie auf der Bühne brachen die wohlgenährten Schauspieler eine Lanze für die unberührte Tiefe der russischen Seele. Das spielerische Kreuzfeuer der Meinungen ließ helle Funken in den verführerischen, fröhlichen Augen der Frauen aufsprühen.

Wie schön war es, nach Europa zu reisen: auszuruhen, eine Kur durchzumachen, an Körpergewicht abzunehmen, sich zu amüsieren und ein wenig zu sündigen!

In den Personenzügen, die nach der Provinz fuhren, herrschte eine ganz andere Stimmung: hier lebten die Reisenden mehr im Alltag und seinen Sorgen. Während der Fahrt nach Pensa, Kasan, Nischnij, Saratow studierten berühmte Rechtsanwälte ihre Akten und bereiteten ihre Reden vor, Fabrikanten blätterten in den Berichten ihrer Direktoren, Schauspieler lernten ihre Rollen, die sie nie genau kannten. Die Damen der Großstädte aber, von den Wolgareisenden abgesehen, beehrten die Provinz überhaupt nicht mit ihrem Besuch. Die Wagen erster Klasse blieben hier oft fast leer. In der zweiten Klasse aber reiste in den letzten Friedensjahren bereits viel einfaches Volk: da sah man Schaftstiefel, Schirmmützen, bunte Hemden mit weichen Kragen, ungebleichte Kissenbezüge, häufig Körbe und Segeltuchtaschen statt der Koffer.

Ich erinnere mich einer Vortragsreise nach Kasan: der Wagen war alt, recht unsauber und nur spärlich durch eine Kerze erhellt. Wir waren unser vier im Abteil: ein feister, stattlicher Priester, ein sonderbarer blonder Mann mit rasiertem, verbissenem, beleidigtem Schauspielergesicht und ein schwerfälliger, grauhaariger Mensch, der durchdringend nach Tran roch, offenbar ein Fischhändler. Am Abend wollte kein Gespräch zustande kommen. Der Fischhändler verzehrte sein Abendbrot, das aus Schwarzbrot, Hering und Gurke bestand (es war während der Fastenzeit), trank ein Gläschen Schnaps als Schlafmittel und legte sich auf seinem oberen Bett sofort schlafen. Mir blieb nichts anderes übrig, als seinem Beispiel zu folgen, da auch der Priester bereits zu gähnen anfing. Alle meine Reisegefährten schliefen rasch ein, ich aber konnte lange keinen Schlaf finden, die Flöhe bissen mich und der schwere Fischgeruch verursachte mir Übelkeit. [...]

Anderntags stiegen der Kaufmann und der Priester auf einer großen Station aus. Der Schauspieler Solnzew, wie der Liebhaber von Feuersbrünsten sich mir beim Abschied vorstellte, blieb mit mir allein. Er wurde jetzt sehr mitteilsam und erzählte lebhaft und leidenschaftlich seine Lebensgeschichte: Sohn eines Dorfgeistlichen, war er nach einem Besuch Moskaus, wo er Abend für Abend in der Oper gewesen war, dem Priesterseminar entlaufen, mit dem sehnlichen Wunsche, Gesang zu studieren und auf die Bühne zu kommen. »Meine Stimme«, rühmte er in der typischen Manier des Provinzschauspielers, »war etwas Einmaliges: von unermeßlicher Kraft, eine Posaune des Jüngsten Gerichts, und von Natur gebildet wie die einer Nachtigall. Eines hat mich ins Verderben gestürzt: meine Schüchternheit, die Angst vor dem Publikum... Ich habe, Sie werden es kaum glauben, Schaljapin selbst um Rat gefragt, wie ich mich von meiner verdammten Schüchternheit befreien könnte. Er hat mich, Gott lohne es ihm, ermutigt: ›Bei deiner Stimme brauchst du keine Angst vor dem Publikum zu haben. Mein Rat ist: sieh keinem in die Augen, schau über die Köpfe hinweg. Wenn du deine Augen über das Publikum erhebst, zwingst du sie alle zu deinen Füßen. Das gilt auch mir als erste Regel, ich singe stets mit erhobenem Kopf.‹ Da habe ich's denn versucht nach dem Schaljapinschen Rezept, lange versucht, aber geholfen hat's nicht. Solange ich den Ton in die Höhe schraube, geht's, hab' ich ihn oben, werfe ich unbedingt ein Auge ins Publikum: ob ich wohl gut gesungen habe? Und sehe alle die gelangweilten, schläfrigen Fratzen. Der Ärger erstickt mich, die Stimme läßt nach und ich fühle, daß ich falsch singe: rein zum Davonlaufen! Da hab' ich denn meine Engagements aufgegeben. Trinken wir, stoßen wir an! Wenn Sie auch in Zwecken der Aufklärung reisen, so fühle ich doch, daß Sie eine verwandte Seele sind, eine Schauspielerseele!«

»Und womit beschäftigen Sie sich jetzt?« fragte ich meinen seltsamen Reisegefährten, da ich keinen Zusammenhang zwischen seiner mißlungenen Bühnenlaufbahn und der Vorliebe für Feuersbrünste finden konnte.

»Jetzt?« Er warf sich zurück und sah mich traurig an. »Wie soll ich es Ihnen sagen! Ich beschäftige mich mit Bränden!«

»Wie denn – mit Bränden?« fragte ich, »sind Sie Versicherungsagent?«

»Das auch, – doch das ist nicht die Hauptsache. Wenn ich schon die ganze Wahrheit sagen soll, wie in der Beichte, so arbeite ich in dreifacher Weise: ich versichere hauptsächlich Bauern gegen Brandschaden, ich bilde Feuerwehren in den Dörfern aus, und – das ist meine Leidenschaft – ab und zu stecke ich ein Haus in Brand!«

»Wie – in Brand?«

»Nur gemach, übereilen Sie sich nicht«, begann er plötzlich mit einem ganz neuen Ernst, wie ein Mensch, der seinen Gedanken tief durchdacht hat und von seinem Recht felsenfest überzeugt ist. »Durch meine Brandstiftungen leidet keiner Schaden. Ich tue es nur im äußersten Falle, wenn es schon gar zu lange Zeit nirgends brennen will, so daß die Seele es nicht länger erträgt. Ich lege stets in Gehöften Feuer, die ich selbst versichert habe und denen der Brand zum Vorteil gereicht. Und auch meiner Gesellschaft gegenüber ist mein Gewissen völlig rein: ohne meine ausgebildete Feuerwehr würde alles bis zum Letzten niederbrennen. Sie sehen es selbst, keiner erleidet einen Schaden, und für mich ist es nicht bloß ein Vergnügen, es ist der Inhalt meines ganzen Lebens. Die Feuerglocke ruft – ich fliege allen voran mit der Fackel, ich kommandiere, brülle; mitunter schmettere ich einen Ton heraus, wie ihn selbst Schaljapin nicht hervorbrächte, Holz, Heu, Stroh – alles steht in Flammen wie in der Hölle; das Vieh brüllt wie im Schlachthof; die Weiber und die Kinder treiben's noch ärger als das Vieh; feurige Zungen lecken zum Himmel empor! Meine Feuerwehr arbeitet: eine Freude, das anzusehen! Die Jungens wissen, daß ich nach jeder Brandbekämpfung ein Fäßchen Schnaps stifte. Ja,« beschloß Solnzew seine irrsinnige Beichte, »ein Künstler kann nicht ohne Begeisterung leben, und ich, ich sage es ehrlich, ich kenne keine größere Wonne, als Brände zu löschen. Ich habe gehört, daß es im Altertum Feueranbeter gegeben hat: so bin ich wohl aus ihrem Geschlecht.« [...]

Ich weiß nicht, wie das fernere Schicksal dieses sonderbaren Lebensphilosophen sich gestaltet hat; wahrscheinlich wird die Revolution auch ihn wie eine Küchenschabe mit ihrem Stiefel zertreten haben. Vielleicht aber hat sie ihn auch emporgetragen. Zu einem späteren Zeitpunkt, wenn das innere Gesicht der bolschewistischen Parteiführung genauer erforscht sein wird, wird es sich vielleicht herausstellen, daß eine große Anzahl von Menschen nicht proletarischer Herkunft ihr aus derselben Sehnsucht nach abgründigem Leben beigetreten sind [...].

Dostojewskij ist Zeuge dafür, wie stark die Seele des russischen Menschen vom Hunger nach solchen Ereignissen – ob guten oder bösen – gequält wird, die sie über den grauen Alltag hinausheben. Die Westeuropäer mittleren Kalibers verzichten, um ihres guten Fortkommens willen, leicht und schmerzlos auf die Abgründe und Himmelshöhen des Lebens. In der russischen Seele hingegen, selbst in einer Alltagsseele, lebt fast immer die Versuchung, alles zum Teufel zu schicken, unterzutauchen bis auf den Grund, um sich dann vielleicht doch auf irgendeine Weise herauszuarbeiten und an ein helles Gestade zu gelangen. Diese unklare Sehnsucht nach dem Hinausgehobenwerden über die gesteckten Grenzen läßt sich nur schwer auf den Pfaden des Guten verwirklichen; sehr leicht aber auf den Pfaden des Bösen. Und diese Sehnsucht hat, wie es mir scheinen will, eine ungeheure Rolle in unserer furchtbaren Revolution gespielt. Vielleicht wird dem russischen Volke um ihretwillen viel von dem vergeben werden, was es mit sich selbst und mit der ganzen Welt gemacht hat.

Der Roman Anna Kareninas mit Wronskij beginnt im Zug und endet durch einen Zug. Beim Stampfen der Eisenbahnräder erzählt Posdnyschew in der »Kreutzersonate« ganz fremden Leuten den Mord an seiner Frau, und wir fühlen, daß er nirgends anders als im Zuge fähig gewesen wäre, eine so furchtbare Beichte abzulegen. Mit frosterstarrter Hand klopft Katjuscha in der »Auferstehung« an das grell erleuchtete Fenster eines Wagens erster Klasse und läuft, ohne Nechljudow aus den Augen zu lassen, fast stürzend, den Bahnsteig entlang. »Rauch, Rauch, Rauch«: wie Rauch jagen im Zuge die traurigen Betrachtungen Litwinow-Turgenjews dahin. Die Frau seines Freundes begleitend und im Eisenbahnwagen von ihr Abschied nehmend, erkennt der Held einer der zartesten Novellen Tschechows mit plötzlicher Klarheit, daß er sein Leben lang nur sie geliebt hat und daß mit ihrer Abreise alles für ihn zu Ende ist. In Bunins Novelle »Lika« fließt das Thema einer selig-unseligen Liebe und eines heißhungrigen Umherirrens durch die Weiten der russischen Ebene noch tiefer und geheimnisvoller mit dem Thema jener musikalischen Eisenbahnschwermut zusammen, die Alexander Blok in einem seiner schönsten und unübersetzbarsten Gedichte intoniert.

Ja, sie hatten in der Tat etwas an sich, die russischen Eisenbahnzüge, was die Seele vom Alltag erlöste und sie »in die Weite unerfüllbarer Träume« hinaustrug.

ALEXANDER RADISCHTSCHEW

»Stationen auf der Reise von Petersburg nach Moskau«

1790

Trotz satirischer und aufklärerischer Schriften bis zur Mitte des 18. Jahrhunderts beginnt die russische Literatur mit Alexander Nikolajewitsch Radischtschew (1749–1802). Er hat in Deutschland studiert und war Zollrat in Petersburg. Seine »Reise von Petersburg nach Moskau« ließ er 1790 privat drucken; nach Hinweisen, daß ihm dieses Werk den Unmut der Obrigkeit einbringen werde, zog er den größten Teil der Auflage wieder ein – doch die wenigen frei zirkulierenden Exemplare genügten, daß er dafür 1790 zum Tode verurteilt wurde. Allerdings begnadigte man ihn zur Verbannung nach Sibirien – die bis 1796 währte. Er wurde sogar 1801 als Mitglied in eine Kommission berufen, die neue Gesetze ausarbeiten sollte; im Jahr darauf beging er Selbstmord. Die imaginäre »Reise« ist in Briefform verfaßt; die genannten Stationen auf dem Weg entsprechen zwar wirklichen Orten, doch gilt nicht ihnen selbst das Interesse, vielmehr dienen sie als Vorwand, um zu Ereignissen Stellung zu nehmen. In verschiedenen Traum-Passagen hat der Autor auch Entwürfe gerechter Herrschaftsformen dargestellt. In seiner Sprache bediente er sich, neben dem häufigen Gebrauch von Redensarten, auch altertümlicher Formen, die ans Altkirchenslawische erinnern. Besondere Bedeutung gewann sein Angriff auf die Zensur.

ABREISE

Ich blickte um mich, und meine Seele wurde wund unter den Leiden der Menschheit. Ich wandte den Blick in mein Inneres, und ich erkannte, daß die Not des Menschen vom Menschen kommt, und dies häufig nur, weil sein Auge sich nicht geraden Blicks auf die Dinge richtet. Wie, sprach ich zu mir selbst, war denn die Natur so karg zu ihren Kindern, daß sie dem unschuldig Irrenden die Wahrheit auf ewig verbarg? Hat diese finstere, strenge Stiefmutter uns dazu hervorgebracht, daß wir die Not empfinden, Glückseligkeit aber nie? Meine Vernunft schauderte ob dieses Gedankens, und mein Herz stieß ihn weit von sich. Ich fand dem Menschen einen Tröster in ihm selbst. »Hebe den Schleier hinweg von den Augen des natürlichen Empfindens – und ich werde glückselig sein.« Diese Stimme der Natur ertönte laut in meinem Inneren. Ich erwachte aus der Betrübnis und

Verzagtheit, in die Empfindsamkeit und Mitleid mich gestürzt hatten; ich fühlte in mir genügend Kraft, dem Irrtum zu trotzen; und – unaussprechliche Freude! – ich spürte, daß ein jeder am Wohltun für seinesgleichen teilhaben kann.

SOFIA

Die Pferde jagen mit mir dahin; mein Kutscher hat ein Lied angestimmt, wie gewöhnlich ein trauriges. Wer die Weisen russischer Volkslieder kennt, der wird mir zustimmen, daß in ihnen etwas ist, das seelisches Leid bezeichnet. Fast alle Weisen dieser Lieder erklingen in der weichen Tonart. Entsprechend dieser musikalischen Neigung des Volksohres müßte man es verstehen, die Zügel der Regierung zu ordnen. Man findet in diesen Liedern, wie die Seele unseres Volkes beschaffen ist. Betrachte den russischen Menschen; du findest ihn nachdenklich. Wenn er seine Langeweile und seine Schwermut vertreiben oder, wie er es selbst nennt, wenn er sich vergnügen will, dann geht er in die Schenke. In seiner Lustigkeit ist er heftig, draufgängerisch und streitsüchtig. Wenn etwas nicht nach seinem Kopf geht, so beginnt er gleich Streit und Schlägerei. Der Burlak, der hängenden Kopfs in die Schenke geht und blutüberströmt von einer Schlägerei zurückkommt, könnte vieles auflösen, was bis jetzt in der Geschichte Rußlands als rätselhaft gegolten hat.

Mein Kutscher singt. Es ist drei Uhr morgens. [...]

SAIZOWO

Ich habe an vielen Beispielen bemerkt, daß das russische Volk sehr viel erträgt und bis zum äußersten duldsam ist; ist seine Geduld aber einmal zu Ende, dann kann nichts es davon abhalten, in Grausamkeit zu verfallen. Genau das geschah auch mit dem Assessor. Den Anlaß dazu bot eine rasende und wüste oder, besser gesagt, viehische Tat eines seiner Söhne.

In seinem Dorf war ein Bauernmädchen, nicht häßlich und einem jungen Bauern aus dem gleichen Dorf verlobt. Die gefiel dem mittleren Sohn des Assessors, der alles mögliche aufwandte, sie zu seiner Geliebten zu machen; das Bauernmädchen aber blieb ihrem dem Verlobten gegebenen Versprechen treu, was unter Bauern zwar selten vorkommt, aber doch möglich ist. An einem Sonntag sollte die Hochzeit sein. Der Vater des Bräutigams ging, nach einer bei vielen Gutsbesitzern eingeführten Sitte, mit seinem Sohn auf den Herrenhof und überbrachte seinem Herrn zwei Pud Honig als Traugebühr. Diese letzte Minute nun wollte das Herrensöhnchen zur Befriedigung seiner Gier nutzen. Er nahm seine beiden Brüder mit, ließ die Braut durch einen nicht zum Hof gehörenden Jungen herausrufen, preßte ihr den Mund zu und schleppte sie in den Stall. Außerstande zu schreien, wehrte sie sich mit allen Kräften gegen das viehische Beginnen ihres jungen Herrn. Schließlich, von allen dreien überwunden, mußte sie der Gewalt nachgeben: und schon begann dieses abscheuliche Ungeheuer sein Vorhaben auszuführen, als der Bräutigam, vom Herrenhaus zurückgekehrt, den Hof betrat, eines der Herrensöhnchen am Stall sah und ihre schlimme Absicht ahnte. Er rief seinen Vater zu Hilfe und flog schneller als der Blitz zum Stall. Welches Schauspiel bot sich ihm dar! Bei seinem Nahen wurde der Stall zugesperrt; aber die vereinten Kräfte der zwei Brüder waren zu schwach, dem Ungestüm des ergrimmten Bräutigams standzuhalten. Er ergriff einen in der Nähe liegenden Knüppel, stürzte in den Stall und schlug den Räuber seiner Braut über den Rücken. Schon wollten sie ihn packen, da sahen sie den Vater des Bräutigams ebenfalls mit einem Knüppel zu Hilfe eilen, ließen ihre Beute fahren, stürzten aus dem Stall heraus und rannten davon. Doch der Bräutigam holte einen ein, hieb ihm den Knüppel über den Kopf und schlug ihm ein Loch in den Schädel.

Diese Bösewichter nun, gewillt, sich für ihre beschämende Niederlage zu rächen, gingen geradewegs zu ihrem Vater und erzählten ihm, sie seien durchs Dorf gegangen, wären der Braut begegnet und hätten ein wenig mit ihr gescherzt; das habe ihr Bräutigam gesehen und auf sie einzuschlagen begonnen, wobei ihm sein Vater geholfen hätte. Zum Beweis zeigten sie das Loch im Kopfe des Bruders. Im Innersten getroffen durch den seinem Fleisch zugefügten Schmerz, brauste der Vater in wütendem Zorn auf. Er befahl, alle drei Übeltäter – so nannte er Bräutigam, Braut und den Vater des Bräutigams – unverzüglich vor ihn zu bringen. Als sie vor ihm standen, war seine erste Frage, wer seinem Sohn das Loch in den Kopf geschlagen habe. Der Bräutigam stritt die Tat nicht ab und erzählte den ganzen Hergang.

›Wie konntest du es wagen‹, sagte der alte Assessor, ›die Hand gegen deinen Herrn zu erheben? Und wenn er mit deiner Braut die ganze Nacht vor der Hochzeit geschlafen hätte, müßtest du ihm noch dankbar dafür sein. Du heiratest sie nicht; sie bleibt bei mir im Haus, und ihr werdet eure Strafe bekommen.‹

Nach diesem Entscheid befahl er, den Bräutigam unbarmherzig mit Karbatschen zu peitschen, und lieferte ihn dazu der Willkür seiner Söhne aus. Die Schläge ertrug dieser männlich; ungebrochen sah er auch zu, wie sie begannen, seinen Vater der gleichen Mißhandlung zu unterziehen. Als er aber sah, daß die Herrentöchter seine Braut ins Haus führen wollten, hielt er es nicht mehr aus. Die Strafprozedur spielte sich auf dem Hofe ab. In einem Augenblick hatte er sie den Händen ihrer Entführer entrissen, und beide liefen davon. Dies sehend, hörten die Junker auf, den Alten zu peitschen, und rannten ihnen nach. Der Bräutigam, erkennend, daß sie ihn erreichen würden, riß eine Zaunlatte heraus und machte sich zur Verteidigung bereit. Inzwischen hatte der Lärm andere Bauern zum Herrenhof gelockt. Voll Mitgefühl für den jungen Bauern und voll Erbitterung gegen ihre Herren stellten sie sich schützend vor ihn. Als dies der Assessor sah, kam er selbst herzugelaufen, begann sie zu beschimpfen und schlug mit seinem Spazierstock den ersten, der ihm in den Weg kam, so gewalttätig, daß dieser besinnungslos zu Boden stürzte. Das war das Signal zum allgemeinen Angriff. Sie umringten ihre vier Herren und prügelten sie, um es kurz zu sagen, an ebendieser Stelle zu Tode. So groß war ihr Haß gegen sie, daß keiner versäumen wollte, an diesem Mord beteiligt zu sein, wie sie selbst später eingestanden.

Nun ergab es sich, daß gerade in diesem Augenblick der Polizeichef jenes Kreises mit einem Kommando Soldaten dort vorbeifuhr. Dieser wurde zu einem Teil Augenzeuge des Vorfalls. Er ließ die Schuldigen festnehmen – schuldig aber war das halbe Dorf – und leitete eine Untersuchung ein, die allmählich bis zur Strafkammer gelangte. Die Beweisführung war sehr klar, und die Schuldigen waren in allem geständig; zu ihrer Rechtfertigung führten sie nur die Quälereien ihrer Herrschaft an, von denen schon das ganze Gouvernement wußte. In dieser Sache nun mußte ich kraft meiner Stellung die endgültige Entscheidung fällen, die Schuldigen zum Tode verurteilen und als Ersatz dafür zu öffentlicher Auspeitschung und lebenslänglicher Zwangsarbeit.

Bei der Durchsicht dieses Falles fand ich keinen hinreichenden und überzeugenden Grund, die Täter anzuklagen. Die Bauern, die ihren Herrn erschlagen hatten, hatten einen Totschlag begangen. War aber dieser Totschlag nicht unter Zwang erfolgt? Ist die Ursache dafür nicht der erschlagene Assessor selbst gewesen? Wenn in der Arithmetik aus zwei Zahlen unweigerlich eine dritte folgt, so war auch bei diesem Vorkommnis die Folge unausbleiblich. Die Unschuld der Täter war, für mich zumindest, mathematisch klar. Wenn mich ein Bösewicht, während ich meinen Weg ziehe, überfällt, den Dolch über meinem Haupt erhebt und mich damit durchbohren will – werde ich dann als Mörder gelten, wenn ich seinem Verbrechen zuvorkomme und ihn entseelt vor meine Füße werfe? Wenn ein rauflustiger Stutzer unseres Jahrhunderts, der sich verdiente Verachtung zugezogen, diese an mir rächen will, mich an einsamem Orte trifft, den Degen zieht und über mich herfällt, um mir das Leben zu nehmen oder mich zum wenigsten zu verwunden – bin ich dann schuldig, wenn ich zu meiner Verteidigung das Schwert ziehe und die Gesellschaft von einem Glied befreie, das ihre Ruhe stört? Kann eine Tat als Mißachtung der Unverletzlichkeit eines Mitglieds der Gesellschaft bezeichnet werden, wenn ich sie zu meiner Rettung ausführe, wenn sie meinen Untergang verhütet, wenn ohne sie mein Zustand auf ewig beklagenswert sein würde?

Solche Gedanken erfüllten mich, und du kannst dir selbst vorstellen, welche Qualen meine Seele bei der Durchsicht dieses Falles litt. Mit gewohnter Offenheit teilte ich meine Gedanken meinen Amtskollegen mit. Alle erhoben einstimmig gegen mich ein Geschrei. Milde und Menschenliebe bezeichneten sie als strafwürdige Beschützung von Verbrechen; sie nannten mich einen Menschen, der zum Mord ermuntert, nannten mich einen Komplizen der Mörder.

TORSHOK

Hier traf ich auf der Poststation mit einem Manne zusammen, der mit einem Bittgesuch nach Petersburg reisen wollte. Dieses Gesuch bestand in der Bitte um Erlaubnis, in dieser Stadt eine freie Buchdruckerei einzurichten. Ich sagte ihm, hierzu sei eine Erlaubnis nicht erforderlich, denn die Freiheit dazu besitze ein jeder. Allein er wollte Zensurfreiheit und hatte dabei die folgenden Gedanken.

Druckereien zu besitzen, ist bei uns allen erlaubt, und die Zeit ist längst vorbei, da man sich fürchtete, diese Erlaubnis an Privatleute zu erteilen, und sich nur deswegen, weil in freien Druckereien falsche Pässe gedruckt werden könnten, einer für die Allgemeinheit guten und nützlichen Einrichtung enthielt. Jetzt steht es einem jeden frei, Druckmaschinen zu besitzen, das indessen, was gedruckt werden kann, steht unter Vormundschaft. Die Zensur ist zur Kinderfrau der Vernunft, des Witzes, der Phantasie, zur Kinderfrau alles Großen und Schönen gemacht worden. Wo es aber Kinderfrauen gibt, da muß es auch Kinder geben, da muß am Gängelband gegangen werden, wodurch es nicht selten krumme Beine gibt; wo es Vormünder gibt, da muß es auch Unmündige geben, unreife Köpfe, die sich selbst nicht lenken können. Wenn aber Kinderfrauen und Vormünder immer bleiben, wird das Kind lange Zeit am Gängelband gehen und im Mannesalter ein Krüppel sein. Der nie erwachsene Landjunker wird immer ein Mitrofanuschka sein, ohne Erzieher keinen Schritt gehen und sein Erbe ohne Vormund nicht verwalten können. Solcher Art sind überall die Folgen der gewöhnlichen Zensur, und je strenger diese ist, um so verderblicher sind ihre Folgen. [...]

Ich möchte mit folgendem schließen: die Zensur über Gedrucktes kommt der Gesellschaft zu, diese gibt dem Autor den Kranz oder gebraucht die Blätter als Packpapier. So wie der Beifall für ein Theaterstück vom Publikum erteilt wird, nicht aber vom Theaterdirektor, so verleiht auch der Zensor einem erscheinenden Buch weder Ruhm noch Schande. Der Vorhang hat sich erhoben, aller Blicke sind auf die Handlung gerichtet; gefällt sie – klatscht man, gefällt sie nicht – klopft und pfeift man. Überlaß das Törichte der Allgemeinheit zur Beurteilung; es wird tausend Zensoren finden. Die strengste Polizei kann alberne Gedanken nicht so verbieten wie ein empörtes Publikum. Einmal hört man sie an, dann sterben sie und erstehen in Ewigkeit nicht wieder auf. Haben wir aber die Nutzlosigkeit der Zensur oder vielmehr ihre Schädlichkeit im Reich der Wissenschaft erkannt, dann werden wir den umfassenden und grenzenlosen Nutzen der Freiheit im Buchdruck begreifen.

Beweise hierfür sind wohl nicht erforderlich. Wenn es einem jeden freisteht, zu denken und seine Gedanken ungehindert allen zu verkünden, dann wird natürlicherweise alles, was erdacht und erfunden wird, auch bekannt werden; das Große wird groß sein, die Wahrheit nicht verdunkelt werden. Die Lenker der Völker werden es nicht wagen, sich vom Pfade der Wahrheit zu entfernen, und werden Furcht empfinden, denn ihre Wege, ihre Bosheit und Arglist werden enthüllt werden. Erzittern wird der Richter, wenn er ein ungerechtes Urteil unterschreibt, und er wird es zerreißen. Der die Macht besitzt, wird sich schämen, sie zur Befriedigung allein seiner Gelüste zu gebrauchen. Geheimer Raub wird Raub heißen, versteckter Mord – Mord. Alle Bösen werden das strenge Auge der Wahrheit fürchten. Die Ruhe wird echte Ruhe sein, denn es wird keinen Gärstoff in ihr geben. Heute ist nur die Oberfläche glatt, allein der Schlamm, der auf dem Grunde liegt, wird aufgerührt und trübt das durchsichtige Wasser.

Andrej Wosnesenskij

»Der Arbat ist unser Kirschgarten«

1984

1933 in Moskau geboren, Diplomarchitekt, setzte sich Wosnesenskij von 1960 an als Lyriker durch: »Bahn der Parabel«, »Vierzig Abschweifungen vom Poem Dreieckige Birne« (1962), »Achillesherz« (1966), »Antiwelten« (1967). Prosa: »Begegnung mit Pasternak« (1984). Maßgeblich mitbeteiligt an der Kampagne zur Veröffentlichung von Pasternaks Roman »Doktor Schiwago« in der UdSSR (1988). In seiner Rede auf dem Schriftstellerkongreß (26. 6. 1986) wandte er sich gegen die »Gleichgültigkeit«, die »Vergangenheit vernichtet« und die »Gegenwart verunstaltet«: »Der Hauptfeind sitzt im Innern – nicht das bissige Buch, sondern das Ungeheuer des Bürokratismus und die Trägheit des alten Denkens sind es, die das neue bremsen ... Die Devise des wahrhaft intelligenten Menschen mögen Dostojewskijs Worte bleiben: ›Wir haben nicht feindselig ..., sondern freundschaftlich, mit ganzer Liebe den Genius fremder Nationen in unsere Seele aufgenommen ..., ohne besondere Unterschiede nach der Zugehörigkeit zu einem Volk zu machen.‹« Der Arbat ist ein häufig besungener Boulevard.

Des Mannes Vater ist die Kindheit«, lesen wir bei Wordsworth.

Ich bin in Moskau geboren. Doch von klein auf rollte um mein Moskauer »A« das runde »O« der Wolodimirschen Mundart.

Die ovale Musik dieser Mundart nahm für mich sichtbare Form an.

Genauso rund waren die Hügel am Fluß, die Wolken, die mit Mennige, Gold und gedünsteter Zwiebel gefärbten Ostereier. Oval, abgerundet waren die Lebensform und die dunkelhülsigen Haselnüsse, die wir in große Körbe pflückten und dann zum Trocknen aufs Dach schütteten. Haselnüsse pflücken ist wundervoll. Sie brauchen sich nicht zu bücken. Sammeln Sie Pilze oder Beeren, so müssen Sie sich erst verbeugen, wie zum Dank dafür, daß Sie sie nehmen dürfen. Und Preiselbeeren wollen gar auf den Knien gesammelt werden.

Der Haselstrauch ist so groß wie Sie. Seine Früchte sind übrigens ganz rund, kugelrund, haben aber oben eine helmförmige Kuppe. Sie wachsen in ganzen Büscheln am Zweig, zu viert oder zu fünft, aneinandergeschmiegt, jede in ihrem grünen Nest. Ihre hellen Hinterköpfe ragen aus den grünen Nestern wie die fünf Kuppeln einer Kathedrale, die, perspektivisch verkleinert, aus dem Grün auf den Hügeln blicken.

Diesen weichen Linien verwandt war das weite Rund der großen Stadt, aus der ich kam, der mit den sieben Hügeln und den zwei Ringen – dem Gartenring und dem Boulevardring (im Gegensatz zu der rechtwinkligen Struktur Leningrads oder New Yorks).

Der Swerdlowsker Sewastjanow erzählte, Moskau, aus dem schwarzen Kosmos gesehen, sei wie eine Kamillenblüte: das runde Zentrum und die Blütenblätter neuer Viertel, hier und da abgerissen wie beim Orakelspiel »Liebt mich – liebt mich nicht«.

Die Neigungen, Biegungen und Anstiege dieser Stadt kenne ich mit allen Fasern, habe sie, durch den Gartenring radelnd, ...zigmal in mich aufgenommen. Das weißleuchtende Birkenpaar meiner Kindheit bildeten zwei alte Empiresäulen auf der Poljanka, an denen der Stuck wie bei einer aufbrechenden Eierschale stellenweise abgeplatzt war und der nackte Ziegel hervorsah. Doch merkwürdig, diese Säulen standen in keinerlei Widerstreit, ja deckten sich seelisch vollkommen mit ihren stattlichen Birkenschwestern von Wladimir.

Heute wird viel und zu Recht von der seelischen Einheit und dem Stil der einzelnen literarischen Schulen gesprochen – der Wologdaer, der Rostower, der Rjasaner und so weiter. Ich meine, unsere Philosophen sollten auch einmal über die Wesensart und den Denkstil der in Tschistyje prudy und Samoskworetschje Geborenen nachdenken.

Werden Stadtviertel und Siedlungen abgetragen, stöhnt das Herz genauso, wie wenn man Haine und Wälder fällt.

Der Arbat ist unser Kirschgarten.

Was schickst du mir diese runden Erinnerungen, was willst du mit ihnen sagen, wirbelst mich um mich selber herum wie einen Kreisel? [...]

Der Hauptteil meiner Kindheit und Jugend trug sich auf der Bolschaja Serpuchowskaja zu. Die Lyrik der Wladimirer Architektur spiegelte sich mir in der halbüberfluteten Bogenhalle der Station »Dobryninskaja«, der warmherzigsten Moskauer Metrostation. Sie stand am Ausgang meiner Kindheit wie eine Wladimirer Großmama oder Mutter, in die Hauptstadt gekommen, um nach dem Rechten zu sehen, dem Kind die Gleise des beginnenden Lebens zu richten. Alle haben ihre Arina Rodionowna* gehabt, ich diese.

Bevor er sie zeichnete, hatte der Architekt Pawlow im Juli 1945 mit der Kirche Mariä Schutz und Fürbitte an der Nerl, dieser weiblichsten Perle der russischen Baukunst, eine Nacht verbracht.

Damals existierte ihr freistehender Glockenturm noch. Er diente als Heulager. Diesen himmelhohen Heuschober bot der Wächter Pawlow als Nachtlager an. Aus der Höhe des Glockenturms beobachtete Pawlow andächtig, mit angehaltenem Atem die Metamorphose der Kirche. Ihre Bögen spiegelten sich im Wasser. Ein Zauber – ihre zwei Dämmerstunden vor Tagesanbruch.

Erst war sie düster grau, dann wurde sie zartblau. Dann errötete sie verwirrt. Danach ruhte sie in einem gleichmäßigen gelben, ruhigen Licht. »Wie eine Frau, die alles erfahren hat«, sagte er erregt, seinen blauen Blick – klar jetzt, wo er ihn herhat – verstohlen verbergend. Dann wurde sie weiß.

Wieder in Moskau, entwarf er an einem Abend das Projekt der Metrostation. Später griff man ihn heftig an, warf ihm Anbetung der altrussischen Architektur und zugleich, seltsamerweise, der westlichen vor. Doch zu spät. Die Station stand bereits, und in ihren unterirdischen Hallen spiegeln sich nun für immer die weißen und pastellgelben verzauberten Umrisse der Kirche Mariä Schutz und Fürbitte an der Nerl. Ein paar meiner ersten Gedichte sind dieser Kirche gewidmet, und auch heute noch, obwohl längst Touristenobjekt geworden, leuchtet sie unauslöschlich.

Im Gebiet Wladimir an der Grenze zum Gebiet Gorkij gibt es Gegenden, die in bösem Leumund stehen: verrufene Orte. Zumeist sind es Niederungen in sumpfiger düsterer Landschaft. Selbst Ortsansässige beginnen dort zu »irrlichtern«. Stunden um Stunden irren Sie durch die Wälder und kommen schließlich, wie unter schwerer Hypnose, wieder an Ihrem Ausgangspunkt an: Sie sind im Kreis gegangen. Der Aberglaube des Volkes

* Puschkins Kinderfrau, die ihn in die Welt der heimischen Folklore einführte.

schreibt das dem Einfluß von Russalkas und Hexen zu. Was führst du mich wie ein Irrlicht im Kreis, machst mich wirr, verstrickst mich im Dickicht der Erinnerung, ziehst mich fortwährend zu immer denselben Erinnerungen zurück?

Du orientiertest dich nach der Ausstrahlung. Augen und Ohren zum Erkennen von Farben und Lauten hattest du ja nicht. Manchmal schlüpftest du in jemanden hinein wie eine Katze in einen alten Pantoffel – und beobachtetest von dort die Welt.

Eines Tages wähltest du eine Schülerin, zogst sie dir über wie einen Overall. Durch ihre Nase und ihre Pupillen erfuhrst du, wie der Steinpilz riecht und wie rot die Vogelbeere ist. Du erlebtest die Welt unserer ursprünglichen Wahrnehmungen; sie waren für dich naiv und frisch wie Pirosmani. Diese Welt hat dir gefallen, sie machte dich in sie verliebt.

Alexander Kuschner

Rückkehr zu Puschkin

Leben mit Leningrad

1988

1936 in Leningrad geboren, arbeitete Kuschner zehn Jahre lang als Lehrer; 1962 erschien sein erster Gedichtband »Der erste Eindruck«. Seither veröffentlichte er vorwiegend Gedichte, von 1986 an auch essayistische Prosa, u. a. in der »Literaturnaja Gazeta«. »Unsichtbar, doch dennoch wirklich« beschrieb er in einem Gedicht 1973 »die Seele«: »kein Blutschweiß eines Kranken« sei sie, »kein Gespenst«. Schon 1971 hatte er in der Leningrader Zeitschrift »Avrora«, wo er häufig veröffentlichte, für die »Bekanntschaft mit Ausländern« geworben.

Natürlich gibt es sonnige Wintertage in Leningrad, und sommers ist hin und wieder ein Tag warm und wolkenlos; doch das typische Leningrader Wetter ist naßkalt, windig, regnerisch, neblig, eisig. Kaum gelingt es dem dämmerigen Wintertag, wirklich Tag zu werden, da geht er schon wieder über in Nacht. Das ist die Rechnung, die uns für die weißen Nächte im Sommer präsentiert wird. Lichtgetränkt und golddurchwirkt, phosphoreszierend, halb durchsichtig und feuchtblättrig können sie kaum Nacht werden, bevor es erneut tagt. »Dämmrung folgt auf Dämmrung hastig, in einer halben Stunde nur verstreicht die Nacht«, heißt es bei Puschkin.

Das Puschkinsche Petersburg ist zunächst einmal »die Stadt Peters«: streng und harmonisch, mit dunkelgrünen Gärten und prunkvollen Schlössern, mit im Sonnenschein blinkenden goldenen Turmspitzen (ihre glatten, lotrechten Linien und der sich flach ausdehnende städtische Raum brauchen die hügellose Landschaft), mit wachenden Löwen an den Auffahrten zu den Herrenhäusern und vielfarbigen fremdländischen Schiffsflaggen über den Weiten der Newa. Der Dichter selbst sitzt in meiner Vorstellung in seinem nächtlichen Zimmer, liest »ohne Lampenschein« und schaut hinaus auf »die Steinkolosse öder Straßen« und diese weiße Nacht wird nie enden, denn sie ist eine paradiesische Vision mit Uhrzeigern, die irgendwann gegen Viertel nach eins für immer stehengeblieben sind.

Doch gibt es in Puschkins Gedicht »Der eherne Reiter« auch ein anderes Petersburg: die tragische Stadt, die Stadt der entfesselten Naturgewalten, die finstere und grausame Stadt, die in den Wasserfluten versinkt.

Die Literatur des 19. Jahrhunderts nach Puschkin schilderte gerade diese finstere und tragische Seite der Stadt.

Bei Nikolai Nekrassow besteht Petersburg vor allem aus Regen und Matsch, aus Putz, der dem kleinen, zur Arbeit eilenden Beamten auf den Kopf fällt, aus Typhus und Fieber, Armut und Laster, aus dem von einem Trunkenbold geschundenen Pferd, aus Feuersbrünsten und Leichenwagen.

Dieser Blick auf Petersburg als eine kalte, bedrückende Stadt, als Sitz der staatlichen Macht war über mehrere Generationen fest im Bewußtsein der russischen Menschen verankert. Mit Bitterkeit und Unverständnis schrieb 1902 einer der führenden Mitglieder der Gruppe »Die Welt der Kunst«, Alexander Benois: »Interessanterweise ist die Auffassung, Petersburg sei häßlich, so sehr in unserer Gesellschaft verankert, daß in den letzten fünfzig Jahren kein Künstler sich von ihm hat inspirieren lassen, sondern diese ›unmalerische‹, ›kalte‹ ›Behörden‹-Stadt verschmähte ... Und von den großen Dichtern der zweiten Hälfte des 19. Jahrhunderts hat sie ebenfalls kein einziger verteidigt.«

Ja, und wie hätten sie die Stadt auch »verteidigen« können, war sie doch für diese Generationen das Sinnbild von Staatsmacht und Bürokratie im zaristischen Rußland, das Symbol von Autokratie, Erniedrigung und Verhöhnung der »kleinen« Leute?

Erst zu Beginn des 20. Jahrhunderts wurde in der Malerei und der Graphik in der aufklärerischen Arbeit der Gruppe »Die Welt der Kunst« und im poetischen Werk von Anna Achmatowa und Ossip Mandelstam die Stadt rehabilitiert. Sie erhielt ihre Farben und ihr Leben zurück, ihre Eleganz und Komponiertheit, ihre klassische Strenge und Größe. Ohne das Tragische zu vergessen, kehrte das zwanzigste Jahrhundert zu Puschkins vielschichtiger, mehrdeutiger und objektiver Auffassung und Sicht von Petersburg zurück.

Mir bedeutet diese Rückkehr zu Puschkin sehr viel. Im 20. Jahrhundert hatte die Stadt Leiden zu ertragen, die frühere Generationen sich nicht einmal im Traum ausmalten. Um so heftiger, nachdrücklicher und leidenschaftlicher ist der Wunsch des Menschen nach Liebe, um so hartnäckiger versucht er, die Kränkung zu überwinden. Der Geist des Bösen und der Verzagtheit rechnet mit unserer Trauer und Verzweiflung, er fürchtet nichts mehr als die Liebe zum Leben und die Menschlichkeit, die ihm einen Strich durch die Rechnung machen.

Die Schriftsteller des 19. Jahrhunderts ergriffen das Wort für die kleinen Leute, die selber mit den Worten nicht zurechtkamen. In unserem Jahrhundert haben es die kleinen Leute gelernt, für sich selber zu sprechen, sie haben sich den Zugang zum pulsierenden Wort, zu Prosa und Lyrik, erkämpft; Mitleid ist entwürdigend – sie wollen nicht bemitleidet werden.

Als 1941 der Krieg begann, war ich vier Jahre alt. Mein Vater kämpfte als Flotteningenieur in einem Pionierbataillon an der Leningrader Front. Meine Mutter und ich wurden nach Sysran an der Wolga evakuiert. Dort in Sysran, in den vier Jahren, die ich fern dieser Stadt verbrachte, wuchs Leningrad in meinem kindlichen Bewußtsein zu einem schwindelerregenden Traum, zu einer lockenden Fata Morgana. Nie sah ich es in Regen, Nebel oder Kälte vor mir, nie winterlich verschneit und dunkel, immer war es sonnig in meiner Erinnerung, festlich sauber, von einer sommerlichen Newabrise reingeleckt und beschattet von großblättrigen Ahorn- und Lindenbäumen, und auf den tosenden, feiertäglich blanken Straßen fuhren grellrote Straßenbahnen und spiegelblanke, schwarzlackierte Autos dahin. Offensichtlich ist dem kindlichen Bewußtsein die Puschkinsche harmonische und lichte Betrachtung der Welt näher. »Die Sonne der russischen Poesie« nannte, noch erschüttert von der Nachricht seines Todes, ein Zeitgenosse den Dichter.

Sicherlich unterschied ich mich schon damals, als fünf-, sechsjähriger Junge, in Sysran von den dortigen Kindern durch ein besonderes Leningrader Gepräge.

Petersburg ist die europäischste Stadt Rußlands; wer im letzten wie in diesem Jahrhundert ein eifriger Verfechter des altrussischen Lebens und der Idee von der nationalen Besonderheit Rußlands war oder ist, der macht dieser Stadt ihre unrussische Gestalt und ihren europäischen Geist zum Vorwurf; sie wurde immer wieder eine »deutsche Stadt« genannt.

Aber jede nationale Kultur hat ein weitverzweigtes Wurzelnetz, das in unterschiedlichste kulturelle Schichten der Welt reicht. So scheinen beim Moskauer Kreml beispielsweise nicht nur asiatische Spuren auf, die aus dem Osten zu uns gebracht wurden, sondern auch byzantinische, griechische und sogar italienische: Die Mariä-Himmelfahrts-Kathedrale wurde im 15. Jahrhundert von dem Florentiner Aristotele Fioravanti erbaut. Ossip Mandelstam hat es vortrefflich ausgedrückt:

»Und die fünfköpfigen Moskauer Kirchen
Mit ihrer russisch-italienischen Seele.«

Petersburg war immer eine internationale Stadt; neben einer russischen Mehrheit lebten hier Deutsche, Holländer, Schweden, Polen, Franzosen, Finnen, Juden, Armenier. Alle fühlten sich als Petersburger, als Russen.

In einer Anwandlung von staatlich verordnetem Patriotismus beschloß in Sysran im Kindergarten eine Erzieherin, eine Art Internationalismus-Stunde abzuhalten. »Kinder«, erklärte sie laut und feierlich, »in unserem Land leben unzählige Völker und Völkerschaften. Unter uns zum Beispiel gibt es viele Russen...« – es folgten die Namen einiger Kinder – »und Tataren...« – wieder die Namen – »und Ukrainer...« – noch einmal Namen – »und einen Juden gibt es auch.« Ich hörte meinen Namen: Alik Kuschner. »Er ist doch kein Jude«, schrien meine jungen Spielkameraden, »er ist doch Leningrader!«

So erfuhr ich zum ersten Mal, daß ich kein Russe bin, und weinend verlangte ich zu Hause von meiner Mutter Rechenschaft. Auch heute noch bin ich von meiner Nationalität nicht so recht überzeugt.

Ich denke, daß Afanasij Fet, den der plötzlich auftauchende Beweis seiner nichtrussischen Abstammung in den Kinderjahren traumatisierte, und Boris Pasternak und Ossip Mandelstam irgendwann in ihrem Leben Ähnliches durchlebten. Aber kann man denn ihr russisches Bewußtsein, ihre russische Seele, ihre russische Sprache, ihren russischen Vers bezweifeln?

Niemand hat die Nachtigallen aus dem Orjoler und Kursker Gebiet so besungen wie der »Jude« Afanasij Fet, niemand die Moskauer Wälder wie der »Jude« Boris Pasternak und niemand »Teer und Dotter« eines Petersburger Tages wie der »Jude« Ossip Mandelstam. Eine Leningrader Prägung dagegen existiert wirklich, das ist keine Erfindung. Zu den Zügen eines Leningraders gehört eine gewisse Düsternis – oder nein: eine strenge Konzentriertheit, die durch das Schlanke, Exakte und Gerade des Empirestils und in noch höherem Maße durch einen westlichen Wind geformt wird, der weniger vom Finnischen Meerbusen herüberweht, als sich vielmehr in der architektonischen Gestalt der ehemaligen Hauptstadt ausdrückt. Auch unterscheidet sich die Petersburger und Leningrader Lyrik von der Moskauer. Alexander Blok, Anna Achmatowa, Ossip Mandelstam sind streng, zurückhaltend, sehr klassisch, während die Moskauer Marina Zwetajewa oder Boris Pasternak bunt und überschwenglich emotional sind.

1944 kehrten wir nach Leningrad zurück. Ich hatte Glück. Wir trafen im Juni in der riesigen, halb leeren, sonnendurchfluteten Stadt ein. Zwar trugen ihre Häuser Tarnfarben und klafften im Mauerwerk zahlreiche Wunden, zwar gab es statt der Schaufensterscheiben Sperrholzbretter und waren in den öffentlichen Gärten Gemüsebeete angelegt, aber die Stadt enttäuschte mich nicht, sie hatte mich nicht betrogen, sondern löste noch am Ankunftstag eine Ergriffenheit in meiner ausgehungerten, von Krieg und Todesangst verschreckten Kinderseele aus wie kaum etwas anderes.

Wir wohnten in einem Haus am Bolschoj-Prospekt auf der Petrograder Seite. Diese wie mit einem harten Bleistift gezogene, schnurgerade und enge, schluchtartige Straße sieht mit ihren prunkvollen Jugendstilhäusern aus grauem Granit, deren Fassaden mit Blumengirlanden, mit Menschen- und Tierköpfen geschmückt sind, streng und feierlich aus.

Ein Kind, das zehn Jahre lang täglich auf einer solchen Straße zur Schule geht, wird unwillkürlich von dieser Schönheit und Komponiertheit geprägt. Architektur formt die menschliche Seele ebensosehr wie Literatur.

Das Haus Nummer 57 auf dem Bolschoj-Prospekt, in dem ich meine Kindheit verlebte, wurde vor dem Ersten Weltkrieg gebaut und ist ein typisches Jugendstilgebäude: fünfstöckig, die Fassade streng, der Eingang grottenhaft, die gußeisernen Geländer Blumenornamente bildend, im Vestibül ein Marmorkamin, die Fenster im Treppenhaus aus farbigem Glas – all dies schien mir keine Ausnahme, sondern die Regel zu sein: Ich war überzeugt, dies ist die Norm, und ein Haus sieht so aus. Unser Haus überstand die Revolution, den Bürgerkrieg, manchen Bewohnerwechsel, die Einquartierungen und die Überbelegung; und seinen eigenen Verfall – und zwar sowohl im objektiven, historischen Sinne des Wortes (als Folge von Revolution und Bürgerkrieg, die gekennzeichnet waren von Hunger, Epidemien, Heizstoffmangel und Lebensmittelknappheit) als auch in jenem tragikomischen Sinne, wie ihn der alte Professor aus Michail Bulgakows »Hundeherz« formulierte: »... wenn ich, statt allabendlich zu operieren, in meiner Wohnung einen Chorgesang anstimmen würde, stürzte nach und nach alles ein.«

Denn was das Haus gebraucht hätte, waren wirklich nicht all die Sitzungen und Versammlungen des Hauskomitees, sondern schlicht und einfach eine Reparatur – aber gerade dazu kam es nie.

Aber es sollte noch unvergleichlich grausameren Prüfungen unterzogen werden: Das Haus überlebte auch die Blockade mit ihren apokalyptischen Schrecken – den Bombenangriffen, Artilleriebeschüssen, berstenden Abwasserrohren, selbstgebastelten Kachel- und Kanonenöfen, die ihren Rauch direkt in die Zimmer bliesen, mit dem Holz, das auf dem Parkettfußboden gespalten wurde, mit den zerschlagenen Fensterscheiben, mit Hunger und Tod. Nach dem Trauma der Blockade kam Leningrad schrittweise wieder zu sich, lebte langsam auf. Schon im Sommer 1944 war es so weit aufgeräumt, daß man in der Stadt erneut leben konnte, auch wenn die Behelfsöfen weiterhin die Zimmer verunzierten und die Fahrstühle bestimmt noch zehn Jahre lang nicht funktionierten, auch wenn die Buntglasfenster, die da und dort noch erhalten geblieben waren, nicht wieder restauriert wurden und der Marmorkamin in der Eingangshalle schmutzig blieb und zusehends unter Kehricht verschwand, bis er schließlich abgetragen wurde.

In gewissem Sinne erinnert auch das ganze Erwachsenenleben eines Leningraders an die Empfindungen eines italienischen Bauern, der von Zeit zu Zeit aus dem Boden seines Weinbergs Reste einer antiken Skulptur, Überbleibsel eines Fassadenschmucks, ausgräbt, die er beim Bau eines Weinkellers oder einer Scheune verwendet: durchlöcherte Fassaden, zerstörte Balkone, verstümmelte Karyatiden mit klaffenden, im Innern hohlen athletischen Körpern, halb von der Decke abgebröckelte Stuckverzierungen in geteilten Räumen, Kachelöfen mit blinkenden Türen und Klappen, hie und da erhalten gebliebene bronzene Türgriffe . . .

20, 30, 40 Jahre Zerstörung stehen hinter tausendjährigem Vergessen nicht zurück. So sehen die Folgen sozialer Katastrophen aus. Sie unterscheiden sich kaum von den Einfällen der Barbaren, von Erdbeben, vom Ausbruch des Vesuvs.

Eine Generation, die auf den Trümmern einer alten Welt aufwuchs, weiß etwas vom Leben, das ihre glücklichen Altersgenossen in anderen Ländern nie erfahren werden. Vermutlich versteht mich deshalb der deutsche Leser eher als der amerikanische oder französische.

In der Wohnung Nr. 7 im vierten Stock, die ursprünglich für eine Familie mit mittlerem Einkommen gedacht war und acht Zimmer umfaßt (Diele, Wohn- und Eßzimmer, ein Raum für den Hausherrn, Schlaf- und Kinderzimmer, zwei Kammern für die Bediensteten), wohnten nach der Revolution sechs bis sieben Familien. Meine Eltern lebten auf 17 Quadratmetern zusammengepfercht; im angrenzenden Raum lebte meine Tante, die ältere Schwester meines Vaters. Sie arbeitete als Kinderärztin in einer Poliklinik und während der Blockade in einem Waisenhaus für Leningrader Kinder. Sie ist eine mutige und disziplinierte Frau, die das Leben nicht verwöhnte. Sich selbst gegenüber eisern und für andere Menschen die eigenen Kräfte nicht schonend – weder die physischen noch die psychischen –, überlebte sie die unmenschlichen Bedingungen der Blockade wohl am ehesten aufgrund ihrer hingebungsvollen und uneigennützigen Arbeit und aufgrund ihrer Güte, die lebensrettende Energie bedeutet. Obwohl sie in ihrem Zimmer fror, verheizte sie nicht mein einziges Spielzeug, ein holzscheitgroßes U-Boot. Sie erzählte, der Fund einer Flasche Lebertran, die ich aus Widerwillen gegen dieses Medikament irgendwann einmal heimlich unter den Schrank hatte rollen lassen, habe ihr geholfen.

Die meisten Mitbewohner waren Leningrader Angestelltenfamilien, aber es gab auch Arbeiter und einen Schlachtenmaler mit seiner Frau unter ihnen. Seine riesigen Gemälde standen, an die Wände gelehnt, im Flur, und wir Kinder flitzten wie Mäuse zwischen den Wänden und diesen Bildern hindurch oder versteckten uns dort, bis wir von Kopf bis Fuß eingestaubt waren. Die zwei größten Zimmer mit Blick auf den Bolschoj-Prospekt gehörten einem Mitarbeiter unserer Londoner Botschaft. 1937 oder 38 – man hatte ihn aus England zurückgerufen – erschoß er sich im Bad, nachdem er von seiner bevorstehenden Verhaftung erfahren hatte. Dort fand man in einem der Blockadewinter auch den Leichnam seiner Frau – und die halbverhungerten Nachbarn hatten nicht die Kraft, sie vom vierten Stock nach unten zu tragen. Später erzählte man uns, ihrer Tochter, meiner Spielkameradin, seien, als man sie über den Ladogasee aus der belagerten Stadt evakuierte, die Füße erfroren, und man habe sie ihr amputieren müssen. Ich möchte hier nicht eine Grausamkeit an die andere reihen, doch will ich auch nichts verschweigen. Dies ist Leningrader Schicksal in seiner allergewöhnlichsten, ganz alltäglichen Form. Deshalb muß man zu Klima und Landschaft – diesen beiden Summanden, die nach Marcel Proust den Menschen formen und gestalten – noch einen dritten hinzufügen: die Geschichte, deren grausames Wesen wir zunächst einmal, noch bevor wir in der Schule etwas darüber lernen, am eigenen Leib erfahren. Grausame, unerbittliche, blinde Geschichte ...

Und daß mein Vater nicht an der Front fiel, daß meine Tante die Blockade durchstand, daß Mutter und ich in der Evakuierung nicht umkamen, ist selbstverständlich traumhaftes Glück und eine märchenhafte Ausnahme von der Regel. Aber auch an uns ist das Unglück nicht spurlos vorübergezogen: Vor Nowgorod fiel der jüngere Bruder meines Vaters; bei Orscha in Weißrußland wurden Großmutter, die ältere Schwester meiner Mutter und deren Tochter zusammen mit anderen Juden ermordet.

Nicht meine persönliche Biographie schreibe ich hier; von der Stadt möchte ich erzählen und von dem Verhältnis, das die Leningrader zu ihr haben. Aber das Schicksal der Stadt ist so eng mit der Geschichte verwoben, daß man, sobald man von jener spricht, unwillkürlich auch von dieser zu erzählen beginnt. Und deshalb will ich noch hinzufügen, daß das entsetzliche heroische Schicksal der Stadt uns Leningrader zu Liebe und Mut erzog, zu Angst auch und zu Zurückhaltung beim Zeigen unserer Gefühle ... zu allem Möglichen, allerdings nicht zu Zynismus. Den hat es nie gegeben. Jedenfalls nicht in meiner Generation. Zu früh erfuhren wir, was Tod und nationales Unheil bedeuten, was Trennung, Mitleid, Güte. Ich denke, unsere Liebe zur Lyrik ist in hohem Maße mit dieser Erfahrung verknüpft, denn sie besitzt mehr Überzeugungskraft als alles andere auf der Welt, sie erzählt dem Menschen von der Möglichkeit des Glücks und davon, wie das Leben sich gestalten sollte, wie es in seinen besten Augenblicken ist.

Die russische Dichtung, die durch die namenlosen Leiden des 20. Jahrhunderts schritt, hat Skeptizismus und Zweifel eine Absage erteilt. Die Werte aufs Spiel zu setzen, leichtfertig zu behaupten, ein Leben sei nichts wert, hat sich als kleinmütiger Altväterglaube erwiesen. Zu viele Menschen – darunter zahllose Leningrader –, die in den Fängen der modernen Geschichte starben, würden nur allzu gern mit den Beschwerdeführern und Egoisten tauschen: Sie wüßten die Tage zu nutzen, sie wüßten, welches Glück die Wärme des heimischen Herds, ein Laib Brot, ein sauberes Bett, ein freundliches Lächeln und die wunderbare Stadt vor den Fenstern bedeuten. Ja – wunderbar, ungeachtet dessen, was man ihr antat. Ossip Mandelstam, unser Bester, faßte dieses neue, aus Leiden geborene Gefühl im mörderischen Jahr 1937 in Worte:

Nur ans Leben noch klammre ich mich,
Hassend die mächtigen listigen Wespen.

Und er war es auch, der wenige Jahre zuvor, 1931, über die leidgeprüfte Stadt schrieb:

Unverschämter nur machten sie Brände und Fröste:
Sie, selbstsüchtig, verflucht, voller Jugend, wüst.

So lieben wir sie auch: nicht mehr jung, aber »voller Jugend«. Als Tolstoj in »Krieg und Frieden« Napoleon beschreibt, wie dieser vom Poklonnaja-Berg auf Moskau schaut, heißt es: »Jeder Russe, der Moskau sieht, fühlt, daß diese Stadt die Mutter ist; jeder Fremde, der sie betrachtet, ohne ihre mütterliche Bedeutung zu kennen, muß ihren weiblichen Charakter spüren, und Napoleon spürte ihn.«

Petersburg-Leningrad aber hat eine männliche Seele. [...]

Der Leningrader liebt seine Stadt, und es ist eine Liebe fürs Leben. [...]

Wer sagt, Leningrad sei häßlich und trübselig im Winter? Schaut nur, welch weichen Daunenüberzug der Schnee auf Granitgeländer und Gußeisengriffe geweht hat, welch schwanenweiße Pelzmütze der dümmlich dreinschauende Stuckdrache tief in die Stirn gezogen hat ...

Die Bäume haben schon längst ihre Blätter verloren, doch wieviel nie vermoderndes Blattwerk aus Gußeisen, wie viele unausrottbare wilde Blumenranken und Blüten wachsen überall auf Fassaden, Umzäunungen, Laternen ... Ich fürchte überschäumendes Pathos, einen sentimentalen Ton, das zungenbrecherisch überstürzte Herunterrasseln des Schönen. Ich müßte mich schämen dafür.

»Sonnenleere finstre Gärten
Medusens Stimme kaum zu hören.«

Nein, nirgendwo lassen sich Verse so schreiben wie in dieser Stadt.

JOSIF BRODSKIJ

»Es beginnt mit der ersten Lüge«

1987

1940 in Leningrad geboren, begann Brodskij mit Gedichten und Übersetzungen. 1964 wegen »Parasitentums« zu Zwangsarbeit verurteilt, setzten sich Anna Achmatowa und Konstantin Paustowskij für ihn ein, so daß er nach eineinhalb Jahren freigelassen wurde. 1972 gezwungen, seine Heimat ›als Jude‹ zu verlassen, lebt er seither in den USA. Nobelpreis 1987. Werke: »Einem alten Architekten in Rom« (1970), »Römische Elegien« (1985), »Erinnerungen an Leningrad« (1987), »Marmor« (1988), »Flucht aus Byzanz« (1988).

Die eigentliche Geschichte des Bewußtseins beginnt mit der ersten Lüge. Zufällig erinnere ich mich noch an meine. Es war in einer Schulbibliothek, als ich einen Mitgliedsantrag ausfüllen sollte. Zeile fünf war natürlich »Nationalität«. Ich war sieben Jahre alt und wußte sehr wohl, daß ich Jude war, aber der Aufsicht erzählte ich, ich wisse es nicht. Mit zweifelhafter Munterkeit schlug sie mir vor, nach Hause zu gehen und meine Eltern zu fragen. Ich habe diese Bibliothek nie wieder betreten, obwohl ich bei vielen anderen Mitglied wurde, die die gleichen Antragsformulare hatten. Weder schämte ich mich, Jude zu sein, noch scheute ich mich, das zuzugeben. Im Klassenbuch standen unsere Namen, die Namen unserer Eltern, Anschriften und Nationalitäten in aller Ausführlichkeit, und von Zeit zu Zeit pflegten die Lehrer es während der Pause »versehentlich« auf dem Pult liegenzulassen. Und wir fielen dann wie die Geier darüber her; so daß jeder in meiner Klasse wußte, daß ich Jude war. Aber siebenjährige Jungen geben keine guten Antisemiten ab. Außerdem war ich ziemlich kräftig für mein Alter, und auf die Fäuste kam es zu der Zeit hauptsächlich an. Ich schämte mich über das Wort »Jude« – auf russisch »Jewrej« –, ungeachtet seiner Konnotationen.

Das Schicksal eines Worts hängt ab von seiner kontextuellen Vielfalt, von der Häufigkeit seines Gebrauchs. Im gedruckten Russisch kommt »Jewrej« fast so selten vor wie etwa »Mediastinum« oder »Lichthaube« im Deutschen. Ja, sein Stellenwert entspricht etwa dem einer Obszönität oder der Vulgärbezeichnung einer Geschlechtskrankheit. Wenn man sieben ist, reicht der eigene Wortschatz aus, um die Seltenheit dieses Wortes zu erkennen, und es ist äußerst unangenehm, sich mit ihm identifizieren zu müssen; irgendwie geht es einem gegen das Prosodiegefühl. Ich weiß noch, daß mir bei dem aus dem Jiddischen entlehnten russischen Schimpfwort »Shid« (ausgesprochen etwa wie André Gide) immer erheblich wohler war: es war eindeutig beleidigend und dadurch nichtssagend, nicht mit Anspielungen befrachtet. Ein Einsilber hat im Russischen kaum Schlagkraft. Aber wenn Suffixe dazukommen oder sonstige Endungen oder Präfixe – dann fliegen die Fetzen. All dies soll nicht heißen, daß ich in jenem zarten Alter darunter litt, Jude zu sein; es soll nur besagen, daß meine erste Lüge meine Identität betraf.

Um den Antisemitismus als solchen kümmerte ich mich nicht sehr, da er zumeist von seiten der Lehrer kam: er schien Teil ihrer negativen Rolle in unserem Leben zu sein; man mußte damit fertig werden wie mit schlechten Noten. Wäre ich Katholik gewesen, hätte ich die meisten von ihnen zur Hölle gewünscht. Schon wahr, einige Lehrer waren besser als andere; aber da sie alle Herren unseres unmittelbaren Lebens waren, machten wir uns nicht die Mühe zu differenzieren. Auch sie versuchten nicht, zwischen ihren kleinen Sklaven zu unterscheiden, und selbst die glühendsten antisemitischen Äußerungen hatten einen Anstrich von unpersönlicher Trägheit. Irgendwie bin ich nie fähig gewesen, einen verbalen Angriff auf mich ernst zu nehmen, schon gar nicht von Leuten so grundverschiedenen Alters. Ich schätze, die Schmähreden, die meine Eltern mir entgegenzuschleudern pflegten, hatten mich sehr gut eingestimmt. Außerdem waren einige Lehrer selber Juden, und ich fürchtete sie nicht weniger als die reinrassigen Russen.

Dies ist nur ein Beispiel für das Zurichten des Ichs, das, zugleich mit der Sprache, in der Verben und Substantive so freizügig die Plätze tauschen, wie man es ihnen zutraut, ein so übermächtiges Gefühl von Ambivalenz in uns erzeugte, daß wir nach zehn Jahren schließlich mit einer Willensstärke dastanden, die in keiner Weise der von Seetang überlegen war. Vier Jahre Militärdienst (zu dem die jungen Männer mit neunzehn eingezogen wurden) vervollständigten den Prozeß totaler Unterwerfung unter den Staat. Gehorsam wurde zur ersten wie zur zweiten Natur.

Wenn man Köpfchen hatte, konnte man sicherlich versuchen, das System durch Ersinnen aller möglichen Umwege auszutricksen, durch Arrangieren dunkler Geschäfte mit den Vorgesetzten, haufenweises Lügen und durch das Ziehen an den Fäden irgendwelcher semi-nepotischen Beziehungen. Das wurde dann zu einer Ganztagsbeschäftigung. Dennoch war man sich ständig dessen bewußt, daß das Gespinst, das man um sich gezogen hatte, ein Lügengespinst war, und trotz seines Erfolgs oder auch trotz seines Sinns für Humor verachtete man sich. Das ist der letztendliche Triumph des Systems: ob man dafür oder dagegen ist, man fühlt sich gleichermaßen schuldig. Die Volksmeinung ist – wie das Sprichwort besagt –, daß es kein Übel gibt ohne ein Körnchen Gutes darin, und umgekehrt vermutlich auch.

Ambivalenz ist, glaube ich, das Hauptmerkmal meiner Nation. Es gibt keinen russischen Henker, der sich nicht davor fürchtet, eines Tages Opfer zu werden, und kein Opfer, auch nicht das bemitleidenswerteste, das sich nicht (wenn auch nur insgeheim) die geistige Fähigkeit eingestehen würde, Henker zu werden. Unsere derzeitige Geschichte kennt genug Beispiele für beides. Darin liegt eine gewisse Weisheit. Man könnte sogar meinen, diese Ambivalenz *sei* Weisheit, das Leben selbst weder gut noch schlecht, sondern willkürlich. Vielleicht legt unsere Literatur solchen Nachdruck auf die Sache des Guten, weil sie so stark angefochten wird. Wäre dieser Nachdruck bloßes Zwiedenken, wäre das schön; aber er zerrt an den Instinkten. Diese Sorte Ambivalenz ist, glaube ich, genau jene »segensreiche Neuerung«, die der Osten, der sonst nur wenig zu bieten hat, dem Rest der Welt im Begriff ist aufzudrängen. Und die Welt sieht aus, als sei sie reif dafür. [...]

Und so stand ich eines Wintermorgens ohne ersichtlichen Grund mitten im Unterricht auf und nahm meinen melodramatischen Abgang durch das Schultor, im klaren Bewußtsein dessen, daß ich nie wiederkommen würde.

Alexander Solschenizyn

Jessenins Heimat

1965

1918 in Kislowodsk geboren, wurde Solschenizyn 1945 verhaftet und 1953 zur ›ewigen Verbannung‹ nach Kasachstan aus dem Lager entlassen. 1956 Rehabilitierung. »Ein Tag aus dem Leben des Iwan Denissowitsch« erschien 1962 in der Zeitschrift »Novyj Mir«; dort konnte er bis 1965 des weiteren veröffentlichen: »Matrjonnas Hof«, »Im Interesse der Sache« und zwei andere Erzählungen. Anschließend durfte in seiner Heimat nichts mehr von ihm gedruckt werden. 1969 Ausschluß aus dem Schriftstellerverband. 1970 Nobelpreis; 1974 wurde er gewaltsam außer Landes gebracht – in die Bundesrepublik Deutschland. Seit 1976 lebt er in den USA. Werke: »Krebsstation« (1967), »Der erste Kreis der Hölle« (1968), »Archipel Gulag« (1973–75). 1989 entstand in seiner Heimat ein öffentlicher Disput über mögliche Rückkehr und Veröffentlichung; im Juni konnte die Zeitschrift »Ogonjok« dann als erste eine Erzählung wieder publizieren. Kurz darauf wurde Solschenizyn wieder in den sowjetischen Schriftstellerverband aufgenommen.

Vier Dörfer ziehen sich eines nach dem anderen gleichförmig an der Straße entlang. Gärten gibt es nicht. Auch kein Wald ist in der Nähe. Verkommene kleine Vorgärten. Hier und da grellfarbige Fensterverkleidungen. Ein gewichtiges, hoheitsvolles Schwein schabt sich mitten auf der Straße an einer Wasserpumpe. Die in gemächlicher Karawane einhermarschierenden Gänse drehen sich alle gleichzeitig in der Richtung des vorübersausenden Schattens eines Radfahrers um und schikken ihm gemeinsam einen kriegerischen Ruf nach. Emsige Hühner kratzen auf der Straße und in den Gärten auf der Suche nach Futter.

Einem schäbigen Hühnerhaus gleicht die Verkaufsbude des Dorfes Konstantinowo. Heringe, alle erdenklichen Sorten; Bonbons, zusammengeklebte kleine Kissen, wie man sie seit fünfzehn Jahren nirgends mehr ißt. Dunkle Brotlaibe, wie Pflastersteine, doppelt so schwer als in der Stadt, denen man nicht mit dem Messer, sondern mit der Axt zu Leibe rücken muß.

Die Hütte der Jessenins hat ärmliche Trennwände, die bis zur Decke nicht reichen – winzige Zimmer, Käfige, von denen man keinen als Zimmer bezeichnen kann. Im Gemüsegarten steht ein verwitterter kleiner Schuppen. Auch ein kleines Dampfbad war früher da. Hierher, in diese Dunkelheit, stahl sich Sergej und schrieb seine ersten Verse. Jenseits des Gatters liegt ein gewöhnliches kleines Feld.

Ich gehe durch dieses Dorf, wie es deren viele gibt, in denen heute noch die Gedanken aller Einwohner auf Broterwerb, Geldverdienst und Ehrgeiz vor den Nachbarn gerichtet sind, und bin erregt: ein himmlisches Feuer versengte einst diese Gegend, und noch heute spüre ich es an diesem Ort auf meinen Wangen brennen. Ich trete auf den Hang an der Oka, blicke in die Weite und staune: kann man denn von diesem dunklen, fernen Streifen dürftigen Waldes so rätselvoll sagen: »Im Forst hört man den Klang der schluchzenden Auerhähne…«, und von der in ruhigen Windungen durch die Wiese fließenden Oka: »Sonnengarben im tiefen Wasser?«

Welch eine geballte Begabung warf der Schöpfer hierher, in diese Hütte, in dieses Herz eines rauflustigen Bauernburschen, damit er voll Ergriffenheit so reichen Stoff an Schönheit fand – am Ofen, auf der Tenne, hinter dem Dorf – einer Schönheit, die Tausende von Jahren getreten und nicht bemerkt wird!

Valentin Rasputin

Sibirien ohne Romantik

1984

1937 im Gebiet von Irkutsk geboren, nach Journalistentätigkeit seit 1966 freischaffender Schriftsteller: Erzählungen, Romane, u. a. »Abschied von Matjora« (1976, verfilmt). Rasputin gehört zu den engagierten Verteidigern der Dorfkultur. Als er 1987 den »Großen Staatspreis« erhielt, bekannte er sich zu seinem »Paradox«: »Die Sache ist doch die: für den Wissenschaftler ist wichtig das Resultat seiner Forschungen, für den Künstler aber der Zweifel unterwegs beim Erreichen eines Resultats, wenn er überhaupt ein solches erzielt.« In seinem Essay über den »Bajkal-See« (1981) stellte er das »seelenlose« Verhalten des Menschen der »angeblich gleichmütigen Natur« gegenüber. Eine seiner Überzeugungen lautet: »Die Natur ist von sich aus immer moralisch, unmoralisch kann sie nur der Mensch machen.« In einem umfangreichen Referat (Literaturnaja Gazeta, 25. 1. 1989) setzte er »Vaterlandsverteidigung« und »Umweltschutz« gleich und schlug vor, den »Teufelskreis des Papierverbrauchs« bei der »Papierverschwendung der Bürokratie« zu durchbrechen.

Das Wort Sibirien – und weniger das Wort als vielmehr der Begriff – klingt schon lange wie eine Sturmglocke, die von etwas Unbestimmtem, Mächtigem kündet, das bevorsteht. [...] Im achtzehnten Jahrhundert hieß es: Sibirien ist unser Peru und Mexiko. Im neunzehnten: Das sind unsere Vereinigten Staaten. Im zwanzigsten: Sibirien ist eine kolossale Energiequelle, ein Land unbegrenzter Möglichkeiten. [...] Das Wort Sibirien ist noch immer nicht gedeutet, seine genaue etymologische Erklärung noch nicht gefunden. [...] Für uns, für diejenigen, die in Sibirien geboren sind und hier leben, ist es das teuerste und vertrauteste Land der Welt, unsere Heimat, die wie jede Heimat der Liebe und des Schutzes bedarf – des Schutzes vielleicht mehr als jedes andere Land, weil es hier bis jetzt noch etwas zu schützen gibt. Was andere an Sibirien erschreckt, sind wir nicht nur gewohnt, wir brauchen es: Für uns atmet es sich leichter, wenn im Winter Frost herrscht und nicht Tauwetter; die unberührte, wilde Taiga wirkt beruhigend auf uns, nicht beängstigend: die unermeßlichen Weiten und mächtigen Ströme haben unsere freie, eigensinnige Seele geformt. [...]

Im Grunde könnte die Menschheit, wenn sie auf Sibirien und noch ein paar bislang geschützte Gebiete baut, ein neues Leben beginnen. So oder so wird sie sehr bald fundamentale Probleme zu lösen haben, falls sie fortzubestehen gedenkt: Was atmen wir, was trinken und was essen wir, und wie, zu welchen Zwecken gebrauchen wir unseren Menschenverstand? Der Planet Erde gründet sich immer mehr auf diese vier Pfeiler, von denen heute nicht einer als zuverlässig gelten kann. Wenn das Wort Sibirien in seinem ursprünglichen Sinn nicht »Rettung« bedeutet, könnte es ein Synonym für Rettung werden. Dann würde sich die im Vergleich zu Nordamerika verzögerte Kolonisierung Sibiriens, die man dem alten Rußland lange zum Vorwurf gemacht hat, als großer Vorteil erweisen, und dann hätte der russische Mensch Grund genug zu der Annahme, einen beträchtlichen Teil seiner Bestimmung auf der Erde erfüllt zu haben. [...]

Sicherlich ist der Sibirier, hervorgegangen aus der Verbindung von slawischem Ungestüm und slawischer Spontanität mit asiatischer Natürlichkeit und Introvertiertheit, als Charakter nicht zu etwas gänzlich Andersartigem geworden, wohl aber hat er solche unverkennbaren – angenehmen wie unangenehmen – Eigenschaften angenommen wie eine scharfe Beobachtungsgabe, ein waches Selbstwertgefühl, das nichts Aufgezwungenes und Fremdes akzeptiert, die unerklärliche Fähigkeit zum Stimmungswechsel und die Fähigkeit dazu, sich in sich selbst, in unbekannte innere Regionen zurückzuziehen, Besessenheit bei der Arbeit, im Wechsel mit Einbrüchen lähmender Untätigkeit, sowie eine mit Güte gepaarte Schläue, die ihm aber so deutlich anzumerken ist, daß sie keinerlei Nutzen bringen kann. Das alles ist vielleicht noch nicht abgerundet, in allem sind zwei Seiten zu erkennen, die noch kein geschlossenes Ganzes bilden – die Natur braucht offenbar mehr Zeit, als sie hatte, um das Begonnene zu Ende zu führen, aber man sieht, daß sie hier mit Vergnügen am Werk ist. [...]

In Sibirien war immer ein großes Kommen und Gehen. Es gab Zeiten, da ähnelte es einem Durchgangshof – und die Leute benahmen sich auch wie auf einem Durchgangshof. Das ist in starkem Maße bis heute so geblieben. Die Tausende und Abertausende, die in ununterbrochenen Brandungswogen auf den sibirischen Großbaustellen anrollen, mit dem für Brandungen geziemenden Getöse, mit Musik und beeindruckender Gewalt, verschwinden nach ein paar Jahren leise und unbemerkt – als versickerten sie im Sand. [...]

Daß es sich in Sibirien nicht leicht lebt, versteht sich. Sein Klima, das in den letzten Jahrzehnten launischer geworden ist und immer wieder mit Überraschungen aufwartet, wie mit Tauwetter zu Neujahr oder Winterschnee im Juni, ist kaum milder geworden. Dieses rauhe und unwirtliche Klima hat an Kolonisten und alle möglichen Bezwinger seit jeher strenge Auswahlkriterien angelegt. Um sich hier einzuleben und Fuß zu fassen, braucht man Sibiriergeist: keinen Strohfeuerelan, sondern stetes Gefaßtsein auf Überraschungen und Unannehmlichkeiten aller Art und die Fähigkeit, sie ohne unnötigen Kraftaufwand zu meistern. Dieser Geist braucht nicht unbedingt in Sibirien zu entstehen, er kann sich überall entwickeln, aber er muß Sibirien entsprechen, als begleitendes Agens in seine Atmosphäre eingehen. [...]

›Ob Gott dieses Land nicht erst ganz am Ende seiner Schöpfung, als ihm am Menschen Zweifel kamen, zu Sibirien gemodelt hat‹, mochte der Sibirier damals mit wehmütigem Stolz gedacht haben, wenn er von seinem Feld aus die sich vor ihm ausbreitenden unwirtlichen Weiten betrachtete.

Man denke sich zu seinen Leiden in der Vergangenheit noch ein weiteres hinzu: die Vagabunden. Bekanntlich war Sibirien das Land der Zwangsarbeit und Verbannung, in das man aus dem ganzen riesigen Imperium mit seiner unzureichenden Rechtsordnung für jedwede Vergehen, große wie kleine, Menschen deportierte, was für das dünnbesiedelte Gebiet angeblich von Nutzen sein sollte. Aus unerfindlichen Gründen herrscht heute die Meinung vor (vermutlich aufgrund von Erinnerungen, die Kriminelle nicht aufschreiben), es seien fast nur politische Verbannte hierher geschickt worden. Mit den politischen Verbannten, von den Dekabristen und den polnischen Aufständischen bis zu den Marxisten und Bolschewiki, hat Sibirien übrigens Glück gehabt, auch wenn diese selbst das natürlich nicht als Glück für sich empfanden. Doch Gutes bleibt Gutes, unter welchen Umständen es auch geschieht, und unserem damals rückständigen und wenig erforschten Land hat ihr Wirken in Wissenschaft, Kultur und einfach schon in moralisch-erzieherischer und persönlichkeitsbildender Hinsicht enormen Gewinn gebracht. [...]

Jedem von uns ist seine Heimat lieb, und damit haben wir eine weitere Eigenschaft des Sibiriers: seinen glühenden Lokalpatriotismus. Aber hier geht es nicht um lokale Meinungen, sondern um eine möglichst unvoreingenommene Gesamtsicht auf Sibirien als ein Land, das die Natur erschuf. [...]

Am meisten aber prägte den Charakter des Sibiriers Sibirien selbst – das Land, die Welt, in der er lebte und deren Luft er atmete, die Heimat, die ihn geboren hatte und ihn erhielt. [...]

Wichtig ist auch, daß es hier nie Leibeigenschaft gegeben hat, die auf dem Menschen physisch und moralisch lastete, ihm die Selbständigkeit nahm und seine Einstellung zur Arbeit und zum Leben überhaupt depressiv beeinflußte. Der Sibirier war es gewohnt, sich auf sich selbst zu verlassen. Land war genug da; man konnte sich nehmen und bearbeiten, soviel man wollte und konnte. Das in den Städten drückende Joch der Administration erreichte das Dorf nur in abgeschwächten Verordnungen, und der erfahrene Bauer beeilte sich nicht sie auszuführen. Das russische Sprichwort: »Vertrau auf Gott, aber schieß selbst keinen Bock«, hatte hier einen direkten und praktischen Sinn. Tatsächlich neigte der Sibirier nie zu Beschaulichkeit und Frömmigkeit (ausgenommen die Raskolniki, versteht sich), nüchterner

Verstand dominierte bei ihm über das Gefühl, aber nicht aus Gewinnsucht, sondern aus der ererbten Veranlagung des Alteingesessenen. [...]

In jedem geistig entwickelten Menschen sind die Züge seiner Heimat lebendig. Unbewußt tragen wir Kiews Altehrwürdigkeit, Nowgorods Größe, Rjasans Schmerz, die Heiligkeit der Einsiedelei von Optina und die Unsterblichkeit von Jasnaja Poljana und Staraja Russa in uns. Gleich dem brennenden Dornbusch leuchten in uns die Merkmale unserer Siege und Niederlagen. In diesem Sinn empfinden wir Sibirien längst als eine Realität der Zukunft, als sichere, nahe Stufe einer bevorstehenden Erhöhung.

JEWGENIJ JEWTUSCHENKO

»Unsere Kunst des Duldens«

1988

1933 in Sibirien geboren, hat Jewtuschenko mit seinen Gedichten Millionenauflagen in der Sowjetunion erreicht und mit provozierenden Versen immer wieder kommunistisches Selbstverständnis in Frage gestellt. Stets loyal der Regierungsform gegenüber, hat er innerhalb dieses Systems unbequeme Wahrheiten ausgesprochen – u. a. über die »Nachfolger Stalins«. Seine nur im Westen veröffentlichte »Autobiographie« brachte ihm in der Heimat 1963 heftige Angriffe ein – gleichwohl konnte er immer publizieren. Bei aller Kritik ließ es Jewtuschenko nie auf einen Bruch mit dem eigenen Land ankommen, und er ist sich seiner bevorzugten Sonderstellung (etwa bei Auslandsreisen) bewußt. Vor dem Hintergrund seiner ›Mischung‹ aus Kritik und Rücksichtnahme wirken seine erst seit 1986 geschriebenen Essays freier, vorbehaltloser. Der folgende Text erschien auf einer ganzen Seite der »Literaturnaja Gazeta« (11. 5. 1988). Das Wort »Priterpelost'« gehört zum Wortstamm »Terpenie«: Geduld.

Priterpelost'« – Ich entsinne mich nicht, wann und von wem ich zum ersten Mal dieses russische Wort gehört habe: mit seinem geradezu tragischen Inhalt. Doch kürzlich rief sich dieses Wort wieder nachdrücklich in Erinnerung.

»Entschuldigen Sie bitte das Geschenkchen, Jewgenij Aleksandrowitsch, aber in den heutigen Zeiten ist es eine Kostbarkeit...« So sprach eine entfernte Verwandte meiner Familienangehörigen neulich und stellte dabei auf den Festtisch zum Ersten Mai ein Päckchen Zucker, der schon beinahe ausgegangen war. Das geschah im einundsiebzigsten Jahr der Sowjetmacht, ein paar Jahre nach dem vierzigsten Jubiläum des Kriegsendes! Und plötzlich begriff ich, wie ich mich freute – es war die kleine, die alltägliche, die raubtierhafte Freude, etwas bekommen zu haben; eine Freude, die sich für viele von uns zu einer vollwertigen Freude entwickelt hat, eine Art elementarer Daseinsfreude. Und die Frau, die mir den Zucker geschenkt hatte, seufzte: »Tja, dazu haben wir nun gelebt... Und Schuld daran ist unsere verfluchte Kunst zu dulden...«

Noch genauer kann man die Sachlage nicht beschreiben.

Im Wörterbuch von Dal' gibt es das Wort »priterpelost'« nicht – dort wird nur ein Verbum angeführt in einer Redewendung: »Beim Schmied hat sich die Hand ans Feuer gewöhnt.« Hier ist im Wortsinn klar und eindeutig eine Achtung vor dem Erdulden ausgedrückt. Wenn nun aber eine Frau eine andere fragt: »Na, wie ist's bei dir mit dem Mann? Säuft und schlägt er?«, und wenn die andere dann mit gesenkten Augen antwortet: »Naja, macht nichts, hab mich dran gewöhnt« – dann steckt in einer solchen Antwort überhaupt keine Achtung dem eigenen Erdulden gegenüber, sondern es ist der vollkommene und gewissermaßen auf gar nichts mehr hoffende Ausdruck einer Ausweglosigkeit, die alle Kraft an die Gewohnheit bindet.

Es gibt ein Dulden, das es wert ist, daß man es achtet – ich denke an die Kunst des Erduldens bei Frauen, wenn sie unter Schmerzen gebären, ich denke an das Erdulden, wenn man wahrhaft bei der Arbeit schuftet, an das Dulden jener, die der Wahrheit wegen beleidigt werden, an das Dulden der Gefolterten, die ihrer Freunde Namen nicht verraten... Daneben aber gibt es ein Dulden, das sinnlos und erniedrigend ist. [...] Schlimm ist es, wenn das Nicht-mehr-achten-Können des eigenen Duldens sich zu einem abgestumpften Schlucken von allem wandelt. Wo ist da noch Selbstachtung? Tja, und wie kann man sich selbst achten, wenn wir tagtäglich diese Mißachtung, die uns allen gilt, hinnehmen? Jede Schlange, jedes Defizit ist auch eine Mißachtung der Gesellschaft – sich selbst gegenüber.

Wir sind ja gewohnt, die Mängel der Gesellschaft als Schuld den anderen in die Schuhe zu schieben; sehr häufig ist dann ›der

Staat‹ der Schuldige. Gott sei Dank sind wir inzwischen aber so weit, nicht mehr nur von der persönlichen Schuld Stalins zu sprechen, sondern auch von der Schuld seiner allernächsten Umgebung an den Verbrechen gegen das Volk. Ich bin zwar kein Freund jener geradezu panischen und übereiligen Umbenennungen von allen Städten und Straßen – zum Zeichen öffentlicher Reinigung –, gleichwohl leuchtet mir aber nicht ein, warum man bislang an der Leningrader Universität nicht die Aufschrift »Schdanow-Universität« beseitigt hat, denn Schdanow war es ja, der zwei große Leningrader beleidigt hat: Anna Achmatowa und Michail Soschtschenko. [...] Doch versuchen wir, aufrichtig zu bleiben: Es war ja nicht nur der ›regierende Haufen‹ schuld, sondern das Volk selber, das erlaubte, daß man mit ihm machte, was jener Haufen wollte. Verbrechen erlauben, ermöglichen – das bedeutet auch ihr Teilnehmer zu sein. Und wir sind ja ›historisch gesehen‹ daran gewöhnt, derlei zu erlauben – wir haben das Schlucken zur zweiten Natur gemacht. Und wenn wir das alles schlucken, wie beispielsweise die Bürokratie – dann geschieht's uns ganz recht. In Dals Wörterbuch heißt es, daß eine Bedeutung des Verbums »terpet'«, des Duldens also, auch heißt: ›allzu große Nachsicht üben, nicht einschreiten, etwas durchgehen lassen‹. Also steckt in diesem Wort »Priterpelost'« auch die Fähigkeit der falschen Nachsicht, und damit auch die Mittäterschaft. [...]

Demnach wird auch »Perestrojka« so werden, wie wir selbst werden. Sind wir nur halbherzig dabei, dann wird's eben nur eine Halb-Perestrojka. [...] Und was das Verhältnis zur »Perestrojka« anbelangt, so bin ich in diesem Fall kein Parteiloser – ich bin sozusagen in der ›Perestrojka-Partei‹ [...] Zwischen den Pro-Perestrojka-Leuten und den Anti-Perestrojka-Leuten gibt es, leider, eine gar nicht so kleine Gruppe von Leuten, die ich am liebsten die ›Mauler‹ nennen möchte: Das sind diejenigen, die andauernd maulen, daß es grade keinen Zucker oder sonst was gibt, aber zur gleichen Zeit rühren sie keinen Finger und schauen gleichgültig zu, wie man der Perestrojka den Garaus machen will. Diese Mauler wollen eigentlich nichts anderes als nur eine Verbesserung des Lebensstandards – wenn man aber den Lebensstandard, das Gefühl, ein Staatsbürger zu sein, allein auf Fragen des Lebensstandards reduziert, dann gleicht das Leben bloß noch einem Freßtrog, aus dem nicht mal mehr die Säue schlabbern mögen. Man muß endlich überall kapieren, daß es keine getrennten Bereiche der Perestrojka geben kann, daß man sie nicht aufteilen kann in materielle und politische Bereiche. [...] Deshalb darf man es nicht mehr zulassen, daß wir unsere alte Kunst des Duldens weiterhin dulden. Diese geradezu mythische Verklärung unserer Kunst des Duldens ist die Hauptbremse der »Perestrojka«. [...] Die Kunst dieses Duldens ist nämlich auch eine Kapitulation vor den »Abgründen der Erniedrigung«. [...] Zu eben diesem »Abgrund der Erniedrigung« hat sich unser alltägliches Leben verkehrt. Zu allererst erniedrigen wir uns, um eine Wohnung zu bekommen. Schließlich bekommen wir die Zuzugsgenehmigung, und dann zahlen wir für den erniedrigenden Zustand der Wohnung, wenn wir die nicht durchgeführte Instandsetzung sehen. Wir erniedrigen uns selbst im Dschungel der Warenhausdinge, auf der Jagd nach einem jugoslawischen Lampenschirm oder einem rumänischen Klappbett. [...] Überall erniedrigen wir uns selbst: in Kaufhäusern, beim Friseur, in Reinigungen und Reparaturwerkstätten, in Restaurants, an den Kassen von Theatern und Flugbüros. [...] Manchmal scheint's, als ob in unserem Lande alle Leute nur Knechte in der Sphäre der Bedienung seien.

Erniedrigend ist es, daß wir uns bisher nicht einmal selbst ernähren können – Brot, Fleisch, Butter, Obst und Gemüse müssen vom Ausland importiert werden. Unser Bezugsscheinsystem in vielen Bereichen ist eine einzige Peinlichkeit.

Erniedrigend ist es, daß wir uns bislang nicht selber ausreichend bekleiden können. [...] Die Kleidung von vielen von uns gleicht einem Geographieatlas. Da retten uns auch alle »Cardains« und »Burdas« nicht.

Erniedrigend ist der Mangel an Medikamenten bislang. [...]

Erniedrigend ist der Mangel an Büchern – und das ist ein Verrat am menschlichen Geist.

Erniedrigend ist der Mangel an Computern – auch das ein Verrat: am zeitgenössischen technologischen Denken.

Erniedrigend ist ebenso das System der Beschränkung auf bestimmte Wohnorte – wiewohl die Verfassung einem jeden den freien Umzug garantiert. Unter dem Aspekt der geographischen Ungleichheit ist eine solche Beschränkung natürlich auch ein ›Segen‹: da man nicht überall gleichermaßen Wohnungen zur Verfügung stellen kann – da wäre Moskau schon längst zur 20-Millionen-Stadt geworden.

Erniedrigend ist auch die der Verfassung nicht konforme Frage der Auslandsreisen, ungeachtet aller Beteuerungen und Vereinfachungen. Allen, die ausreisen wollen, soll man die

Türen weit aufmachen – mit einer Ausnahme nur: Geheimnisträgern. Die Leute festhalten – auch das ist erniedrigend. Und es besteht kein Grund, sämtliche Ausreisewilligen zu Feinden zu erklären! [...] Warum gibt man nicht allen Bürgern der UdSSR einen sowjetischen Auslandspaß mit einem Vermerk, von, sagen wir, drei Jahren, der das Recht zubilligt, ständig zu verreisen – sei es auf Dienstreise, als Tourist oder einfach auf eine Einladung hin...

Das Schlimmste an all diesen Tatsachen ist, daß wir, die Erniedrigten, auf irgendeine Weise, unter dem Aspekt der alltäglichen Kompensation, die anderen mit erniedrigen. Andere erniedrigen – das gleicht dem schlimmsten Aspekt von Rauschgiftsucht.

Und so bedeutet »Glasnost'« den Kampf gegen die Krankheit der Erniedrigung. [...]

Der Eiserne Vorhang zwischen Ost und West gab unserem Land lange Jahre ein anziehendes und zugleich abstoßendes Image. Der Sieg unseres Volks über Hitler fügte diesem Bild die Aureole des Heroischen hinzu. Das Chruschtschowsche Tauwetter gab zu dieser Aureole ein Hoffnungsleuchten auf ein gegenseitiges Verstehen der Völker. Die schreckliche Wahrheit über die Stalinschen Lager, die Verhaftungen von Dissidenten, die Mißhandlungen in den psychiatrischen Kliniken, die Verbannung des Akademiemitgliedes Sacharow und unsere Soldaten in Afghanistan – das alles bildete eine Linie im abschreckenden Bild, das die reaktionäre Presse des Westens malte, um das Bild vom »Antichrist« im »Reich des Bösen« zu vervollständigen. Jetzt, dank der Friedensinitiativen unseres Landes, der Initiativen für die atomare Abrüstung, dank Glasnost' und der Demokratisierung unseres Landes verwandelt sich allmählich das Bild vom »Antichrist«. Dabei brauchen wir keine Kosmetik, keine Maske vor dem Gesicht, um dem Ausland zu gefallen. Natürlich will auch unser Land die Sympathien der Menschheit gewinnen, aber das geht nicht mit Lügen, sondern nur mit der Wahrheit, die man in die Welt hinausträgt. Zu allererst aber kommt es darauf an, daß uns unser Land zunächst selbst gefällt. Wir lieben es doch, sind stolz auf seine kulturellen und revolutionären Traditionen – gleichwohl sind nicht alle Traditionen gut. Vor allem aber liegt es daran, diese eine dumme Tradition zu überwinden, die mit der »Perestrojka« völlig unvereinbar ist: diese Tradition der fatalen Kunst des Erduldens.

Wladimir Solouchin

»Schwarze Ikonen«

1969

Wladimir Alexejewitsch Soloúchin, 1924 in einem Dorf des Gebiets Wladimir geboren, lebt als freischaffender Schriftsteller in Moskau. Wichtige Werke sind »Wladimirer Feldwege« (1957), »Ein Tropfen Tau« (Erinnerungen, 1960). In seinen »Nachdenklichen Betrachtungen eines sowjetischen Dichters« (»Briefe aus dem Russischen Museum«, 1966) geht er von Bildern aus. Angesichts von Ikonen notiert er: »Dies aber, daß Religion Unwissenheit und Finsternis sei, das hätte man den Künstlern damals beibringen sollen, als sie gemalt haben!« In seiner »Trauer um Moskau« zählt er eine Fülle abgebrochener Kirchen auf – Resümee jeweils: »Abgebrochen. Leerer, verwahrloster Platz.« Er schrieb u. a. Erzählungen und Reportagen und war Redakteur der »Literaturnaja Gazeta«. In »Schwarze Bretter. Aufzeichnungen eines beginnenden Sammlers« (Moskau, 1969) beschreibt er die ersten Begegnungen mit Ikonen und seine Rettungsaktionen auf dem Lande. Darin vermerkt er einmal beiläufig: »Das Wesentliche im Christentum besteht ja darin, daß man keine Vorwürfe macht, nicht gekränkt ist und vor allem niemanden verachtet.«

Unsere Kindheit fiel in eine interessante und bezeichnende Periode der Dorfgeschichte. Gerade unserer Generation, als wir noch Jungen waren, fiel es zu, all diese Kreuze und Denkmäler herunterzureißen. Sie lagen noch lange innerhalb der Mauer herum. Wir maßen unsere Kräfte danach, wer ein Denkmal aufrichten konnte. Einige davon waren so schwer, daß wir alle zusammen sie nicht vom Erdboden heben konnten.

Ich lernte im Technikum, diente bei der Armee, war Student des Literaturinstituts, fuhr auf Dienstreisen für die Illustrierte »Ogonjok«, schrieb Gedichte über Natur und Liebe sowie Berichte über die Schafzüchter Kirgisiens, über eine Imkerin im Rjasan-Gebiet, über das Problem der Bewässerung am Don und über die Samojeden in der Malosemelskaja-Tundra. Ich las Bücher, ging fischen, sammelte Pilze, trank Wein, küßte die Frauen, ging zum Stadion, mir die Fußballspiele anzuschauen, spielte mit Freunden Schach, besuchte die Theater, ging ins Kino, besuchte die Tretjakow-Galerie, ging zu den Kunstausstellungen, sammelte sogar Waldvögeleier, besaß ein Aquarium – und mir schien, die Skala meiner vielseitigen Interessen wäre breit genug. Vielleicht war es bis zu einem gewissen Grade so. Aber die Begriffe »eine Ikone«, »eine russische Ikone«, »eine altrussische Ikone« existierten für mich nicht, ähnlich wie zum Beispiel – nun, was soll man da anführen – ähnlich wie zum Beispiel heute für mich das Problem der Migration von Seesternen im Gebiet der Karskij-See nicht existiert.

Wahrscheinlich leben Seesterne in der Karskij-See und sicher gibt es irgendwelche Probleme in diesem Zusammenhang, und man kann sich dafür begeistern und ihnen sein Leben widmen, indem man eine oder zwei wissenschaftliche Schriften darüber verfaßt. Aber für mich gibt es heute kein solches Problem. – Ich habe das als Beispiel erfunden; bald werde ich es wieder vergessen.

So ähnlich gab es in meinem Leben keinen Begriff der »russischen Ikone«. Das Beispiel mit den Seesternen ist nicht besonders treffend, weil es Begriffe, Erscheinungen und Probleme gibt, die zu kennen eine Pflicht für jeden Russen ist, ganz gleich, womit er sich sonst beschäftigt. Du magst Seesterne oder Flußweichtiere studieren, die Mineralien des Urals oder die Eigenschaften der seltenen Metalle, du kannst Ingenieur oder Parteifunktionär sein, Chemiker oder Traktorfahrer, Fußballspieler, Schriftsteller, Elektriker, Raketenfachmann, General oder Schullehrer – aber wenn du ein Russe bist, mußt du wissen, wer Puschkin ist und wer Dostojewskij, was das Igorlied und das Kulikowo-Feld, die Schutzkirche der Muttergottes in Nerli und die Tretjakow-Galerie, die »Dreifaltigkeit« von Rubljow und die Muttergottes von Wladimir sind.

Leider sage ich die Wahrheit: an jenem Tage, an dem ich die Werkstatt eines bekannten Moskauer Künstlers besuchte, hatte ich einen viel klareren Begriff von den Seesternen (ich bin manchmal am Ufer der Karskij-See auf einen getreten) als von den Ikonen. Nun ja, um so mehr war ich erstaunt, als ich die an den Wänden hängenden Ikonen sah. Sie waren nicht in Reihen aufgehängt wie die Ikonostasen in den Kirchen, sondern zusammen mit anderen Bildern und großen Fotos [...] sowie mit anderen interessanten Gegenständen, wie mit einem Holzbecher oder einem hübschen alten Seidenband aus einem Mädchenzopf. Ab und zu hatte ich schon gehört, aber irgendwie nicht beachtet, daß es wirklich Menschen gibt, die alte Ikonen sammeln, und einer von meinen Freunden erzählte mir einmal begeistert, daß er in einem Hause eine erstaunliche Ikone aus dem fünfzehnten Jahrhundert gesehen habe. Aber da ich sogar in der Tretjakow-Galerie immer an den Ikonen vorbeigegangen bin, ohne mich aufzuhalten, so konnte ein solcher Bericht keinen Eindruck auf mich machen. Diese Berichte gingen an mir völlig vorüber.

Und nun sah ich mit eigenen Augen die an den Wänden hängenden Ikonen. Die Hausfrau führte mich von einer Ikone zur anderen und versuchte, mir die Eigenart, die Einmaligkeit einer jeden einzelnen zu erklären. Aber ist es nicht schwer, die Vielfalt der Farben eines Sonnenuntergangs am Sommerhimmel zu schildern, wenn der Hörer farbenblind ist? [...]

Da leuchtete auch schon ein Glockentürmchen hinter dem Wald hervor. Nach der Entfernung, die wir zurückgelegt hatten, und nach der Gegend, wie man sie uns beschrieben hatte, zu urteilen, erkannten wir, daß es Petrokowo selbst war, das Ziel unserer ungeduldigen und sorgenvollen Fahrt.

Es ist leicht, aus der Ferne eine noch benutzte von einer unbenutzten, eine lebendige von einer toten Kirche zu unterscheiden. Aber dies hier war ein Sonderfall, weil man die Kirche gerade eben geschlossen hatte; das Siegel der Verwüstung und des Todes war ihr noch nicht aufgedrückt worden.

Eine lebendige, fröhliche Kirche leuchtete auf dem im Gold des Weizens erstrahlenden Hügel. Wir aber wußten, daß sie nun nicht mehr am Leben ist und auch wahrscheinlich nie auferstehen wird.

Wir fanden den Vorsitzenden des Kolchos, stellten uns vor und baten ihn, uns die Kirche sehen zu lassen:

»Sie werden sowieso alles wegwerfen, was darin ist, wir aber interessieren uns dafür. Vielleicht findet sich ein Buch oder eine Ikone. Sollte es nicht möglich sein, nun, da kann man natürlich nichts machen, wir bestehen nicht darauf, wir bitten nur darum.«

»Wären Sie doch vorgestern gekommen«, sagte der Vorsitzende mit aufrichtigem Bedauern.

»Was ist da für ein Unterschied?«

»Wieso? Das ist sogar ein sehr großer Unterschied. Man hat mir das Gebäude als Lagerraum überlassen. Also mußte ich es doch frei machen, oder nicht?«

»Na ja, nehmen wir an.«

»Na, und um nicht lange herumzutun, tat ich es auf einen

Schlag. Ich schickte eine Brigade von Zimmerleuten hin, mit Beilen ausgerüstet. Sie wissen ja, die haben Beile wie Feuer. So haben sie mir an einem halben Tag alles, was drin gewesen, zu Kleinholz gemacht.«

»Wann ist das geschehen?«

»Ich sage doch, gestern. Ich sage ja, Sie hätten vorgestern kommen sollen. Da stand doch alles an seinem Platz, alles war heil, wie neu.«

»Hat man das Kleinholz weggefahren?«

»Nein«, sagte der Vorsitzende erleichtert. »Das Kleinholz liegt noch an derselben Stelle. Kein Spänchen ist herausgetragen worden, alles liegt mitten in der Kirche.«

Man schwieg. – »Ich wußte ja nicht, daß sich noch irgend jemand dafür interessieren könnte.«

Aus dem Tonfall dieser Worte hörte man heraus, daß der Vorsitzende das Geschehene aufrichtig bedauerte, um so mehr, als hier noch gestern alles von ihm abhing, jetzt aber niemand mehr etwas tun konnte.

Überhaupt bin ich geneigt, die Menschen nach ihrer Einstellung zu den Ikonen in vier ungleiche Kategorien einzuteilen.

Zur ersteren gehören die frommen Männer und Frauen, für die die Ikone ein heiliger Gegenstand ist, den man nicht entweihen darf. Man darf sich nicht einmal daran erfreuen, einfach wie an einem schönen Gegenstand, ohne eine religiöse Beziehung dazu. Man darf sie nicht verkaufen und aus dem Hause hinaustragen.

Die zweite Schicht sind die Bilderstürmer. Diese Menschen sind davon überzeugt, daß die Religion ausgerottet werden muß, und zwar möglichst schnell. Und darum muß jede Ikone der Vernichtung anheimfallen.

Die dritte Kategorie ist am meisten vertreten. Die Menschen, die dazu gehören, haben sich je weder über das religiöse noch über das künstlerische noch über das historische Wesen der Ikonen Gedanken gemacht. Irgendwann und irgendwo in der Kindheit wurde ihnen beigebracht, daß die Ikonen außerhalb des Gesetzes stehen. Von Kindheit her hat man es in Erinnerung behalten, daß die Ikone etwas völlig Überlebtes ist, völlig Unnützes und Uninteressantes, Neutrales und wie von vornherein Nichtexistierendes.

Ich habe gemerkt, daß diese Menschen sehr bald ein Interesse für die Ikonen bekommen, sobald sie erfahren, daß diese einen künstlerischen oder einen historischen Wert bedeuten. Dann ändern sie augenblicklich ihre Einstellung zu den Ikonen. Sie fangen an, einem aktiv Hilfe zu leisten, beteiligen sich an den Forschungen und geben die ganze Zeit laut ihre bittere Reue kund.

»Ach, was bin ich für ein Narr gewesen, bei uns auf dem Speicher lagen soviel Ikonen herum. Aber ich war ja unwissend. Ich dachte gar nicht darüber nach.« Ein solcher Mensch kann innerhalb einer Stunde, ja innerhalb einer Viertelstunde ein völlig anderer werden. Und man kann sicher sein, daß er nie mehr eine Ikone als Brennholz gebrauchen, sondern sie erst einem kundigen Menschen zeigen wird.

Und die vierte Kategorie? Das sind die Sammler, die Kollektionäre. Ihnen ist die Ikone teuer als ein historischer, künstlerischer, nationaler Wert oder zum mindestens als das Objekt ihrer Sammelleidenschaft. Natürlich kann man auch die Sammler wiederum in verschiedene Kategorien einteilen. Die einen sammeln, um zu retten, zu bewahren, damit das Ganze zum Schluß dem Volke zugute kommt. Die anderen tun es aus Eigennutz. Die dritten sind mehr oder weniger gedankenlos dabei und sehen keinen besonderen Unterschied zwischen dem Sammeln von Ikonen und von Etiketten französischen Kognaks.

Also, der Vorsitzende sagte:

»Ich wußte gar nicht, daß noch irgend jemand Interesse daran haben würde.«

In der Kirche sah man nur noch nackte Wände. Die Ölmalerei war noch erhalten. Alles übrige, sogar die Ikonostase, das heißt jene Pfähle und Verstrebungen, die die »Nester« für die Ikonen bilden, Schnitzereien, vergoldete Blumen und Vögel aus Holz sowie die Ikonen selbst – alles war auf den Boden heruntergeworfen und zu Kleinholz gemacht worden. Die golden-blauen und die golden-roten Späne bildeten einen Hügel, der fast bis zur mittleren Höhe im Innern der Kirche reichte. Die Zimmerleute hatten ganze Arbeit geleistet!

»In unserer Kirche hat es nichts besonders Altes gegeben«, tröstete der Vorsitzende entweder uns oder sich selbst. »In Annino, da gab es Altertümer.»

»Sind diese heil geblieben?«

»Wo denken Sie hin? Die Kirche von Annino hat man in den dreißiger Jahren abgebrochen. Zu jener Zeit wurde einiges aus der Annino-Kirche zu uns nach Petrokowo gebracht. Es ist wahr, da waren auch alte Sachen dabei. Ich verstehe nichts davon, aber das konnte auch ich sehen.«

»Und wo sind sie?«

»Alles hier, im Massengrab«, nickte der Vorsitzende in der Richtung des vergoldeten Hügels. »Da gab es ein Standbild. Aus Annino. Größer als ich, etwa zwei Meter hoch. War aus einem einzigen Stamm herausgehauen. Ein bärtiger Bauer saß da und stützte die Wange auf die Hand, wie in Trauer. An den Füßen hatte er Ketten. Das war ein interessantes Standbild.«

Wir begannen, in dem Haufen Späne herumzuwühlen. Wir faßten dabei bald ein Stück von der Hand, bald einen halben Bart, bald ein Auge.

Ich holte aus dem Haufen eine kleine quadratische »Festtagsikone« hervor, und zwar den »Einzug in Jerusalem«. Die Ikone war auf einem dünnen Brett gemalt. Man hatte mit dem Beil auf die Rückseite gehauen. Das Brett war auseinandergebrochen, aber die dicke Leinwand, die auf der Vorderseite geklebt war, hielt noch die beiden Hälften. Ich drückte das Brettchen fest an der Bruchstelle zusammen; und die Hälften paßten. Es war eine im ganzen fast heil gebliebene Ikone, die ich in der Hand hielt, wenn auch mit einer dicken Schramme, weil die Farben an der Bruchstelle abgebröckelt waren. Nach einigem Wühlen habe ich aus den Spänen noch sieben »Festtagsikonen« herausgeholt. Alle waren sie in derselben Weise verwundet, aber ließen sich am Ende zusammenfügen und verbinden, wahrscheinlich so wie man es mit den gebrochenen Hüftknochen eines Menschen zu tun pflegt.

»Da haben aber Ihre Zimmerleute nicht aufgepaßt«, sagte ich zum Vorsitzenden. »Und wo sind da noch vier Ikonen? Es müssen im ganzen genau zwölf von dieser Art gewesen sein.«

»Die vier fehlen. Die haben die Weiber mit nach Hause geschleppt.«

Wir fanden später heraus, daß diese Festtagsikonen nicht alt waren. Aber ich bewahre sie trotzdem. [...] Es hat mich, nebenbei gesagt, immer jene Leichtigkeit gewundert, mit der wir über alles verfügen, was wir nicht selbst gemacht oder, wie es heißt, gegründet haben.

Ich kehrte aus Rostow-Welikij nach Moskau zurück. Ein langes Dorf, das sich der Chaussee entlang hinzog, hatte ich durchfahren. Da bemächtigte sich meiner eine gewisse Unruhe.

Es geschieht manchmal, daß man auf den belebten Moskauer Straßen zu Fuß geht, über irgend etwas nachdenkt und weitergeht, ohne die Fußgänger, die einem begegnen, zu beachten, ohne ihre Gesichter zu sehen. Plötzlich bleibt man stehen, wie aus dem Traum erwacht, blickt auf, dreht sich um und schaut lange zurück. Von irgend etwas wurde man rückwirkend »getroffen«. Vielleicht war es ein schönes Frauengesicht, vielleicht hat man einen Bekannten getroffen, und er hat sogar gegrüßt. Aber man mag nicht zurücklaufen und jedem Vorübergehenden ins Gesicht schauen, und so geht man weiter und versucht, sich zu erinnern und zu überlegen, was es gewesen sein mag.

Eine ähnliche Unruhe empfand ich auf dem Wege von Rostow-Welikij nach Moskau, als das große, sich der Chaussee entlang hinziehende Dorf schon lange Zeit hinter mir lag. Ich drehte und fuhr langsam zurück, indem ich mich nach allen Seiten umschaute. Man sah nichts Besonderes: die üblichen Dorfhäuser mit Vorgärten, mit alten Weiden davor, ab und zu einen Brunnen, und dann noch Hühner und Gänse, die im niedrigen Gras Futter suchten.

Auch dieses Mal wäre ich bald vorbeigefahren. Aber da blitzte etwas strahlend Weißes durch das dunkle, sich kräuselnde Laub hindurch, und ich erriet ein kleines Kirchlein hinter den Bäumen. Es stand zwischen zwei Häusern, ein wenig im Hintergrund. Die davor wachsenden Bäume schirmten es ziemlich sicher ab. [...]

Die Kirche stand offen, und ich beschloß, einzutreten. Gleich an der Schwelle stieß ich auf einen Berg Hafer. Der Hafer lag in meterdicker Schicht da. Hätte ich weitergehen wollen, mußte ich auf die Körner treten. Natürlich ging ich weiter. Später habe ich die Körner aus den Schuhen und aus den Hosenfalten herausschütteln müssen – aber das war viel, viel später.

Eine Frau, die Lagerverwalterin, kam mir auf dem Hafer entgegen.

»Wie auf dem Trockenen schreiten wir hier auf Hafer«, versuchte ich zu scherzen.

Aber die mürrische Frau lächelte nicht einmal. Sie empfing mich unfreundlich, weil sie es eilig hatte, am Mittag zu Hause zu sein. Das kam mir nun sehr ungelegen; denn gerade hatte ich oben, unter der Kirchenkuppel, eine große, völlig schwarze Ikone erspäht, die die Fensteröffnung verschloß. Die Kirche war nicht hoch; es hätte eine gewöhnliche Bauernleiter gereicht, um hinaufzusteigen und die Ikone abzunehmen.

Die Frau wies mich aber aus dem Lager. Ich ließ bei meinem Rückzug die Augen nicht von der schwarzen Tafel und versuchte, mehr ahnend als sehend, das Sujet zu erraten. Mir schien, daß auf der Ikone das Leben des Nikolaus von Sarajsk dargestellt war. Nachdem mich die Frau ohne Umschweife hinauskomplimentiert hatte, ging sie zum Mittagessen. Mir blieb nun kein anderer Ausweg, als geduldig auf sie zu warten, solange es auch dauern würde. Mittagessen, Abendbrot oder Frühstück – man mußte das alles überstehen und bis zum Ende warten.

Ich ging um die Kirche herum und bewunderte dieses kleine, elegante Denkmal des siebzehnten Jahrhunderts. Doch am meisten wunderte ich mich nicht über die Form der Fenster und der Kuppel – sie war einer Kerzenflamme nachgebildet –, sondern über den Umstand, daß noch ein zweites Fenster durch eine Ikone zugemacht worden war, deren Malerei man draußen, von der Straße her, sehen konnte. Die Fensternische war ziemlich tief; aber dennoch hatte der schräg einfallende und hereinspritzende Regen die äußerste, schwärzeste Schicht des Firnis abgewaschen. Darum konnte man auf dieser Ikone, im Unterschied zu derjenigen in der Kuppel, das Sujet klar erkennen. Es war eine »Dreifaltigkeit des Alten Testaments«. Das Erstaunliche war, daß die Regengüsse nicht die ganze Malerei, bis auf das weiße Brett, abgewaschen hatten.

Es waren zwei Stunden vergangen. Die Lagerverwalterin kam nicht zurück. Ich verlor die Geduld und ging auf Suche nach ihrer Behausung. Man zeigte sie mir. Es stellte sich heraus, daß sie mit dem Mittagessen längst fertig und jetzt in ihrem Haushalt tätig war; sie fütterte die Hühner. Die mürrische Frau war sehr erstaunt, daß ich nicht bereits weggefahren war. Ich merkte, daß sich ihre Stimmung nach dem Mittagessen etwas gebessert hatte. Sie begann sogar ein Gespräch mit mir.

»Nun, und was wollen Sie denn von mir?«

»Ich möchte gern die Ikone sehen, mit der das obere Fenster zugenagelt ist.«

»Die haben Sie schon gesehen.«

»Ich möchte sie aus der Nähe sehen.«

»Soll ich vielleicht da hinaufklettern, um sie zu holen? Da braucht man eine Leiter. Eine Leiter habe ich aber nicht. Wenn Sie wollen, suchen Sie selbst danach, aber nicht zu lange; ich muß noch ins Dorf fahren, da habe ich noch einen Lagerraum.«

»Auch eine Kirche?«

»Eine Scheune.«

»Sagen Sie mir, wer eine Leiter hat; ich geh hin und frage.«

»Suchen Sie selbst.«

Ich fragte in einigen Häusern in der Nähe der Kirche an, um nicht die Leiter durch das ganze Dorf schleppen zu müssen. Und in einem der Häuser gab man mir eine hohe, leichte Leiter. Die Bäuerin, der die Leiter gehörte, ging auch mit. Sie war sichtbar neugierig, was es für eine Ikone in der längst geschlossenen Kirche geben könnte.

Als ich die oberen Sprossen erklommen hatte, sah ich genau, daß die Ikone wie die ganze Kirche aus dem siebzehnten Jahrhundert stammte, daß sie wirklich den »Nikolaus von Sarajsk« darstellte und sich in einem furchtbaren, katastrophalen Zustand befand. Ich zerrte an der Ikone, um festzustellen, ob sie ganz fest an den Fensterrahmen genagelt war. Die Lagerverwalterin merkte das und schrie:

»Nichts da, nichts da! Man darf sie nicht abreißen!«

»Warum darf man es nicht?«, fragte ich, nachdem ich herabgestiegen war und mir den fetten Staub von den Händen abgewischt hatte.

»Du reißt sie ab, und ich kriege Regen und Schnee und alle Nässe durchs Fenster hinein. Das Fenster geht nach Norden, ich lasse die Ikone in keinem Falle abreißen, das geht nicht.«

»Sie können das Fenster mit Brettern vernageln.«

»Soll ich es vielleicht selbst machen?«

»Ich gebe Ihnen Geld, Sie können sich einen Kolchosbauern anheuern oder Ihren Mann darum bitten.«

»Da soll ich wohl im ganzen Dorf herumlaufen und suchen? Wenn Sie wollen, können Sie einen Bauern selbst anheuern, aber bald, ich muß jetzt ins andere Dorf, da habe ich noch einen Lagerraum.«

Das war ein schwieriges, ärgerliches, aber immerhin ein sachliches und, wie man heute sagt, ein konstruktives Gespräch. Nach einer Viertelstunde hatte ich Bauern mit Beilen und Brettern herangeholt und nach weiteren fünf Minuten war die Ikone unten, wurde aus der Kirche herausgetragen und auf das Gras gelegt, mit der Malerei nach oben, dem sommerlichen Himmel zugewandt.

Der katastrophale Zustand der Ikone wurde jetzt noch deutlicher. Man durfte sie nicht einmal bis zum Wagen tragen, geschweige denn nach Moskau mitnehmen. Die ganze Farbschicht bis zum letzten Quadratzentimeter bröckelte ab in kleinen, das heißt verhängnisvollen Schuppen. Die einzelnen Schuppen waren winzig klein, aber man konnte dennoch sehen, daß die vier Ecken einer jeden Schuppe nach oben gebogen waren, und daß sie sich nur in der Mitte festhielten. Es wimmelte nur so von diesen Schuppen, und darum sah die Ikone weißlich aus, so als ob man sie mit Kalk überschüttet hätte. Man durfte sie nicht einmal mit einem Staubtuch abwischen. Wollte man fest mit der Handfläche darüber streichen oder damit auf den Boden klopfen, so würden alle Schuppen von der Tafel herunterfallen. Man mußte die Ikone an ihrem Platz lassen, sie an die Kirchenmauer anlehnen, oder man mußte sie an Ort und Stelle zu retten versuchen.

Die Rettungsoperation bestand in folgendem: Man mußte ein Dutzend Eier kaufen und das Eiweiß vom Eigelb trennen. Danach konnte man das Eiweiß ruhig wegwerfen, das Eigelb aber mußte man mit recht viel Wasser verdünnen. Mit der dabei entstandenen dünnen, Klebstoffe enthaltenden Lösung mußte man alle Schuppen, praktisch die ganze Ikone, anfeuchten. Die aufgeweichten Schuppen mußte man nun vorsichtig mit einem Teelöffel herunterdrücken, damit die gebogenen Ecken sich gerade legen und an der Stelle festkleben, von der sie sich gelöst hatten.

Diese Arbeit mit dem Löffelchen nahm mehrere Stunden in Anspruch. Dorfkinder versammelten sich um die Ikone herum; es wurde ihnen aber langweilig, die gleichförmige, kniffelige Arbeit zu beobachten, und sie liefen wieder fort. Alte Frauchen näherten sich, beobachteten uns lange und fragten dann vorsichtig:

»Vielleicht erneuern Sie sie? Haben Sie keine Angst, wir halten still, wir sagen es niemand.«

Auch Bauern versammelten sich um uns, saßen im Gras, auf einem Eichenstamm, rauchten gemächlich und überlegten:

»Na, und was stellt die Geschichte wohl dar? Nach unserer schlichten Meinung ist das ganz einfach Brennholz.«

»Verbrennen kann man alles, was man will, meinetwegen einen hübschen Schrank oder einen Stuhl, aber wozu soll man sie verbrennen, wo es einfaches Brennholz, Holzscheite gibt? Diese Ikone wird sehr schön werden. Das heißt, schön ist sie auch jetzt, aber ihre Schönheit ist noch verborgen.«

»Ein Schrank, das begreift man, der ist von Nutzen. Man kann Kleider darin verwahren oder auch mal Geschirr. Auf den Stuhl setzt man sich. Und die Ikone – die bleibt eben eine Ikone. Laß sie so schön sein wie immer, sie bringt dennoch keinen Nutzen. Na ja, früher betete man davor, jetzt aber hat man damit aufgehört. Also ist der Nutzen der Ikonen weggefallen, und geblieben ist bloß eine nutzlose Schönheit. Und außerdem ein trockenes Brett. Das Brett kann man zum Heizen verwenden, das ist alles.«

»Wir sind nun alle des Lesens und Schreibens kundig geworden, ihr auch. Aber ihr wißt nicht, daß es lange vor unserer Zeit Menschen gab, die genauso urteilten: etwas ist nützlich, nötig, also ist es schön. Und umgekehrt – das Schöne muß nützlich und notwendig sein. Sonst sei es angeblich gar keine Schönheit.«

»Siehst du, siehst du, es gab schon früher kluge Leute.«

»Dumme Leute waren es. Und arm waren sie, bedauernswert, sich selbst haben sie beraubt. Die Hauptsache aber ist – ihr selbst seid ja gar nicht so schlecht, wie ihr scheinen wollt. Da seht ihr doch ein Gärtchen neben dem Haus, und darin wächst der Flieder und blühen Blumen – Goldkugeln. Wozu hat man das alles gepflanzt? Das sind weder Kartoffeln noch Möhren, man hat gar keinen Nutzen davon. Nun, wozu hat man hier den Flieder gepflanzt?«

»Wegen der Schönheit.«

»Seht ihr nun, wie einfach alles ist.«

Die Bauern lachten.

Nach der Abfahrt dachte ich die ganze Zeit daran, daß in dem Kirchlein noch eine Ikone zurückgeblieben war – »Die Dreifaltigkeit des Alten Testaments«. Aber ich genierte mich und war auch zu faul, um es noch einmal mit der Lagerverwalterin zu versuchen (sie war übrigens schon ins andere Dorf gefahren) und noch einmal mit den Bauern zu verhandeln, damit sie das Fenster festnagelten.

Rückblickend sage ich jetzt: man hätte dort die Nacht verbringen, neben der Kirche eine Hütte bauen und dann solange dort bleiben sollen, als man brauchte, um die Ikone abzunehmen und zu retten. Aber immer wieder kreuzt ja so ein nichtswürdiger Gedanke zur Entschuldigung auf: schon gut, seit dreißig Jahren hängt sie dort, wird auch wohl weiter hängenbleiben. Das nächste Mal fahre ich hin und nehme sie mit.

Dieses »nächste Mal« aber traf erst nach fast drei Jahren ein. Von Zeit zu Zeit dachte ich an das herrliche kleine Kirchlein mit einer Kuppel, die an die Kerzenflamme erinnert, und an die »Dreifaltigkeit«, die aus dem oberen Stockwerk, aus der tiefen Fensternische heruntersah. Fast körperlich fühlte ich, wie die Ikone im Herbst und zu Beginn des Frühjahrs Feuchtigkeit aufnimmt, wie sie im heißen Sommer im Wehen des Windes austrocknet und wie bei dieser unerträglichen Spannung der Lewkas birst, die Farbe abbröckelt, ganze Stücke von der Ikone herunterfallen und das nackte Brett erscheint. [...]

Nun ergeben sich zwei Fragen: wo ist die Kirche hin und wie konnte hier ein Laden entstehen? Ganz einfach: man hat inzwischen aus der Kirche einen Laden gemacht. Man hat sie geköpft. Den Oberteil mit dem schmucken Fries hat man abgetragen, mit einem Flachdach gedeckt und so einen ganz modernen Laden bekommen. Es fehlte nur noch, daß ein Schaufenster sich über die ganze Wand hin ausdehnte.

Und wo ist die »Dreifaltigkeit«, die damals aus dem Fenster, aus der tiefen Fensternische herunterschaute? Von nun an belastet sie dein Gewissen. Man hätte eine Hütte bauen, einen Vorrat an Lebensmitteln kaufen und in der Nähe der Kirche bleiben sollen – solange, bis die Lagerverwalterin dir erlaubt hätte, die Ikone aus dem Fenster zu holen und zu retten. Und wie lange du noch in der Welt zu leben hast, immer wird die untergegangene »Dreifaltigkeit« dein Gewissen belasten, als ob du an einem Eisloch vorübergegangen wärst, in dem ein Mensch mit dem Tode kämpfte, du aber wärest vorübergegangen und hättest ihm nicht die helfende Hand gereicht. [...]

MICHAIL PRISCHWIN

Freude

Zwei Miniaturen

1940

Im Gouvernement Orjol aufgewachsen, studierte Prischwin u. a. Agronomie und unternahm Studienreisen, Flußfahrten und Fußwanderungen, vor allem im Norden Rußlands. Für seine tagebuchartige Prosa forderte er: »Es gilt, die Dinge genau zu beschreiben ... Die Miniatur ist aufrichtig ... Ich schreibe für diejenigen, die die Poesie der flüchtigen Augenblicke des Alltags fühlen und darüber leiden, daß sie sie nicht festhalten können.« Der Dichter lebte von 1873 bis 1954. In Übersetzungen liegen vor: »Im Land der ungestörten Vögel« (1985), »Meistererzählungen« (1988).

BIRKEN

Zwischen den fauligen Blättern und Strohhalmen sprießt Grün; auch die Blätter, die Halme haben einst gelebt, jetzt aber fangen sie, nachdem ihr Leben glücklich zu Ende gegangen ist, als Dünger ein neues grünes Leben an. Schrecklich, sich in ihre Lage zu versetzen, erkennen zu müssen, daß die eigene Bedeutung in diesem Kreislauf der Natur liegt. Ich brauche indes nur etwas auszusuchen, nach eigenem Geschmack auszuwählen – sei es ein Blatt, ein Grashalm oder eine dieser zwei kleinen Birken-Schwestern –, und stelle alsbald fest, daß sich alle von mir ausgewählten Pflanzen, gleich wie ich selbst, in meinem Bewußtsein keineswegs mit der düngenden Funktion ihrer Vorläufer decken.

Die von mir ausgewählten Birken-Schwestern sind noch klein, etwa mannshoch, und wachsen dicht nebeneinander, als wären sie ein einziger Baum. Ihre Blätter und prallen, perlenförmigen Knospen sind noch nicht aufgegangen, das hauchdünne Astnetz dieser beiden ineinander verschlungenen Birken zeichnet sich gegen den Himmel ab. Seit Jahren schon ergötze ich mich, wenn die Birken treiben, am zarten Netz der lebendigen Zweige, untersuche, wieviel neue dazugekommen sind, und vertiefe mich in die Lebensgeschichte des Baumes, dessen ungeheuer komplizierter Aufbau dem des Staates gleicht: er wird zusammengehalten durch die alleinige Herrschaft des Stamms. Viel Wunderbares entdecke ich an diesen Birken, und oft denke ich über die Bäume nach: nicht nur, daß sie von mir nicht abhängig sind – sie stärken mich sogar, sobald ich ihre Nähe spüre.

Heute ist ein kühler Abend, und ich bin etwas niedergeschlagen. Meine früheren Mutmaßungen über die »Seele« der Birke erscheinen mir heute als ästhetische Phantasterei: ich bin es, ich allein, der die Birken poetisiert, der in ihnen eine Seele zu entdecken glaubt, während es in Wirklichkeit nichts dergleichen gibt...

Und plötzlich fielen vom wolkenlosen Himmel Tropfen auf mein Gesicht. Ich dachte an einen vorbeifliegenden Vogel und blickte hoch: Vögel waren da keine, vom wolkenlosen Himmel aber fielen erneut Tropfen auf mein Gesicht. Da erst sah ich, daß oben an der Birke, unter der ich stand, ein Ast abgebrochen war, von dem Birkensaft auf mich herabtropfte.

Ich kehrte nun, neu belebt, in Gedanken zu meinen Birken zurück, wobei mir ein Freund einfiel, der in seiner Geliebten eine Madonna sah; als er sie näher kennenlernte, war er jedoch enttäuscht und bezeichnete sein Gefühl als abstrakte geschlechtliche Liebe. Viele Male schon und auf verschiedene Art hatte ich über ihn nachgedacht, der Birkensaft aber lenkte meine Gedanken über den Freund und seine Madonna in eine neue Richtung.

»Es gibt Menschen«, dachte ich bei mir, »die anders handeln als mein Freund, es gibt Menschen wie mich, die sich von ihrer Phacelia nie trennen, die sie in sich tragen, die gemeinsam mit andern ihre tägliche Arbeit verrichten, die ihre Liebe jedoch vor jedermann verbergen. Wo indes Liebe ist, da ist auch ›Seele‹ – bei einer Geliebten ebenso wie bei einer Birke.«

An jenem Abend, als der Birkensaft wie ein Regen auf mich niederging, wurde mir wieder offenbar, daß meine beiden Birken-Schwestern eine »Seele« hatten.

LIEBE

Keine Spur von dem, was die Menschen *Liebe* nennen, fand sich im Leben dieses alten Künstlers. Seine ganze Liebe galt der Kunst, und alles, was die Menschen für sich selbst in Anspruch nehmen, opferte er ihr. Von seinen Visionen umschwärmt, in den Schleier der Poesie gehüllt, war er ein Kind geblieben, das sich mit Ausbrüchen tödlicher Schwermut begnügte und mit der Berauschung durch die Natur. Vielleicht wäre er eines Tages gestorben, fest überzeugt, daß das Leben so und nicht anders sei ...

Doch einmal besuchte ihn eine Frau, und da flüsterte er dieser Frau – nicht seinem Traum – sein *»Ich liebe dich«* zu.

So drücken sich freilich alle aus, und Phacelia, die vom Künstler eine besondere, ungewöhnliche Äußerung seines Gefühls erwartet hatte, fragte: »Und was heißt: ›Ich liebe dich‹?«

»Das heißt«, erwiderte er, »daß ich mein letztes Stück Brot nicht selber essen, sondern dir geben würde, daß ich, wärest du krank, nicht von deiner Seite weichen würde, daß ich, müßtest du arbeiten, wie ein Esel mich einspannen lassen würde ...«

Und er sagte noch vieles mehr, was die Menschen aus Liebe vorzubringen pflegen.

Phacelia wartete vergeblich auf das Niedagewesene. »Das letzte Stück Brot hergeben, sich um eine Kranke kümmern, wie ein Esel schuften – das tun doch alle«, sagte sie.

»Das ist ja auch mein Wunsch«, erwiderte der Künstler, »daß

ich fortan wie alle andern sei. Gerade das versuche ich auszudrücken: wie glücklich es mich macht, nicht mehr ein einsamer Sonderling sein zu wollen, sondern zu werden wie jeder rechtschaffene Mensch.«

IWAN TURGENJEW

Die russische Sprache

1882

1818 in Orjol geboren, wurde Turgenjew wegen seines von der Zensur untersagten Gogol-Nachrufs (1852) für zwei Jahre auf sein Gut verbannt. Elf Jahre vor der offiziellen Bauernbefreiung entließ er seine Bauern aus der Leibeigenschaft. Von 1856 an lebt er vorwiegend in Deutschland und Frankreich. Prosa: »Väter und Söhne« (1861), »Neuland« (1876), »Tagebuch eines überflüssigen Menschen« (1850), »Aufzeichnungen eines Jägers« (1852), »Erste Liebe« (1861). Turgenjew war mit Flaubert, Zola und den Brüdern Goncourt befreundet, ebenso mit Heyse und Storm. Eine Sammlung von »Gedichten in Prosa« erschien 1882: »Senilia«. Er starb 1883 in Bougival.

In Tagen des Zweifels, in Tagen drückender Sorge um das Schicksal meiner Heimat bist du allein mir Halt und Stütze, o du große, kraftvolle, wahrhaftige und freie russische Sprache! Wenn du nicht wärest – müßte man da nicht verzweifeln angesichts all dessen, was in der Heimat geschieht? Aber man kann doch nicht glauben, daß eine solche Sprache nicht einem großen Volke gegeben worden ist.

Eine Seele von einem Menschen · Porträts

IWAN TURGENJEW

Christus

1879

Ich sah mich als Jüngling, fast noch als Knaben in einer niedrigen Dorfkirche. Dünne Wachskerzen brannten mit schwacher Flamme wie rote Pünktchen vor den alten Heiligenbildern.

Ein regenbogenfarbener Lichtschein umgab jede einzelne kleine Flamme. Dunkel und trüb war es in der Kirche. Vor mir drängten sich viele Menschen.

Lauter blonde Bauernköpfe. Von Zeit zu Zeit gerieten sie in Bewegung, verneigten sich, erhoben sich wieder, wie reife Kornähren, wenn der Sommerwind wie eine sanfte Woge über sie dahinstreicht.

Plötzlich trat jemand von hinten her neben mich.

Ich wandte mich ihm nicht zu, aber ich spürte sofort, dieser Mensch ist Christus.

Rührung, Neugier, Angst bemächtigten sich meiner. Ich nahm alle meine Kraft zusammen und betrachtete meinen Nachbarn.

Ein Gesicht wie jedes andere, ein Gesicht, das allen Menschengesichtern gleicht. Die Augen schauen ein wenig nach oben, aufmerksam und still. Die Lippen sind geschlossen, werden nicht zusammengepreßt: die Oberlippe ruht gleichsam auf der unteren. Der kleine Bart ist geteilt. Die Hände sind gefaltet und bewegen sich nicht. Auch seine Kleidung ist die gleiche wie bei allen anderen.

»Wie kann das Christus sein!« dachte ich. »Ein so einfacher, einfacher Mensch! Es kann nicht sein!«

Ich wandte mich ab. Aber kaum hatte ich meinen Blick von diesem einfachen Menschen abgewandt, als mich wieder das Gefühl überkam, Christus stände wirklich neben mir.

Wieder nahm ich alle meine Kraft zusammen. Und wieder sah ich dasselbe Gesicht, das allen Menschengesichtern glich, dieselben alltäglichen Züge eines, wenn auch unbekannten, Menschen.

Mir wurde plötzlich unheimlich zumute, und ich kam zu mir. Nun erst verstand ich, daß gerade ein solches Gesicht – ein Gesicht, das allen menschlichen Gesichtern gleicht – Christi Antlitz ist.

VLADIMIR NABOKOV

»Etwas für zarte Davids: Anton Tschechow«

1958

Nabokov wurde 1899 in St. Petersburg geboren und emigrierte mit den Eltern 1919 nach England. Von 1922 bis 1937 lebte er in Berlin. Dann Emigration nach Paris, von dort in die USA. Seither schrieb er englisch. »Lolita« (1955), »Pnin« (1957) und weitere Romane (u. a. »Ada«, 1969). Essays zur russischen Literatur (»Die Kunst des Lesens«, 1984) und Erinnerungen (»Sprich, Erinnerung, sprich«, 1984). 1987/88 begann die ›Wiederzulassung‹ in der UdSSR durch Veröffentlichungen und Auseinandersetzungen (auch in der »Literaturnaja Gazeta« durch Bitow und Solouchin u. a.). Er starb 1977 in Montreux.

Mit etwas Glück kann es geschehen, daß ich beim Versuch, den Hintergrund der neueren russischen Literatur darzustellen, genauer gesagt, beim Versuch, die Kräfte näher zu bestimmen, die miteinander um den Besitz der Seele des Künstlers rangen, auf das tiefe Pathos stoße, das aller wahren Kunst eigen ist – gerade weil zwischen ihren ewigen Werten und dem Leiden einer verworrenen Welt ein so tiefer Abgrund klafft – einer Welt, der man kaum einen Vorwurf daraus machen kann, daß sie Literatur, die sich nicht als brauchbare Anleitung verwenden läßt, als Luxus oder Spielzeug abtut.

Es ist ein Trost für den Künstler, daß ihn in einem freien Lande niemand zwingt, solche Anleitungen zu verfassen. Aus diesem engen Blickwinkel betrachtet war das Rußland des 19. Jahrhunderts, so seltsam das klingen mag, ein freies Land: Bücher mochten verboten werden und Autoren verbannt, Zensoren mochten Schurken und Narren sein, backenbärtige Zaren mochten toben und fluchen, aber die wundersame Entdeckung der Sowjetzeit, die gesamte Autorenschaft des Landes schreiben zu lassen, was dem Staat geeignet erscheint, diese Methode war im alten Rußland unbekannt, wenn auch zweifellos mancher reaktionäre Staatsmann ein solches Werkzeug herbeisehnte. [...]

Es ist nicht ganz richtig zu sagen, Tschechow habe charmante und energielose Gestalten geschaffen. Es ist etwas richtiger zu sagen, seine Männer und Frauen seien charmant, weil sie energielos sind. Was den russischen Leser wirklich anzog, war, daß er in Tschechows Helden den Typus des russischen Intellektuellen, des russischen Idealisten wiedererkannte, ein seltsames und anrührendes Geschöpf, das im Ausland wenig bekannt ist und im Rußland der Sowjets nicht existieren kann. Tschechows Intellektueller war ein Mann, der den tiefsten menschlichen Anstand, zu dem der Mensch fähig ist, mit einer nahezu lächerlichen Unfähigkeit verbindet, seine Ideale und Grundsätze in Handlung umzusetzen; ein Mensch, der moralischer Schönheit verpflichtet ist, dem Wohlergehen seines Volkes, dem Wohlergehen des Universums, aber unfähig in seinem privaten Leben irgend etwas Nützliches zu tun; er vergeudet sein Leben in der Provinz, in einem Nebel utopischer Träume; er weiß genau, was gut ist und wofür zu leben sich lohnt, aber zugleich sinkt er immer tiefer in den Morast eines eintönigen Daseins, unglücklich in der Liebe, hoffnungslos untüchtig in allem – ein guter Mensch, der nichts zustande bringt. Diese Gestalt zieht – in der Verkleidung eines Arztes, eines Studenten, eines Dorfschullehrers und zahlreicher anderer akademischer Leute – durch sämtliche Erzählungen Tschechows.

Seine politisch orientierten Kritiker irritierte vor allem, daß der Autor die von ihm Dargestellten an keiner Stelle einer bestimmten politischen Partei zuordnete oder ihnen irgendein politisches Programm unterlegte. Aber genau das war es ja. Tschechows Idealisten, die nichts bewirkten, waren weder Terroristen, Sozialdemokraten, angehende Bolschewiki noch Angehörige einer der zahllosen anderen damals in Rußland bestehenden revolutionären Gruppierungen. Gerade darauf kam es an, daß der typische tschechowsche Held der unglückliche Träger einer nicht genau erkennbaren, aber schönen menschlichen Wahrheit war, einer Last, die er nicht zu tragen, deren er sich aber auch nicht zu entledigen vermochte. Er stolpert durch alle Erzählungen Tschechows, aber er stolpert, weil er zu den Sternen heraufstarrt. Er ist unglücklich, dieser Mann, und macht andere unglücklich; er liebt nicht seine Brüder und auch nicht seine Nächsten, sondern seine Fernsten. Die unglückliche Lage eines Schwarzen auf einem anderen Erdteil, eines chinesischen Kulis, eines Arbeiters im fernen Ural verursacht ihm größere moralische Schmerzen als das Unglück seines Nachbarn oder der Kummer seiner Frau. Es bereitet Tschechow besonderes künstlerisches Vergnügen, all die feinen Abschattierungen jenes Vorkriegs- und vorrevolutionären Typus des russischen Intellektuellen festzuhalten. Jene Männer konnten träumen; sie konnten nicht herrschen. Sie zerstörten ihr eigenes Leben und das anderer, sie waren albern, schwach, hoffnungslos, hysterisch; und doch – Tschechow deutet es an – ist das Land gesegnet, das diese besonderen Menschen hervorbringen konnte. Sie verpaßten Gelegenheiten, unterließen zu handeln, verbrachten schlaflose Nächte mit dem Planen der Welten, die sie nie zu bauen vermochten; doch die bloße Tatsache, daß es Menschen voll solchen Eifers, solchen Feuers der Selbstverleugnung, Reinheit des Geistes, Höhe der Moral gab; die bloße Tatsache, daß solche Menschen lebten und wohl irgendwo und irgendwie im rücksichtslosen und unerquicklichen Rußland von heute noch leben, ist ein Versprechen, daß für die Welt im ganzen bessere Tage kommen – denn das möglicherweise bewundernswerteste unter den bewundernswerten Naturgesetzen ist das vom Überleben der Schwächsten.

Von diesem Standpunkt aus schätzen diejenigen Tschechow, denen das Elend des russischen Volks und der Ruhm der russischen Literatur gleichermaßen am Herzen lag. Denn wenn Tschechows Genie auch zu keinem Zeitpunkt eine soziale oder ethische Botschaft verkündete, so enthüllte es doch nahezu unfreiwillig mehr von den schlimmsten Auswüchsen des hungernden, unsicheren, dienenden und wütenden bäuerlichen Rußland als eine Vielzahl anderer Autoren wie beispielsweise Gorkij, die ihre sozialen Ideen in einer Prozession angemalter Puppen vorüberziehen ließen. Ich gehe sogar noch weiter und sage, daß jemand, der Dostojewskij oder Gorkij Tschechow vorzieht, nie in der Lage sein wird, das Wesentliche der russischen Literatur und des russischen Lebens zu erfassen, und, weit wichtiger noch, das Wesentliche literarischer Kunst ganz allgemein.

Ich empfehle von Herzen, Tschechows Werke [...] so oft wie möglich zur Hand zu nehmen und durch sie hindurch zu träumen, wie das ein Leser soll. In einer Zeit der rauhen Goliaths ist es sehr nützlich, etwas über zarte Davids zu lesen. Jene trüben Landschaften mit den welken Weiden entlang elend verschlammter Wege, die grauen Krähen unter grauen Wolken, der plötzliche Hauch einer erstaunlichen Erinnerung an einer ganz gewöhnlichen Ecke – all dies pathetisch Verschwommene, diese schöne Schwäche, diese taubengraue Tschechowsche Welt ist es wert, wie ein Schatz festgehalten zu werden, angesichts des blendenden Lichts dieser starken und sich selbst genügenden Welten, die uns die Anbeter totalitärer Staaten versprechen.

ANTON TSCHECHOW

Der Dicke und der Dünne

1883

Tschechow wurde 1860 in Taganrog geboren und starb 1904 an Lungentuberkulose in Badenweiler. Er schilderte besonders die Welt des russischen Kleinbürgertums, der Intelligenz und des sich auflösenden Gutsadels. Er ist Meister der Kurzgeschichte, der impressionistischen Novelle und des Stimmungsdramas (u. a. »Drei Schwestern«, 1901; »Der Kirschgarten«, 1904).

Auf einem Bahnhof der Nikolaj-Eisenbahn trafen sich zwei Freunde: der eine war dick, der andere dünn. Der Dicke hatte gerade auf dem Bahnhof zu Mittag gegessen, und seine Lippen, noch ganz fettig von der Butter, glänzten wie reife Kirschen. Er roch nach Sherry und Fleur d'Orange. Der Dünne dagegen war soeben ausgestiegen und mit Koffern, Bündeln und Pappschachteln beladen. Er roch nach Schinken und Kaffeesatz. Hinter seinem Rücken schaute eine hagere Frau mit langem Kinn hervor – seine Gattin, sowie ein hochgewachsener Gymnasiast mit einem halb zugekniffenen Auge – sein Sohn.

»Porfirij!« rief der Dicke, als er den Dünnen erblickte. »Bist du es wirklich? Mein Lieber …! Wie lange haben wir uns nicht mehr gesehen!«

»Ach, du meine Güte!« Der Dünne war überrascht. »Mischa! Freund meiner Kindheit! Wo kommst du denn her?«

Die Freunde küßten einander dreimal und schauten sich

lange an, Tränen in den Augen. Beide waren angenehm überrascht.

»Mein Lieber«, begann der Dünne nach der Umarmung. »Das habe ich nicht erwartet! Ist das eine Überraschung! Nun schau mich doch mal richtig an! Derselbe schöne Mann, der du warst! Genauso charmant und elegant! Ach, du mein Gott! Nun, wie geht es dir? Bist du reich? Verheiratet? Ich bin schon verheiratet, wie du siehst... Das ist meine Frau, Luise, geborene Wanzenbach ... lutherisch ... Und das ist mein Sohn Nafanail, Quartaner. Nafanja, das ist der Freund meiner Kindheit! Wir waren zusammen auf dem Gymnasium!«

Nafanail überlegte ein wenig und nahm die Mütze ab.

»Wir waren zusammen auf dem Gymnasium«, fuhr der Dünne fort. »Erinnerst du dich noch, wie man dich geneckt hat? Man nannte dich Herostratos, weil du mit der Zigarette ein Loch in das Klassenbuch gebrannt hattest, und mich Ephialtes, weil ich gerne petzte. Haha ... Wir waren eben Kinder! Keine Angst, Nafanja! Komm doch ruhig näher... Und das ist meine Frau, geborene Wanzenbach ... lutherisch ...«

Nafanail überlegte ein wenig und versteckte sich dann hinter dem Rücken des Vaters.

»Nun, wie geht es dir, mein Lieber?« fragte der Dicke und sah den Freund begeistert an. »Bist du Beamter und wo? Bist du vorwärtsgekommen?«

»Ja, mein Lieber! Bin schon das zweite Jahr Kollegienassessor und habe den Stanislausorden. Das Gehalt ist niedrig ... nun, macht nichts! Meine Frau gibt Musikstunden, und ich mache privat aus Holz Zigarettenetuis. Vorzügliche Zigarettenetuis! Verkaufe sie für einen Rubel das Stück. Wer zehn Stück und mehr nimmt, bekommt Rabatt, verstehst du. Wir schlagen uns einigermaßen durch. Habe zuerst, weiß du, im Departement gedient, aber jetzt bin ich als Bürovorsteher im selben Ressort hierher versetzt... Hier werde ich arbeiten... Nun, und wie sieht es bei dir aus? Bist du schon Staatsrat? Ja?«

»Nein, mein Lieber, gehe noch etwas höher hinauf«, sagte der Dicke. »Ich habe es schon bis zum Geheimrat gebracht... Habe zwei Ordenssterne.«

Der Dünne erblaßte plötzlich und stand wie erstarrt da, aber bald verzog sich sein Gesicht nach allen Seiten zu einem breiten Grinsen; es schien, als sprühten aus seinen Augen und seinem Gesicht Funken. Er selber schrumpfte zusammen, er bückte sich, wurde schmaler... Sein Koffer, Bündel und Pappkartons schrumpften ebenfalls zusammen und bekamen Runzeln ... Das lange Kinn seiner Frau wurde noch länger; Nafanail nahm Haltung an und knöpfte seine Uniform zu ...

»Ich, Euer Exzellenz ... Sehr angenehm! Freund meiner Kindheit sozusagen, und sind plötzlich so ein Würdenträger geworden! Hihi ...«

»Na, hör auf!« sagte der Dicke und verzog das Gesicht. »Wozu dieser Ton? Wir sind doch Jugendfreunde – wozu diese Ehrerbietigkeit!«

»Aber ich bitte Sie ... Was sagen Sie ...« Der Dünne kicherte und schrumpfte noch mehr zusammen ... »Die gütige Aufmerksamkeit Eurer Exzellenz ... ist wie ein belebendes Naß ... Dies hier, Euer Exzellenz, ist mein Sohn Nafanail ... meine Frau Luise, lutherisch, gewissermaßen ...«

Der Dicke wollte eigentlich etwas erwidern, aber das Gesicht des Dünnen drückte so viel Ehrfurcht, Wonne und säuerliche Unterwürfigkeit aus, daß dem Geheimrat übel wurde. Er wandte sich von dem Dünnen ab und reichte ihm die Hand zum Abschied.

Der Dünne drückte drei Finger, verbeugte sich mit dem ganzen Körper und kicherte wie ein Chinese: »Hihihi.« Seine Frau lächelte. Nafanail machte einen Kratzfuß und ließ die Mütze fallen. Alle drei waren angenehm überrascht.

ABRAM TERZ

»Das häßliche Mädchen«

1968

Andrej Sinjawskij wurde 1925 in Moskau geboren, hat als Literaturwissenschaftler und Kritiker in der UdSSR publiziert; seine literarischen Werke erschienen unter dem Pseudonym Abram Terz, u. a. »Ljubimow« (Paris, 1961/62). 1965 wurde er zusammen mit seinem Freund Julij Daniel verhaftet; der Prozeß fand 1966 statt wegen »antisowjetischer Aktivitäten«. 1971 vorzeitige Entlassung aus dem Lager, 1973 Emigration nach Frankreich, Professor für russische Literatur an der Sorbonne. 1978 gründete er zusammen mit seiner Frau die Zeitschrift »Sintaksis«, nachdem er sich bereits 1974 von Maximows »Kon-

tinent« zurückgezogen hatte. Bücher: »Spaziergänge mit Puschkin« (1975), »Im Schatten Gogols« (1978), »Gedanken hinter Gittern« (1968), »Klein Zores« (1982), »Gute Nacht« (1985). 1984 heftige Auseinandersetzung mit Solschenizyn. Für ihn ist die Emigration »ein Recht auf der Erde, wo man, ohne sich verbergen zu müssen, schreiben kann, was man will«. In einem Gespräch mit der Zeitschrift »magazine littéraire« (11/1984) bezeichnete er sich als einen Autor, der zwar »die Religion berühre, selbst aber nichtreligiös« sei.

Ich saß im Restaurant und blickte mich um. Es war mitten am Tage, das Lokal war verhältnismäßig leer, und die wenigen Gäste schienen nur zufällig hier zu sein, Leute aus der Provinz oder solche, die einmal im Leben in einer luxuriösen Umgebung essen wollten. Für mich – der ich auch zufällig hier war – war es äußerst interessant, diese zufälligen Leute zu beobachten.

Mir fiel ein Mädchen auf, ein sehr einfaches Mädchen mit krausem Haar und mit einem unmäßig aufgerissenen Mund. Es lachte laut und zeigte dabei seine großen Zähne, angeheitert von dem ungewohnten Wein. Ich betrachtete das Mädchen und dachte, wie häßlich ist sie doch, und ich war empört über diese selbstzufriedene Häßlichkeit. Mir schien, daß das Mädchen kein Recht hatte – nicht nur am Tisch zu sitzen, sondern überhaupt zu existieren. Schämte sich dieses Mädchen nicht, so häßlich zu sein, und wie kann es bei all seiner Häßlichkeit noch lachen?

Und plötzlich kam mir ein Gedanke, und dieser Gedanke erschütterte mich so sehr, daß ich auch jetzt immer noch darauf zurückkomme, obwohl es Zeit wäre zu vergessen. Ich dachte: »Was für ein Recht hast du eigentlich, dieses Mädchen zu verdammen, wenn Gott selbst seine Anwesenheit duldet? Wenn Er uns allen, Häßlichen und Kleinen, zu existieren gestattet. Da sitzen wir und sehen aufeinander herab und sind bereit, uns gegenseitig zu vernichten, und Er, der unsere ganze Häßlichkeit deutlich erkennt, erlaubt uns nichtsdestoweniger zu leben, obwohl Er unsere aufdringliche, großtuerische Existenz im Handumdrehen auslöschen könnte. Welche Vollmachten hast du denn, diese Vogelscheuche nicht zuzulassen, wenn Er, der unermeßlich Herrliche, sie zuließ?!«

Diese Erkenntnis, daß ich unrecht hatte, was angesichts Seiner Erlaubnis so offensichtlich war, versetzte mich in eine unerwartet heitere Stimmung. Ich machte mich über mich selbst lustig und schüttelte mich im geheimen vor Lachen, wobei ich den äußeren Anstand wahrte, da ich mich nicht allein im

Restaurant befand, sondern in Gesellschaft von Freunden war. Aber in der Tiefe meiner Seele wußte ich mich vor Lachen kaum zu halten. Ich fühlte gleichsam einen nachsichtigen, gnädigen Blick auf mir ruhen. Während ich das Mädchen betrachtete, das durch die ganze Angelegenheit nicht anziehender geworden war, amüsierte ich mich wie schon seit langem nicht mehr. Aber mein Belustigtsein enthielt in diesem Augenblick nichts Böses mehr und war voller Dankbarkeit für den Gedanken, der das alles aufgedeckt hatte und der auch über mich und über uns alle in seiner harmlosen und freundschaftlichen Weise lachte. Und mir scheint es bis auf den heutigen Tag, daß Gott mich damals zu diesem Lachen segnete.

WASSILIJ BELOW

Wiedersehen morgens

1977

Below wurde 1932 im Gebiet von Wologda geboren. In seinen Erzählungen herrscht als Thema die Problematik der Kolchosbauern vor (»Das Dorf Berdjajka«, 1961). 1956 Aufnahme in die KP.

Die Großmutter stand immer in der sechsten Stunde auf, wenn auf der Straße der Autolärm begann. Sie hat jetzt keinen sehr festen Schlaf mehr, die ganze Nacht schläft sie und denkt nach. Eben war draußen der erste Trolleybus vorbeigefahren, vermutlich noch ganz leer. Jedesmal scheppert irgendwas, hört sich an, als wär der Bus schon frühmorgens im Eimer. Miserabel gehen die mit ihren Fahrzeugen um! Davon haben sie 'ne Menge, aber sie pflegen sie nicht ...

Heute ist Sonnabend. Die Unruhe wegen dieses bevorstehenden Tages setzte bereits am Abend zuvor ein. Jetzt packt diese Aufregung das alte Herz mit aller Gewalt. Die Sonnabende und die Feiertage machen der Großmutter neuerdings angst. Früher, als sie noch auf dem Dorf lebte, hat sie sich darauf gefreut, jetzt fürchtet sie sich davor. Nehmen wir heute, irgendwas wird doch wieder sein? Der Schwiegersohn ist gestern abend spät nach Hause gekommen, und ihre Tochter hat mit ihm kein Wort geredet.

Sie haben schon wieder getrennt geschlafen.

Sachte, mit den Füßen, tastet die Großmutter nach den Schuhen. Fährt in die Schlappen, unterdrückt ein Husten, um das Enkelkind nicht aufzuwecken, und flüstert: »Schlaf, mein Kleines, schlaf! Gott ist bei dir. Mußt heute nicht in den Kindergarten.«

Ihr Enkelkind, die Kleine von dem anderen, ihrem ersten Schwiegersohn, schläft bei der Großmutter. Seit sie mit dem Kerl auseinander sind, kränkelt sie ständig. Es kommt vor, daß sie losweint und brüllt, prompt fährt dann ihre Tochter aus der Haut, wirft das Kind aufs Bett, als wär's ein fremdes. Und alles von wegen der Nerven. Schlecht steht's heutzutage um die Nerven, viele sind sogar ganz runter damit.

Das geht ihr durch den Kopf, während sie dem Kind die Zudecke feststopft, es hat sich im Bett umhergeworfen.

Der Weg zur Toilette ist im Augenblick für sie Hauptsache. Alles in allem nur vier Schritte, aber immerhin. Sie muß ja auch noch die Tür aufmachen, das sind zwei, und über Parkettfußboden laufen. Und das Parkett knarrt, da helfen auch die Läufer nicht, die sie vom Dorf mit hergenommen haben. Von ihr gewebt, extra für sie. Die Tochter hat in einem Brief drum gebeten, als alles Mode wurde, was vom Lande kam. Ist ja auch egal, ob nun Mode oder nicht Mode, aber an Teppichen kann man sich tatsächlich totkaufen.

Vorsichtig öffnet sie die Tür zum Flur. Setzt leise Schritt vor Schritt, immer auf dem Läufer. Aber das Parkett knarrt trotzdem, als hätten sie trockene Ulme druntergepackt. Gott sei's gelobt, die in ihrem Zimmer haben nichts gehört. Jetzt nur noch das Türchen aufkriegen und ein Kreuz dazu geschlagen. Das Türchen knarrt auch, und der Schalter klickt mächtig. Sie beschließt, Licht wird nicht angeknipst, die Toilette hat ein Fenster zu der Küche, im Halbdunkel geht's auch. Sogar besser. Der neue Schwiegersohn hat das ganze Klo voll Bilder geklebt, und auf den Bildern sind nur nackte Mädchen drauf. Sie schämt sich immer, wenn sie die anguckt: fast, wie ihre Mütter sie geboren haben! Und wie sie da hängen, so angeberisch. Aber mach was dagegen. Deren Sache. Die Großmutter seufzt und überlegt abermals, wie nun weiter. Eigentlich müßte sie jetzt spülen, aber einen Krach würde das geben, reineweg ein Unglück. Gar nicht spülen – geht auch nicht. Die Tochter schimpft wegen dem Krach, und der Schwiegersohn meckert, wenn's stinkt. Weißt nicht, auf wen du hören, wem du's recht machen sollst...

Und wiederum entschließt sie sich zur halben Sache, sie spült nicht mit dem ganzen Wasser, sondern bloß mit einem Teil, vorsichtig, damit's nicht so rauscht. Mit dem Waschen ist's nicht weiter schlimm, damit kann man warten. Und ebenso leise kehrt sie zurück in ihr Sechsquadratmeterzimmerchen, wo die Kleine schläft.

Ein schrilles, aber doch ganz kurzes, gleichsam verschämtes Läuten tönt von der Wohnungstür her. Die Großmutter, mit angehaltenem Atem, tritt auf Zehenspitzen an ihre Tür. Mein Gott, was soll sie bloß machen, sie weiß nicht. Macht man nicht auf, klingeln die noch mal und wecken alle auf. Aber aufmachen geht auch nicht. Würd doch wenigstens der Schwiegersohn aufwachen und öffnen. Kann sein, da will jemand zu ihm ...

Angespannt wartet sie: Vielleicht gehen die wieder. Sie schleicht sich zur Tür, horcht. Nein, gegangen ist keiner. Man hört es deutlich, da hinter der Tür steht wer. Besser, man macht auf.

Vorsichtig, ohne ein Geräusch, dreht sie den Griff und öffnet ganz leise die Tür.

Ein glatzköpfiger Alter, in Stiefeln und einem grauen Baumwolljackett, eine Schirmmütze in den Händen, steht vor der Tür, tritt von einem Bein aufs andere.

»Wünsche freundlichst Gesundheit!« donnert er, und die Großmutter fuchtelt mit den Armen: Leiser, leiser!

Der Alte setzt einen Rucksack von einer Stelle auf die andere und verlegt sich ebenfalls aufs Flüstern.

»Also folgendes ... Ich hätt gern den Kostja ... Ist der Konstantin nicht da?«

»Nein, der ist nicht da.«

»Wo steckt er denn? Etwa auf Dienstreise?«

»Weiß nicht, mein Bester. Ich weiß nicht. Er wohnt nicht mehr hier.«

»Verzogen?«

»Ja, das ist er. Verzogen. Und wer warst du doch gleich?«

»Tja, also ... Bestell dem Kostja, Smolin ist hier gewesen. Oljoscha, sozusagen ... Und entschuldigen Sie, bittschön.«

»Leb wohl.«

Die Großmutter macht vorsichtig die Tür zu. Bloß gut, daß keiner wach geworden ist. Laß sie schlafen, bei Gott, haben sich auch genug abgerackert die Woche über. Mit Hochachtung denkt sie an den Schwiegersohn und an die Tochter und an die Schwester vom Schwiegersohn, die aus der anderen Stadt nach hier gekommen ist, eine Rede halten. Der Wecker steht mittlerweile auf sechs. Nachdem sie ein Gebet gesprochen hat, setzt sie sich zur Enkelin ans Fußende. Ziemlich dumm und nicht sehr angenehm, einfach so dasitzen, ohne was zu tun. Und zu tun gibt's jede Menge, aber die werden ja erst um neun munter, eher nicht. Sie könnte stricken, aber die Wolle ist ausgerechnet alle. Sie müßte dem Sohn einen Brief schreiben, doch Papier und Umschläge sind bei denen im Zimmer. Oder Brot und Milch kaufen gehen, aber der Laden macht erst um acht auf. Nichts zu tun also vorläufig. Die Gedanken kommen von selbst, umkreisen sie von allen Seiten. Und alle drehen sie sich um sie, um die Kinder. Die Söhne sind weit weg, aber das Herz weint nach ihnen. Der eine ist Offizier bei der Armee, das ist der Jüngste. Der andere lebt irgendwo in Sibirien, schon als Halbwüchsiger ist er weg von zu Hause. Die eine Tochter wohnt in Moskau, die andere, was die Älteste ist, in einem kleinen Nest. Der Mann von ihr trinkt nicht, ein Handwerker. An die denken ist nicht schlimm, denen geht's gut. Haben sich selber Enkelchen angeschafft. Aber die hiesige Tochter, obwohl sie ihr ständig vor Augen ist, um die tut's ihr am meisten leid. Leben wie auf dem Bahnhof. Wie ein Holzspan so dünn ist sie geworden, auch mit diesem Mann vergeht bald kein Tag ohne Krach. Von ihrem ersten hat sie sich scheiden lassen wegen der Sauferei. Der zweite trinkt nun zwar nicht, ist dafür aber irgendwie mickrig, unselbständig. Schlimmer als ein Frauenzimmer. Um Kleinigkeiten streiten die sich – bloß, worum sollten sie sich auch sonst streiten? Geld ist da, sie sind satt und haben anzuziehen. Gottlob, die Zeiten haben sich gebessert, die Läden sind voll mit Sachen. Früher kam's vor, wenn ein Laden Kattun kriegte, wurde nach dem Los verkauft. Und jetzt wissen sie nicht, was zuerst anziehen, zu jedem Feiertag Geschenke. Und Feiertage gibt's mehr als genug. Und die zwei untereinander? Oft wie die Köter. Hab ich ihr das vielleicht beigebracht? fragt sich die Großmutter bitter.

Und sie muß an früher denken. An die frühere Zeit, die aber dennoch so klar vor ihr liegt, so nahe, so gegenwärtig, als wär sie gar nicht vergangen. Mann und Frau haben früher nicht getrennt geschlafen. Höchstens, der Mann zog in den Krieg oder weg zum Geldverdienen. Hingegen heute? Die Weiber zu faul zum Kinderkriegen, die Männer kaum noch imstande, eine Familie zu ernähren. Ist das vielleicht ein Mann, wenn er weniger heimbringt als die Frau?

Und mit einemmal beginnt sie sich zu schämen, daß sie die Leute durchhechelt. In hastigem Flüstern beschimpft sie sich selber, und ihr fällt der gestrige Brief aus dem Dorf ein.

Sie tun ihr leid. Alle tun sie ihr leid, die heutzutage was auszustehen haben, und auch die, die ausgelitten haben. Da schreiben sie in dem Brief, ihr Nachbar – war noch längst nicht so alt wie sie – ist gestorben. Neunzig Jahre alt hat er werden wollen. Nicht vergessen, für ihn in der Kirche zu beten. Nein, was hat der Mensch nicht alles erduldet! Verwundet ist er gewesen und verachtet. Die Haut haben sie ihm fast abgezogen in der Gefangenschaft, ihm ins Gesicht gespuckt.

Sie erinnert sich auch an den eigenen Mann, der im letzten Krieg gefallen ist. Danach kommt ihr die Schwiegermutter in den Sinn und von ihrem Mann die Schwestern und die Brüder. Was soll man sagen, besonders herzlich war die Verstorbene nicht, Gott hab sie selig. Aber gerecht. So zum Beispiel, sie saß beim Samowar, und das erste Glas bekam der Mann, das zweite der Sohn. Das dritte nahm sie nicht etwa sich oder gab's den jüngeren Töchtern, sondern ihr, der jungen Frau. Was der Schwiegervater war, das hat gedauert, aber aufgetaut ist er, hat sich später nichts mehr bieten lassen, von keinem. Streng ist der Alte gewesen, muß man schon sagen. Man schämt sich richtig, dran zurückzudenken, wie sie ins Haus gekommen ist, gedreht und gewendet hat sie sich, wie auf der Brautschau. Einmal, als sie die Stube ausfegt, sieht sie, unter der Bank liegt ein Silberrubel. Und sie ist ganz allein zu Hause. Dumm von ihr, sie war nicht gleich draufgekommen, daß den jemand vielleicht absichtlich hingeworfen hatte, jedenfalls hat sie dem Alten das Geld gegeben, vor der Vesper: »Hier, Väterchen, hab ich unter der Bank gefunden.« Wie war er zufrieden und froh. Gelobt hat er sie, über den Kopf gestreichelt wie ein kleines Kind. Die älteste Schwägerin hat ihm die Kühe immer nicht richtig gemolken, da wurde sie zur Hausfrau gemacht, die junge Frau und Schwiegertochter. Lang ist das Leben, überaus lang, und wieviel kann man schaffen.

Die Gedanken der Großmutter fließen dahin, doch da hat im Flur das Parkett geknarrt, und in der Küche hat der Teekessel gescheppert. Sie sind aufgewacht, sie stehen auf. Der Großmutter fällt plötzlich wieder ein, daß heute ja Sonntag ist und sie mit der Kleinen spazierengehen muß, unbedingt. Ihr wird weh ums Herz. Lautlos tritt die Großmutter ans Fenster und blickt verstohlen hinunter zur Straße, in Richtung Telefonzelle und

Gemüseladen. Ist er da? Er ist schon da. Er steht, der Gute, in seinem grauen Regenmantel, Kragen hochgeschlagen. Raucht. Das Kind schläft noch, und er steht da. So kommt er nun jeden Sonntagmorgen und wartet, bis die Großmutter mit der Kleinen aus dem Hause tritt. Doch manchmal geht ihre Tochter selber mit dem Mädchen in der kleinen Grünanlage spazieren, dann schlägt er den Kragen ganz hoch und versteckt sich in der Telefonzelle. Und steht hinter der Scheibe, bis sie vorbei sind.

»Barmherziger Gott!« seufzt die Großmutter. Sie nimmt die schlaftrunkene Kleine auf den Arm und geht mit ihr los, zu ihm. So fängt wieder einmal ein Sonntagmorgen an.

Es ist mittlerweile neun. Sorin klettert die kleine Leiter des Gemüselagerraums hinunter. Hier unten muß er sich nicht so schämen wegen der Rumsteherei. Der Laden öffnet um elf, und hier unten werden ihn nur die ganz Neugierigen bemerken, wenn sie vorbeikommen. Und das sind gerade die Richtigen, weiß der Teufel! Haben anscheinend nichts weiter zu tun, an nichts sonst zu denken? Als hätten die keine eigenen Sorgen! Begucken einen, als wär man ein Mastodon.

Von hier aus sind die Fenster seiner früheren Wohnung gut zu sehen. Da hat jemand in der Küche die Lüftungsklappe aufgemacht, das bedeutet, Tonja zündet das Gas an und stellt den Teekessel auf. Kann aber auch sein, der neue Wohnungsinhaber raucht?

Sorin kommt es bitter an, daß Ljalka, seine kleine Tochter, und dieser neue Wohner zusammen leben in dieser, in einer gemeinsamen Wohnung. Im Mund hat er auch einen bitteren Geschmack, der kommt von den Zigaretten. Er hat doch dreizehn Monate nicht mehr geraucht. Und es hat ihn auch nicht mehr gereizt, Qualm um ihn her ärgerte ihn, so wie dieses unverfrorene Anstarren. Er erinnert sich an jenen Tag, richtiger an jene Nacht, da er sich erneut von dem Bazillus hat infizieren lassen, danach rauchte er mit um so größerer Wut weiter. Es war irgend so ein laufender Feiertag mit noch zwei freien Tagen dazu, und das bedeutete, eine ganze Woche lang hatten sie auf dem Bau keinen Ziegelstein angefaßt. Oje, diese Feiertage! Sorin war mit seiner Frau bei den Golubjows eingeladen, es hatte alles ziemlich gesittet angefangen. Da war irgend so ein Dämchen, eine Verwandte von den Golubjows, mal kicherte sie nervös, mal spielte sie plötzlich die stolze Stumme. Irgend so ein Laffe hatte die Beatles aufgelegt, jemand erging sich hingerissen in hochweisen Reden. Aber alles endete recht bald in einer wüsten Zecherei, irgendwer schaffte sich mit irgendwem zur Musikbox, irgendwer sang mit irgendwem irgendwas, und Sorin ging ins Nebenzimmer, ließ sich in einen Sessel fallen. Golubjow, betrunken, war ihm gefolgt, umarmte ihn täppisch und lallte dazu: »A-a-alter J-j-unge, wir haben hier drei Zimmer, die beiden da haben sich schon eingeschlossen, und wir – sind wir vielleicht Ha-ha-ha-hampelmänner? Schlage f-f-folgende Variante vor... Meine läßt mich k-k-kalt mittlerweile, w-w-wollen wir tauschen? Zeitweise, versteht sich.«

Sorin war sofort nüchtern. Irgendwas in seinem Innern fing an zu zittern. Was am schlimmsten war, Golubjows Frau schmiß sich beim Tanzen ein bißchen zu eng an den Partner. Sorin starrte Golubjow eine Weile an, prägte sich dessen sinnloses Lächeln ein. Und sprang plötzlich vom Sessel hoch und verpaßte ihm mit voller Wucht eins aufs Jochbein... Golubjow sauste mit dem Kopf gegen ein Schränkchen. Sorin erinnerte sich nur mühsam an das, was weiter war, er hatte seine Frau stehenlassen und war gegangen, hatte mit irgendwem noch weitergetrunken und irgendeinen Burschen, der ihm entgegenkam, um was zu rauchen angehauen. Am übernächsten Tag dann erschien Golubjow mit einer Flasche und machte ein saures Gesicht, bis Tonja Sorin giftig anfuhr: »Solltest dich wenigstens bei dem Menschen entschuldigen!«

Sorin schwieg mit zusammengebissenen Zähnen. Als sie raus war, holte Golubjow hinter der Blumenbank den mitgebrachten Kognak hervor.

»Alter J-j-unge, brauchst dich nicht zu entschuldigen. Hattest ja recht. Ich bin ein Schwein, aber was kann unser Schränkchen dafür? So was von lädiert, wie das aussieht...«

Beleidigt zu sein war fast unmöglich. Ekelerregendes Mitleid mit ihm machte Sorin lange Zeit wütend. Im Eifer eines Streits hatte Sorin eines Tages diese widerwärtige Geschichte Tonja erzählt, und prompt war in ihr die Eifersucht erwacht. Zwar scheint es ihm bis heute, daß diese Eifersucht nur gespielt war, auch jetzt ist er so gut wie überzeugt, seine Frau hat nur getan, als ob.

Sorin blickt abermals auf die Uhr, es ist schon zwanzig nach neun.

Solche Frauen wie Tonja schreiben anfangs ihren Männern demagogisch die eigenen Sünden zu, dann gewöhnen sie sich daran und beginnen bereits ganz aufrichtig an die Untreue ihrer

Männer zu glauben. Reizende Geschöpfe sind das, weiß Gott... Das Leben als Alleinstehender zwang Sorin, sich noch häufiger in Gaststätten herumzudrücken, und ziemlich oft hatte er Gelegenheit, solche hübschen Szenen zu beobachten: Frauen sitzen in fröhlicher Runde beieinander, ohne ihre Männer. Sechs, acht Dämchen versammeln sich, legen zusammen und gehen in ein Restaurant essen. Und erzählen genüßlich von den Männern, ihren eigenen Männern. In solchen Situationen, und erst recht nach einem Gläschen Portwein, nehmen sie aus irgendeinem Grund nicht mehr Notiz von ihrer Umgebung, sie verlieren ihre Hemmungen und wetteifern in Geistreicheleien.

»Mit anderen Worten, Sie wissen also...«

»Aber nein, wissen Sie denn?«

Gestern, als er, ohne es zu wollen, einer solchen Runde zuhörte, vernahm Sorin etwas Ungewöhnliches.

»Füttern muß man sie.«

Doch die, die da meinte, man müsse die Männern füttern, damit sie weniger trinken, befand sich allein auf weiter Flur. So daß sie auf der Stelle verstummte. Einmütig fielen die übrigen über sie her.

»Werd diesen Idioten noch füttern!«

»Das fehlte gerade.«

»Er kommt von Arbeit, greift sich die Zeitung, und du sitzt da wie bestellt und nicht abgeholt. Wie ein Wäschestück!«

»Wozu auf die hören? Sie ist doch verknallt in ihren Slawik!«

Fazit, auch Slawik liebhaben, das heißt den eigenen Mann, ist schon nicht mehr zeitgemäß aus der Sicht einer solchen fröhlichen Runde. Tonja hatte Sorin immer vorgeworfen, er sei hartherzig, bringe den Frauen nicht genügend Achtung entgegen, und überhaupt sei er ein rechter »Domostroj«-Pascha. Wenn niemand in der Nähe war, ging er gleich hoch: »Domostroj! Hast du ihn wenigstens gelesen, diesen Domostroj?«* – »Hab ich nicht und will auch nicht.« – »Weißt du vielleicht, daß der Domostroj die eheliche Treue des Mannes predigt?« Aber sie war nicht mehr imstande, solche Feinheiten zu begreifen, sie fühlte sich durch sein despotisches Verhalten ernsthaft verletzt. So fingen alle ihre Streitereien an. Schließlich lernte er es, ihr nachzugeben und zu tun, was sie wollte. Nicht zu streiten, sondern zuzustimmen. Doch hat das beide nicht vor dem Unheil gerettet. Die ständige Angewohnheit, dagegen zu sein, bei allem

* Altrussisches Hausbuch (um 1550)

immer nur Hinterlist zu wittern, selbst beim eigenen Mann, die in Aggressivität umschlagende ständige Bereitschaft zur Verteidigung: dies alles zwang sie, in jedem Falle Protest einzulegen. Eines Tages also hatte er des Experiments halber beschlossen, nicht auf seinem Standpunkt zu beharren und das zu tun, was sie wünschte. Und was war das Resultat? Statt der Vorwürfe von wegen Paschatum und Despotismus trat etwas für ihn gänzlich Unerwartetes ein. »Was bist du für 'n Mann? Unfähig, dich durchzusetzen. Du hättest nicht auf mich hören dürfen!« – »Aber du hast mir doch Despotismus vorgeworfen!« – »Ich? Ja?« Und so weiter. Sämtliche Details dieser merkwürdigen Situation hat er sich eingeprägt. Anfangs regte er sich noch auf und bedauerte sich, aber ganz allmählich gewöhnte er sich an die Ausweglosigkeit und lernte nicht nur sein, sondern auch ihr Verhalten zu programmieren. Und dann – diese Geschichte mit Golubjow... Mehr noch, die mit jenem Knaben...

Es ist schon zehn. Bald werden sie kommen und den Laden öffnen, und er wird so tun müssen, als sei er wegen Auberginenpastete hier. In dem Haus gegenüber hat jemand sein Tonband auf volle Lautstärke gedreht und einen Lautsprecher ins offene Küchenfenster gestellt. Warum? Warum ist er, Sorin, ein Mensch, der die Stille liebt, verpflichtet, sich diesen Krakeel anzuhören? Eine moderne kaukasisch-ukrainische Melodie mit russischem Akzent. Bei Sorin erweckt sie Assoziationen zu der ihm schimpflich erscheinenden Periode seines Lebens, da er sich von seiner Frau scheiden ließ. Besagter Knabe, pickelgesichtig, besaß eine für sein Alter unglaubliche Hartnäckigkeit. Beinahe täglich strich er ums Haus, und das stets und ständig mit dem bescheuerten Kofferradio.

Tonja hat dieses Nachstellen wahrscheinlich gefallen. Hundertprozentig. Es amüsierte sie nicht nur, es schmeichelte obendrein ihrer nicht unbeträchtlichen Eigenliebe. Na bitte, man ist in sie verliebt! Sie steht in dem Alter wie die Frauen in den Romanen von Balzac, aber man ist in sie verliebt, siehst du wohl, lieber Mann, schneid dir ein Scheibchen ab. Du meckerst und flegelst herum, kommst betrunken heim, und kein zärtliches Wörtchen hört man von dir – da hast du's nun. Was hat sie bloß für einen Anlaß gegeben?

Sorin wird rot, ihm ist dieses Sich-selber-Aufregen im nachhinein widerwärtig. Der Anlaß dürfte wahrscheinlich gewöhnliches Herumkokettieren in der Bibliothek gewesen sein. Vielleicht hat sie ihm gestattet, sich im Bus neben sie zu setzen, vielleicht hat sie ihm in die Augen gesehen und gelächelt – was für Ansprüche stellt schon so ein grünes Bürschchen, das vor Geilheit fast umkommt? Er, Sorin, ist überzeugt, weiter als bis zu dem Anhimmeln ist es bei dem nicht gekommen. Sie ist vernünftig. Ihr hat es schon genügt, daß jemand in sie verliebt war. Doch was macht das für einen Unterschied? Lediglich aus Angst ist sie nicht weiter gegangen, aus Feigheit. Ihre Inkonsequenz bestätigt nur die echte Verderbtheit. Hört ein Laster etwa auf, ein Laster zu sein, nur weil es nicht realisiert wird? Er, Sorin, ist seiner Frau immer treu gewesen. Er hat sie geliebt. Ihn haben die Damenspielerchen stets angeekelt, er hat diese unverblümten Anspielungen nie ausstehen können, diese Blicke von vorbeikommenden unbekannten Frauen, dieses Gezwinker und Gelächle. Normale, wirkliche anständige Frauen blicken unbekannten Männern nicht in die Augen. Sie laufen normal die Straße lang. Fiesheit und Dreck der Männer kann ihnen nichts anhaben, sie bleiben sogar in einer abscheulichen Situation sauber. Ob es viele gibt, solche? Dieser picklige Bursche hat seine Dreistigkeit so weit getrieben, daß er einmal in den Sandkasten gekrochen kam, wo seine Tochter spielte. Ein andermal hatte er sich in den Hauseingang geschlichen, bis hinauf zu ihrem Treppenabsatz, Sorin brachte gerade den Abfalleimer weg, und er mußte sich mächtig zusammennehmen, um ihm den Eimer nicht über den Kopf zu stülpen.

»Hör mal zu, Chef«, hat Sorin damals gesagt. »Wenn du weiter hier rumkriechst, steck ich dich in den Müllschlucker da. Kapiert? Mit dem Kopf zuerst.« Der Kerl hatte ihn angeschaut mit einem herausfordernden und verzweifelten Blick. Sorin packte ihn beim Kragen, wie einen Schafbock packte er ihn, führte ihn hinunter und stieß ihn ganz sacht aus der Haustür. »Verschwinde!« Und plötzlich war der Bursche munter, wurde mutig.

Nein, wie ekelhaft alles... Sorin hatte sich an diesem Tag nicht beherrschen können und war in der bewußten Kneipe versackt, spät kehrte er zurück und veranstaltete mit seiner Frau ein wildes Verhör mit Ohrfeige. Sie verfrachtete ihn zum Ausnüchtern. Er begann dort Krach zu schlagen. Sie zogen ihn nackt aus und banden ihn am Bett fest; die Schwestern spotteten bloß über ihn, als er sie anflehte, ihn loszubinden. Niemals und nirgendwo hat er so viel Erniedrigung und Bitternis empfunden. Er schrie, er würde sich den Kopf an der Wand einrammen, wenn sie ihn nicht losbänden und ihm seine Sachen gäben. Aber sie lachten nur. Vor Verzweiflung begann er mit dem Kopf gegen die Wand zu schlagen, da ließen sie noch jemand kommen, und der verpaßte ihm eine Spritze.

Mein Gott ... Und woher willst du wissen, daß zwischen ihnen nichts war, daß dieses Arschloch ... Pfui!

Sorin spuckt bei der Erinnerung an die Pickelvisage aus. So hat er in der Kinderzeit, als er Puschkins »Hauptmannstochter« las, diesen Schwabrin gehaßt. Doch was ist das? Ist er schizophren geworden? Die gleichen Pickel, das gleiche Kofferradio, die gleiche Kunstfaserkutte, nur die langen rötlichen Koteletten sind neu. Der Kerl steht neben ihm, neben Sorins Telefonzelle, leckt eine Zigarette an und äugt in dieselbe Richtung wie er, Sorin.

Sorin tritt aus seinem Schlupfwinkel.

»Hör mal, Chef ...«

Erschrocken blickt der Bursche sich um.

»Hast verspielt. Tut mir leid für dich, aber du hast auch aufs falsche Pferd gesetzt ...«

Der Bursche verdrückt sich schleunigst. Zur selben Zeit macht das Trampel von Verkäuferin, die ihn kennt, den Laden auf. Um ihr nicht unter die Augen zu kommen, taucht er in der nach Urin riechenden Telefonzelle unter. Wehmütig schaut er dorthin, zur Hausecke. Es ist schon elf. Womöglich ist die Großmutter krank geworden? Gleich, gleich ... Die müssen kommen, die müssen. Er könnte mit Gewalt in die Wohnung eindringen, Tonka beiseite stoßen, sich mit Gewalt Eingang in seine frühere Wohnung verschaffen. Nicht einmal getauscht hat er sie, er ist ins Wohnheim gezogen. Er könnte im guten mit Tonkas Mann reden, eine Vereinbarung treffen und die Tochter irgendwohin mitnehmen, in den Kinderpark. Aber er möchte nicht, daß sein Töchterchen weint. Und Tonja ist unerbittlich in ihrem Zorn, sie will von Sorin nichts hören, für sie ist er nicht mehr der Vater des Kindes. Sie behauptet, endlich könne sie wieder frei atmen, ihre neue Ehe sei glücklich, es gäbe zwischen ihnen Liebe. Liebe? Herrgott ... Liebe. Leute, begreift doch endlich, daß Liebe nur in der Jugendzeit gut und richtig ist. Einmal, ein einziges Mal. Da warten sie nun auf die Liebe noch mit vierzig, noch mit fünfzig Jahren, wo alles zu Ende ist, und nennen dabei die ganz gewöhnliche Ausschweifung naiv Liebe ... Irgendwann müssen sie doch einsehen, diese Liebhaber beiderlei Geschlechts, nach der Geburt eines Kindes ist jedwede andere »Liebe« nichts als Verrat. Und ist überhaupt jeder Mensch fähig zur Liebe? Die meisten Menschen halten das bloße Liebesverlangen schon für Liebe und das, wovon sie sagen: es macht Spaß. Ohne daß sie die Fähigkeit zu lieben besitzen, erwarten sie Liebe vom Partner. Sie brauchen dieses Spiel mit der Liebe sogar, nachdem sie Kinder in die Welt gesetzt haben. Was sollen ihnen Kinder? Sie husten was auf Kinderkummer! Väter, die sich vor den Alimenten drücken, kreuz und quer hüpfen sie durchs Land, die reinsten Böcke. Kunststück, wo man sich zu jeder beliebigen Zeit und jedem beliebigen Ort anheuern lassen kann. Und bei vielen modernen Frauen ist die weibliche Eigenliebe stärker als das Muttergefühl. Tonja macht da keine Ausnahme. Sorin weiß, sie hat Ljalkas Wohlbefinden nicht nur einmal ihrer törichten Selbstbestätigung geopfert. Er war erschrocken, als er diese Entdeckung machte, die sein ohnedies überempfindliches Inneres durch und durch erschütterte. Er hat sie nicht mehr so liebhaben können wie vordem.

Und nun erlebt sie also erneut Liebe... Natürlich lügt sie, das ist wieder nur Spiel, ein klägliches, verkrampftes Spiel. Sie hat ihm immer Rückständigkeit vorgeworfen, wenn er mit ihr über Liebe und Familie stritt. Sie war der Auffassung, eine Frau habe frei und unabhängig zu sein. Doch kann man frei von Gewissen sein? Von Mutter- oder Vaterpflichten schließlich und endlich?

Ach, diese Maulhelden, die ihre Kinder gegen die vielgerühmte Freiheit eingetauscht haben, eine Freiheit aus Rausch und Langeweile. Er kennt sie, wie abgepellte Eier kennt er sie. Gar nichts wollen die außer einem Säuferrausch. Nicht umsonst werden sie von den Frauen verachtet. So einem ist es ganz egal, mit wem er schläft und wo, mit wem er trinkt und wo, wieviel er arbeitet und wo. Ja, Sorin kennt diese Typen besser als andere. Die Frau oder die, mit der so einer zusammen lebt, läßt ihn kaltlächelnd in den Knast wandern, er sitzt an die zwei Jährchen ab und kehrt dann zu ihr zurück, als sei nichts gewesen, trinkt und ißt erneut auf ihre Kosten, bis er im Leichenschauhaus endet oder wieder im Gefängnis. Anzunehmen, sie sind krank, denkt Sorin, von solchen haben wir nichts zu erwarten. Aber Golubjow... Woher hat er diesen Zynismus, diese Konsumenteneinstellung gegenüber der Welt, den Frauen und sogar sich selbst? Sind wir nicht wie er, stecken wir nicht mit der eigenen Verantwortungslosigkeit unsere Frauen, Schwestern und Kinder an? Wenn eine Frau sich in ein geschlechtsloses Wesen verwandelt, dann ist das nicht völlig widerwärtig, wirkt es trotzdem noch irgendwie weiblich, das heißt einfach nicht ganz so abstoßend. Obwohl auch, wer weiß ... Die Emanzipation, überlegt Sorin, ist eine von irgendwem absichtlich erdachte Sache. Nämlich, sie setzt von vornherein die Existenz von Ungleichheit voraus. Aber lassen sich denn die Menschen gegenüberstellen nach diesem schrecklich abgegriffenen Schema: Mann – Frau? Das ist ein Verbrechen. Die Menschen lassen sich insgesamt nur unterteilen in gute und böse. Kluge und Dumme gibt es unter Männern soviel wie unter Frauen.

Dies überlegt Sorin, und der Sekundenzeiger auf seiner Uhr rückt kaum merklich weiter.

Ljalka ... Irgendwas knackst in seinem Innern, als das Mädchen um die Ecke gesprungen kommt. Ihr folgt ihre Mutter, Tonja, und Sorin wird so weh, daß ihm fast die Tränen kommen: Wieder darf er nicht sein Töchterchen umarmen, abküssen, an sich drücken. Nein, er kann so eine wüste Szene zwischen Häuserblocks nicht zulassen, wo einem das Kind aus den Händen gerissen wird und gellendes Gezänk die Passanten zum Stehenbleiben zwingt. Was soll sein, er wird ihnen aus der Telefonzelle zusehen und unbemerkt fortgehen ... Hurra, die Großmutter! Die Großmutter, seine ehemalige Schwiegermutter, ist ebenfalls aufgetaucht. Und sie weiß ja, daß Sorin in der Zelle wartet, sie wird ihr möglichstes tun, daß er seine Tochter sehen kann. Doch was für Absichten hat Tonja? Sie scheint zur Arbeit zu gehen. Oder einkaufen? Zurechtgemacht, wie immer. Wie immer auch in Eile. Und wie immer hat sie einen Konflikt mit Ljalka, die beiden erziehen einander erbarmungslos.

»Sofort schmeißt du dieses schmutzige Ding weg!«

Doch Ljalka will sich keineswegs von der alten Büchse trennen, die sie eben aufgehoben hat.

»Bist du schwerhörig, schmeiß das weg, hab ich gesagt! Wird's bald!«

Ljalka schweigt. Sorin krampft sich das Herz zusammen, als Tonja mit der einen Hand das Mädchen am Arm packt und mit der anderen ihr kräftig auf den kleinen Po schlägt. Ljalka weint.

»Solchen Dreck aufzuheben, wirst du wohl gehorchen, wirst du wohl gehorchen?«

»Mami, Mami ...« Ljalka verschluckt sich schon vor Schluchzen. »Mami, nicht hauen, Mami, das darfst du nicht ...«

»Wirst du wohl endlich gehorchen?« Sogar in der Telefonzelle hört man die neuerliche Serie von Schlägen, Sorin knirscht mit den Zähnen. Er kann sich kaum beherrschen, am liebsten würde er hinstürzen.

»Wirst du gehorchen?«

»Ja, Mami, ja. Mami! Liebe Mami ...«

Oh, dieses Kinderweinen, dieses liebe Stimmchen: Ja, Mami, ja ... Brennend spürt Sorin die Tränen seiner Tochter, es schnürt ihm die Kehle zu vor Mitleid mit diesem kleinen schutzlosen Geschöpf. Er ist erschüttert, zerschmettert ob des sinnlosen Verprügelns dieses Wesens, das seine Tochter ist. Ein abscheulicher Haß auf die grausame Person, die einmal seine Frau war, übermannt ihn, schießt ihm förmlich in die Augen, er kann kaum mehr an sich halten, er wird hinrennen und ihr selber ein paar kräftige verpassen ...

»Ekelhaft so was!« sagt Tonja noch und schiebt, ja stößt fast das weinende Kind der Großmutter in die Arme, die die ganze Zeit um sie herumwieselte. Und geht, ohne sich umzudrehen, verschwindet in der Nebenstraße.

Nein, sie hat das Kind nicht lieb! schießt es Sorin durch den heißen Kopf. Sie hat es nicht lieb ... Sie würde nicht derart in Wut geraten, wenn sie es liebhätte.

Die Kinnladen fest aufeinandergepreßt, verläßt er die Telefonzelle und geht zum Sandkasten. Die Großmutter beruhigt das Mädchen, sie sieht ihn nicht, er bleibt drei Schritt vor ihnen stehen und vergißt alles auf der Welt. Alles, alles schwindet und ist vergessen, das Wohnheim mit dem dauernden Lärm, und das Zimmer in der psychiatrischen Klinik, und die täglichen lächerlichen Planbesprechungen. Und die Müdigkeit, und alle Bitternis. Er ist glücklich.

Die Kleine – offensichtlich hat sie den Vater gewittert – bemerkt Sorin eher als die Großmutter; sie weiß nicht, was tun, schaut ihn nur an. »Papi, Papi!« haucht sie unter Schluchzen und läuft ihm entgegen. Er nimmt sie hoch.

Ljalkakindchen, meine liebe kleine Ljaletschka, was hast du denn, was machen wir beide jetzt, mein Töchterchen? Na, nicht weinen ... Da, ein neuer Hase für dich. Ein blauer? Ja, natürlich gibt's das, es gibt sogar blaue Hasen. Brauchst nicht zu weinen, Ljalka, Ljaletschka.

Der Ausdruck von Schmerz, Verzweiflung und Nichtverstehen, hin und wieder abgelöst von einem zaghaften Freudenlächeln, bleibt noch immer auf ihrem kleinen verweinten Gesicht. Er zieht sein Taschentuch, er kann die eigenen Tränen nicht mehr zurückhalten und wischt diesen Ausdruck weg, dann drückt er mit dem anderen Arm die knochige Großmutterschulter dankbar an sich.

Wir pfeifen drauf, daß die Rentner herstarren, auf alles pfeifen wir, stimmt's, Ljalka?

Ihr kleiner Körper zittert immer noch.

»Papi, du gehst nie wieder weg?« sagt das Mädchen, beruhigt sich langsam. Und er drückt es abermals ganz fest an sich, dieses einzig wirklich getreue und doch so schutzlose liebe kleine Klümpchen Leben.

JURIJ OLESCHA

Engel

1922

Der 1899 in der Ukraine geborene Olescha wuchs in Odessa auf und starb 1960 in Moskau. Er gehörte zu dem Dichterkreis um Isaak Babel, Michail Bulgakow, Ilja Ilf und Valentin Katajew. Ab 1922 arbeitete er zehn Jahre lang für eine Eisenbahnerzeitung in Odessa. Mit seinem Roman »Neid« (1927) wurde er bekannt; außerdem »Die vier Kirschkerne« (Erzählungen, 1930) und das Theaterstück »Gespräch der Gefühle« (1927). In einer seiner letzten Arbeiten, skizzenhaften Tagebuchblättern, schrieb er: »Zu den Wundern der Literatur gehört, wie mir scheint, die Beschreibung des Himmels zu Häupten der nachts durch eine Schlucht marschierenden Soldaten, die sich in einer der kaukasischen Erzählungen Tolstojs findet. [...] Es lohnte sich, ein Hundert solcher Wunder zu sammeln. Warum? Um den Menschen zu zeigen, wie andere Menschen zu denken und zu sehen vermochten. Warum es zeigen? Damit auch jene, die nicht so zu denken und zu sehen imstande sind, in diesem Augenblick sich selber achten, indem sie begreifen, daß sie, soweit sie ebenfalls Menschen sind, auch zu vielem fähig sind.«

Die Stadt mit dem festlichen Namen, an den Kanälen, im Röhricht über den gekrümmten Schluchten, bleibt zurück, und der Zug fährt gen Norden, zu den Limanen, die die Steppe aufsaugt, die Steppe mit dem rötlichen jodenen Gras und dem Geruch nach gekochten Krebsen.

Der riesige, überladene Zug bewegt sich sehr langsam, er

knirscht, schiebt sich zischend wie ein Auto voran – bergauf, dem kalten Sprühregen entgegen.

Ich sitze in einem Waggon dritter Klasse, über einem Soldatenrücken in zerfressenem Uniformmantel, an die Wand gepreßt, erdrückt von einem ungeheuren Hamsterweib. Ich kann mich kaum rühren, die Hand bewegen, die Schulter rekken, und das ist um so unerträglicher, als mich die Läuse beißen und ich mich immerfort kratzen muß.

Das Weib sitzt mit seinem gewaltigen Hintern halb auf mir und schaukelt hin und her, wobei sie wer weiß weshalb ein ums andere Mal stöhnt. Sie ist in Tücher gewickelt, hat einen Schafpelz an und trägt Männerstiefel.

Dieser Hintern verdeckt mir die halbe Welt. Rechts in dem leeren Fenster sehe ich eine schabengelbe Bastmatte, die am Rahmen festgenagelt ist. Der Wind bläht sie auf, und sie knarrt wie ein Luftballon. Gegenüber, unter der Bank, auf den Bänken und aus den Netzen quellend, Säcke. Eine Unmasse ganz verschieden anzusehender Säcke, Steinsäcke, straffgespannte, Mehlsäcke, einer über den andern geworfen, Säcke wie Pferdebäuche, wie verstümmelte Rümpfe und – über die Bretter herunterhängend – schmutzige, nasse, schlappohrigen Schweinen gleichende.

In diesen Säcken ist Schmuggelware – Salz. Jeder von Süden kommende Zug ist voll davon, überall ist er es: in den Delegiertenabteilen, in den Stabswaggons, den Sanitätswaggons und vor allem beim Lokführer im Tender, unter dem nassen Holz. Überall macht sich das Salz breit. Gedanken, Gespräche, Pläne, Sorgen, Befürchtungen, Zänkereien – alles dreht sich um dies miese Salz, das dem tauenden, dreckigen Eis auf den Straßen gleicht. Es poltert im schmutzigen Kohlenbunker, kullert wie Kies umher, knirscht unter den Füßen, platscht säckeweise von den Wagendächern auf den Bahndamm, während die Schmuggler, um der Stationsaufsicht zu entgehen, zu beiden Seiten weglaufen und den Bahndamm hinunterrollen und der Zug, das Hinterteil schwenkend, vorbei an Bahnhofssignalen und Haltestellen sich in der Ferne verliert.

Mir gegenüber liegt auf den Säcken einer im Matrosenkittel über dem am Hals verschnürten Nesselhemd. An der Mütze hat er ein ausgeblichenes Georgsband mit der Aufschrift »Freiheit«. Noch eine Bank höher liegt ein Passagier, der die ganze Zeit, den Rücken zum Fenster, schläft. Aber von links, da drängt es heran. Da, im Gang, stauen sich, schwankend, hin und her schaukelnd, die Passagiere. Sie drohen nach meiner Seite zu fallen und drükken auf das Weib, unter dem ich fast ersticke. Ich sehe niemanden, kenne niemanden und starre abgestumpft auf die weiche Hasenfellmütze des zu oberst liegenden Passagiers.

Im Waggon herrscht Stubendämmer. Manchmal, wenn der Wind die Matte bläht, fliegen Schatten durch den Waggon und fallen. Neben mir, über mir gleichmäßig unverständliches Gesprächsgemurmel. Wie eine zersplitternde Kiste kracht der Waggon; das Hamsterweib stöhnt.

So fahren wir schon den zweiten Tag.

Auf den großen Stationen steht der Zug eine Stunde und mehr, dann kann ich ein wenig aufatmen. Im Waggon gibt es Veränderungen: Jemand klettert von den Pritschen herunter und schleift seine Säcke hinaus, im Durchgang gibt es Luft, das Hamsterweib geht einkaufen, und der Soldatenrücken unter mir kommt hervorgekrochen und setzt sich neben mich – ein kleiner krummer Bauer mit runden Wangen und maisgelb gerauchtem Schnurrbart in einem auf Weiberart gebundenen Tuch.

Und die Fahrt hat noch lange kein Ende, noch eine Nacht wird sie dauern, einen Tag, vielleicht eine weitere Nacht.

Die Nacht ist endlos, drückend, qualvoll. Nachts wird es seltsamerweise sehr heiß, die Läuse beißen, die Nachbarn schnarchen, Arme fahren durch die Luft, schlagen dich, jemand gleitet herab, wälzt sich schlaftrunken über dich.

Am Ende finde ich mich auf dem Fußboden wieder. Im Morgengrauen schlafe ich ein. Die Räder rattern direkt unter meiner Brust, bei jeder Gleisfuge klopft es zweimal – und im Einschlafen habe ich das Gefühl, es sei mein Herz, das so laut und stark klopft.

Der Zug steht. Im Waggon ist es hell und kalt. Die Matte im Fensterrahmen ist verschwunden, und mit heißen, vom Schlaf tränenden Augen sehe ich wie durch einen Regenbogen den klaren Himmel. Dieser Himmel füllt den ganzen Waggon mit einem blauen, wie blankgewaschenen Glanz.

Als ich zu mir komme, begreife ich, daß im Waggon, im ganzen Zug und auch draußen etwas Ungewöhnliches geschehen ist.

»Was ist, was ist?« frage ich, mich an niemand direkt wendend. Alle drängen sich zusammen, um mich ist freier Raum. Unbekannte Gesichter, Sachen, Bündel, Angelposen. Der Matrose sitzt auf der Bank, die Beine hängen herab. Sein Gesicht ist steinern, grau, plötzlich pockennarbig geworden. Seine

Zähne schlagen aufeinander, er spuckt aus. Ich nehme Gemurmel wahr, Schluchzen, Unruhe, und doch scheint alles erstarrt, still und unbeweglich. Niemand antwortet, niemand spricht, und doch weiß ich, was los ist.

Banditen.

Wir stehen in der Steppe. Die Steppe duftet frisch nach feuchter, vom Regen aufgewühlter Erde. Die Banditen haben den Zug umstellt.

Der Matrose stößt böse Flüche aus. Mir klappern die Zähne. Ich will mich stark machen, aber es hilft nichts: der ganze Leib wird von leisem Zittern geschüttelt, und ich spüre schon nicht mehr, daß mich die Läuse beißen.

»Die Papiere, die Papiere!« schießt es mir durch den Kopf: irgendwas muß man mit den Papieren machen.

Dann kommen vom Ende des Waggons, aus dem Gang, fremde, hier ungewohnte Geräusche, einzelne schreckliche Worte, Stiefelgepolter. Im nächsten Augenblick fällt der Haufen auseinander, das weinende Gesicht eines Tataren mit blutig geschlagener Lippe huscht vorbei, Hände werden gerungen, und vor mir steht ein junger Bursche, den Säbel am Riemen, die Mütze im Genick.

»Rauskommen, Reithose!«

Ich greife in die Tasche und ziehe die abgegriffenen quadratisch gefalteten Papiere heraus. Sie fallen mir aus den Händen, ich bücke mich danach, griene verschämt und empfinde die ganze Zeit eine merkwürdige Ehrerbietung vor dem Banditen.

»Dokument zeigen!« – dem Burschen ist spaßig zu Mut. Meine Papiere werden einbehalten; jemand, der sehr klein, hager und kriegerisch ist und mit dem Schick eines aktiven Artilleristen gekleidet, schlägt mir ins Genick, wobei ich ebenfalls griene, und dann werde ich als einziger abgeführt und draußen in der Steppe zu den übrigen aus dem Zug Geholten gestellt.

Wir – acht Mann – stehen jenseits des Bahndamms, wo eine halbrunde Anpflanzung beginnt.

Wir werden von dreien mit Revolvern in der Hand bewacht; sie gehen auf und ab, schweigen, sehen uns an. Mich erfaßt Neid auf diese ruhigen, sachlichen und sogar gut aussehenden Männer.

Die Gefangenen sind Intellektuelle, zwei Uniformierte, davon einer in den verhängnisvollen roten Reithosen. Ich bitte ihn um eine Zigarette, er hat aber keine, weil man ihm das silberne Etui abgenommen hat.

Die Durchsuchung des Zuges ist beendet. Die Banditen kommen gruppenweise bei uns zusammen.

Von beiden Seiten nähern sich Reiter, einige Kaleschen, zwei Gefechtswagen.

»Ab geht's!«

Auf das Kommando hin setzen wir uns in Bewegung.

»Wohin?« fragt mich der in den Reithosen. Natürlich weiß ich es nicht.

Wir ziehen über die Steppe. Reiter umkreisen das ganze Geleit. Hinterdrein, in der lockeren Erde einsinkend und über die Höcker springend, folgen die leichten Kaleschen. Als ich mich umdrehe, entdecke ich darauf Bündel, durcheinander geworfene Sachen. Ebensolche Bündel, Säcke, Beutel hängen an den Sätteln der Kavalleristen. Einige schleppen die Beute auf den Schultern. Wir werden zum Dorf geführt. In der Ferne Rauch und graue Buckel-Hütten.

Sie haben mir Geld weggenommen, das nicht mir gehört«, sagt der in der Reithose. »Das ist schlimm! Erschossen werde ich sowieso.«

Im Verlauf des Gesprächs erfahre ich, daß er Kommissar des Eisenbahnknotenpunkts ist, Kommunist.

»So was Blödes«, sagt er ruhig. »Ich habe gegen Denikin gekämpft, in Sibirien war ich gefangen, im polnischen Feldzug bin ich bis vor Warschau gekommen, ich habe agitiert, im Rükken des Feindes operiert, und dann erst die Illegalität! – immer ging's gut ab, und jetzt das! Diesen Lumpen, diesen Feiglingen muß ich in die Klauen geraten!«

»Werden sie mich auch erschießen?« frage ich zaghaft.

»Die fragen gar nicht erst nach dem Namen!«

Im Dorf, das die Banditen besetzt haben, werden wir zu einem größeren, abseits stehenden Haus geführt, das wie ein Sommerhaus gebaut ist, mit einer Holzveranda, kleinen Säulen und einem hübschen Garten. Früher gehörte es einer wohlhabenden Familie. Hinter dem Garten ist der Hof, und dort stehen in die Erde gerammt zwei dreizöllige Geschütze, am Schuppen liegen Sättel, Zaumzeug, Eimer, Munition, ganz wie im Stützpunkt eines Truppenteils. Starker, angenehmer Geruch nach Pferden, Mist und Leder.

Am Schuppen läßt man uns anhalten.

»Hier stellen sie uns an die Wand«, sagt der Kommissar.

Ich habe irgendwie die Hoffnung, am Leben zu bleiben. Vielleicht aus Angst oder weil mein Kopf fast platzt von der

Unmenge aufeinanderprallender, plötzlicher, zerfließender Gedanken, Erinnerungen, Unsinnigkeiten und sogar einzelner überraschender Wörter und ich nicht zuhören, mich nicht konzentrieren kann auf das, was die Banditen und die Gefangenen um mich sagen. Das Bewußtsein fängt unbedeutende Details, Äußeres, die Form auf, aber die wirkliche Vorstellung von dem, was vorgeht, fehlt mir.

»In einem Glied antreten!«

Wir – acht Mann – stellen uns in einer Reihe auf. Rechts von mir der Kommissar, in dessen Kiefermuskeln es vor Haß arbeitet, links ein hochgewachsener, bärtiger, sehr bleicher Mann, der wie ein Lehrer aussieht. Er ist völlig niedergeschlagen, irgendwie gebrochen und verstummt.

Der Schuppen steht offen. Drinnen herrscht Halbdunkel. Langsam erkenne ich hinten auf dem Lehmfußboden Eisenteile, Schrauben, Zangen. An der Schwelle liegt ein Haufen Kohlengrus. Offenbar ist im Schuppen eine Schmiede.

»Wieviel? Acht?« fragt jemand.

»Acht!« antwortete ich dienstwillig, obwohl ich gar nicht gefragt bin, als könne Dienstwilligkeit mich retten.

Dann erscheint einer, der offenbar der Hauptanführer ist, der Ataman. Man sieht das an allem: die Banditen kommen in Bewegung, sie werden aufmerksam, machen Platz und reden respektvoll miteinander.

Der Ataman ist ein erdiger Mann, ein Gnom: grau, düster, mit langen fettigen Haarsträhnen. Er trägt einen riemenumgürteten Zivilmantel. Er nähert sich uns. Hinter ihm sein Gefolge: ein junger Kerl in Bauernpelz und langweiligen Wickelgamaschen und noch ein Junger, aber von hervorstechendem Äußeren: Er trägt einen Offiziersmantel und hat weiße schöne Hände. Dem Aussehen nach ein Jurist.

»Welcher?« fragt zahnlos nuschelnd der Ataman.

»Der hier!«

Der Jurist geht einen Schritt vor, und wie ein Revierpolizist wirft er mit einem Faustschlag von unten den Kopf des Kommissars hoch.

»Bist du Parfjonow?«

»Ja.«

»Du erkennst mich nicht?« fragt langsam der Ataman. »Aber wir kennen dich, Hundesohn. In Krementschug hast du Grischa erschossen. Zwölf von unseren Leuten hast du in Malinniki verbrannt. Stimmt's?«

Der Kommissar schweigt.

Der Ataman mit einer Kopfbewegung zu dem Juristen:

»Hau ihm in die Fresse!«

Der schlägt den Kommissar ins Gesicht.

»Mit dem Revolver«, korrigiert der Ataman.

Aus dem Haufen der Banditen schießt, sich in den Mantelschößen verheddernd, ein kleines Kerlchen hervor, ein Junge mit dem Gesicht eines Onanisten, er zieht den Speichel hoch, kreischt und holt, sich wie ein Schaubudenzwerg um die eigene Achse drehend, aus und schlägt Parfjonow den Revolvergriff ins Gesicht. Ich höre, wie alle lachen, und vor Entsetzen muß ich selber lachen.

Der Ataman legt die Hände auf den Rücken.

»Ich bin Ataman Engel, verstehst du? Gottes Engel. Schon gehört, du Mistvieh? Ich mach euch alle kalt.«

Meine Augen begegnen den seinen. Sein Blick gleitet weiter, über die andern, dann wendet er sich zu dem Juristen um und sagt:

»Nimm sie in die Schmiede.«

Wir treten in den Schuppen. Jetzt erkenne ich auch den Amboß, nie gesehene Gegenstände aus Eisen, wieder Zaumzeug und Sättel – und den erloschenen Ofen.

»Die laß in Teufels Namen laufen. Dreckiges Pack!« sagt der Ataman und zeigt auf mich. »Parfjonow hierher.«

Von der plötzlichen Empfindung überstandener Gefahr überkommt mich seltsamerweise eine sachliche Stimmung. Ich muß daran denken, daß es mir, als ich einmal die Nachricht vom Tode eines mir nahestehenden Menschen erhielt, genauso erging.

Schon überlege ich, wie interessant es sein wird, von dem Erlebnis mit den Banditen zu erzählen. Und was am unverständlichsten ist, ich verspüre den Drang, mich bei dem Ataman in ein gutes Licht zu setzen, bin bemüht zu zeigen, etwas zu sagen oder zu tun, wofür er mich lobt.

Dieser Zustand ist zugleich scheußlich und angenehm.

Parfjonow wird wie ein Kind bei der Hand genommen und an den Amboß geführt. Er sperrt sich nicht. Ruhig dreht er sich zu mir um und sagt:

»Genosse! Wenn Sie frei sind, suchen Sie den nächsten Stützpunkt auf und sagen Sie dort, man soll dem Kreiskomitee mitteilen, die Banditen hätten mich ermordet und mir das Geld und die Reparaturunterlagen für die Korystower Linie abgenommen.«

Er lächelt, drückt mir die Hand, und mich überläuft die Angst, der Ataman könne mich doch noch als Freund und Spießgesellen mit ihm hinrichten lassen.

Wie abscheulich! – denke ich wieder. Wie hundsgemein!

Dann werfen sie den Kommissar rücklings über den Amboß und ziehen die Arme zu beiden Seiten herunter, auf der einen Seite der Jurist, auf der andern der schreckliche, kreischende Junge im langen Mantel.

Ich spüre, wie mich vom Kreuz abwärts ein unheimlicher und angenehmer Schauer überläuft, der entfernt an sexuelle Empfindungen erinnert.

»So«, sagt der Ataman und tritt zu Parfjonow.

Deutlich sehe ich das Gesicht des Kommissars mit den rötlichen Bartstoppeln auf dem Amboß liegen.

Der Ataman hält den Schmiedehammer in beiden Händen. Ein einziger Augenblick – der Ataman tritt zurück, beschreibt mit den Händen einen Halbkreis –, der Hammer fliegt hoch und fällt auf das Gesicht des Kommissars.

Ich höre ein entsetzliches Geräusch: wie ein speichelfeuchter Schluckauf oder ein Rülpser. Dann, als der Hammer vom Amboß genommen wird, sehe ich, wie der Jurist, der neben dem Amboß hockend zurückgeprallt ist, mit seinen weißen, schönen Händen sein bespritztes Gesicht abwischt. Der Kommissar, unnatürlich verrenkt, rutscht vom Amboß, auf dem etwas wie rosa Erbrochenes zurückbleibt.

Der Ataman spuckt aus und sagt:

»Da hast du Hammer und Sichel.«

IWAN SCHMELJOW

Stjenka der Fischer

Erzählung eines Arztes

1922

1873 wurde Schmeljow in Moskau geboren, verließ 1923 die Krim, wo er den Bürgerkrieg miterlebte (sein Sohn wurde von den »Roten« erschossen), reiste nach Westeuropa (u. a. nach Berlin) und starb 1950 in Paris. Sein erstes Buch erschien 1910 (»Der Keller«). Es folgten u. a. 1911 »Liebe auf der Krim«, der autobiographische Roman »Die Sonne der Toten« sowie die Erzählungen »Das Licht des Geistes« und »Des Teufels Schaubude« (1928–1936). Zwischen 1934 und 1944 veröffentlichte er seine Autobiographie »Jahr des Herrn«.

Meine Herrschaften, ich hatte einst in meiner Praxis einen höchst interessanten Fall. Psychologisch interessant und eine treffende Illustration zu unserer Frage über das Tierische im Menschen, insbesondere über die »russische Grausamkeit«. Es war mir vergönnt, vieles zu sehen, vieles zu erleben – ich habe wirklich Erfahrung genug gesammelt. Noch heute wundere ich mich, wie ich das alles überstanden habe.

Die Sache trug sich auf der Krim, in einem kleinen Küstenstädtchen zu. Ich war noch ein sehr junger Arzt und hatte keinen Heller in der Tasche, als ich dort ankam. Da ich schwindsüchtig war, schickte man mich zur Kur dorthin. Professor Ostroumow schätzte mich als hoffnungsvollen Assistenzarzt, gab mir dreihundert Rubel Taschengeld und Empfehlungen mit –, und ich wurde nicht nur geheilt, sondern ließ mich sogar dort nieder. Ich war etwa vier Jahre in der Landschaftsvertretung tätig, habe eine Praxis übernommen, heiratete, baute mir eine Villa am Meer – mit einem Wort, ich wurde ein gutsituierter Bourgeois. Wie es einem Arzt mit demokratischer Gesinnung, einem Liberalen und Leser der »Rjetsch« und »Wjedomosti«, einem ehemaligen Landschaftsabgeordneten geziemt, trat ich in die Konstitutionell-Demokratische Partei ein und wurde im Städtchen Führer einer einmütigen Gruppe von Liberalen. Bis zur Ausrufung der Duma (1906) bemühten wir uns, die Selbstverwaltung der Stadt neu zu besetzen, entfernten daraus einen zähen wohlhabenden Tataren. Monarchisten und allerlei »Reaktionäre« errangen schließlich – mit der Verkündigung der Freiheit – endgültig den Sieg, brachten das Städtchen in Ordnung und errichteten ein »Volkshaus«. Beim Volk war ich beliebt – ich lehnte es nicht ab, nachts in verschiedene Vororte zu fahren, wo die Arbeiter hausten, die Fischer, die Fuhrleute ... Aber während der Saison, wenn die Kurgäste kamen, mußte ich bisweilen absagen, im Laufe der Jahre wurde ich auch schwerfälliger. Aber, wie gesagt, ich bemerkte keinerlei Unzufriedenheit. Und dann, wie es so oft vorkommt, passierte eine Kleinigkeit, der ich vorerst keine Bedeutung beimaß – und nun hören Sie mal, was daraus entstand.

Ich hatte schon immer eine Vorliebe für Gartenbau, die ich wohl geerbt hatte: ich bin aus intellektuellem Stande, stamme aus dem Gouvernement Jaroslawl', und meine Vorfahren haben sich mit Obstzucht befaßt. Es gibt eine Sorte von Äpfeln, »Mironositzer Popen-Äpfel«, eine Kreuzung, die mein Vater erfunden hatte, die auch in den Katalogen registriert worden war. Diese wenig sündhafte Leidenschaft war es, die mich auch in der Krim festhielt. Bei meiner Villa legte ich einen vorbildlichen Weingarten an ... Unsere berühmten Krim-Gärtner Pastak und Sariban besuchten mich persönlich und bewunderten meinen Garten und Weinberg, – ich pflanzte Apfel- und Birnbäume, legte einen Rosengarten an. Und es gelang mir, eine neue Sorte zu züchten – Kalvill, mit allen Vorzügen der »Antons-Äpfel«, eine Sorte von ungewöhnlich feinem Aroma und Geschmack, von seltener Saftigkeit und, was die Hauptsache ist, ertragreich und beständig. Ungefähr zehn Jahre mühte ich mich damit ab, verschrieb zehn Sorten aus verschiedenen Orten, ließ dreihundert Wagenladungen Erde aus dem Kloster von Kosmodemjansk herbeischaffen, Erde, die mir der Hofgärtner besonders empfohlen hatte – sogenannte »angeschwemmte« Erde – und endlich war es so weit. Aber gerade hier beginnt diese »Kleinigkeit«.

In meinem Garten arbeiteten Erdarbeiter und andere junge Burschen. Unter ihnen befand sich ein gewisser Stjenka, ein Fischerssohn, eine ziemlich komplizierte Natur. Es war ein hübscher Junge, stark, hager, nervös; etwas Urwüchsiges, Wildes lag in seinem Blick. Er war ein echter Großrusse, aus der Gegend von Orjol; seine Augen und sein ganzes Äußeres waren voll Sanftmut und Versonnenheit ... dann aber wiederum fingen diese Augen zu funkeln an, und plötzlich erwachte in ihm der Teufel, – etwas Tatarisch-genuesisches, etwas Räuberhaftes stak in ihm. Bei uns in der Krim gibt es an der Küste allerhand Mischblut. Dieser junge Bengel, der ein unglaublicher Faulenzer gewesen war – er war damals etwa fünfzehn Jahre alt und ging schon mit dem Vater auf die offene See hinaus – wurde gar bald ein vorbildlicher Arbeiter. Ich hatte ihn für sein Nichtstun und seine Faulheit schon einmal entlassen wollen, aber da wurde er plötzlich weiß, kreidebleich, zitterte und war dem Weinen nahe: »Erlauben Sie mir, wieder zur Arbeit zu kommen – ich werde mir viel Mühe geben!« Ich versuchte es und ließ ihn gewähren. Er wurde seidenweich, arbeitete mit Volldampf. Und wissen Sie, woher das kam? Denken Sie sich nur: von der Liebe! Er hatte sich in meine Rinotschka verliebt, in meine Tochter Irina. Sie war ungefähr zwölf Jahre alt, sah aber schon älter aus – war frühreif wie soviele Kinder in der Krim, – sie war völlig nach ihrer Mutter geraten. Sie hatte natürlich von Liebe keine Ahnung, war noch ein ganzes Kind: klettert in ihrem weißen Kleidchen auf die Mandelbäume, hat ihr dunkles Köpfchen der Sonne wegen immer mit einem roten Seidentuch bedeckt, – alle haben sie gern gehabt. Es stimmt, ich hatte schon bemerkt, daß Stjenka zu dienstfertig war: er hebt ihr die Sandale auf, wenn sie diese verliert, dann wieder findet er für sie irgendeinen seltenen Käfer; und wenn sie jemanden ruft, ihr zu helfen, rennt er Hals über Kopf. Zuerst nahm ich's nicht ernst. Einmal kommt er in den Garten in einer weißen Tatarenjacke eingeschnürt, Hose aus gutem Wollstoff, und ein rosa Tuch um den Hals! Ich dachte mir, es wär' wohl sein Namenstag oder er wolle in die Berge fahren – denn die Zugereisten nahmen ihn manchmal zu Dienstleistungen mit. Doch am Abend flüstert Rinotschka der Mutter ein Geheimnis zu: »Der Junge Stjenka hat mir die Hände geküßt und eine Schlange in meinem Beisein getötet ... und hat einen Zettel über die Liebe geschrieben.« Und zeigte das Zettelchen, auf dem hingekritzelt stand: »Ich liebe Sie, Rinotschka, mehr als mein Leben und kann ohne Sie auf der Welt nicht mehr leben!« Wir schalten sie, daß sie einem schmutzigen Jungen die Hände zu küssen erlaubte; sie aber entgegnet uns: »Er war heute gar nicht schmutzig und hat gesagt, daß ich die erste Prinzessin bin und er mein Sklave ... so haben wir zusammen gespielt.« Was soll ich mit ihr anfangen, sie ist ja noch ein Kind. Als er am nächsten Morgen kam, habe ich ihm den Sklaven verschrieben. Habe ihn im ersten Zorn an den Ohren gerupft, – und dann – 'raus aus dem Garten! Hab ihm verboten, künftig nochmals den Garten zu betreten. Eine Bagatelle natürlich, aber bei uns im Süden sind aus solchen Bagatellen schon allerhand Geschichten entstanden.

Es waren ungefähr zwei Tage vergangen, da trete ich einmal bei Sonnenaufgang in den Garten, um noch vor dem Krankenempfang zu arbeiten und sehe – o Schreck! – meine »Anton-Kalvill«, alle sechs Pflanzen, mein Kostbarstes, – sind wie mit der Säge abgesägt, schon ganz welk, und die Äpfel an ihnen waren doch bereits walnußgroß. Ich schreie auf: er hatte mich ins Herz getroffen. Dieses Scheusal natürlich! Aber keine Spuren. Er hatte von diesen »Kalvill« gewußt, hatte ja in meiner Gegenwart die Vertiefungen selbst gegraben und die Pflänzchen begossen. Und Rinotschka hatte sich dabei ständig umgedreht und gesummt: »Vilki-Kalvilki«. Nun, ich rief seinen Vater zu mir, einen strengen Fischer, bei dem ich mehrmals Kranke behandelt hatte. Aber keine Spuren sind zu finden – es gibt ja so viele Strolche hierzulande. Er erklärte: »Wenn man's genau wüßte, würde ich ihm den Kopf abreißen, aber so ... wie läßt sich das feststellen?!« Immerhin hat er ihn ausgewichst. Aber meine Kalvill waren weg. Ich versuchte, neue zu pflanzen. Es gelang mir nicht, drei Jahre hab' ich mich damit abgeplagt. Und von dieser Stunde an begann für mich die Qual. Es ist kaum zu glauben und mag sogar komisch klingen, aber zwischen mir, einem soliden Manne, und diesem jungen Bengel begann ein Kampf auf Leben und Tod, – so daß ich den Schlaf verlor und die Ruhe und ... es kam mit mir bis zu Halluzinationen! Ach, was Halluzinationen ... – es kam bis zur Todesangst, wie Sie sehen werden.

Dies geschah gerade im ersten Kriegsjahr 1914. Etwa drei Tage nach dem Kalvill-Überfall, als ich mich wieder erholt hatte, stehe ich am Morgen auf und sehe: all meine Rosen sind wie mit der Sense abgemäht! Und wieder keine Spuren. Ich erstattete Anzeige bei der Polizei. Erfolglos. Ich begann selbst aufzupassen, stand nachts Wache. Kauere in den Büschen wie ein Idiot, blicke zu den Sternen hinauf, lausche dem Quaken der Frösche und dem Schreien des Uhu. Auf den Gärtner kann ich mich nicht verlassen, und auch er muß ja schlafen. Und extra einen Mann anzustellen, ist mir zu teuer, – durch den Krieg ist doch alles teuerer geworden; auch traue ich keinem mehr. Ich schaffte mir einen neuen Hund an; denn unserer liebte Stjenka, da dieser immer mit ihm gespielt hatte. Ich beruhigte mich etwas. Und schon begann eine neue Geschichte.

Wenn ich auf Krankenbesuchen unterwegs bin, rufen mir Burschen hinter Zäunen und Mauern zu: »Schö-ne Äpfel!« – Blödsinn, natürlich. Ich lasse mir zwar nichts anmerken, aber es ärgert mich. Ich ertappe mich bei dem Gedanken, daß es mich aufregt, daß so ein dummer Stjenka eine so wichtige Rolle in meinem Leben spielt, daß so eine geringfügige Lappalie mir das Leben sauer macht. Wenn ich durch die Fischersiedlung fahre, habe ich stets Angst, daß er mich anpöbelt. Und immer passiert auch etwas: entweder saust ein Stein vorbei, dann wieder wird mit einer Schleuder geschossen, von den Spottverschen auf die »Äpfel«, die »Vilki-Kalvillki« schon gar nicht zu reden. Einmal gegen Morgen – krach! ... dsinn! ... Wir stürzen auf die Veranda hinaus, die Hunde drängen sich an die Mauer ... wir sehen – unsere ganze Veranda in Trümmern! Und der Gärtner kommt herbeigelaufen, schreit – alle Glasscheiben im Treibhäuschen seien 'raus und die versuchsweise gepflanzte Bananenstaude sei von einem Stein zerschmettert! Und ich wurde zum Gespött aller... Der Polizeivorsteher drückt mir zwar offiziell sein Beileid aus, aber ich weiß genau, daß er sich insgeheim eins grinst: wir Liberalen haben die Polizei straffgezogen. So verdächtig sagt er: »Sehr sonderbar, Doktor, bei keinem Menschen schlägt man die Fenster ein, nur bei Ihnen! Natürlich werden wir strenge Maßnahmen ergreifen, aber ich gebe Ihnen den guten Rat ... vermeiden Sie es, bei Nacht allein zu fahren! Verhüt es Gott, daß nicht noch was Schlimmeres passiert... Das Gesindel treibt sich überall herum, das zugezogene.« Meine Situation ist zu dumm, – ich fühle, wie er sich über mich lustig macht. Und die Bekannten beginnen sich zu erkundigen: »Ist heut' nacht nichts passiert?«

Schon fange ich an, zu vergessen; es vergehen zwei ruhige Wochen, – da kommt wieder irgendeine Gemeinheit. Meine Frau ist besorgt um Rinotschka, wir lassen sie nicht mehr allein in die Stadt. Da kommt plötzlich ein Brief, kein Gekritzel, sondern deutlich geschrieben: »Nehmen Sie sich in acht vor einem möglichen Feuer!« mit der Unterschrift – »Der Teufel der Meere«. Blödsinn, aber es regt uns auf. Dann wieder kamen zuweilen Postkarten voller Schimpfworte. Jemand brachte es ihm bei. Meine Frau wurde mit den schmutzigsten Denunziationen überschüttet – darin hieß es, daß ich in Jalta mit einer Straßendirne gesehen worden wäre... – allerhand Gemeinheiten. Das ganze Leben war mir vergiftet. So ging es ungefähr ein Jahr lang. Als ich einmal durchs Tatarenviertel kam, begegnete mir Stjenka und mit ihm ein ganzer Haufen ebensolcher Galgenstricke; kamen von der Arbeit, schüttelten die Ernte von den Walnußbäumen – es war Mitte November. Im Vorbeigehen rief mir Stjenka zu: »Wart nur, du Dickwanst, wirst Stjenka nicht vergessen!« Ein Junge und schon so rachsüchtig. In der Tat – er hat mir das ganze Leben vergiftet.

Ungefähr ein Jahr diente ich in Sewastopol, war eingezogen. Alles beruhigte sich. In unserem Städtchen wurde ein Hospital eröffnet und es gelang mir, meine Versetzung zu erreichen. Und nun fing die alte Geschichte von neuem an. Stjenkas Vater war eingezogen, der Junge begann an seiner Stelle zu fischen.

Im Sommer 1916 war es. Rinotschka kam aus der Stadt gelaufen und erzählte: »Hab am Strande Stjenka im Boot gesehen, er grüßte höflich und sagte: ›Ihr Alter‹ verdächtigt mich ganz zu Unrecht – aber ich vergebe ihm alles Ihretwegen und werde Sie in ewigem Andenken bewahren!‹« So ein Schauspieler! Und ist schon ein ganzer Kerl geworden, zecht mit den Fischern wie ihresgleichen, wirbelt Staub auf. Und da wurde es bei uns unruhiger. Als Rasputin umgebracht worden war, veranstalteten die Fischer bei uns ein Fest, luden die Soldaten aus dem Lazarett ein, besoffen sich und schrien: »Nieder mit dem Krieg!« Der Polizeivorsteher verhaftete Stjenka als den größten Schreihals und schickte ihn nach Jalta. Ehrlich gesagt, brachte mir das eine Erleichterung, die Revolution war im Anmarsch. Ich erwartete sie mit größter Ungeduld, war von Plänen beseelt, und – es mag Ihnen lächerlich erscheinen – manchmal kam mir der Gedanke an Stjenka: wie wird er sich entfalten und was kann aus ihm alles werden!? Ein Rowdy ersten Ranges, der das Messer im Stiefelschaft stecken hatte.

Und nun kam »Mütterchen« Revolution! Versammlungen begannen. Auch ich trat auf, als Vertreter der KD-Partei. Und plötzlich verlangte das Wort ... Stjenka! Die Revolution hatte ihn unter Fanfarenklang auf freien Fuß gesetzt. Eine starke Persönlichkeit, bildschön, ein Dummkopf natürlich, nun legt er los! – eine Freude für die »Genossen«. Während seiner zweimonatigen Gefängnishaft hatte er eine große Gewandtheit im Reden erlangt, hatte mit Politischen gesessen. Und jedes Wort – ein Fluch und eine Drohung: allen »Burschujs« die Wänste aufzuschlitzen, ihnen alles abzunehmen und sie »zu den Fischen spazieren zu schicken«. Und er wurde bei uns Häuptling einer Bande. Sprach mit Feuer, leidenschaftlich und nicht schlecht über allgemein Bekanntes natürlich, aber er verstand es, am Nerv zu rühren. Mit einem Wort, er wurde Bolschewik. Mich klopft er mal auf die Schulter wie seinesgleichen, dann wieder, als ob ihn eine Mücke gestochen hätte, droht er, mich »vom Erdboden verschwinden zu lassen«. Einmal treffe ich ihn betrunken am Strande, eine Rotte führend – er faßt mich am Rock: »Eure Stunde kommt noch«, kreischt er, »werden euch die Därme 'rausreißen!« Und die Genossen johlen »Ha-ha-ha! Wirst noch an die Äpfel denken!«

Sie wissen ja selbst, was es für Zeiten waren. Im Lazarett Skandale, keiner will an die Front; Fahnenflüchtige tauchten auf, nachts wurden die Gärten geplündert ... die Kerle fraßen meine ganzen Weintrauben auf. Rinotschka schickten wir zu einer Tante nach Simferopol, hatten ihretwegen Angst. Als die

Bolschewiki im Oktober-November 1917 an die Macht gekommen waren, mußten wir uns verbergen – flohen bei Nacht nach Simferopol. Blieben dort bis zum Einmarsch der Deutschen im April 1918. Da erfuhr ich, daß Stjenka mich gesucht hatte, er war an die Macht gelangt. Nach unserer Rückkehr sahen wir, daß unser Haus nicht geplündert worden war, auch der Garten war ziemlich heil geblieben. Der Gärtner erzählte, daß Stjenka einmal mit jemand gekommen wäre, alle Zimmer durchsucht und über Rinotschkas Bettchen eine rote Rose befestigt hätte. Und er hätte gedroht: sollte jemand nur ein Stäubchen anrühren, so würde er auf der Stelle erschossen. Während der deutschen Besetzung verschwand er. Und was besonders interessant ist: er verhaftete niemanden, plünderte auch nicht wie die anderen, sondern brüllte nur aus Leibeskräften umher und drohte, die »Wahrheit zu zeigen«.

Im November verschwanden die Deutschen und Stjenka tauchte wieder auf: Man rührte ihn nicht an. Er fuhr auf See hinaus, betrug sich anständig. Wir hatten jedoch Angst, Rinotschka aus Simferopol zu holen. Fürchteten auch um uns selbst. Gerüchte schwirrten umher, daß bald die Bolschewiken kämen, und dann werde eine Generalabrechnung mit den Mitgliedern der KD-Partei einsetzen. Und so entschlossen wir uns, mit meiner Frau auf jeden Fall beim ersten Alarm bis auf bessere Zeiten zu verschwinden. Aus dem Norden trafen Schreckensnachrichten ein: »Alle KD-Mitglieder und Burschujs an die Wand!« Im März 1919 holten wir Rinotschka und wurden von den Weißen nach Konstantinopel evakuiert. Im Juni kehrten wir mit der Freiwilligen-Armee unter General Denikin in die Krim zurück. Und jetzt kommt das Interessanteste ...

Als ich ins Lazarett komme, teilen mir die Schwestern mit: »Stjenka der Fischer liege bei uns.« Und ich sehe das Kerlchen an bösartigem Flecktyphus erkrankt, besinnungslos, in Fieberschauern. Was der nicht alles im Fieberwahn zusammenredete! Sein Innerstes offenbarte sich mir. Er schimpfte und fluchte, verwünschte und weinte, rief nach der Mutter und wollte dem Doktor die Därme 'rausreißen, betete zu Gott und lästerte ... Und mich überströmten Mitleid und Trauer und Zärtlichkeit. Er war wirklich das Prachtexemplar eines starken und gesunden Kerls, auf russische Art schön – seine Seele war in diesem Hexensabbath und der allgemeinen Verrohung in Verwirrung geraten. Bisweilen schlug er plötzlich die Augen auf und blickte wild und drohend drein, schaute mich an, als ob er sich an etwas erinnere. Seine Augen waren eingefallen, ihr Grau hatte sich schwarzblau verfärbt. Ich ordnete an, daß man ihn nicht einen Augenblick allein lasse, – sobald sich sein Zustand verschlechtere, solle man ihm eine Spritze verabreichen. Unruhe quälte mich: man muß ihn retten! Ich konnte nachts nicht mehr ruhig schlafen, sprang auf und lief ans Meer, zum Lazarett. Und einmal saß ich an seinem Bett. Da richtete er sich auf – es war mitten in der Nacht –, starrt mich mit seinen riesengroßen Augen an, schreit plötzlich auf: »Doktor ... Hurra-a-a! ...« und rennt ans Fenster... Die Flecktyphus-Fälle waren bei uns im vierten Stock. Er war schon auf dem Fensterbrett, als ich ihn am Hemd packte; er fiel 'runter und stieß sich mit dem Kinn an der Fensterkante.

Er wurde gesund. Ich entsinne mich noch, wie ich einmal zu ihm kam und mich an sein Bett setzte. Er blickte mich an, blinzelte mit den Augen ... »Doktor ... Sie haben mich gerettet ... das Schwesterchen hat's mir erzählt ... Sie haben mich gesund gepflegt, sind sogar bei Nacht gekommen... Auch Ihre Gnädige ist gekommen...« Ich antwortete ihm, es sei doch meine Pflicht, zu retten. Er nickte nur mit dem Kopf, schaute mich an. – »Du«, sagte ich, »bist ein netter Kerl, bist nur ein Narr, sinnlos hitzig ... aber nett.« – »Nett? ...« fragte er so mißtrauisch und Tränen schimmerten in seinen Augen – doch er schämte sich ihrer. Aber er überwand die Scham, ergriff meine Hand – und küßte sie fest. »Ach, Doktor...«, und seine Stimme erstickte in Tränen, er konnte nicht zu Ende sprechen.

Er wurde entlassen. Ich übernahm die Bürgschaft für ihn, er wußte nichts davon. Er sah, daß man ihn nicht anrührte, und befaßte sich wieder mit der Fischerei. Er konnte noch nicht fest auf den Beinen stehen – aber schon fuhr er mit Freunden aufs Meer hinaus. Damals wurde es bei uns mit der Verpflegung knapp. Und eines Morgens klopfte es auf meiner Veranda. Ich stürze hinaus – und da stehen, wie auf einem Bilde, drei Männer vor mir: vorne abgemagert, noch gelb von der Krankheit Stjenka – er kann sich kaum auf den Beinen halten – und ihm zu Füßen ein runder Korb voll Schollen; neben ihm, etwas rückwärts, zwei wie Adjutanten – jeder hält einen solchen Korb in den Händen. –»Salzen Sie, Doktor!« Ich konnte nicht abschlagen. Hier mußte auch ich mit den Augen blinzeln. Und so hat er mich nun mit allen möglichen Fischsorten verpflegt und nahm kein Geld dafür an. Dann kam die Evakuation. Er kam zu mir gelaufen, sagte: »Fahren Sie nicht fort ... wir werden nicht erlauben, daß man Sie antastet.« Ich blieb. Ich wurde tatsächlich verhaftet, aber das war nicht Stjenkas Werk, im Gegenteil. Und nun geschah das Schrecklichste in all diesem Schrecken ...

Aber jetzt muß ich vom »Allerschrecklichsten« abweichen und erst einiges erläutern. Ich kehre zu den Ereignissen vor der Evakuierung zurück: es war im Frühjahr 1920.

Von Rußland war nur die Krim geblieben. Jeder fühlte, daß sich die Entscheidung näherte, und daß sich General Wrangel in der Krim nicht länger halten könne, trotz seines Talentes und seiner Energie, einen Ausweg aus dieser schweren Lage zu finden. Und doch glaubte man, daß er überall Ordnung schaffen werde. Besonders ermutigend wirkte die Art, wie er die unruhigsten Elemente beschwichtigte und für sich gewann – die Arbeiter des Hafens von Sewastopol: sie empfingen ihn begeistert, trugen ihn auf Händen. Und dann gründeten wir, ein Häuflein Intelligenzler, auf ein Wunder hoffend, die »Gesellschaft zur Wiedergeburt Rußlands«. Stellen Sie sich vor, es gab sogar eine Abteilung – »Die religiöse Erneuerung des Volkes«! Das Experiment der »Großen und unblutigen Revolution« eröffnete neue Wege der Erkenntnis. Wir veranstalteten Versammlungen, hielten Reden, entwarfen Zukunftsprogramme ... Stjenka der Fischer, stellen Sie sich das nur vor, lauschte begierig, sog es irgendwie in sein verworrenes Gehirn ein, brüllte »richtig!« – und wühlte so wild in seinem Haarschopf, als wolle er sofort mit der Arbeit beginnen – mit der Wiedergeburt Rußlands. Einmal kommt er zu mir und sagte: »Schreibt auch mich ein, ich werde die Andreas-Ställe schon reinigen!« – anstatt von ›Augias‹ natürlich. Ich wurde zum Vorsitzenden gewählt. Keine kämpferische Idee beseelte unsere Gesellschaft: der Bolschewismus wurde als eine »moralische Pest« betrachtet, man suchte nach »Wegen zum Licht«. Und dieses Licht lockte anscheinend Stjenka besonders, bei all seiner Besessenheit. Mit einem Wort – wir läuterten die Seelen. In unserer Gesellschaft war auch ein Flüchtling aus dem Norden, sehr dienstbeflissen; der neigte die ganze Zeit über zu einer radikalen Unversöhnlichkeit und schlug »Taten« vor, statt der Worte: er empfahl, Listen der »verkappten Bolschewiken« unter der Bevölkerung einzuführen – damit man das Unkraut in Zukunft ausjäten könne. Aber wir blieben im Rahmen des Unpolitischen.

Nach der Zertrümmerung von Shlobas Roter Reiterarmee bei Melitopol durch Wrangel trat zunächst Ruhe ein. Im Sommer rollte die Offensive. Doch allmählich welkte der Jubel dahin und nach einigen Monaten verbreitete sich das Gerücht, daß »jene durchbrechen würden«. Ich erinnere mich noch, wie Ende September – es war gegen Abend – Stjenka zu mir kam: »Der Wind nimmt zu, Doktor ... hissen Sie die Segel!« Was war denn los? Es stellte sich heraus, daß man den »unversöhnlichen Flüchtling aus dem Norden« verhaftet, ihm Konspiration zugunsten der Bolschewiki nachgewiesen und ihn nach Simferopol geschickt hatte. Auch am Perekop wäre die Lage gefährlich geworden; ich hätte jedoch nichts zu befürchten, die Fischer und Arbeiter hielten mich für einen »großen Kämpfer für das werktätige Volk« und würden mich nicht im Stich lassen, aber... – »Sehen Sie Ihren ganzen Papierkram durch und verbrennen Sie ... dieser ›Flüchtling‹ ist von den Bösartigen.«

Um die Wahrheit zu sagen, ich war durchaus nicht aufgeregt. Die ungeheuere Ergebenheit des ehemaligen »Feindes« Stjenka, den ich den Klauen des Flecktyphus entrissen hatte, wirkte wie ein Beruhigungsmittel. Ich dachte: sollten sie kommen, so werde ich mit dem Volke arbeiten und nicht mit denen; irgendwie wird es schon gehen. Stjenka hatte mich tatsächlich berühmt gemacht: Fuhrleute und Fischer hatten mir den Ehrentitel eines »Volksfreundes« verliehen. Fuhr ich durch die Vororte, so begegnen mir alle freundschaftlich, lächeln freudig, als wenn ich ihnen ein Trinkgeld gegeben hätte, bieten Fisch oder ein Stückchen Speck an. Die Verwegensten zupfen an den Mützen, rufen: »Michail Stepanowitsch, guten Tag, wie geht's?« Einige sagten sogar: »Wenn alle so wären, bräuchten wir gar keine Revolution!«

Und da ging es plötzlich los – die Evakuation! Ich erinnere mich noch daran, es war 1920 Ende Oktober. Stjenka kommt gelaufen: »Doktor, fahren Sie nicht weg!... Wer bleibt denn sonst bei uns? Wir werden zusammen den Weg zum Licht finden, werden diese ... Augias-Ställe reinigen! Sie sind einer von den Unsrigen, aus dem Volk, unser ... ich bürge mit meinem Kopf. Niemand wird es wagen, Sie anzutasten!« Und seine Stimme zitterte. Ich hatte Gelegenheit, in Simferopol, bei der Tante ... auch um die Villa tat es mir leid, um den Garten ... leid taten mir auch die Dummköpfe ... Und so blieben wir denn.

Sie kamen. Ich sehe es noch heute – durch die Gäßchen zogen sie wie eine Hammelherde, in Schafspelzen, in zerzausten Mützen ... – Wilde! Und woher? Aber über diesen Wilden regierten jene, alle glattrasiert, mit kalten Augen, zusammengekniffenen Lippen – unmenschliche Gesichter, fremde Gesichter. Woher waren sie gekommen? Trugen alle Pistolen, Reithosen... Mit einem Wort, sie waren an der Macht. Und nun begann die Abrechnung, ganz »systematisch«: Haussuchungen, Verhaftungen, Aushebungen, Erschießungen. Der »eiserne Besen« Bela Khuns fegte laut einem Funkspruch des Kriegskommissars Trotzkij die ganze Krim aus. Der Fleischwolf arbeitete. Sie wissen es ja. Stjenka wurde bei denen Etwas ... kam an die Macht. Kam zu mir gelaufen: »Wir haben Sie versichert, Doktor, hier ist das Papier.« Und klebte es, mit Siegeln versehen, am Hauseingang an: »Unter dem Schutz des Revolutionskomitees, Sanitätspunkt.« Drohte alle, die es wagen sollten, mich zu behelligen, – auszuweisen oder einzuweisen: »Auf der Stelle erschießen!« Etwa einen Monat lang rührte man mich nicht an.

Und da tauchte plötzlich »der Flüchtling aus dem Norden« auf, hoch zu Roß, in Stiefeln mit Sporen, mit einer Pistole bewaffnet: Mitglied irgendeines »Dreier-Ausschusses«. Und mit ihm ein Kommando unserer Einfaltspinsel, alle mit Gewehren. Kam zu mir und erklärte so feierlich: »Im Namen der Arbeiter- und Bauern-Regierung, auf Befehl der Tscheka ... muß ich eine Haussuchung durchführen!« Ich sehe – Stjenka hinterdrein: bleich, wütend, mit blitzenden Augen, ruft er: »Genosse Jaryj, vorsichtiger! Das gesamte revolutionäre Proletariat ist für den Doktor, hier ein Telegramm...« Hält ihm einen Wisch hin. Der liest. Zu mir: »Ach, Bürger Vorsitzender der Wiedergeburt des zaristischen Rußland! Wir werden Ihrer Wiedergeburt nachhelfen!« Stjenka zu ihm: »Genosse Jaryj, das war eine lichte Wiedergeburt und keine Kontre-revolution!« Der aber, über die Achsel, zu Stjenka: »Nach dem Mandat bestimme ich die Villa zum Küstenbewachungspunkt, und der Bürger-Erneuerer wird unter der Villa untergebracht!« Und – zu mir: »Ich weiß, Ihre Gesellschaft ist liquidiert, aber Sie selbst sind noch nicht liquidiert... Nun es wird sich ja bei der Haussuchung herausstellen.« Stjenka zu ihm: »Das ist eine Überschreitung des Mandates, unsere Zelle setzt sich sofort mit der Gebietstscheka in Verbindung, und ich werde Ihnen zeigen!« Umsonst. Sie stellten alles auf den Kopf, – Papiere, Bücher... »Wo ist die Mitgliedsliste, mit den Unterschriften?« Die Liste war natürlich vernichtet – »Wir werden schon finden.« Ich würde nicht verhaftet. Man befahl mir, in den Anbau umzuziehen, wo der Gärtner lebte, und dem – an unsere Stelle, um uns zu bewachen. Stjenka rief mir zu: »Doktor, regen Sie sich nicht auf! Sie stehen unter dem Schutze des gesamten revolutionären Proletariats!« Sie gingen, und den ganzen Weg, so lange ich es hören konnte, schimpfte Stjenka auf ihn.

Die Matrosen zogen in den »Küstenbewachungspunkt« ein, – es waren Männer wie Stiere. Sie holten von der Wiese nebenan eine Kuh, schlachteten sie im Weingarten. Weibergekreisch, Harmonikaklänge – Wein wurde herbeigebracht und ein Gelage begann. Meine Wertsachen hatte ich im Weingarten vergraben. Die Matrosen soffen, fraßen, beobachteten durch Ferngläser vom »Bewachungspunkt« aus meinen Balkon. Ich weiß noch, in der Nacht ging ich in den Weingarten, grub meine Wertsachen aus, – Gold, die Brillanten meiner Frau, Silberlöffel... Grub in Schweiß gebadet: wenn die es hörten! Ich wartete schon auf meine Verhaftung. Die Frau brachte die Sachen irgendwohin, für vorübergehend.

Eine neue Haussuchung. Wieder der »Flüchtling«. Was gibt's da nur zu suchen?! Die Matrosen stellten alles auf den Kopf. Auf dem Klavier lagen bei mir Zeitungen, Bücher – die Matrosen rissen sie für ihre Zigaretten in Fetzen. Und – der Teufel hat ihm wohl dabei geholfen! – der Kerl da greift nach einem Buch, und – findet die Liste! Ich selbst hatte sie hineingesteckt und vergessen. Ich weiß: als ich die Papiere verbrannte, vernichtete ich auch die Liste der Mitglieder unserer Gesellschaft. Aber das war nun die erste Liste, die der Initiativgruppe – mit allen Unterschriften und meiner – zu oberst! »Sie sind verhaftet!« rief jener freudestrahlend aus – es verschlug ihm sogar den Atem. Ich schaute ... Stjenka, mein Beschützer, war nicht da. Die Matrosen blickten gleichgültig drein, stierhaft – sagten: »Reingefallen, und noch dazu ein Doktor!« Einer fragte jenen: »Genosse, handeln Sie aufgrund eines Mandates?« – »Aber freilich ... was wollen Sie denn, Genosse?« – »Nun, wenn aufgrund eines Mandates, dann schon ... sonst erlauben wir es nicht! Zeig das Mandat mal her!«

Ich unterhielt mit ihnen gute Beziehungen; sie kamen zum Empfang, um sich untersuchen zu lassen: »Kinderkrankheiten« selbstverständlich. Haben sie eine Kuh geschlachtet – so kriegen wir immer ein Riesenstück davon: »Sie arbeiten ja für die Macht des Volkes, Doktor.« Und sie lachen, als wäre das mit der Macht ein Scherz. Manchmal wurden sie gesprächig, nach dem Trinken: »Wir dachten, es sei ein Spiel ... und sieh da, es gelang!« Nun kontrollierten sie das Mandat, das ihnen jener Teufel vorzeigte: »Hier ist doch gar nichts von Verhaftung gesagt... Erst müssen wir einen Befehl zur Verhaftung sehen – aber wir brauchen den Doktor, geh zum Satan!« Sie schützten mich erfolgreich vor jenem. Eine Woche verging, ohne daß ich behelligt wurde.

Da kommt eines Tages Stjenka zu mir, der aus irgendeinem Grunde in Simferopol gewesen war, und sagte: »Ach, Doktor, ...ich hab' Ihnen doch gesagt » verbrennen Sie die Papiere! Jetzt werd' ich's schwer haben, die Liste ist da ... nun, ich werd's versuchen.« Er war sehr bekümmert. Und da erinnerte ich mich an ein Märchen, in welchem der graue Wolf dem Zarewitsch Iwan vorwarf: »Ach, Iwan-Zarewitsch, ich hab' dir doch gesagt...« – »Nun, irgendwie wird's schon gehn ... bisher war's eine Kleinigkeit, aber jetzt kommt erst der richtige Dienst.« Er sprach mit den Matrosen. »Der ist der erste Freund des Arbeiter-Volkes!« hörte ich ihn sagen. Die Matrosen traten für mich ein: »Wir brauchen dringend einen Arzt!«

Nach zwei Tagen kam ein Soldat mit einem Papierchen: »Zum Genossen Mond, ins Revolutions-Komitee!« Genosse Mond, das Haupt der Tscheka, hatte einen Decknamen. Die Matrosen nannten ihn »Mon-strum«. Ich ging hin. Genosse Mond saß im Häuschen des Batjuschka – den Batjuschka hatten sie nach Jalta gebracht, zur »Abrechnung«. Ein schönes Haus am Strande, mit Stacheldraht umzäunt; Soldaten stehen Posten, um es zu bewachen – vor wem?? Ringsum keine Menschenseele. Ich wurde hineingeführt. Ein großer Saal mit der Aussicht aufs Meer. Ich kannte das Zimmer – und erkannte es doch nicht wieder. Früher hatten wir hier Preference gespielt, an Namenstagen hier zu Mittag gespeist. Die Palmen waren vernichtet, die Ikonen heruntergerissen, überall hingen diese Plakate, gegen »Läusetyphus«, und das ganze Synedrion, ihr Olymp, war hier zu sehen – ihre »Führer«, auf ganz schmutzigen Drucken. Genosse Mond sah tatsächlich wie ein Mond aus: die Fratze – ein Ball, wie aus rotem Kupfer – sah aus wie der Vollmond, wenn er im Sommer aufgeht. Breit, plump, in Leder – ein Stierkämpfer, ein Dickhäuter, rothaarig, die Augen – etwas schmutzig, farblos. Kein Russe. Ich dachte – was ist denn der? Litauer, Lette, Ungar? Ein Gemisch, ohne bestimmte Volkszugehörigkeit, ein Allgemeiner, Schmelzprodukt. Spricht heiser. Verdreht die Worte. Rollt die Augen – diese bleifarbenen, leeren. Das ganze Gespräch bestand aus: »A-a ... Dok-tor ... ja-a-a ... du mir ... ich dich ... dort!...« – und er zeigt auf die Diele mit seinem kupferfarbenen Finger, der dick wie ein Würstchen ist. »Bei mir ... kurzer Prozeß ... ja-a-a ... Wand...« Die Betonung immer auf der letzten

Silbe. Ich dachte – vielleicht ist er ein Tscheche, er erinnerte mich an unseren Gymnasiallehrer für Griechisch. Jedenfalls ein Mischblut, etwas Grauenhaftes.

Ich wurde in das Kellergeschoß der Villa gebracht, wo sich die Waschküche und die Vorratskammer befanden. Dort saßen bereits fünf: ein alter Lehrer, der über die Sprache Lomonosows schrieb, ein Villenbesitzer; ein Fuhrmann, der einen Tschekisten wegen seiner Pferde geschlagen hatte; ein Weinhändler, der den Tschekisten ohne Bezugsschein keinen Wein herausgeben wollte, und zwei alte Hausbesitzer, die ihre Waffen nicht abgeliefert hatten – Schrotgewehre, um damit die Drosseln von den Weingärten zu verscheuchen. Eben hatten wir uns gegenseitig unser Leid geklagt, da schollen Rufe von der Straße her: »Her mit dem Doktor!« Etwa dreißig Stimmen brüllten, daß die Wände einzustürzen schienen, in einstimmigem Chor: »Her mit dem Dok-tor!« Und immer drohender: »Wir gehen nicht weg, her mit dem Doktor!« Und Stjenkas Stimme hallte wütend, schrill wie auf einer Kundgebung: »Er ist der erste Freund des werktätigen Proletariats! Gebt ihn heraus!...« Und – selbstverständlich Schimpfworte, so schlimm als möglich! Und wir hören den Genossen Mond rufen – wie aus einer Tonne: »Werd' euch gleich ... mit Maschinegewähr schießen ...!« Sie gingen weg.

Dieser Auftritt wiederholte sich drei Tage lang. Wir hören, wie Genosse Mond erklärt, er warte auf einen Befehl aus Jalta. Stjenka schreit: »Laßt ihn frei! Mir hat die Gebietstscheka den Doktor sichergestellt!« Geschrei, Lärm, – als ob das ganze Städtchen gekommen wäre. Tumult. Fischer, Gärtner, Fuhrleute, aus allen Vororten: »Wir stürmen die Tscheka, her mit dem Doktor!« Der Mond kreischt immer das gleiche: »Mit Maschinegewähr...« Sie gingen weg.

Nachts wurde ich zum Verhör beordert. Genosse Mond betrunken, die Pistole in der Hand. Rollt seine bleiernen trüben Augen wie ein Bulle: »Pack elendes! Wiegelst das Volk auf. Werd' dich ... morgen ... erschießen ...dort!« und zeigt mit dem Finger auf die Erde.

Ich wußte: im Keller, nach dem Meere zu, wurden die Erschießungen vorgenommen. Der alte Herr, der über Lomonosow schrieb, bemühte sich, mich zu trösten: »Beten Sie... Der Mond hat mich schon zweimal in den Keller geführt, er hat so eine Lust – zu quälen, vielleicht will er auch Ihnen nur Angst machen ... beten Sie!« Er fragte, ob ich ein Kreuzchen hätte. Ich besaß keines. Er nahm sein Taufkreuz von der Kette ab, behielt nur sein Heiligenbildchen. Wir fanden ein Schnürchen, ich hing das Kreuzchen um den Hals. »Da wird Ihnen sofort leichter werden.« Und wirklich, mir wurde leichter ums Herz.

Am Morgen kamen die Matrosen vom Punkt: »Heraus mit dem Doktor, wir brauchen ihn! Werden dir selbst mit dem Maschinengewehr...!« Und natürlich Schimpfworte, feste. Genosse Mond bekam Angst: Matrosen wird man so leicht nicht los. Wir hören ihn sagen: »Habe Befähl gekriegt, alle Ärzte nach Jalta zu schicken ... zur Bekämpfung der Seuchen.« Sie verlangen: »Zeig uns das Papier!« Sagen: »Schon gut, wir werden Jalta selbst befehlen.« Gehen weg.

Die Nacht war stürmisch, das Meer rauschte. Ein Soldat trat mit dem Gewehr ein: »Genosse Doktor, mit Sachen.« Meine Kameraden bekreuzigten mich. Flüsterten: »Mit Sachen ... Herrgott...« Ich höre ein Motorrad rattern. Und entsann mich, was sie über den Tataren erzählt hatten, der bei den Weißen gedient: »Setzten den Motor in Gang, führten den Tataren ›mit Sachen‹ weg und brachten ihn um, im Keller, nach dem Meer zu.« Ich trat in die Dunkelheit hinaus. Der Soldat stößt mich in den Rücken: »Jetzt dauert's nimmer lang mit dir, stolpere nicht ... gleich, es wird nicht so schlimm sein.« Man führte mich lange herum, oder es schien mir nur so. Ich erinnere mich an ein zerschlagenes Fenster und an den Wind, der vom Meer herüberstrich ... es wehte mir der Hauch der Freiheit ins Gesicht! Ich werde das nie vergessen. So mächtig stieg in mir der Wunsch auf, zu leben, zu atmen ... die Weite, das Meer. Und plötzlich klang es ganz heiser an mein Ohr: »Komm her ... ich bin's selbst...« Genosse Mond stand mit einer Laterne auf einer Steinstufe, die Pistole in der Hand. Ich erinnere mich noch: seine Augen waren angeschwollen, starr, bleiern. Er packte mich fest an der Schulter, keuchte heiser: »Gleich, zur Untersuchung ... wirst sie sehen ... sie wartet...« In mir erstarrte alles. Er hob die Laterne, leuchtete mir ins Gesicht: »A-a ... bist bleich ... werde dich gleich ... befreien...!« hielt mir den Lauf seiner Pistole ans Auge. Ich weiß noch: dieser Lauf war wie ein Tunnel, lang, schwarz. Er stieß mich an die Schulter und zog mich irgendwohin, ins Dunkel... »Kriech!« Eine Treppe, irgendwohin... Wir stiegen wieder hinunter. Passagen ... Gänge, Stufen... »Halt! ... gleich ... werd' ich dich befreien...« Er stieß an etwas an – und eine Tür sprang auf. Es roch nach Fusel und Bier. – »Komm ... schau...« Mond stieß mich vorwärts. Ein Licht blinkte... - »Kriech!« Mond schob mich hinter einen Vorhang, riß diesen mit der Pistole auseinander ... ich weiß noch: es war ein buntgemusterter Vorhang. Und da sah ich ... eine Frau! Sie schlief, ohne Decke, auf einem Pfühl – anscheinend betrunken. Ich taumelte. Mond fing mich auf: »Du ... untersuch sie mal ... wegen der ... Hygiene, schnell!« Ich verstand nicht, war von dem Alpdruck ganz benommen. Alles drehte sich vor meinen Augen im Schein der flackernden Kerze. Ich sah purpurne Kissen, einen rothaarigen Zopf, ein rosa Hemd, den nackten Frauenleib ... »Besoffen ... das Rindvieh«, keuchte mir Mond heiser ins Ohr, »untersuch' sie ... auf die Hygiene ... der Teufel weiß ... schneller!« – und stieß mit der Pistole an ihren Körper.

Was konnte ich anders tun?! Ich tat meine Pflicht als Arzt. Ja, ich tat sie. Es war für mich so widerlich und schmerzlich zugleich ... schmerzlich, weil es sich hierbei um etwas Tierisches handelte. Und mir wurde bange – nicht wegen dieses Tierischen, das an sich ganz natürlich ist. Aber für diesen Fall hier finde ich kein Wort. Mir wurde bange ... um den Menschen? Nein. Das war ja gar kein Mensch mehr. Sondern ein ganz ungewöhnlicher Fall. War noch niedriger als das Tier ... weit ekelhafter und schlimmer. Ich finde dafür keinen Ausdruck; in unserer Sprache gibt es keinen dafür. Doch sonderbar: ich arbeitete ganz mechanisch, verrichtete meine Arbeit als Arzt ganz automatisch – wie gewöhnlich.

»Na ... wie steht's ... in Ordnung?« brüllte er mir ins Ohr. Ich sagte: »Soviel sich aus der Untersuchung ergibt ... in Ordnung.« Die Frau gähnte, murmelte: »Unverschämtheit ...« Mond zog den Vorhang vor. Sagte mit heiserer Stimme: »Bist verpflichtet ... für die Hygiene ... denk daran!« Ich wartete auf etwas. Mond nahm eine Flasche vom Tisch: »Willst du ...?« Ich stand und wartete. Und bekam mein Honorar: einen Stoß und – die Freiheit.

Die Soldaten faßten mich unter und führten mich hinaus. Der Motor ratterte noch. Oder – schlug Donner an mein Ohr? Ich blieb auf dem Wege stehen, auf der Chaussee. Hinter der Mauer unter der Laterne rief mich jemand: »Doktor, Sie! ...« Es war mein Stjenka, seine Stimme bebte. Ich stürzte neben ihm nieder, faßte ihn an, weinte an seiner Schulter. Er redete etwas und führte mich fort, spornte mich zur Eile an. Auf dem »Punkt« begrüßten mich die Matrosen; sie waren eben bei einem Trinkgelage. Ich entsinne mich, daß sie mich mit Fusel bewirteten. Und ich trank mit ihnen ... auch meine Frau war da und weinte, und lachte ... Auch sie mußte mit uns trinken. Und sie trank mit, vor lauter Freude.

FJODOR DOSTOJEWSKIJ

»Das Händchen unterm Samowar«

1873

1873 und von 1876 an regelmäßig bis zu seinem Tode veröffentlichte Dostojewskij neben seinen Romanen sein »Tagebuch eines Schriftstellers« – zunächst in Zeitschriften, dann im eigenen Verlag. Die darin versammelten Schriften haben nichts mit dem Genre Tagebuch zu tun, vielmehr sind sie Auseinandersetzungen mit Problemen der Zeit. Die Form des Tagebuchs war so offen, daß der Autor darin auch selbständige Erzählungen veröffentlichte (u. a. »Die Sanfte«, »Der Bauer Marej«). In dem »Tagebuch« von 1873 schrieb er u. a. über die ihm »unerklärliche« und »eigentümliche Gewissenlosigkeit des intelligenten Russen«. Im selben Band findet sich die Behauptung: »In Rußland hat die Wahrheit fast immer einen phantastischen Charakter.« In der Schrift »Das Milieu« spürte er dem Phänomen der »Eigenmacht« nach und ging auf einige Fälle der damaligen Rechtsprechung ein. Dabei unterschied er scharf zwischen der Eigenverantwortung und der Mitschuld des »Milieus«. Am Ende seiner Streitschrift führt er die »Anekdote« vom »Händchen unterm Samowar« an.

Das russische Volk? [. . .] Wer hat je in die geheimsten Tiefen seines Herzens hineingeblickt? Darf bei uns jemand sagen, daß er das russische Volk tatsächlich kennt? Nein, es ist nicht nur Mitleid und Weichherzigkeit, wie Sie zu spotten geruhten. Es ist die Angst vor der Macht selbst! Diese schreckliche Macht über das Schicksal eines Menschen, über das Schicksal unserer leiblichen Brüder hat uns erschreckt, und bevor wir zu Staatsbürgern herangereift sind, üben wir Gnade. Wir üben Gnade aus Angst. [. . .] Nun, soll es nur weh tun. Die Wahrheit steht höher als Ihr Schmerz. [. . .]

Gerade darum soll man die Wahrheit sagen und das Böse – das Böse nennen; dafür aber die Hälfte der Last des Urteils auf sich nehmen. Wir müssen den Gerichtssaal mit dem Gedanken betreten, daß wir mitschuldig sind. Dieser seelische Schmerz, den jetzt alle so sehr fürchten und mit dem wir den Gerichtssaal verlassen, wird auch unsere Strafe sein. Wenn dieser Schmerz wahrhaft und stark ist, so wird er uns läutern und besser machen. Wenn wir besser werden, so machen wir auch das Milieu besser. Wir können es ja nur auf diese eine Weise besser machen. Aber sein Mitleid fliehen, und, um nicht selbst zu leiden, alle freisprechen, – das ist leicht. So können wir allmählich auch zum Schlusse kommen, daß es gar keine Verbrechen gebe und daß »das Milieu an allem schuld« sei. Wenn wir diesen Faden weiter verfolgen, so können wir auch zum Schlusse gelangen, daß das Verbrechen eine Pflicht, ein edler Protest gegen »das Milieu« sei. [...] So spricht die Lehre vom Milieu im Gegensatz zum Christentume, welches zwar den Druck des Milieus anerkennt und Mitleid gegen den Sünder predigt, aber dem Menschen den Kampf gegen das Milieu zur sittlichen Pflicht macht und abgrenzt, wo das Milieu aufhört und die Pflicht beginnt.

Indem das Christentum den Menschen verantwortlich macht, erkennt es damit auch seine Freiheit an. Aber die Lehre vom Milieu, die den Menschen von jedem Fehler in der Einrichtung der Gesellschaft abhängig macht, entpersönlicht ihn, entbindet ihn gänzlich von jeder persönlichen sittlichen Pflicht, von jeder Selbständigkeit und bringt ihn zur gemeinsten Sklaverei, die man sich nur denken kann. [...] Es gibt unausgesprochene, unbewußte und doch stark empfundene Ideen; viele solcher Ideen sind gleichsam mit der Seele des Menschen verschmolzen. [...] Zu solchen im russischen Volke verborgenen Ideen – den Ideen des russischen Volkes – gehört auch der Brauch, das Verbrechen ein »Unglück« und den Verbrecher einen »Unglücklichen« zu nennen.

Es ist eine rein russische Idee. [...] Das Milieu kann nur durch Energie, Arbeit und Kampf verändert werden. Nur durch Arbeit und Kampf kann man Selbständigkeit und das Bewußtsein eigener Würde erlangen. »Wenn wir dieses erreichen, werden wir besser werden, und auch das Milieu wird besser werden.« Das ist es, was das russische Volk in seiner verborgenen Idee vom »Unglück« des Verbrechers unausgesprochen empfindet.

Warten Sie, ich erzähle Ihnen noch eine Anekdote.

Einmal, vor Einführung der neuen Gerichte (übrigens ganz kurze Zeit vorher), las ich in unseren Zeitungen folgende Geschichte: eine Mutter schleppte ihr Kind, das ein Jahr oder vierzehn Monate alt war, auf den Armen herum.

In diesem Alter beginnen die Kinder zu zahnen; sie leiden darunter und weinen viel. Die Mutter bekam das Kind satt; vielleicht hatte sie auch viel zu tun und konnte nicht das Kind ständig herumschleppen und sein ohrenzerreißendes Geschrei anhören. Sie geriet in Wut. Darf man übrigens so ein kleines Kindchen dafür schlagen? Erregt es nicht Mitleid, und was versteht so ein Kind? Es ist doch so hilflos und hängt vom geringsten Stäubchen ab ... Wenn man es schlägt, so kann man es nachher gar nicht mehr beruhigen: es fängt zu weinen an und umschlingt einen mit seinen Ärmchen, küßt und weint dabei unaufhörlich. Die Mutter schlug es auch nicht, aber im Zimmer kochte der Samowar. Sie hielt das Händchen des Kindes unter den Hahn und drehte diesen auf. So hielt sie das Händchen unter dem kochenden Wasser an die zehn Sekunden.

Diese Geschichte las ich selbst. Man stelle sich nun vor, daß dies sich jetzt zugetragen habe, und daß diese Frau vor Gericht stehe. Die Geschworenen ziehen sich zurück und erklären »nach kurzer Beratung«:

»Mildernde Umstände.«

Man denke sich nur diesen Fall; ich fordere wenigstens die Mütter auf, sich ihn vorzustellen. Was würde da der Verteidiger nicht alles zusammenreden:

»Meine Herren Geschworenen, diese Handlung kann man natürlich nicht human nennen; nehmen Sie aber den Fall als Ganzes, vergegenwärtigen Sie sich das Milieu, die Umgebung. Die Frau ist arm, sie arbeitet im Hause, sie hat viel Unannehmlichkeiten. Sie kann sich kein Kindermädchen halten. Es ist allzu natürlich, meine Herren, daß sie in einem solchen Augenblick, wo die vom Milieu verschuldete Erbosung sich, sozusagen, nach innen wendet, das Händchen des Kindes unter den Hahn des Samowars hinhält ... Also ...« [...]

Es muß doch irgendeine Grenze geben ... Andererseits kann auch ein gebildeter Mensch dasselbe tun. Hört doch auf, euch mit eurem »Milieu« hin und her zu winden, ihr Herren Advokaten!

FJODOR DOSTOJEWSKIJ

»Wie es zum Tyrannisieren kommt«

1861

Obgleich Dostojewskij seine »Aufzeichnungen aus einem Totenhaus« im Vorwort als »Aufzeichnungen eines Katorga-Sträflings« ausgibt, sind sie unverhüllte Autobiographie. Und wiewohl der Autor die Bedrückungen schildert, ist das Buch zugleich auch die Entwicklungs-

geschichte eines Menschen, der sich immer stärker bemüht, ›den anderen‹ gerecht zu werden: »Die Wirklichkeit ist unendlich mannigfaltig im Vergleich zu allen, selbst den ausgeklügeltsten Ergebnissen abstrakten Denkens, und verträgt keine scharfen und groben Unterscheidungen. Sie strebt nach Detailliertheit.« Der folgende Ausschnitt entstammt dem Kapitel »Das Lazarett«.

Das einfache Volk vermag durchweg Schmerzen zu ertragen. [...] Natürlich sind Rutenhiebe schmerzhafter als Stockschläge. Sie reizen heftiger, wirken stärker auf die Nerven, erregen sie über die Maßen, wühlen einen über den Grad des Erträglichen hinaus auf. Ich weiß nicht, wie es heutzutage damit steht, aber vor noch nicht allzu langer Zeit gab es Gentlemen, denen die Möglichkeit, ein Opfer auszupeitschen, etwas verschaffte, das an den Marquis de Sade und die Brinvilliers erinnert. Ich glaube, dieses Gefühl beinhaltet etwas, das diesen Gentlemen das Herz beklommen macht, süß und schmerzlich zugleich. Es gibt Menschen, die wie Tiger danach dürsten, Blut zu lecken. Wer diese Macht einmal verspürt hat, diese unbeschränkte Gewalt über Körper, Blut und Geist eines ebensolchen Menschen, wie er selber einer ist, eines ebensolchen Geschöpfes, eines Bruders nach christlichem Glauben, wer die Macht und die absolute Möglichkeit verspürt hat, ein anderes Wesen, das nach dem Ebenbild Gottes gestaltet ist, auf das tiefste zu demütigen, der verliert notgedrungen die Herrschaft über seine Gefühle. Das Tyrannisieren ist eine Gewohnheit; es ist entwicklungsfähig und wird schließlich zu einer Krankheit. Ich behaupte, selbst der beste Mensch kann durch Gewöhnung verrohen und abstumpfen und auf die Stufe eines Tieres herabsinken. Blut und Macht berauschen; es entwickeln sich Roheit und Laster; die abnormsten Dinge werden dem Denken und Empfinden verständlich und am Ende angenehm. Der Mensch und der Bürger gehen in dem Tyrannen für immer verloren, und eine Rückkehr zu menschlichem Anstand, Reue und Erneuerung wird für ihn so gut wie unmöglich. Außerdem wirken das Beispiel und die Möglichkeit einer solchen Willkür auch auf die ganze Gesellschaft ansteckend; ist diese Macht doch verführerisch. Eine Gesellschaft, die solch eine Erscheinung gleichmütig mit ansieht, ist bereits selbst von Grund auf verseucht. Kurzum, das Recht der körperlichen Züchtigung, das dem einen über den anderen verliehen wurde, ist ein Krebsgeschwür der Gesellschaft, eines der stärksten Mittel zur Vernichtung jedes Keims, jedes Ansatzes von Bürgersinn und die eigentliche Ursache für ihren unausbleiblichen und unabänderlichen Verfall.

Der Henker wird von der Gesellschaft verabscheut, der Gentleman-Henker hingegen durchaus nicht. Erst unlängst ist die entgegengesetzte Meinung geäußert worden, aber bisher nur in Büchern, rein theoretisch. Selbst von jenen, die sie äußern, haben es noch nicht alle vermocht, diesen Drang nach Alleinherrschaft in sich zu unterdrücken. Selbst jeder Fabrikant, jeder Unternehmer empfindet zweifellos eine erregende Befriedigung bei dem Gedanken, daß sein Arbeiter, mitunter ganz mit seiner gesamten Familie, von ihm abhängig ist, einzig und allein von ihm. Sicherlich verhält sich das so: Eine Generation löst sich nicht so schnell von dem, was sie als Erbe in sich trägt; der Mensch läßt nicht so bald von etwas ab, das ihm in Fleisch und Blut übergegangen, das ihm sozusagen mit der Muttermilch eingeflößt worden ist. So rasche Wandlungen gibt es nicht. Seine Schuld und Erbsünde einzugestehen ist noch zuwenig, viel zuwenig; man muß sie sich völlig abgewöhnen. Das aber geht nicht so schnell.

Irina Ratuschinskaja

»Widerstehen«

1988

1938 geboren, verbrachte sie mehrere Jahre im Lager. Die Lyrikerin durfte 1987 die UdSSR verlassen – nach England. Ihr »Bericht aus einem Frauenlager« trägt den Titel »Grau ist die Farbe der Hoffnung«.

Das Gefängnis an sich ist nicht so schlimm, schlimm sind die Menschen«, hatte Tante Vera, eine ältere Frau, während des Transports zu mir gesagt.

Auf die Menschen in unserer Zone trifft das nicht zu, gerade weil sie Menschen sind. Auch wenn wir in einer Baracke zusammengepfercht leben, wie Bettler gekleidet sind und Durchsuchungen und gewaltsame Ausschreitungen über uns ergehen lassen müssen – wir sind Menschen. Uns werden sie nicht kleinkriegen. Bei uns ist es nicht üblich, verhöhnende oder sinnlose Forderungen der Verwaltung zu erfüllen, weil wir uns nicht von unserer inneren Freiheit lossagen werden. Wir leben zwar hinter Stacheldraht, und man hat uns alles genommen, uns von Freunden und Verwandten isoliert, aber solange wir uns verweigern, werden wir frei sein. Drum wird jede Lagervorschrift von uns auf ihren Sinn hin geprüft. Um sechs Uhr früh aufstehen? Warum nicht. Arbeiten? Jawohl, vorausgesetzt, wir sind nicht krank oder streiken. Handschuhe für Arbeiter nähen ist eine saubere und anständige Sache. Die Norm erfüllen? Das hängt davon ab, in welchen körperlichen Zustand ihr uns bringt. Reicht die Kraft – bitte schön, wenn nicht, findet euch mit weniger ab. Gefangenenkleidung tragen? Andere haben wir nicht, und irgend etwas müssen wir anziehen. Aber für euch die verbotene Zone säubern – nein, das lehnen wir ab: Für uns ist weder der direkte noch der indirekte Bau von Gefängnissen und Lagern annehmbar. Fürs Gefängnis arbeiten wir nicht, das ist eure Angelegenheit. Das Verbot, sich untereinander etwas zu leihen oder zu schenken? Das geht euch Aufseher und KGBler nichts an. Wir schenken und verleihen, ohne euch zu fragen, und wenn es sein muß, sogar das letzte Hemd. Aufstehen und strammstehen beim Erscheinen von »Vorgesetzten«? Nein. Ihr seid, erstens nicht unsere Vorgesetzten, und eure Gefängnishierarchie interessiert uns nicht: Wir sind nicht eure Mitarbeiter. Und, zweitens, gehört es sich nach den Regeln des guten Benehmens, daß Männer sich vor Frauen erheben, nicht umgekehrt. Ihr habt andere Verhaltensnormen? Ja, das ist nicht schwer zu bemerken. Aber wir halten an unseren fest, mit oder ohne eure Erlaubnis. Natürlich wird das bestraft, wir wissen es. Aber so verlieren wir unsere menschliche Würde nicht und verwandeln uns nicht in dressierte Tiere.

Wenn der Hund über einen Stock springt, hält man ihn höher und höher – allmählich. Wenn der Hund die Hand leckt, zwingt man ihn, auch die Stiefel zu lecken. Aber wir sind keine Hunde, und ihr seid für uns keine Autorität. Nehmt das gefälligst zur Kenntnis. Und redet uns gefälligst höflich mit »Sie« an, sonst antworten wir nicht, und ihr könnt euch unseretwegen heiser schreien. Mit euren politischen Schulungen, Vorträgen und sonstiger Propaganda verschont uns, sonst verlassen wir einfach das Haus, ignorieren euer Gerede. Wie sagt der junge Offizier Schischokin resignierend: »Lieber mit zweihundert Kriminellen umgehen als mit eurem kleinen Haufen ...«

Wieso eigentlich? Wir sind immer höflich – ihnen gegenüber und untereinander. Keine Prügeleien, kein Diebstahl, keine Fluchtversuche. Auch die Handschuhe nähen wir ordentlich, null Prozent Ausschuß. Kurz, wir benehmen uns wie Menschen, die Aufseher haben keinerlei Scherereien mit uns.

»Wenn du die Kriminellenzone betrittst«, erklärt derselbe Schischokin offenherzig, »spürst du, daß du Macht hast.« Das ist wahr, goldene Worte. Die Macht ist für sie das Wichtigste.

*

»Die Gefügigkeit der Frauen ist bedrückend. Es steckt darin etwas von unserer allgemeinmenschlichen Unvollkommenheit.«

Abram Terz, Gedanken hinter Gittern

JEWGENIJ JEWTUSCHENKO

»Ehrenerklärung für den Menschen«

1960

Er versteht sein Amt als Dichter wie einen Anwaltsdienst: im Vertrauen auf die sinnbeschwörende Kraft der Sprache hält er Schreiben für ein Ins-Gewissen-Reden. Diese Vollmacht des Einzelnen bedeutet auch Ermutigung. Heftig hat er immer wieder die Versündigung der Mächtigen am russischen Volk angegriffen: mit seinen Gedichten »Babij Jar« oder »Die Nachfolger Stalins«. Trotz aller russischer Thematik fehlt es Jewtuschenko nicht an Bezug zur ganzen Welt. Sein Werk, in Rußland millionenfach verbreitet, kann als ein Ferment für »Perestrojka« gelten. In Jewtuschenkos Gedichten klingt stets der Bezug zur klassischen Literatur Rußlands an; er ist einer der Wortführer jener Verbindlichkeit, die den historischen Zusammenhang wahren will. Angesichts des mörderischen Umgangs mit Menschen – von Lenin über Stalin bis zu Breschnjew – mochte das Gedicht »Uninteressante Menschen gibt es nicht auf der Welt« aus dem Jahre 1960 wie ein konterrevolutionärer Affront in Rußland wirken. Für uns verwunderlich mag die geradezu altmodische Form sein, die Jewtuschenko für seinen Gedankengang gewählt hat: Acht Strophen zu jeweils vier Zeilen mit zweifachem Paarreim. Bei der Übersetzung war mir klar, daß der »tradutore« auch ein »traditore« sein kann; gleichwohl reicht das »Wortwörtliche« nicht ans Original heran: es kommt auf einen »Austausch geheimer Werte« an, wie Nabokov schrieb, der vom Übersetzer die »Gabe der Nachahmung« verlangte. Bei meiner Fassung ging es mir um die Trans-Importierung einer Idee – mit dem gewagten Spiel, da und dort den Reim zuzulassen.

Zwar bleibe ich im »Bilde«, doch wählte ich andere Entsprechungen – so wie ich dem titellosen Gedicht eine geradezu heraldische Überschrift gab. Man braucht sich nur manchen Menschen vorzustellen, um zu spüren, wie schwer es einem selbst fällt, dieser Charta stets beipflichten zu können.

Kein Mensch gilt uns gering auf dieser Welt.
Geschichte hat ein jeder – erdengroß.
Ein jeder ist ein Einzelfall,
kein Stern gleicht ihm im Weltenall.

Wer unbeachtet seine Zeit verbracht,
gern als Mauerblümchen seinen Dienst versah,
fast von der Unaufmerksamkeit versehrt –
grad darum ist er unsrer Achtsamkeit so wert.

Als Kern hat jeder eine ganz geheime Welt.
Ein allerbester Augenblick darin ist sein,
und auch die schlimmste Stunde muß hinein.
Uns ist dafür der Blick verstellt.

Und stirbt ein Mensch,
dann stirbt mit ihm sein erster Schnee,
sein erster Kuß ist tot, sein erstes Weh ...
Doch nur das Seine nimmt er mit sich fort.

Natürlich bleiben Brücken, bleibt ein Buch,
Maschinen, die sind zäh, von Künstlern manche Spur;
ja, viel bleibt verschont von dieser Uhr,
jedoch ein Einzelstück ist weg: Das ist der Fluch.

Drakonisch die Maschinerie –
nicht nur ein Mensch ist tot: Weltuntergang mit jedem Mal.
Und alle, die wir kennen, buntgescheckt, im Erdensaal:
in unserm Wissen sind sie leibhaftig weiße Flecken.

Brüder, Freunde – Unser Wissen, im Verhör, muß passen,
das Wissen um die liebste Frau wird ganz verblassen.
Der eigne Vater, ist er weg –
ach, wir Alleswisser wissen einen Dreck.

Die Menschen gehn. Von Rückkehr keine Rede.
Ihr Leben, sternenkugelgroß, bleibt ohne Wiederkehr.
Laut möcht ich jedesmal dann schrein: Verdammt,
daß so es niemals wiederkommt.

MAXIM GORKIJ

»*Ein Maler der Gerechten: Nikolaj Lesskow*«

1923

Bei uns im heiligen Rußland verurteilt man den Nächsten mit solchem Genuß an der Selbstgerechtigkeit, daß man meinen könnte, der Stammvater der Russen sei der im Evangelium geschilderte Pharisäer gewesen. [...]

Lesskow aber begann für Rußland die Ikonenwand seiner Heiligen und Gerechten zu schaffen. Er stellte sich gleichsam das Ziel, Rußland aufzumuntern und zu beseelen, dieses von der Sklaverei zermarterte, das Dasein versäumt habende, verlauste und schmutzige, diebische und versoffene, dumme und grausame Land, dessen Menschen aller Klassen und Stände gleich unglücklich zu sein verstehen – dieses verfluchte Land, das man lieben muß und aus irgendeinem Grund so lieben muß, daß das Herz jeden Tag, jede Stunde blutige Tränen weint, weil diese Liebe quält und der Wollust des Peinigers bei der Marterung eines Unschuldigen gleicht.

Lesskow verstand wie keiner vor ihm, daß der Mensch das Recht hat, getröstet und liebkost zu werden, daß der Mensch verstehen muß, zu liebkosen und zu streicheln. Er beschrieb das Leben heiliger russischer Narren; allerdings sind seine Helden Menschen von zweifelhafter Heiligkeit, denn sie haben im allgemeinen nie Zeit, an ihre persönliche Rettung zu denken – sie sind dauernd nur um die Rettung und Tröstung der Nächsten besorgt. Sie gehen nicht aus der Welt in die Wüste, in die dichten Wälder, in die Höhlen und Einsiedeleien, um in der Einsamkeit Gott anzuflehen, eines reinen, lichten, heiligmäßigen paradiesischen Daseins leibhaftig zu werden. Nein, sie kriechen unvernünftig in den dicksten Schmutz des Erdenlebens, in den der Mensch gesunken ist, sich am Blut verschluckt, vor Gier und Neid sich wild verzehrt, an Grausamkeit und Wut mit dem Teufel eifert. Wahrscheinlich bewirken sie nichts oder ebenso wenig wie die hochwürdigen kirchlichen und weltlichen Einsiedler und Höhlenbewohner, die in ihrem Streben nach der Erkenntnis Gottes den Menschen vergessen und den Menschen schonungslos verurteilen, indem sie die Ohnmacht mit ihrer unzureichenden Weisheit rechtfertigen, die unfähig sei, das menschliche Leben weniger tierisch einzurichten.

Lesskows Verstand ist nüchtern und mißtrauisch, er zweifelt an allem, aber die Aufgabe, Rußland zu rechtfertigen, die freundlichen Bilder seiner Gerechten zur Freude der Sünder zu malen – diese Aufgabe stellte ihm nicht der Verstand, sondern das Herz.

NIKOLAJ LESSKOW

Der Wachtposten

1887

Der Dichter wurde 1831 in einem Dorf des Gouvernements Orjol geboren. Staatsdienst, verschiedene berufliche Tätigkeiten in mehreren Orten (u. a. Orjol, Kiew) und Reisen durch Rußland. Verunglimpfung durch die Presse (1862). Roman-Chronik über Provinzgeistlichkeit (»Die Klerisei«, 1872). Religiöse Thematik in vielen Erzählungen: »Der versiegelte Engel«, »Der Berg«, sowie christliche Legenden und »Erinnerungen an Kiew«. Lesskow starb 1895 in St. Petersburg.

1

Das Ereignis, von dem ich hier berichten will und das ich der Aufmerksamkeit der Leser empfehle, ist rührend und für den Haupthelden der Handlung schrecklich, und der Ausgang ist so eigenartig, daß ähnliches schwerlich irgendwo anders als in Rußland möglich ist.

Diese halb höfische, halb historische Geschichte kennzeichnet nicht übel die Sitten und den Geist der äußerst interessanten Epoche der dreißiger Jahre des neunzehnten Jahrhunderts, von der es nur sehr wenige Darstellungen gibt.

In der folgenden Erzählung ist nicht das geringste erfunden.

2

Im Winter 1839, so um den Dreikönigstag herum, taute es in Petersburg stark. Es war ein solches Schlackerwetter, daß man meinte, es sei bereits Frühling, der Schnee schmolz, von den Dächern tropfte es am Tag, und das Eis auf den Flüssen wurde blau und brüchig. Auf der Newa zeigten sich unmittelbar vor dem Winterpalais tiefe Risse im Eis. Ein warmer, aber heftiger Westwind wehte: Vom Meer flutete Wasser heran, und Kanonenschüsse ertönten.

Die Wache am Schloß hatte eine Kompanie des Ismailower Regiments unter dem Kommando von Nikolaj Iwanowitsch Miller, einem glänzend gebildeten und in der Gesellschaft sehr angesehenen jungen Offizier, der später ein hoher General und Direktor des Lyzeums wurde. Er war ein Mann der sogenannten humanen Richtung – das hatten seine Vorgesetzten schon lange bemerkt, und es schadete ihm auch ein wenig im Dienst.

In der Tat war Miller ein pflichtbewußter und zuverlässiger Offizier, und eine Schloßwache bedeutete dazumal nichts Gefährliches. Es war eine sehr ruhige und friedliche Zeit. Von der Wache wurde nichts anderes verlangt, als pünktlich auf Posten zu stehen; aber ausgerechnet als Hauptmann Miller mit der Wache am Schloß an der Reihe war, ereignete sich der ungewöhnliche und erregende Vorfall, von dem nur wenige Zeitgenossen von damals, die noch am Leben sind, etwas wissen.

3

Zuerst ging es mit der Wache gut: Die Posten waren eingeteilt, den Leuten die Plätze zugewiesen, und alles war in prächtiger Ordnung. Zar Nikolaj Pawlowitsch, der sich bester Gesundheit erfreute, machte am Abend eine Ausfahrt, kehrte nach Haus zurück und legte sich zu Bett. Das ganze Schloß lag im Schlummer. Eine ruhige Nacht brach an. Stille herrschte auch in der Wachtstube. Hauptmann Miller befestigte mit Stecknadeln sein weißes Taschentuch an dem hohen und selbstverständlich spekkigen Saffianrücken des Offizierssessels und nahm Platz, um sich die Zeit mit einem Buch zu vertreiben.

N. I. Miller las von jeher leidenschaftlich gern, und so langweilte er sich nicht, sondern las und merkte nicht, wie die Nacht verrann; doch gegen Ende der zweiten Nachtstunde wurde er plötzlich aufgeschreckt: der wachthabende Unteroffizier stürzte herein und lallte, sich verhaspelnd, bleich und starr vor Entsetzen: »Ein Unglück, Euer Wohlgeboren, ein Unglück!«

»Was ist los?«

»Ein schreckliches Unheil hat uns betroffen!«

N. I. Miller fuhr in unbeschreiblicher Erregung hoch und konnte nur mit Mühe herausbekommen, worin eigentlich das »Unglück« und »schreckliche Unheil« bestand.

4

Geschehen aber war folgendes: Der Wachtposten, ein Soldat vom Ismailower Regiment namens Postnikow, der draußen in der heutigen Jordan-Auffahrt stand, hörte, wie ihm gegenüber in einem Eisloch in der Newa ein Mensch zappelte und verzweifelt um Hilfe schrie.

Soldat Postnikow, ein Mann aus herrschaftlichem Gesinde, war leicht erregbar und äußerst feinfühlig. Lange hörte er die entfernten Schreie und das Stöhnen des Ertrinkenden, und er wurde ganz starr vor Entsetzen. Er schaute hierhin, er schaute dahin, doch wie zum Trotz sah er weder am Ufer, so weit er es überblicken konnte, noch auf der Newa eine Menschenseele.

Niemand kann dem Mann zu Hilfe eilen, gleich wird er versinken...

Inzwischen kämpfte der Ertrinkende schrecklich lange und hartnäckig. Man sollte meinen, daß ihm kein Ausweg mehr bleibt, gleich wird er ohne nutzlosen Kraftaufwand auf den Grund sinken, aber nein! Seine matten Seufzer und flehenden Rufe reißen zwar ab und verstummen, doch dann erklingen sie aufs neue, obendrein immer näher am Ufer beim Schloß. Offenbar hat der Mann doch noch nicht aufgegeben und treibt unmittelbar auf den Laternenschein zu; aber natürlich bedeutet das für ihn nicht die Rettung, denn eben auf diesem Weg wird er in das Eisloch bei der Jordan-Auffahrt geraten. Dann taucht er unter, und das ist das Ende... Jetzt ist er still, aber schon einen Augenblick später schlägt er wieder um sich und stöhnt: »Zu Hilfe! Zu Hilfe!« Und nun ist er schon so nah, daß man es sogar plätschern hört...

Soldat Postnikow stellte sich vor, daß es ganz leicht wäre, diesen Menschen zu retten. Wenn er jetzt aufs Eis liefe, mußte er in unmittelbarer Nähe des Ertrinkenden sein; er brauchte ihm nur einen Strick zuzuwerfen oder eine Stange hinzustrecken oder ihm sein Gewehr zu reichen, und er wäre außer Gefahr. Der Mann ist so nah, daß er seine Hand ergreifen und aufs Eis springen kann. Aber Postnikow denkt auch an seinen Dienst und an den Eid; er weiß, daß er auf Wache steht, und ein Posten darf auf gar keinen Fall und unter keinem Vorwand sein Schilderhaus verlassen.

Andererseits war Postnikows Herz voller Unruhe. Es krampfte sich zusammen, pochte und setzte plötzlich aus. Am liebsten hätte er es sich aus der Brust gerissen und vor die Füße geworfen – derart erregten ihn dieses Stöhnen und diese Seufzer...

Schrecklich ist's, mit anzuhören, wie ein Mensch untergeht, und ihm nicht helfen zu können, noch dazu, wenn dies eigentlich durchaus möglich wäre, denn schließlich läuft das Schilderhäuschen ja nicht weg, und auch sonst würde nichts Schlimmes geschehen. Ob ich hinrenne? Es sieht doch keiner? Ach Gott, wenn es doch bloß mit ihm zu Ende ginge! Schon wieder stöhnt er...

Eine halbe Stunde lang zermarterte sich Postnikow das Herz und begann schon an seinem Verstand zu zweifeln. Dabei war er ein verläßlicher Soldat mit hellem Kopf und begriff sehr wohl, welch schweres Verbrechen es ist, den Posten zu verlassen, und daß ihm das Kriegsgericht drohte, Spießrutenlauf und Zwangsarbeit, ja vielleicht sogar die Erschießung. Doch das Stöhnen von dem angeschwollenen Fluß kam immer näher, schon vernahm man abgerissene Laute und hörte einen Menschen verzweifelt um sich schlagen.

»Ich ertrinke! Zu Hilfe, ich ertrinke!«

Und da ist auch das Eisloch bei der Jordan-Auffahrt... Zu Ende! Noch ein-, zweimal blickte Postnikow nach allen Seiten. Nirgends eine Menschenseele, nur die Laternen flackern im Wind und flimmern, und der Wind trägt diesen abgerissenen Schrei heran ... vielleicht ist es der letzte ...

Noch ein Plätschern, ein eintöniger Seufzer, dann gurgelte es im Wasser.

Der Soldat hielt es nicht länger aus, er verließ seinen Posten.

5

Postnikow stürzte zur Newa hinab, lief mit heftig pochendem Herzen aufs Eis und in das heranflutende Wasser, wurde rasch gewahr, wo der Ertrinkende um sich schlug, und streckte ihm den Schaft seines Gewehrs hin.

Der Mann packte den Kolben, Postnikow hielt das Gewehr am Bajonett und zog ihn an Land.

Geretteter und Retter hatten keinen trocknen Faden mehr am Leibe, und da der Gerettete völlig erschöpft war, zitterte und zu Boden fiel, brachte es der Soldat Postnikow nicht fertig, ihn auf dem Eis zurückzulassen, sondern führte ihn ans Ufer und sah sich um, wem er ihn wohl übergeben könne. Indes war am Kai ein Schlitten aufgetaucht, und darin saß ein Offizier vom Invalidenkommando, das damals bei Hofe existierte, später jedoch abgeschafft wurde.

Dieser für Postnikow höchst ungelegen auftauchende Herr hatte einen recht leichtfertigen Charakter, er war zudem begriffsstutzig und ein unverschämter Kerl, wie man wohl annehmen muß. Er sprang vom Schlitten und fragte: »Was ist das für ein Mann? Was sind das für Menschen?«

»Er ist untergegangen, wäre fast ertrunken ...«, begann Postnikow zu erklären.

»Wieso ertrunken? Wer? Du bist untergegangen? Warum ausgerechnet hier?«

Doch der Mann atmete nur schwer. Postnikow war bereits verschwunden, er hatte das Gewehr geschultert und stand wieder im Schilderhäuschen.

War dem Offizier nun klargeworden, was sich abgespielt hatte, oder nicht – jedenfalls forschte er nicht weiter nach, sondern nahm den Geretteten zu sich in den Schlitten und fuhr mit ihm in die Morskaja, zum Polizeiamt bei der Admiralität.

Hier meldete er dem Wachthabenden, der durchnäßte Mann, den er mitbringe, sei in einem Eisloch gegenüber vom Winterpalais untergegangen und er, der Herr Offizier, habe ihn unter Gefahr für das eigene Leben gerettet.

Der Mann war auch jetzt noch bis auf die Haut naß, völlig erstarrt und erschöpft. Durch den Schreck und die entsetzlichen Anstrengungen hatte er das Bewußtsein verloren. Ihm war es gleichgültig, wem er das Leben verdankte.

Ein verschlafener Polizeifeldscher kümmerte sich um ihn; indes wurde in der Kanzlei ein Protokoll nach der Erklärung des Offiziers vom Invalidenkommando aufgesetzt. Mißtrauisch, wie Polizisten nun mal sind, wunderte man sich, daß er selbst dabei trocken geblieben war. Der Offizier jedoch, der unbedingt die Lebensrettungsmedaille erhalten wollte, erklärte dies durch ein glückliches Zusammentreffen von Umständen; doch seine Schilderung war wirr und unglaubhaft. So ließ man den Polizeimeister wecken und schickte jemanden los, der Erkundigungen einziehen sollte.

Inzwischen hatte die Angelegenheit im Schloß sehr schnell bereits andere Folgen nach sich gezogen.

6

In der Schloßwache war niemand bekannt, was sich ereignet hatte, nachdem der Offizier den Geretteten in seinen Schlitten nahm. Der Offizier und die Soldaten im Ismailower Regiment wußten lediglich, daß einer der Ihren, der Soldat Postnikow, sein Schilderhäuschen verlassen hatte, um einen Menschen zu retten; und da dies einen schweren Verstoß gegen die militärischen Vorschriften bedeutete, würde der Gemeine Postnikow unbedingt vor Gericht gestellt und zu Stockschlägen verurteilt werden, alle Vorgesetzten aber, vom Kompanieführer bis zum Regimentskommandeur, hätten schreckliche Unannehmlichkeiten zu gewärtigen, gegen die sie nichts unternehmen konnten; eine Rechtfertigung war unmöglich.

Der nasse und am ganzen Leibe zitternde Postnikow war natürlich sofort abgelöst worden. Nachdem man ihn in die Wachtstube gebracht hatte, erzählte er N. I. Miller freimütig mit sämtlichen Einzelheiten, was wir bereits wissen, bis zu dem Moment, da der Offizier vom Invalidenkommando den Geretteten zu sich in den Schlitten nahm und dem Kutscher befahl, zum Polizeiamt bei der Admiralität zu eilen.

Die Gefahr wurde immer größer und schien unabwendbar. Der Offizier vom Invalidenkommando würde natürlich alles dem Polizeimeister erzählen, der würde sofort den Oberpolizeimeister Kokoschkin unterrichten, dieser würde es am Morgen dem Zaren melden, und es würde ein gewaltiges Donnerwetter geben.

Zu langen Erörterungen blieb keine Zeit, man mußte die Vorgesetzten in Kenntnis setzen.

Nikolaj Iwanowitsch Miller schickte sofort ein eiliges Schreiben an seinen Bataillonskommandeur, Oberstleutnant Swinjin, in dem er ihn bat, möglichst rasch zur Schloßwache zu kommen und auf jegliche Weise das sich anbahnende schreckliche Unglück abzuwenden.

Dies war bereits gegen drei Uhr, Kokoschkin pflegte jedoch ziemlich früh beim Zaren zum Vortrag zu erscheinen, also blieb für alle Überlegungen und Unternehmen nur sehr wenig Zeit.

7

Oberstleutnant Swinjin besaß nicht jenes mitleidige Wesen und jene Weichherzigkeit, die Nikolaj Iwanowitsch Miller auszeichneten; er war zwar nicht ohne Herz, aber ein Pedant (ein Typ, an den man sich heute wieder mit Bedauern erinnert). Swinjin tat sich durch Strenge hervor und hatte sogar Freude daran, sich zu brüsten, daß er strenge Disziplin verlange. Er hatte keinen Hang zum Bösen und wollte niemand unnütz Leid zufügen, doch wenn einer seinen dienstlichen Obliegenheiten nicht nachkam, war er unerbittlich. Ihm schien es unangebracht, die Beweggründe zu erörtern, von denen sich der Schuldige im gegebenen Fall leiten ließ, er hielt an dem Grundsatz fest, daß im Dienst kein Vergehen Pardon verdiene. Daher wußten in der Wachtkompanie alle, wie der Soldat für das Verlassen des Postens würde büßen müssen und daß es Swinjin nichts ausmachte, wenn Postnikow dabei draufginge.

Als Mann mit solchen Eigenschaften war der Stabsoffizier bei Vorgesetzten und Kameraden bekannt, unter denen sich übrigens auch Männer befanden, die mit Swinjin nicht sympathisierten, denn dazumal waren »Humanismus« und dergleichen Verirrungen noch nicht völlig ausgemerzt. Swinjin war es egal, ob ihn die »Humanisten« tadelten oder lobten. Ihn zu bitten, etwas von ihm zu erflehen, ja sogar der Versuch, sein Mitleid zu wecken, war ein nutzloses Unterfangen. Gegen all dies war er gefeit durch die harte Natur eines Karrieristen der damaligen Zeit. Doch auch er besaß seine Achillesferse.

Swinjins Laufbahn hatte sehr gut begonnen, und er achtete peinlich darauf, daß auf sie, wie auf die Paradeuniform, auch nicht das geringste Stäubchen fiele; jetzt aber mußte die unglückselige Tat eines Mannes aus dem ihm unterstellten Bataillon einen häßlichen Schatten auf die Disziplin des gesamten Truppenteils werfen. Ob nun den Bataillonskommandeur die Schuld daran traf, was einer seiner Soldaten, hingerissen von edlem Mitgefühl, getan hatte, oder nicht – das würden die nicht untersuchen, von denen Swinjins so gut begonnene und sorgsam abgesicherte dienstliche Laufbahn abhing, viele würden ihm sogar nur allzugern einen Knüppel zwischen die Beine werfen, um einem Verwandten den Weg zu ebnen oder auch einem jungen Mann vorwärtszuhelfen, der von gewissen Leuten protegiert wurde. Der Zar würde natürlich in Zorn geraten und dem Regimentskommandeur erklären, er habe »lasche Offiziere« und »verwilderte Mannschaften«. Und wer war an alldem schuld? Swinjin. Immer wieder würde es heißen, Swinjin sei »lasch«, der Vorwurf der Laschheit bliebe vielleicht für immer ein Fleck auf Swinjins gutem Ruf. Nie würde er dann unter seinen Zeitgenossen herausragen, und sein Porträt würde nicht in der Galerie historischer Persönlichkeiten des Russischen Reiches hängen. Damals befaßte man sich zwar wenig mit dem Studium der Geschichte, doch man glaubte an sie und strebte danach, sie mitzugestalten.

8

Kaum hatte Swinjin gegen drei Uhr nachts das dringliche Schreiben Hauptmann Millers erhalten, da sprang er auch schon aus dem Bett, zog die Uniform an und begab sich voller Schreck und Furcht zur Wache beim Winterpalais. Hier verhörte er alsbald den Gemeinen Postnikow und überzeugte sich, daß sich die unglaubliche Geschichte wirklich so zugetragen hatte. Postnikow bestätigte seinem Bataillonskommandeur aufs neue freimütig, was ihm während seiner Wache widerfahren war und was er bereits Hauptmann Miller, seinem Kompanieführer, erzählt hatte. Er sagte, er sei »vor Gott und dem Zaren schuldig und verdiene keine Nachsicht«, er habe sich lange gequält, als er auf Posten stand und das Stöhnen des Mannes vernahm, der in einem Eisloch versank, sein Pflichtgefühl habe lange im Widerstreit gelegen mit dem Erbarmen, schließlich sei er jedoch der Versuchung erlegen, er habe den Kampf nicht länger ertragen und das Schilderhaus verlassen, sei aufs Eis hinausgestürzt und habe den Ertrinkenden an Land gezogen, dabei sei er unglücklicherweise von einem vorbeikommenden Offizier des Invalidenkommandos beim Schloß ertappt worden.

Oberstleutnant Swinjin war verzweifelt und verschaffte sich die einzig mögliche Genugtuung: Er ließ seinen Zorn an Postnikow aus und schickte ihn unverzüglich in den Karzer, dann sagte er Miller ein paar passende Worte und warf ihm »Humanismus« vor, der beim Militär fehl am Platze sei; aber das alles reichte nicht aus, um die Angelegenheit wieder ins rechte Lot zu bringen. Es gab keine Rechtfertigung, und ein Verhalten wie das willkürliche Verlassen des Postens zu entschuldigen war unmöglich, ein einziger Ausweg blieb noch – die ganze Geschichte durfte dem Zaren nicht zu Ohren kommen.

Kann man aber ein solches Vorkommnis verheimlichen?

Offensichtlich war das ein Ding der Unmöglichkeit, denn von der Rettung des Ertrinkenden wußte nicht nur die gesamte Wachtmannschaft, sondern auch jener verhaßte Offizier vom Invalidenkommando, der gewiß alles schon dem General Kokoschkin gemeldet hatte.

Wohin nun sich wenden? Zu wem eilen? Bei wem Hilfe und Schutz suchen?

Swinjin wollte sich schleunigst zum Großfürsten Michail Pawlowitsch begeben und ihm alles unverblümt erzählen. Derartige Manöver waren damals gang und gäbe. Mochte der Großfürst auch in Wut geraten und losbrüllen – er war nun mal ein Hitzkopf –, bei ihm durfte man gewiß sein: Je schroffer er sich beim erstenmal gab und je schwerer gekränkt, desto eher beruhigte er sich wieder und setzte sich sogar für die Sache ein. Es gab bereits eine ganze Reihe derartiger Fälle, und mitunter führte man solch eine Gelegenheit absichtlich herbei. »Ein Donnerwetter geht schnell vorüber« – und so hätte sich Swinjin nur zu gern auf diese Weise aus der Affäre gezogen, aber kann man denn mitten in der Nacht ins Schloß gehen und den Großfürsten behelligen? Falls er indes bis zum Morgen wartete und erst dann zu Michail Pawlowitsch ging, wenn Kokoschkin bereits mit seinem Vortrag beim Zaren war, würde es zu spät ein. Mit derlei schwierigen Erwägungen plagte sich Swinjin herum, und ihm wurde schon ganz elend, doch plötzlich fand er einen Ausweg, der bislang im Nebel verborgen gewesen war.

9

Eine bekannte militärische Regel besagt, im Augenblick höchster Gefahr, die von den Mauern einer belagerten Festung droht, dürfe man sich nicht von ihr entfernen, sondern müsse sich vielmehr dicht an ihre Mauern halten. Also beschloß Swinjin, nicht zu tun, was ihm zuerst in den Kopf gekommen war, sondern geradenwegs zu Kokoschkin zu fahren.

Über den Oberpolizeimeister Kokoschkin erzählte man sich damals in Petersburg schreckliche und unsinnige Dinge, doch man behauptete auch, er besäße einen erstaunlich vielseitigen Takt und sei vermittels jenes Taktes nicht nur in der Lage »aus einer Mücke einen Elefanten«, sondern ebenso leicht »aus einem Elefanten eine Mücke« zu machen.

Kokoschkin war in der Tat äußerst barsch und grob und flößte allen große Furcht ein, doch manchmal übte er auch Nachsicht mit ausgelassenen Burschen oder harmlosen Witzbolden beim Militär, und Possenreißer gab es dazumal nicht wenig. Oft genug fanden diese bei Kokoschkin einen mächtigen und rührigen Beistand. Wenn er nur wollte, vermochte und verstand er viel zu tun. Das war auch Swinjin und Hauptmann Miller wohlbekannt. Und Miller bestärkte denn auch seinen Bataillonskommandeur in der Absicht, unverzüglich zu Kokoschkin zu fahren und sich seiner Großmut und seinem »vielseitigen Takt« anzuvertrauen, der den General sicher einen Ausweg aus der vertrackten Angelegenheit finden ließe, damit der Zar nicht in Zorn geriete. Dies zu vermeiden, war Kokoschkin, zu seiner Ehre sei's gesagt, stets eifrig bemüht.

Swinjin zog den Mantel an, blickte gen Himmel, rief einige Male »O Gott, o Gott!« und fuhr zu Kokoschkin.

Das war bereits zu Beginn der fünften Morgenstunde.

10

Man weckte den Oberpolizeimeister und meldete ihm, Swinjin sei in einer wichtigen Angelegenheit gekommen, die keinen Aufschub dulde.

Der General stand sofort auf und ging, nur mit einem leichten Hausrock bekleidet, zu Swinjin hinaus, dabei gähnte er, rieb sich die Stirn und bibberte vor Kälte. Swinjins Bericht hörte er höchst aufmerksam, aber ruhig an. Nur ein einziges Mal unterbrach er die Erklärungen und Bitten um Nachsicht.

»Der Soldat hat das Schilderhaus verlassen und einen Menschen gerettet?» fragte er.

»Jawohl«, erwiderte Swinjin.

»Und das Schilderhaus?«

»Hat in dieser Zeit leer gestanden.«

»Hm ... Daß es leer stand, hab ich gewußt. Sehr erfreulich, daß man es nicht gestohlen hat.«

Swinjins Überzeugung festigte sich, daß der General über alles bereits unterrichtet war und sicher schon beschlossen hatte, in welcher Form er in seinem Morgenvortrag dem Zaren Bericht erstatten würde, und daß dieser Entschluß endgültig feststand. Anderenfalls hätte ein Vorkommnis wie das Verlassen des Postens bei der Schloßwache den energischen Oberpolizeimeister zweifellos viel mehr beunruhigen müssen.

Aber Kokoschkin wußte nichts. Der Polizeimeister, an den sich der Offizier vom Invalidenkommando mit dem Geretteten gewandt hatte, hielt die Angelegenheit nicht für besonders wichtig. Seiner Meinung nach brauchte man deswegen wirklich nicht mitten in der Nacht den müden Oberpolizeimeister zu behelligen, obendrein schien ihm die ganze Geschichte ziemlich anrüchig, war doch der Offizier völlig trocken, und das hätte er nie sein können, wenn er unter Gefahr für das eigene Leben einen Mann vor dem Ertrinken gerettet hätte. Der Polizeimeister hielt den Offizier für einen eitlen Prahlhans, der sich eine weitere Medaille an die Brust wünschte, und daher nahm er sich ihn, während der Wachthabende das Protokoll schrieb, noch einmal vor, fragte nach geringfügigen Einzelheiten und suchte so die Wahrheit herauszubekommen.

Zudem war es dem Polizeimeister nicht sehr angenehm, daß sich so etwas in seinem Bereich abgespielt und kein Polizist, sondern ein Offizier vom Schloß den Mann vom Tode des Ertrinkens gerettet hatte.

Kokoschkins Ruhe erklärte sich auf höchst einfache Weise: Einmal war er nach des Tages Hast und der Teilnahme am Löschen von zwei Bränden in der Nacht entsetzlich müde, und zweitens betraf ihn, den Herrn Oberpolizeimeister, nicht unmittelbar, was der Soldat Postnikow angerichtet hatte.

Im übrigen ergriff Kokoschkin sofort alle notwendigen Maßnahmen. Er schickte nach dem Polizeimeister vom Admiralitätsbezirk und befahl ihm, unverzüglich mit dem Offizier vom Invalidenkommando und dem Geretteten zu ihm zu kommen; Swinjin aber bat er, in einem kleinen Empfangsraum vor seinem Arbeitszimmer zu warten. Dann ging Kokoschkin in sein Arbeitszimmer. Ohne die Tür hinter sich zu schließen, setzte er sich an den Schreibtisch und begann, Schriftstücke zu unterzeichnen, doch bald schon sank sein Kopf auf die Arme, und er schlief in seinem Sessel ein.

11

Damals gab es in der Stadt weder Telegraf noch Telefon, und wenn Vorgesetzte eilige Befehle übermitteln mußten, schickten sie in alle Himmelsrichtungen jene »vierzigtausend Kuriere«, die Gogol in seiner Komödie unsterblich gemacht hat.

Natürlich waren die nicht so schnell wie Telegraf und Telefon, aber dafür brachten sie viel Leben in die Stadt und kündeten von der Emsigkeit der Vorgesetzten.

Bis von der Admiralität der schnaufende Polizeimeister, der Offizier und auch der Gerettete eintrafen, döste der feinfühlige und energische General Kokoschkin vor sich hin. Daß er sich währenddessen erholt hatte, merkte man dann an seinem Gesichtsausdruck und am Erwachen seiner geistigen Fähigkeiten.

Kokoschkin hieß alle Eingetroffenen in sein Arbeitszimmer gehen und bat auch Swinjin zu sich.

»Das Protokoll?« fragte er mit frischer Stimme kurz und bündig den Polizeimeister.

Der reichte ihm schweigend ein zusammengefaltetes Stück Papier und flüsterte: »Gestatten Euer Exzellenz ein paar Worte unter vier Augen ...«

»Gut.«

Kokoschkin ging zur Fensternische, und der Polizeimeister folgte ihm.

»Was ist los?«

Man hörte ein unverständliches Flüstern des Polizeimeisters und das deutliche Krächzen des Generals. »Hm ... Ja! ... Na und? ... Kann sein ... Er besteht also darauf, daß er trocken herausgekommen ist ... Sonst noch was?«

»Nein, gnädiger Herr.«

Der General verließ die Fensternische, setzte sich an den Tisch und begann zu lesen. Er las das Protokoll, ohne zu erschrecken oder Zweifel zu äußern, und wandte sich dann unversehens an den Geretteten mit der lauten und entschiedenen Frage: »Wie bist du eigentlich in das Eisloch gegenüber dem Schloß geraten, mein Guter?«

»Entschuldigung!« erwiderte der Gerettete.

»Soso. Warst du betrunken?«

»Entschuldigung, betrunken nicht, nur angetrunken.«

»Warum bist du denn ins Wasser gefallen?«

»Ich wollte auf möglichst kurzem Weg übers Eis, bin falsch gegangen und ins Wasser gefallen.«

»Also war es dunkel vor deinen Augen?«

»Überall war's stockfinster, Euer Exzellenz.«

»Und du konntest nicht sehen, wer dich herausgezogen hat?«

»Entschuldigung, ich hab gar nichts gesehen. Der Herr war's wohl«, er zeigte auf den Offizier und setzte hinzu: »Ich konnte nichts sehen, denn ich war so arg verschreckt.«

»Das kommt davon, wenn man sich zur Schlafenszeit draußen herumtreibt! Schau dir deinen Wohltäter an und behalte ihn für immer im Gedächtnis! Der edle Mann hat für dich sein Leben aufs Spiel gesetzt!«

»Ich werde ihn nie vergessen.«

»Ihr Name, Herr Offizier?«

Der Offizier nannte ihn.

»Hörst du?«

»Jawohl, Euer Exzellenz.«

»Bist du rechtgläubig?«

»Jawohl, Euer Exzellenz.«

»Schreib dir diesen Namen auf, damit du für die Gesundheit des Herrn beten kannst.«

»Jawohl, Euer Exzellenz.«

»Bete zu Gott für ihn und scher dich raus, du wirst nicht mehr benötigt.«

Der Mann verneigte sich tief und räumte das Feld, überglücklich, daß er entlassen war.

Swinjin stand da und konnte nicht fassen, daß alles dank Gottes Barmherzigkeit eine Wendung zum Guten genommen hatte.

12

Kokoschkin wandte sich an den Offizier vom Invalidenkommando: »Sie haben diesen Mann unter Gefahr für das eigene Leben gerettet?«

»Jawohl, Euer Exzellenz.«

»Zeugen dafür gibt es nicht, und es kann sie wegen der späten Stunde wohl auch nicht geben?«

»Es war dunkel, Euer Exzellenz, und außer den Wachtposten war kein Mensch am Ufer.«

»Die Wachtposten haben damit gar nichts zu tun. Ein Wachtposten steht in seinem Schilderhaus und darf sich durch keine Belanglosigkeit ablenken lassen. Ich glaube, was hier im Protokoll steht. Es sind doch Ihre Worte?«

Das sagte Kokoschkin mit besonderer Betonung, als wollte er eine Drohung ausstoßen oder gleich losbrüllen.

Aber der Offizier ließ sich nicht einschüchtern, riß die Augen auf, warf sich in die Brust und erwiderte: »Stimmt, Euer Exzellenz, das sind haargenau meine Worte.«

»Ihre Tat verdient Belohnung.«

Der Offizier verneigte sich dankbar.

»Kein Grund zum Danken«, fuhr Kokoschkin fort, »ich werde dem Zaren über Ihre hochherzige Tat berichten, kann sein, daß Ihre Brust noch heute eine Medaille schmücken wird. Jetzt aber gehn Sie nach Hause, und trinken Sie etwas Warmes, aber verlassen Sie das Haus nicht, vielleicht werden Sie noch benötigt.«

Der Offizier strahlte übers ganze Gesicht, verneigte sich und ging hinaus.

Kokoschkin blickte ihm nach und sagte: »Gut möglich, daß der Zar ihn zu sehen wünscht.«

»Jawohl, Exzellenz«, bemerkte der Polizeimeister verständnisvoll.

»Ich brauche Sie nicht mehr.«

Der Polizeimeister ging hinaus, und als er die Tür hinter sich geschlossen hatte, bekreuzigte er sich nach frommem Brauch.

Der Offizier vom Invalidenkommando wartete unten auf den

Polizeimeister, und beide zogen in weit herzlicherem Einvernehmen von dannen, als sie gekommen waren.

Im Arbeitszimmer des Oberpolizeimeisters blieb nur noch Swinjin zurück. Kokoschkin betrachtete ihn lange forschend und fragte dann: »Sie waren doch nicht beim Großfürsten?«

Wenn damals vom Großfürsten die Rede war, wußte jeder, gemeint war der Großfürst Michail Pawlowitsch.

»Ich bin geradenwegs zu Ihnen gekommen«, entgegnete Swinjin.

»Wer ist der wachthabende Offizier?«

»Hauptmann Miller.«

Kokoschkin musterte Swinjin aufs neue und sagte: »Mir scheint, Sie haben vorhin etwas anderes gesagt.«

Swinjin begriff nicht, worauf sich das bezog, und schwieg, Kokoschkin aber fuhr fort: »Nun, das macht nichts, gehn Sie ruhig zu Bett.«

Die Audienz war beendet.

13

Um ein Uhr mittags wurde der Offizier vom Invalidenkommando tatsächlich wieder zu Kokoschkin beordert, der ihm äußerst liebenswürdig eröffnete, der Zar sei sehr zufrieden, daß es unter den Offizieren des Invalidenkommandos bei seinem Schloß solch wachsame und selbstlose Männer gebe, und wünsche ihm die Lebensrettungsmedaille zu verleihen. Bei diesen Worten heftete Kokoschkin dem Helden eigenhändig die Medaille an die Brust, und der eilte von dannen, um mit ihr zu prahlen. Man hätte meinen können, die Angelegenheit sei abgetan, aber Oberstleutnant Swinjin spürte, daß noch etwas erledigt werden müsse, und fühlte sich berufen, das Pünktchen aufs i zu setzen.

Er war so erregt, daß er drei Tage krank lag, am vierten Tag stand er jedoch auf, fuhr zum Häuschen Peters und sprach ein Dankgebet vor dem Bild des Erlösers. Dann hatte seine Seele den Frieden wiedergefunden, er kehrte nach Hause zurück und ließ Hauptmann Miller zu sich bitten.

»Nun ist Gott sei Dank das Gewitter, das über uns schwebte, vorbeigezogen, Nikolaj Iwanowitsch«, sagte er zu Miller, »die unglückselige Geschichte mit dem Wachtposten hätten wir ins reine gebracht. Jetzt können wir, scheint's, wieder ruhig atmen. Das verdanken wir zweifellos vor allem der Barmherzigkeit Gottes, dann aber auch dem General Kokoschkin. Zwar heißt es, er sei böse und herzlos, ich jedenfalls bin ihm dankbar wegen seiner Großmut und achte ihn wegen seiner Findigkeit und seines Takts. Er hat meisterhaft die Prahlsucht dieses Angebers vom Invalidenkommando ausgenutzt, der eigentlich für seine Unverschämtheit nicht die Lebensrettungsmedaille verdient hätte, sondern eine gehörige Tracht Prügel im Pferdestall, aber es blieb ja nichts anderes übrig. Man mußte sich seiner bedienen, um viele zu retten, und Kokoschkin hat die ganze Geschichte so gescheit eingefädelt, daß niemand nur die geringste Unannehmlichkeit hatte, im Gegenteil, alle sind froh und zufrieden. Unter uns gesagt, ich habe von einer vertrauenswürdigen Person erfahren, daß auch Kokoschkin mit mir äußerst zufrieden ist. Es war ihm sehr recht, daß ich nirgendwohin gefahren bin, sondern mich gleich an ihn gewandt habe, daß ich mich auf keinen Streit mit dem zufälligen Passanten einließ, der die Medaille bekommen hat. Kurzum, niemand mußte etwas ausstehn, alles wurde mit solchem Takt erledigt, daß wir auch fürderhin nichts zu befürchten haben, nur eine Kleinigkeit ist noch zu bereinigen. Was den Takt betrifft, müssen wir Kokoschkins Beispiel folgen und die Geschichte unsererseits so zu Ende bringen, daß wir für alle Fälle auch in Zukunft gedeckt sind. Es gibt noch einen Mann, dessen Lage nicht völlig geklärt ist. Ich spreche von dem Gemeinen Postnikow. Er sitzt noch immer im Karzer und plagt sich zweifellos mit dem Gedanken, was ihm bevorsteht. Man muß auch seine Qual beenden.«

»Ja, es ist höchste Zeit«, pflichtete Miller erfreut bei.

»Gewiß, und Sie können es am besten erledigen. Fahren Sie bitte unverzüglich in die Kaserne, lassen Sie Ihre Kompanie antreten, führen Sie den Gemeinen Postnikow aus dem Arrest und strafen Sie ihn vor der Front mit zweihundert Rutenschlägen.«

14

Miller war höchst verwundert und versuchte Swinjin zu überzeugen, er solle in der allgemeinen Freude dem Soldaten Postnikow verzeihen und ihn begnadigen, ohnehin habe er genug ausgestanden, während er im Karzer die Entscheidung über sein Schicksal erwartete. Swinjin aber brauste auf und ließ Miller nicht einmal ausreden.

»Nein«, unterbrach er ihn, »lassen Sie das, ich habe gerade von Takt gesprochen, und Sie begehen gleich am Anfang eine Taktlosigkeit. Lassen Sie das!«

In trockenerem und offiziellerem Ton fügte Swinjin entschieden hinzu: »Auch Sie sind in dieser Geschichte nicht ganz im Recht, Sie trifft sogar große Schuld, weil Sie zu lasch sind – das ist beim Militär völlig unangebracht –, und dieser Charakterfehler spiegelt sich in der Subordination Ihrer Männer. Ich befehle Ihnen, persönlich an der Exekution teilzunehmen und darauf zu achten, daß auch fest zugeschlagen wird – so hart wie möglich. Belieben Sie also anzuordnen, daß junge Rekruten die Rutenschläge verabreichen, die alten Soldaten sind schon samt und sonders vom Liberalismus der Garde verseucht, sie schlagen den Kameraden nicht, wie sich's gehört, sondern erschrecken nur die Flöhe auf seinem Rücken. Ich komme selbst hin und sehe zu, ob der Schuldige auch richtig gestraft wird.«

Wie immer die Befehle eines Vorgesetzten lauten mochten, man durfte sich ihnen nicht widersetzen, auch der weichherzige N. I. Miller mußte den Befehl seines Bataillonskommandeurs exakt ausführen.

Die Kompanie war im Hof der Ismailower Kasernen angetreten, eine genügende Menge Ruten aus der Reserve war besorgt, und der aus dem Karzer geführte Gemeine Postnikow hatte unter eifriger Mitwirkung der jungen Rekruten »sein Teil abbekommen«. Die vom Gardeliberalismus noch nicht verseuchten Burschen hatten bei ihm vollendet alle Pünktchen aufs i gesetzt, so wie es vom Bataillonskommandeur angeordnet worden war. Dann hatte man den gestraften Postnikow aufgehoben und auf dem Mantel, auf dem man ihn mit Ruten geschlagen hatte, geradenwegs ins Regimentslazarett getragen.

15

Als dem Bataillonskommandeur Swinjin die Ausführung der Exekution gemeldet worden war, besuchte er höchstselbst wie ein Vater Postnikow im Lazarett und überzeugte sich zu seiner Freude durch den Augenschein, daß sein Befehl vortrefflich ausgeführt worden war. Der barmherzige Postnikow mit den schwachen Nerven hatte »sein Teil abbekommen, so wie es sich gehört«. Swinjin zeigte sich befriedigt und ordnete an, der gestrafte Postnikow solle auf seine Kosten ein Pfund Zucker und ein Viertelpfund Tee erhalten, damit er sich während der Genesung daran gütlich tun konnte. Postnikow, der im Bett lag, vernahm, was über Tee und Zucker gesagt wurde, und sprach: »Ich bin sehr zufrieden, Euer Wohlgeboren, und danke Ihnen für die väterliche Güte.«

Er war in der Tat »zufrieden«, denn während der drei Tage im Karzer war er auf weit Schlimmeres gefaßt gewesen. Zweihundert Rutenschläge bedeuteten in der damaligen harten Zeit sehr wenig, verglichen mit den Strafen, die das Kriegsgericht verhängte, und vor das Kriegsgericht wäre Postnikow ohne die kühnen und taktvollen Maßnahmen, von denen bereits die Rede war, unweigerlich gestellt worden.

Doch es gab noch mehr Personen, die mit den hier geschilderten Ereignissen zufrieden waren.

16

Unmerklich war die Kunde von der Tat des Gemeinen Postnikow in verschiedene Kreise der Hauptstadt gesickert, die zur Zeit, da die Presse stumm blieb, in einer Atmosphäre endloser Klatschereien lebte. In den mündlichen Überlieferungen war der Name des wirklichen Helden, des Soldaten Postnikow, verlorengegangen, dafür wurde die Geschichte selbst zu einer interessanten und romantischen Epopöe aufgebauscht.

Es hieß, ein ungewöhnlicher Schwimmer sei von der Peter-Pauls-Festung her zum Winterpalais geschwommen, einer der Wachtposten am Schloß habe auf ihn geschossen und ihn verwundet, ein vorbeikommender Offizier des Invalidenkommandos habe sich ins Wasser gestürzt und den Mann gerettet, und dafür habe der eine die ihm zustehende Auszeichnung, der andere die verdiente Strafe erhalten. Das unsinnige Gerücht drang bis ins Haus des Metropoliten, wo dazumal ein vorsichtiger und »weltlichen Ereignissen« gegenüber nicht gleichgültiger Erzbischof lebte, der der frommen Moskauer Familie Swinjin wohlgesinnt war.

Dem scharfsichtigen Bischof schien die Geschichte mit dem Schuß nicht recht glaubwürdig. Was war das für ein nächtlicher Schwimmer? Falls es ein entflohener Gefangener war, weshalb wurde dann der Wachtposten bestraft, der doch nur seine Pflicht erfüllte, als er auf den von der Festung her über die Newa schwimmenden Mann schoß? Wenn es aber kein Gefangener, sondern irgendein rätselhaftes Wesen war, das man aus den Wogen der Newa retten mußte, wieso wußte der Wachtposten dann von ihm? Auch in diesem Fall konnte es nicht so gewesen sein, wie man draußen tratschte. Im weltlichen Leben wird vieles äußerst leichtsinnig hingenommen und geschwätzig weitergetragen, wer aber im Kloster oder im Anwesen des Metropoliten lebte, legte ein viel ernsteres Verhalten an den Tag und wußte, was es mit den weltlichen Dingen wirklich auf sich hatte.

17

Als Swinjin eines Tages zufällig beim Bischof weilte, um von ihm den Segen zu empfangen, erwähnte Hochwürden beiläufig »die Geschichte mit dem Schuß«. Swinjin erzählte alles wahrheitsgetreu, doch wie wir bereits wissen, hatte seine Darstellung nichts gemein mit der »Geschichte von dem Schuß«, die in Umlauf war.

Der Bischof hörte den wirklichen Bericht schweigend an, ließ sacht seinen weißlichen Rosenkranz durch die Finger gleiten und wandte kein Auge von dem Erzähler. Als Swinjin fertig war, sagte Hochwürden leise in singendem Tonfall: »Nach alldem muß man annehmen, daß in dieser Angelegenheit nicht immer und nicht überall der vollen Wahrheit gemäß berichtet wurde?«

Swinjin geriet in Verwirrung und wies darauf hin, daß der Bericht nicht von ihm, sondern von General Kokoschkin stamme.

Der Bischof ließ stumm den Rosenkranz mehrmals durch seine wächsernen Finger gleiten und sprach: »Man muß unterscheiden, was Lüge und was unvollkommene Wahrheit ist.«

Wieder Rosenkranzgeklapper, wieder Schweigen, und schließlich plätscherte leise seine Rede dahin: »Unvollkommene Wahrheit ist keine Lüge. In diesem Fall am allerwenigsten.«

»So ist es«, sagte Swinjin ermutigt. »Mich hat natürlich vor allem bestürzt, daß ich diesen Soldaten bestrafen lassen mußte, der zwar seine Pflicht verletzt ...«

Rosenkranzgeklapper und dahinplätschernde Rede: »Die dienstliche Pflicht darf nie verletzt werden.«

»Ja, aber er hat es aus Großmut und Mitleid getan, nach schweren Kämpfen und im Bewußtsein der Gefahr, die ihm drohte. Er wußte, daß er sich selbst zugrunde richtet, wenn er den Mann rettet ... Dies ist ein edles, heiliges Gefühl.«

»Das Heilige ist Gott bekannt, und eine körperliche Züchtigung richtet keinen einfachen Mann zugrunde, sie widerspricht weder dem Volksbrauch noch der Heiligen Schrift. Rutenschläge erträgt ein kräftiger Körper viel leichter als subtile Seelenpein. Die Gerechtigkeit hat durch Sie keineswegs gelitten.«

»Aber er hat auch die Lebensrettungsmedaille nicht bekommen.«

»Menschen zu retten ist kein Verdienst, sondern eine Pflicht.

Wer jemanden retten kann und es unterläßt, wird gesetzlich bestraft, und wer einen Menschen gerettet hat, erfüllte nur seine Pflicht.«

Pause, Rosenkranzgeklapper und dahinplätschernde Rede: »Vielleicht ist es für den Soldaten viel nützlicher, daß er für seine Tat erniedrigt wurde und Schläge erhielt, als daß man ihn auszeichnete. Doch das Wichtigste ist, an diese Angelegenheit mit großer Vorsicht heranzugehen und auf gar keinen Fall zu erwähnen, was irgendwann einmal darüber gesagt wurde.«

Offensichtlich war auch der Bischof zufrieden.

18

Wäre ich so selbstherrlich wie die glücklichen Erwählten des Himmels, denen es dank ihrem großen Glauben beschieden ist, in die Geheimnisse der göttlichen Vorsehung einzudringen, würde ich mir vielleicht dreist die Vermutung erlauben, daß der Herrgott selbst mit dem Verhalten der von ihm erschaffenen sanften Seele Postnikows zufrieden gewesen wäre. Mein Glaube ist jedoch klein, er gibt meinem Verstand nicht die Kraft, zu solcher Reife zu gelangen, ich halte mich ans Irdische und Faßliche. Ich denke an jene Sterblichen die das Gute um seiner selbst willen lieben und keinerlei Lohn dafür erwarten. Mir scheint, diese aufrechten und braven Menschen müssen ebenfalls mit dem heiligen Ausbruch von Liebe und dem nicht minder heiligen geduldigen Leiden des fügsamen Helden meiner wahrheitsgetreuen und kunstlosen Erzählung zufrieden sein.

WLADIMIR MAXIMOW

Zu beiden Seiten des Abgrunds

Zur Aufgabe der russischen Literatur

1984

1932 in Moskau geboren, durchstreifte Maximow Rußland, geriet in Lagerhaft und veröffentlichte von den fünfziger Jahren an u. a. »Ballade von Sawwa« (1967), »Die sieben Tage der Schöpfung« (1971). 1972 Ausschluß aus dem Schriftstellerverband. Lebt seit seiner Ausreise (1974) in Paris. Herausgeber der Zeitschrift »Kontinent«.

In Rußland achtet man die Dichtung«, hat Ossip Mandelstam einmal gesagt, »denn in Rußland wird man für Dichtung erschossen.« Der große Dichter hat in diesem geflügelten Wort erschöpfend ausgedrückt, worin die ganze Tragik der Geschichte unserer Literatur besteht. Von ihren ersten unsicheren Schritten an war der aufopferungsvolle Widerstand gegen die bestehende Herrschaftsordnung, bedauerlicher- oder glücklicherweise, ihr zweifelsfreies Privileg. Mir scheint, daß überhaupt die ganze Erfahrung der russischen Literaturgeschichte darauf beruht, die Kluft zwischen ihr und der sie jeweils tragenden Gesellschaft zu überwinden.

Für diejenigen, die mit unserer Geschichte vertraut sind, bedarf es keiner Wiederholung, welch hoher Preis von uns für die Intensität und Kontinuität dieses Versuchs gezahlt wurde. Man muß sich nur die fortlaufende Liste der bedeutendsten Namen vergegenwärtigen. Angefangen bei dem buchstäblich bei lebendigem Leibe verbrannten Protopopen Awwakum über den auf der Folterbank gepeinigten Radischtschew und den für wahnsinnig erklärten Tschaadajew, über Dostojewskij, der die sibirische Verbannung durchlitt, und Tolstoj, der aus der Kirche ausgestoßen wurde, bis zu Gumiljow, der erschossen wurde, Blok, der an Unterernährung starb, und Mandelstam, der im Lager umkam, bis zu Bulgakow, Achmatowa, Soschtschenko und Pasternak, die verfolgt und gehetzt wurden

Und schließlich bis zu Solschenizyn, der des Landes verwiesen wurde.

Indes, wer weiß, vielleicht konnte die russische Literatur gerade dank ihres besonderen Werdegangs ihre hohe Tradition des gesellschaftlichen Widerstands durch alle Prüfungen hindurch aufrechterhalten und bewahren.

Nicht selten, insbesondere hier im Westen, beschäftigen sich die Menschen, die sich über die widersprüchlichen Besonderheiten unserer Geschichte Gedanken machen, mit der Frage, weshalb es denn ausgerechnet bei uns und nicht in irgendeinem anderen Teil der Welt möglich wurde, daß ein System, welches der Welt nun schon über 60 Jahre lang mit allumfassender Unterjochung droht, so lange und – mit Verlaub – so metastasenbildend bestehen konnte und dies weiterhin kann. Und womit sich seine beinahe mystische Zählebigkeit erklären läßt.

Ich glaube, daß Rußland, vom Zufall zwischen Europa und Asien angesiedelt, sowohl alles Gute als auch alles Schlechte aus diesen beiden Zivilisationen in sich aufnahm. Emotional und empfänglich wie jede junge Nation, war das russische Volk im Lauf seiner Geschichte von beiden Seiten einer Vielfalt religiöser und sozialer Versuchungen ausgesetzt, deren Folgen auf sein Geschick sich bis heute auswirken. Als Idealist von Natur aus drängt der russische Mensch in seinem Streben nach gesellschaftlicher Vollkommenheit und Gerechtigkeit auf die augenblickliche, unmittelbare und endgültige Lösung der Urprobleme menschlichen Seins.

Dies war der Grund für die andauernden blutigen Zwistigkeiten zu Beginn, die extreme religiöse Intoleranz in der Zeit danach und den militanten Atheismus und die Anarchie am Ende.

Freilich, vor kurzem schien es noch so, als läge die Bestimmung Rußlands, das alle Extreme asiatischer Tyrannei und die negativen Folgen des westlichen Rationalismus auf sein geistig-religiöses Wesen an sich selbst erfahren hat, eben darin, andere Völker vor dem neuerlichen Beschreiten so verhängnisvoller Wege zu warnen.

Leider haben sich diese Erwartungen nicht erfüllt. Die Welt hat vieles vergessen und wenig dazugelernt. Ein sozialer Dämonismus ergreift von der Menschheit Besitz. Zunehmend verliert das menschliche Leben an Wert, die geistige Armut wird immer hoffnungsloser. Um der Aufteilung materieller Güter willen erheben sich Völker und Staaten. Der Mensch empört sich wider sich selbst, wider sein ursprüngliches Wesen, wider sein göttliches Antlitz. Nach allen Zeichen zu urteilen, strebt die Geschichte ihrem eschatologischen Ende zu.

Um so tröstlicher ist es, daß unter diesen wahrhaft schicksalsvollen Umständen dort, im Osten, in leidenschaftlichen Kämpfen mit der geistigen Ignoranz, vornehmlich mit literarischen Waffen, wie der Phönix aus der Asche eine Generation ersteht und sich laut zu Wort meldet, die frei von ideologischen Vorurteilen, sozialen Komplexen und globalen Ansprüchen ist. Die Ereignisse in Polen, wo sich möglicherweise das Schicksal der christlichen Zivilisation entscheidet, legen davon ein anschauliches Zeugnis ab.

Die innere Haltung und die Ideale dieser Generation drückte die russische Lyrikerin Natalja Gorbanewskaja aus, die seinerzeit wegen ihrer Beteiligung an der Demonstration auf dem Roten Platz gegen die Besetzung der Tschechoslowakei vor Gericht gestellt worden war. Auf die Frage des Untersuchungsrichters, welche Motive sie dazu bewogen hätten, sich der Demonstration anzuschließen, antwortete sie: »Ich tat es für mich selbst, sonst hätte ich nicht weiterleben können.«

Nur dies, dies allein, ist heute der Anstoß zu geistigem Widerstand in der totalitären Welt, denn der Mensch, der sein geschichtliches Gedächtnis wiedererlangt hat, kann nicht mehr anders handeln, weil das Leben sonst jeglichen Sinn für ihn verlöre.

Das Auftauchen dieses auf den ersten Blick überraschenden Phänomens läßt sich jedoch wiederum nicht für sich genommen, sondern nur im Zusammenhang mit der gesamten russischen Literatur und ihrer jüngsten Geschichte erklären. In der Tat, wäre es etwa denkbar, daß Namen wie der Alexander Solschenizyns, Josif Brodskijs, Warlam Schalamows, Jewgenja Ginsburgs, Jurij Dombrowskijs, Alexander Sinowjews, Andrej Sinjawskijs, Wassilij Aksjonows, Wladimir Woinowitschs, Viktor Nekrasows, Semjon Lipkins, Inna Lisnjanskajas und einer Reihe anderer hätten aufsteigen können, ohne daß ihnen die Namen Iwan Bunins, Vladimir Nabokovs, Dmitrij Mereschkowskijs, Georgij Iwanows, Iwan Schmeljows, Marina Zwetajewas, Sinaida Gippius' und, in einer Reihe mit ihnen, diejenigen Georgij Adamowitschs, Iwan Jelagins, Igor Tschinnows, Andrej Sedychs, Leonid Rshewskijs, Roman Guls, Wladimir Weidlés und vieler, vieler anderer vorausgegangen wären; die Liste ließe sich um ein Vielfaches fortsetzen. In der beharrlichen Kontinuität dieser Tradition liegt, davon bin ich fest überzeugt, die Gewähr für eine hoffnungsvolle Zukunft der Sprachkunst unseres Vaterlandes.

Derzeit erlebt und erleidet die russische Literatur ein weiteres Mal eine Wende in ihrer Entwicklung. Ein bedeutender Teil ihrer Vertreter findet sich, wie schon einmal, jedoch unter erheblich anderen Bedingungen, im Ausland wieder. Und aufs neue hängt unsere geistige Selbsterhaltung, die Unzerstörbarkeit unserer Verbindung mit der Welt, die uns hervorgebracht hat, unsere Zugehörigkeit zur Kultur unseres Vaterlandes – wie einst in der Heimat, so auch jetzt – nicht von einem politischen oder organisatorischen Zusammenschluß ab, sondern vor allem vom persönlichen, individuellen Willen eines jeden von uns zu geistigem und menschlichem Widerstand. Ob wir in der für uns ungewohnten Umgebung bestehen können, das heißt außerhalb des Elements unserer Muttersprache, außerhalb der uns vertrauten sozialen Umgebung, das wird die nächste Zukunft zeigen. Helfe uns Gott ...

»Wir sind nicht Verbannte, wir sind Gesandte«, hat einmal eine große russische Dichterin gesagt. Davon, wie jeder von uns diese »Sendung« für sich versteht, hängt es ab, wie aussichtsreich und dauerhaft sie sein wird.

Die geistige Opposition in Rußland begann mit dem Wirken einsamer Märtyrer, deren Einfluß auf die folgende literarische Generation sich jedoch als geistig so »radioaktiv« erwies, daß in unserem Land schließlich eine Art genetischer Schriftstellertypus entstand, der Widerstand gegen die Gewalt leistet, nicht weil er eine Heldenmission erfüllt, sondern weil er einfach nicht anders leben könnte, denn er will ja eine Persönlichkeit, ein Mensch bleiben.

Darin besteht, meiner Ansicht nach, auch der Sinn unseres geistigen Widerstands: Es gilt nicht in irgendeinem ideologischen Kampf zu siegen, sondern sich das drängende Gewissen zur natürlichen Bewußtseinslage zu machen. In einer echten Kultur gibt es keine Siege, sondern nur den ewig sich erneuernden Prozeß der Wahrheitssuche.

Als bester Schlüssel zum Verständnis der russischen Literatur mag deshalb, wie ich glaube, der apokryphe Dialog zwischen eben jenem Protopopen Awwakum und seiner Frau auf ihrem Weg durch die verschneite Steppe dienen: »Wie lange müssen wir uns noch weiterschleppen, Vater?« fragt sie.

»Bis zum Tod hin, Mütterchen«, antwortet er, »bis zum Tod hin.«

»Schleppen wir uns also weiter«, sagt sie fügsam.

Die russische Literatur war niemals auf seiten der Sieger, sie war immer auf der Seite der Besiegten. Nicht von ungefähr lautet heute ein beliebter Trinkspruch in unseren Intellektuellenkreisen: »Auf den Erfolg unserer hoffnungslosen Sache!« Ich bin jedoch überzeugt, daß gerade in dieser optimistischen Hoffnungslosigkeit die Gewähr für die Kontinuität und Größe der Literatur allgemein, ganz besonders aber der russischen zu sehen ist. Denn nur sie kann uns die Überwindung des Abgrunds sichern, der uns heute von der trotz allem noch möglichen Rettung trennt.

Alsdann: »Schleppen wir uns weiter!«

Durch Höllenqualen · Umgang mit dem Heiligen

Der Gang der Gottesmutter durch die Höllenqualen

um 1200

Zur altrussischen Literatur der »Kiewer Periode« (11.–13. Jahrhundert) gehören neben den Heiligenlegenden und dem Paterikon des Kiewer Höhlenklosters auch »apokryphe Werke«, auch wenn sie nicht zu den Apokryphen zum Alten und Neuen Testament gezählt werden. Die katholische Kirche bezeichnet jene Bücher, die nicht zur hebräischen Bibel gehören, als deuterokanonische Bücher, die Kirchen aus der Reformation dagegen als »apokryph« im Sinne von nichtkanonisch. Die orthodoxe Kirche selbst zählt zu den Apokryphen auch Esra I und das 3. Makkabäerbuch. Zu den auch in der Ostkirche nicht deuterokanonischen Werken gehören »Der Gang der Gottesmutter durch die Höllenqualen« und »Adam ruft Lazarus in der Hölle«.

Die Gottesmutter wünschte, die Qualen der Seelen zu sehen, also sagte sie zu Michael dem Erzengel:

»Ich bitte dich, daß du mir alle Dinge erzählst, welche es auf Erden gibt.«

Und Michael sagte zu ihr: »Ich werde dir alle Dinge erzählen, welche es gibt, Gebenedeite, wie du es willst.«

Und die heilige Gottesmutter fragte ihn: »Wie viele Qualen erleidet das Christengeschlecht?«

Und der Erzengel antwortete ihr: »Unaussprechlich sind diese Qualen.«

Die Gebenedeite aber sagte zu ihm:

»Zeig mir, was es im Himmel und auf Erden gibt.«

Da befahl Michael den Engeln, von Mittag her zu kommen, und die Hölle ward aufgetan. Und sie sah jene, welche in der Hölle litten, und da waren Männer und Frauen die Menge, und viel Weinen war da. Und die Gebenedeite fragte den Erzengel: »Wer sind diese?«

Und der Erzengel antwortete: »Es sind die, welche nicht an

Gott den Vater, den Sohn und den Heiligen Geist glaubten, sondern Gott vergaßen und an die Kreatur glaubten, welche Gott uns zu Diensten erschaffen hat. Sonne und Mond, Erde und Wasser, Getier und Gewürm nannten sie Götter. Und sie machten zu Göttern Trojan, Chors, Weles und Perun, und glaubten an diese argen Teufel. Und noch jetzt sind sie von der argen Finsternis besessen. Deshalb erleiden sie solche Qualen.«

Und die heilige Gottesmutter erblickte eine große Finsternis an einem anderen Orte, und sie fragte: »Was ist diese Finsternis, und wer sind jene, die darinnen wohnen?«

Und der Erzengel antwortete: »Viele Seelen wohnen an diesem Ort.«

Und die heilige Gottesmutter sagte: »Laß die Finsternis sich zerteilen, auf daß ich auch diese Pein sehe.«

Die Engel aber, welche über der Pein wachten, antworteten: »Uns ward befohlen, sie kein Licht erblicken zu lassen, bis dein gesegneter Sohn kommt, welcher heller ist als sieben Sonnen.«

Und die heilige Gottesmutter ward betrübt, und sie hob ihre Augen zu den Engeln auf und schaute auf den unsichtbaren Thron ihres Vaters und sagte: »Im Namen des Vaters und des Sohnes und des Heiligen Geistes! Lasset diese Finsternis sich zerteilen, auf daß ich die Pein sehe.« Da zerteilte sich die Finsternis, und es erschienen sieben Himmel, und es war da eine Menge Volks, Männer und Frauen. Und viel Weinen und großes Wehklagen war an diesem Ort. Und als die allerheiligste Gottesmutter sie sah, sagte sie weinend: »Was habt ihr getan, ihr elenden, verdammten, unwürdigen Leute? Was hat euch hierhergebracht?« Aber da war keine Stimme noch irgendeine Antwort von ihnen. Und die Engel, welche Wache hielten, sagten: »Warum redet ihr nicht?« Und einer von denen in der Pein antwortete: »Gebenedeite! Seit undenklichen Zeiten haben wir kein Licht gesehen, und wir können nicht aufblicken.« Die heilige Gottesmutter schaute sie an und weinte bitterlich.

Und einer von denen in der Pein sah sie und sagte: »Wie geht es zu, heilige Gottesmutter, daß du uns besuchest? Dein gesegneter Sohn kam zur Erde und fragte nicht nach uns, noch taten es Abraham der Erzvater noch Moses der Prophet noch Johannes der Täufer, noch Paulus der Apostel, der Liebling Gottes. Du aber, allerheiligste Gottesmutter, du Fürsprecherin, bist dem Christengeschlecht eine Mauer, du bittest für uns zu Gott. Aber wie hat es sich zugetragen, daß du uns, Elende die wir sind, besuchest?« [...]

Und die Allerheiligste sah Frauen an ihren Fingernägeln hängen, und Feuer kam aus ihrem Munde und verbrannte sie, und Schlangen kamen aus jenen Flammen und umwanden sie. Und sie schrien und sagten: »Sei uns gnädig, denn wir werden über jede Pein gepeinigt.« Und die Heilige fragte unter Tränen: »Welches sind ihre Sünden?« Und der Erzengel antwortete: »Es sind Priesterwitwen, welche ihre Popen nicht geachtet und nach deren Tod einen anderen Mann geheiratet haben. Darum werden sie gepeinigt.«

Und sie sah andere Frauen, die lagen im Feuer und mancherlei Schlangen fraßen an ihnen. Und die Heilige fragte: »Welches ist ihre Sünde?« Und Michael antwortete: »Es sind Klosternonnen, welche ihren Leib zur Unzucht verkauften. Deshalb werden sie hier gepeinigt.«

Und der Erzengel sagte: »Komm hierher, Allerheiligste, und ich will dir einen Ort zeigen, wo viele Sünder gepeinigt werden.« Und die Heilige erblickte einen Flammenfluß. Und der Fluß sah aus, als wäre er fließendes Blut, und die ganze Erde ward bedeckt davon. Inmitten dieser Wellen waren sehr viele Sünder. Als die Gottesmutter sie sah, weinte sie und fragte: »Welches ist ihre Sünde?« Und der Erzengel antwortete: »Es sind Huren und Ehebrecher, solche, die heimlich horchen, was die Nächsten reden, und Verleumder, Säufer, unbarmherzige Fürsten, Bischöfe, Patriarchen, Zaren, welche den Willen Gottes nicht erfüllten, Verehrer des Mammon, welche Zinsen eintrieben, und Gesetzlose.«

Als die allerheiligste Gottesmutter das hörte, weinte sie und sagte: »Oh, wehe den Sündern!« Und sie sagte zu dem Erzengel: »Schwer ist es für solche, die sündigen. Besser, sie wären nie geboren.« [...]

Als die Gottesmutter die Engel betrübt und voller Gram ob der Sünder sah, begann sie zu weinen. Und alle riefen einstimmig und sprachen: »Gut ist es, daß du in diese Finsternis gekommen bist, denn jetzt hast du gesehen, welche Pein wir davon haben. Bete, du Allerheiligste, samt dem Archistrategen.« Und sie hörte das Weinen und die Stimmen der Sünder, welche zu klagen anhoben und sprachen: »Herr, sei uns gnädig!« Und als sie das Gebet beendet hatten, hörten der Sturm des Flusses und die feurigen Wellen auf. Und die Sünder erschienen wie Senfkörnchen. Und die Heilige weinte, als sie das sah, und sagte: »Was für ein Fluß ist dies, und woraus sind seine Wellen?« Der Erzengel antwortete: »Dieser Fluß ist ein Pechstrom, und seine Wellen sind Flammen. Die hier gepeinigt werden, das sind die Juden, weil sie den Gottessohn Jesum Christum, unseren Herrn, gepeinigt haben. Auch alle Völker, welche im Namen des Vaters, des Sohnes und des Heiligen Geistes getauft wurden und Christen sind, aber noch an Teufelsgeister glauben und Gott und die heilige Taufe verwerfen, und jene, welche nach der heiligen Taufe Unzucht mit ihren Gevattern und ihrer Mutter und ihrer Tochter trieben, und die Giftmischer, welche mit Mixturen morden oder Menschen mit Waffen töten, und die ihre Kinder erwürgen, sie werden an diesem Ort gepeinigt nach ihren Taten.« Da sagte die Heilige: »Sie verdienen dies für ihre Taten.« Und dann kamen wieder der stürmische Fluß und die feurigen Wellen über sie, und die Finsternis bedeckte sie. Und Michael sagte zu der Gottesmutter: »Wenn jemand hier in dieser Finsternis eingeschlossen ist, so gelangt kein Gedenken Gottes mehr zu ihm.« Und die Allerheiligste sagte: »Oh, wehe den Sündern, denn die Flammen dieses Feuers werden nimmer müde!«

Und dann sagte die Allerheiligste zu dem Erzengel: »Ich habe nur die eine Bitte: Lasset mich auch eintreten, auf daß ich zusammen mit den Christen leide, denn sie haben sich Kinder meines Sohnes genannt.« Und der Erzengel sagte: »Bleib du selbst im Paradiese.« Und die Allerheiligste anwortete: »Ich bitte dich, bewege die Scharen der sieben Himmel und das ganze Engelsheer, daß wir für die Sünder beten, und Gott der Herr wolle unser Gebet annehmen und ihnen gnädig sein.«

[Michael antwortete:] »Lebendig ist Gott der Herr, groß ist sein Name! Siebenmal des Tags und siebenmal des Nachts bringen wir dem Herrscher Lobpreis dar, und für die Sünder, o Herrin, neigen wir uns vor dem Herrn, auf daß der Herrscher uns erhören wolle.« Und die allerheiligste Gottesmutter sagte: »Ich bitte dich, daß der Herr der Engel mich zur Himmelshöhe trage und mich vor den unsichtbaren Vater bringe.«

Und also befahl es der Erzengel, und da erschienen Cherubim und Seraphim und trugen die Gebenedeite zur Himmelshöhe und setzten sie vor dem unsichtbaren Vater bei seinem Throne nieder. Sie hob ihre Hände auf zu ihrem gesegneten Sohn und sagte: »Erbarme dich, Herrscher, der Sünder, denn ich habe sie gesehen und konnte es nicht ertragen. Laß mich zusammen mit den Christen gepeinigt werden.«

Und es kam eine Stimme zu ihr und sprach: »Wie könnte ich ihnen gnädig sein? Ich sehe doch die Nägel in den Handflächen meines Sohnes. So ist es mir nicht möglich, ihnen Gnade zu erweisen.« Und sie sagte: »Ich bitte nicht für die ungläubigen Juden, sondern für die Christen bitte ich dich um Gnade.«

Und abermals kam die Stimme zu ihr und sprach: »Ich sehe, wie gnadenlos sie zu meinen Brüdern waren, so kann ich ihnen nicht gnädig sein.«

Und die Allerheiligste sagte wiederum: »Erbarme dich, Herr, der Sünder, sei den Geschöpfen deiner Hände gnädig, verkündigen sie doch deinen Namen über die ganze Erde, und selbst in ihrer Pein und allerorten, also über die ganze Erde hin, sagen sie: ›Allerheiligste Herrin Gottesmutter, hilf uns!‹ Und wenn ein Mensch geboren wird, so spricht er: ›Heilige Gottesmutter, hilf mir!‹«

Da sprach der Herr zu ihr: »Höre, allerheiligste Gottesmutter, du Herrin! Es gibt kein menschliches Wesen, welches deinen Namen nicht um Hilfe anfleht. Ich will sie nicht verlassen, weder im Himmel noch auf Erden.«

Und die allerheiligste Gottesmutter fragte: »Wo ist Moses, der Prophet? Wo sind die Propheten alle? Und ihr, Väter, die ihr niemals eine Sünde getan habt? Wo ist Paulus, der Liebling Gottes? Wo ist der Sonntag, das Christenlob? Und wo ist die Macht des reinen Kreuzes, durch welches Adam und Eva von ihrem Fluche erlöst wurden?«

Da riefen der Erzengel Michael und die Engel alle: »Erbarme dich, o Herrscher, der Sünder!« Und Moses rief laut: »Erbarme dich ihrer, o Herr, denn ich habe ihnen dein Gesetz gegeben!« Und Johannes rief laut: »Erbarme dich, Herr, denn ich habe ihnen dein Evangelium gepredigt.« Und Paulus rief laut und sprach: »Erbarme dich, Herr, denn ich habe deine Botschaften zu den Kirchen getragen.« [...]

Die Allerheiligste sah, daß sie alle nichts vermochten und daß der Herr die Heiligen nicht erhörte, sondern seine Gnade den Sündern fernhielt. So sagte die Allerheiligste: »Wo ist der Erzengel Gabriel, welcher mir verkündet hat: ›Freue dich, weil du den Vater vor aller Zeit gehört hast!‹ – nun aber sorgt er nicht für die Sünder [Es fehlt ein Fragment] ... Und wo sind die Diener des Throns, und wo ist Johannes der Theolog? Warum seid ihr nicht mit uns erschienen, den Herrscher für diese christlichen Sünder zu bitten? Seht ihr nicht, wie ich um der Sünder willen weine? Kommt, ihr Engel alle, welche in den Himmeln sind, kommt, ihr Gerechten, welche Gott losgesprochen hat, da euch das Recht gegeben ward, für die Sünder zu beten. Und du komm, Michael, denn du bist der Erste Körperlose bei Gottes Thron. Lasset uns alle zu dem unsichtbaren Vater um Gnade beten, und lasset uns nicht von dannen gehen, solange Gott uns nicht erhört und solange er nicht den Sündern gnädig wird.«

Und Michael fiel auf sein Angesicht vor dem Thron, auch alle, welche das himmlische Antlitz tragen, auch die ganze körperlose Heerschar. Da ward der Herrscher, welcher die Fürbitte der Heiligen sah, um seines eingeborenen Sohnes willen gnädig und sprach: »Komm herab, mein geliebter Sohn, und höre die Gebete der Heiligen und zeige den Sündern dein Angesicht!«

Und der Herr kam herab vom unsichtbaren Thron, und alle Sünder, welche in der Finsternis waren, sahen ihn und riefen einstimmig: »Erbarme dich, Gottessohn, erbarme dich, König aller Zeitalter!«

Und der Herrscher sprach: »Höret alle! Ich habe das Paradies gepflanzt und habe den Menschen mir zum Bilde erschaffen und setzte ihn zum Herren über das Paradies und gab ihnen das ewige Leben. Aber sie wurden mir ungehorsam und sündigten in ihrer Selbstsucht und lieferten sich selbst dem Tode aus. Und da ich nicht das Werk meiner Hände vom Teufel geplagt sehen wollte, kam ich hernieder und ward Fleisch in der Jungfrau. Und ich ward ans Kreuz erhoben, um mich von der Knechtschaft und dem ererbten Fluch freizumachen. Und ich bat um Wasser, aber man gab mir Galle mit Essig vermischt. Meine Hand erschuf den Menschen, und der Mensch legte mich ins Grab. Ich fuhr nieder zur Hölle und überwand meinen Widersacher und erweckte meine Auserwählten. Und ich segnete den Jordanfluß, euch vom ererbten Fluch zu retten, aber ihr sorgtet euch nicht darum, eure Sünden zu bereuen. Ihr wurdet nur in Worten Christen und hieltet meine Gebote nicht. Darum befindet ihr euch im unauslöschlichen Feuer, und ich müßte euch nicht gnädig sein! Nun aber, durch die Gnade meines Vaters, welcher mich zu euch gesandt hat, und durch die Fürbitte meiner Mutter, welche um euretwillen viel geweint hat, durch das Bitten Michaels des Erzengels und durch die Menge meiner Märtyrer, welche viel um euretwillen geleistet haben, gebe ich euch, den Gepeinigten, vom Gründonnerstag bis zu den heiligen Pfingsten Tag und Nacht Ruhe, auf daß ihr den Vater, den Sohn und den Heiligen Geist preiset!«

Und sie alle antworteten: »Preis sei deiner Gnade!«

Ehre sei dem Vater und dem Sohne und dem Heiligen Geiste jetzt und immerdar und von Ewigkeit zu Ewigkeit! Amen.

WLADIMIR SOLOWJOW

»Mitleid«

1894

1882 sah sich Solowjow genötigt, den Staatsdienst zu verlassen, nachdem er in seinen Vorlesungen für die Abschaffung der Todesstrafe eingetreten war; er hatte für eine Begnadigung der Mörder des Zaren Alexanders II. (1881) seine Stimme erhoben. Der Philosoph (1853–1900), der auch Gedichte schrieb, veröffentlichte in Paris »Die russische Idee« (1888) und »Rußland und die universale Kirche« (1889); beide Werke konnten zunächst nicht in Rußland erscheinen. In seinen »Drei Gesprächen« (1900) führte er, in »polemischen Dialogen«, einen »Kampf gegen das Böse«. U. a. verfaßte er »Vorlesungen über das Gottmenschentum« (1877–1881) und eine Moralphilosophie: »Die Rechtfertigung des Guten« (1894–1899), der die folgende Schlüsselpassage entnommen ist.

Lange Zeit glaubte man, und viele beginnen wieder zu glauben, daß die höchste Tugend oder Heiligkeit in der Askese, in der »Abtötung des Fleisches«, in der Unterdrückung der natürlichen Triebe und der natürlichen Anhänglichkeit, in Enthaltsamkeit und Leidenschaftslosigkeit bestehe. Wir haben gesehen, daß in diesem Ideal zweifellos etwas Wahres liegt; denn es ist klar, daß die höhere oder geistige Seite im Menschen über die niedere oder materielle dominieren muß und daß Willensanstrengungen in dieser Richtung als Akte der geistigen Selbsterhaltung die erste Voraussetzung jeder Sittlichkeit sind; aber man darf aus der *ersten Voraussetzung* nicht das *letzte Ziel* machen. Der Mensch muß nicht deswegen seinen Geist stärken und ihm das Fleisch unterordnen, weil darin der Zweck seines Lebens läge, sondern deswegen, weil der Mensch der Wahrheit und dem Guten nur dann in rechter Weise dienen und seine positive Vollkommenheit erreichen kann, wenn er sich von der Sklaverei der blinden und bösen materiellen Triebe befreit hat.

Die Regeln der Enthaltsamkeit festigen in dem Menschen, der sie befolgt, die Kräfte des Geistes; aber wenn dieser starke Geist eine sittliche Bedeutung haben, das heißt wenn er nicht böse, sondern gut sein soll, so muß sich die Macht über das eigene Fleisch in ihm mit einem positiven, wohlwollenden Verhalten gegenüber anderen Wesen verbinden. Ohne diese Voraussetzung führt die Herrschaft des asketischen Prinzips – wie die Geschichte gezeigt hat – sogar auf dem Boden der wahren Religion zu erschreckenden Folgen. Die Diener der mittelalterlichen Kirche, die Ketzer, Juden, Zauberer und Hexen marterten und verbrannten, waren größtenteils im asketischen Sinne untadelhafte Menschen, aber die einseitige Kraft des Geistes machte bei Fehlen des Mitleids aus ihnen leibhaftige Teufel. Solche bitteren Früchte des mittelalterlichen Asketismus rechtfertigen in ausreichendem Maße die Reaktion gegen ihn, die auf dem Gebiet der philosophischen Ethik zur Herrschaft des *altruistischen* Prinzips der Sittlichkeit geführt hat.

Dieses Prinzip hat seine tiefe Wurzel in unserer Natur, und zwar in Form des Gefühls des Mitleids, das dem Menschen mit anderen Lebewesen gemein ist. Wenn das Gefühl der Scham den Menschen aus der übrigen Natur heraushebt und ihn den anderen Lebewesen gegenüberstellt, so verbindet ihn das Gefühl des Mitleids dagegen mit der ganzen Welt des Lebendigen, und zwar in einem doppelten Sinn: erstens, weil es dem Menschen *zusammen* mit allen anderen Lebewesen eignet, und zweitens, weil alle Lebewesen für den Menschen *Gegenstand* dieses Gefühls werden können und müssen.

»Aufrichtige Erzählungen eines russischen Pilgers«

um 1884

Der Autor dieser Erfahrungen einer Pilgerschaft ist unbekannt. Man vermutet einen Mönch. Eine Handschrift – von einem Abt des Erzengel-Michael-Klosters zu Kasan – wurde wahrscheinlich in einem Athos-Kloster abgeschrieben. Abschriften zirkulierten in ganz Rußland.

Ich, nach der Gnade Gottes ein Christenmensch, meinen Werken nach ein großer Sünder, meiner Berufung nach ein heimatloser Pilger, niedersten Standes, pilgere von Ort zu Ort. Folgendes ist meine Habe: auf dem Rücken trage ich einen Beutel mit trockenem Brot und auf der Brust die Heilige Bibel; das ist alles. In der vierundzwanzigsten Woche nach dem Fest der Dreifaltigkeit kam ich in eine Kirche zur Messe, um dort zu beten; gelesen wurde aus der Epistel an die Thessalonicher im fünften Kapitel der siebzehnte Vers; der lautet: *Betet ohne Unterlaß.* Dieses Wort prägte sich mir besonders ein, und ich begann darüber nachzudenken, wie man wohl ohne Unterlaß beten könne, wenn doch ein jeder Mensch auch andere Dinge verrichten muß, um sein Leben zu erhalten. Ich schlug in der Bibel nach und sah dort mit eignen Augen dasselbe, was ich gehört hatte, und zwar, daß man ohne Unterlaß beten, bei allem Gebet und Flehen allezeit im Geiste beten und darin wachen muß in Ausdauer und allerorts mit zum Gebet erhobenen Händen. Ich dachte viel darüber nach, wußte aber nicht, wie das zu deuten sei.

Ich hörte da sehr viele gute Predigten über das Gebet. Doch waren es Belehrungen über das Gebet im allgemeinen: was das Gebet ist, wie man beten soll, welche Frucht das Gebet bringt; darüber aber, wie man im Gebet fortschreiten könne, redete niemand. Wohl war da einmal eine Predigt über das Gebet im Geist und über das unablässige Gebet; doch wurde nicht gesagt, wie man zu diesem Gebet gelangen könne. So brachte mich denn das Hören der Predigten nicht zu dem Gewünschten. Als ich mich daher an ihnen satt gehört und keine Vorstellung bekommen hatte, wie man ohne Unterlaß beten soll, hörte ich auf, die öffentlichen Predigten zu besuchen, beschloß aber, mit Gottes Hilfe nach einem erfahrenen und wissenden Mann zu suchen, der mir das Beten ohne Unterlaß erklären könnte, da ich mich ja eben zu diesem Wissen so unverwandt hingezogen fühlte.

So pilgerte ich lange von Ort zu Ort; las immer die Bibel und forschte, ob es nicht irgendwo einen geistigen Lehrer oder einen frommen, erfahrenen Führer gäbe. Nach einiger Zeit sagte man mir, daß in einem Dorf seit langer Zeit schon ein Herr lebe und dort ein frommes Leben führe, um seine Seele zu retten: er habe in seinem Hause eine Kirche, ginge niemals aus und bete immer zu Gott und lese ohne Unterlaß in Büchern, die das Seelenheil fördern. Da ich dies hörte, ging ich nicht, nein, ich lief in das mir genannte Dorf; ich kam hin und fand dort auch den Gutsbesitzer.

»Was ist es, was dich zu mir führt?« fragte er mich.

»Ich habe gehört, daß Sie ein frommer und kluger Mann sind; darum bitte ich Sie auch, um Gottes Willen, mir zu erklären, was es heißt, wenn der Apostel sagt: *Betet ohne Unterlaß,* und auf welche Weise man auch ohne Unterlaß beten kann? Ich wünsche sehr, dies zu erfahren, kann ich es doch ganz und gar nicht verstehen.«

Der Herr schwieg, blickte mich aufmerksam prüfend an und sagte: »Das unablässige, innere Gebet ist das ununterbrochene Streben des menschlichen Geistes zu Gott. Um in dieser süßen Übung fortzuschreiten, ist es erforderlich, möglichst oft Gott zu bitten, er möge einen lehren, ohne Unterlaß zu beten. Bete mehr und mit größerer Inbrunst; das Gebet selber wird dir offenbaren, auf welche Weise es ohne Unterlaß gebetet werden kann; alles kommt zu seiner Zeit.«

Nachdem er dies gesagt, ließ er mir Essen bringen, gab mir eine Wegzehrung und entließ mich. So hatte er es mir denn nicht gedeutet.

Da ging ich denn wieder meines Weges; ich dachte und dachte, las und las, grübelte und überlegte, was mir der Herr gesagt hatte, und konnte es doch nicht verstehen; ich wollte es aber sehr verstehen, so sehr, daß ich in den Nächten keinen Schlaf fand. An zweihundert Werst mochte ich so gepilgert sein und kam dann in eine große Gouvernementsstadt. Ich sah dort ein Kloster. Ich machte in einer Herberge halt und erfuhr, daß der Abt dieses Klosters sehr gütig, fromm, gastfreundlich sei und Pilger bei sich aufnähme. Ich ging zu ihm; er nahm mich freundlich auf, hieß mich Platz nehmen und wollte mich speisen.

»Heiliger Vater«, sagte ich, »Eure Bewirtung ist mir nicht vonnöten. Ich wünschte aber, daß Ihr mir eine geistliche Unterweisung erteilt, wie ich meine Seele retten soll.«

»Wie du deine Seele retten sollst? Handle nach den Geboten und bete zu Gott, dann wirst du auch gerettet werden.«

»Ich höre, daß man ohne Unterlaß beten soll, weiß aber nicht, wie man ohne Unterlaß betet, und kann es gar nicht mal fassen, was es bedeutet, ohne Unterlaß zu beten. Ich bitte Euch, mein Vater, erklärt mir das.«

»Ich weiß nicht, lieber Freund, wie ich es dir noch erklären sollte. Doch halt, ich habe hier ein Buch, da ist es erklärt.« Und er brachte mir des heiligen Dimitrij »Geistliche Unterweisung des inneren Menschen«: »Lies mal hier auf dieser Seite!«

Ich las folgendes: »Die Apostelworte ›Betet ohne Unterlaß‹ sind zu verstehen als ein Gebet, das im Geist verrichtet wird; denn der Geist kann immer in Gott eindringen und kann ohne Unterlaß zu ihm beten.«

»Erklärt mir das, auf welche Weise der Geist immer in Gott eindringen kann, nicht abgelenkt wird und unablässig betet.«

»Dies ist überaus schwierig, es sei denn, daß es einem Gott selber gibt«, sagte der Abt. Und so erklärte er es mir nicht.

Nachdem ich bei ihm übernachtet und ihm am Morgen für die freundliche Aufnahme gedankt, machte ich mich wiederum auf den Weg und wußte selber nicht, wohin. Mein Nichtverstehen bekümmerte mich. Und um das Herz zu erfreuen, las ich die Heilige Bibel. So ging ich fünf Tage lang auf einer Landstraße; endlich holte mich gegen Abend ein altes Männchen ein, allem Anschein nach geistlichen Standes.

Auf meine Frage sagte mir der Alte, er sei Eremit und lebte in einer Einsiedelei, die zehn Werst entfernt läge, abseits von der Landstraße, und er forderte mich auf, mit ihm in seine Einsiedelei zu kommen. »Bei uns«, sagte er, »werden Pilger aufgenommen, werden beruhigt und zusamt anderen Frommen in einem Gasthof gespeist.«

Ich wollte aus irgendeinem Grunde nicht dorthin und antwortete also auf seine Einladung: »Meine Ruhe hängt nicht von der Herberge ab, sondern von einer geistlichen Belehrung; auch auf Nahrung bin ich nicht bedacht, denn ich habe in meinem Beutel noch viel Hartbrot.«

»Und was ist es denn für eine Belehrung, die du suchst? Was ist es, was du nicht verstehen kannst? Komm nur, komm, lieber Bruder, zu uns; wir haben erfahrene Starzen[1], die können dich wohl geistig speisen und dir den rechten Weg zeigen im Lichte des Wortes Gottes und der Unterweisungen der heiligen Väter.«

»Ja, seht, Vater, es mag ein Jahr her sein, daß ich in der Messe bei der Epistelverlesung das Gebot hörte: *Betet ohne Unterlaß.* Da ich dies nicht verstehen konnte, begann ich in der Bibel zu lesen. Und auch dort fand ich an vielen Stellen das Gebot Gottes, man solle ohne Unterlaß beten, immer, zu jeder Zeit, an jedem Ort, nicht nur bei jeglicher Beschäftigung, nicht nur im Wachen, sondern sogar im Schlaf. *›Ich schlafe, aber mein Herze wacht‹*[2]. Dies setzte mich sehr in Erstaunen, und ich konnte nicht verstehen, wie man dieses erfüllen kann und welche Wege dahin führen; ein lebhaftes Wünschen und Neugierde wurden in mir wach; Tag und Nacht kam mir dies nicht aus dem Sinn. Darum bin ich hier in verschiedene Kirchen gegangen und habe Predigten über das Gebet gehört; aber so viele Predigten ich auch gehört habe, fand ich doch in keiner eine Belehrung, wie man ohne Unterlaß beten müsse; immer war nur die Rede von der Vorbereitung zum Gebet oder von den Früchten des Gebets und dergleichen, es war da aber keine Unterweisung, wie man ohne Unterlaß beten soll und was ein solches Gebet zu bedeuten habe. Ich habe oft in der Bibel gelesen und an ihr das Gehörte nachgeprüft; ich habe aber dabei nicht die gewünschte Erkenntnis gefunden. So bin ich denn bis hiero in Unwissenheit und Unruhe verblieben.«

Der Starez bekreuzigte sich und begann also: »Danke Gott, geliebter Bruder, daß er dir dieses unüberwindliche Verlangen nach der Erkenntnis des unablässigen inneren Gebetes offenbarte. [...]

1 Mönche, die sich durch große innere Erfahrung und tiefe Frömmigkeit auszeichnen.
2 Hoheslied 5, 2

Der Tod

Märchen von der Weißmeerküste
um 1900

Am weitesten verbreitet sind hierzulande russische Volksmärchen aus der Sammlung von Alexander Nikolajewitsch Afanasjew (1826–1871). Weniger bekannt dagegen sind Märchen aus dem Bereich, der erst mit Beginn des 15. Jahrhunderts zum russischen Reich kam: das Weißmeergebiet. In diesen Märchen zeigt sich besonders deutlich eine Nähe, ja Vermischung von Märchenmoral und Volkstheologie – eine Mischung, in der das Aufrührerische ebenso Platz hatte. Deutsche Herausgeber beklagen immer wieder die »verfälschende Prüderie« russischer Herausgeber, die besonders drastische erotische Stellen herausstrichen. »Der Tod«, von Ontschukow in Werchneje Bugajewo aufgezeichnet, erinnert an die Theologie der altgläubigen »Selbstverbrenner«: Die Seele trennt sich vom Leib, ohne den Tod zu empfinden.

Es lebte da ein Bauer. Der hatte eine Frau, und ein Söhnchen war auch da. Dann starb die Frau, und so lebte er zusammen mit seinem Sohn. Als der Vater zu kränkeln begann, fragte der Sohn: »Vater, wenn du stirbst, was hinterläßt du mir?« »Ich hinterlasse dir, Kind, den Segen Gottes und auch meinen. Als die Mutter noch am Leben war, backte sie einen Fladen. Er verbrannte, ich aber bewahrte ihn auf – den hinterlasse ich dir. Iß ihn mit jenem meinem Freund, der keinerlei Bestechung annimmt.« Da starb der Vater, und der Sohn begrub ihn.

Es verging eine Weile, da wollte er essen. »Ach, der Vater hat mir doch den Fladen hinterlassen.« Er fand den Fladen auch und wollte ihn schon essen, da fuhr es ihm durch den Sinn: ›Der Vater befahl ja, ihn nur mit dem zu essen, der keinerlei Bestechung annimmt.‹ So ließ er von dem Fladen ab und ging, den Freund seines Vaters zu suchen.

Wie er so seines Weges ging, begegnete ihm ein greises Alterchen, das war ganz grau. »Wohin gehst du, junger Bursche?« »Ich gehe, den Freund meines Vaters zu suchen, welcher keinerlei Bestechung annimmt.« Und er erzählte alles. »Nun, ich bin ja der Freund deines Vaters.« »Nein, du bist der Bischof Christi, der heilige Nikolaus und nicht der Freund meines Vaters. Widerfährt einem Menschen ein Unheil, muß man Euch eine Kerze opfern, und dann kommt Ihr und erlöst ihn davon.« So gingen sie auseinander, und der Bursche zog weiter.

Danach begegnete ihm abermals ein greises Männchen, ganz grau. »Wohin geht Ihr?« »Ich gehe, den Freund meines Vaters zu suchen, den, welcher keinerlei Bestechung annimmt.« »Nun, ich bin ja der Freund deines Vaters.« »Nein, du bist der Bischof Georg und nicht der Freund meines Vaters. Opfert man Euch eine Kerze für fünf oder zehn Kopeken, so erlöst Ihr einen vom Unheil.« Und wieder ging er weiter.

Und wie er weitergeht, begegnet ihm ein Ungetüm von hohem Wuchs und schrecklichem Antlitz. Das fragt: »Wohin gehst du?« »Ich gehe, den Freund meines Vaters zu suchen, welcher keinerlei Bestechung annimmt.« »Nun, ich bin ja der Freund deines Vaters.« »Wieso bist du der Freund meines Vaters?« »Weil ich deinem Vater die Seele nahm.« »Nun, dann bist du also der Freund meines Vaters, welcher sich nicht bestechen läßt.« Sie setzten sich und aßen den Fladen auf. Und da sagte der Freund des Vaters: »Gehe in diese Stadt, der Zar ist krank, er sucht gerade einen Menschen, der ihm über seinen Tod Bescheid sagt. Gehe du in diese Stadt und sage: ich weiß über den Tod des Zaren Bescheid! Mich erblickt niemand, du aber wirst mich sehen; wenn ich ihm zu Häupten sitze, wird der Zar wieder gesund, sitze ich aber zu seinen Füßen, so stirbt er. Er wird jedoch am Leben bleiben und dich in die Bank schicken, dort Geld zu holen. Du aber nimm nicht zu viel, nur soviel du tragen kannst.«

So kam er in die Stadt und sagte: »Ich wüßte wohl über den Tod des Zaren Bescheid.« Diese Nachricht überbrachte man dem Zaren, man ließ ihn suchen und fand ihn auch. Man führte ihn zum Zaren, der auf dem Bett lag. Er trat heran, betete zu Gott, sah auf den Zaren und erblickte den Freund seines Vaters, ihm zu Häupten sitzen. Der Bursche verneigte sich vor dem Zaren und sagte: »Eure Zarenmajestät wart schwer krank, der Herr aber wird Euch die Gesundheit wiedergeben, Ihr werdet leben.« Sogleich wurde es dem Zaren leichter. Er belohnte ihn mit einem Kreuz und schickte ihn in die Bank. »Soviel Geld du brauchst, nimm dir!« Da ging er hin und nahm sich ein wenig.

Dann ging er fort aus der Stadt und traf abermals mit dem Freund seines Vaters zusammen. Da fragte der Freund des Vaters: »Hast du viel Geld genommen?« Er zeigte es: sieh hier, wieviel! »Nun, du hast maßvoll genommen. Geh jetzt, in einem andern Lande ist der König krank, gib zu verstehen, du wüßtest über den Tod des Königs Bescheid. Du wirst mich erblicken, wie ich ihm zu Füßen sitze. Sage dann dem König: ›Ihr werdet sterben.‹ Er wird dich mit einem Kreuz belohnen, und du wirst dein Leben lang auf dem Königsthron sitzen. Du wirst dreißig Jahre herrschen, und zu eben der Stunde, zu der du die Krone empfangen hast, wirst du sterben, mach dich für diese Zeit bereit!«

Der Bursche ging in die Stadt und verbreitete die Nachricht: »Ich wüßte über den Tod des Königs Bescheid.« Diese Nachricht gelangte zum König, man brachte ihn vor ihn. Der Bursche schaute hin, sah den Freund des Vaters ihm zu Füßen sitzen. »Eure königliche Majestät, kaum hält sich Eure Seele noch in Eurem Leib, Ihr werdet sterben.« Der König legte sein Kreuz ab und belohnte ihn damit. »Nach meinem langen Leben sollst du auf dem Königsthron sitzen.« Er konnte gerade noch diese Worte sprechen, da rollte ihm der Kopf von den Schultern herunter, er starb. Den König bestattete man, den Burschen aber setzte man auf den Königsthron.

So lebt er und macht seine Sache gut. Da kommt es ihm plötzlich in den Sinn, daß zwanzig Jahre vergangen sind, es bleiben ihm nur noch zehn Jahre, und er wurde traurig. »Ach, der Tod ist mir nahe.« Kummer überkam ihn, Schwermut übermannte ihn. Es blieb ihm nur noch ein Jahr, und da begannen die Senatoren und alle zu überlegen: ›Wie ist unser König heruntergekommen, kaum ist er noch am Leben.‹ Was immer man dem König sagte, es machte ihm keine Freude, er dachte nur an das eine: ›es naht der Tod‹.

Unterdessen war der letzte Tag herangekommen, es nahte jene Stunde, in welcher er einst die Krone empfangen hatte. ›Ich will noch einmal in den Garten gehen und Abschied nehmen‹, dachte er. Auf der Schwelle begegnete ihm der Freund des

Vaters. »Wohin gehst du nun?« »Ich erwartete dich schon und gehe in meiner letzten Stunde, um Abschied vom Garten zu nehmen.« »Es war dir vorausgesagt, so daß du hättest früher fertig werden müssen; ich erlaube dir keinen Schritt mehr zu tun.« »Also laß uns als Gefährten zusammen gehen, ich werde doch nirgendwohin fortlaufen.« »Nun, so gehen wir.«

Sie gingen in den Garten, er nahm Abschied. Sie näherten sich der Stadt, da fragte der König den Freund des Vaters: »Weint man denn bei uns in der Stadt?« »Sie heulen. Während du und ich redeten, starb der König, denn von dir wandert doch nur noch die Seele allein.«

IWAN NASCHIWIN

»Welche Macht, welcher Abgrund«

1928

In den zwanziger Jahren erschienen Romane russischer Autoren, die in historischen Gemälden den Zusammenbruch des bürgerlichen Rußlands schildern – einer davon ist Iwan Fjodorowitsch Naschiwins (1874–1940) 1928 auf deutsch erschienener Roman »Unersättliche Seelen«; der Autor war international bekannt geworden durch die deutsche Übersetzung seines Romans über »Rasputin«. Er schildert, mit Rückblenden, die Geschichte zweier Männer – der eine Bildhauer, der andere Arzt; beide erfolgreich und zugleich in ihrem Privatleben gescheitert, und nach diesem Zusammenbruch vollzieht sich der Untergang beider in den Wirren des Bürgerkriegs. Die drei nachfolgenden Ausschnitte geben auch die ungebrochene Beziehung dieses Autors zum klassischen Bestand der russischen Literatur und zur Kreuzes-Thematik wieder.

Die weißgekleideten Kellner in hell erleuchteten Sälen grüßten Krayton mit besonders betonter Höflichkeit, die schon an Ehrfurcht grenzte. Er nahm mit seinem Begleiter an einem der weißen, von Kristall und Silber glänzenden Tische Platz, bestellte ein sorgfältig und liebevoll ausgewähltes Menü und Wein, rieb sich dann seine weißen schönen Hände und sagte mit einem zärtlichen Blick auf Georgij Iwanowitsch:

»Nun, wie? Die Welt will sich immer noch nicht umstellen?«

»Immer noch nicht«, erwiderte Georgij Iwanowitsch lächelnd und verfiel unwillkürlich in den gleichen Ton.

Zwischen ihm und diesem Skeptiker war irgendein inneres intimes Band. Seinerzeit hatte ihn die feine Bemerkung Lew Tolstojs über die »Brüder Karamasow« sehr verblüfft. Der greise Dichter liebte das berühmte Buch nicht und sagte in seiner Offenheit, daß alle diese Karamasows Marionetten seien, die der Autor gerade das reden lasse, was er brauche, daß sie also gewissermaßen Einzelteile der Seele des Verfassers seien und daß der Vater und die drei Brüder zusammengesetzt in der Totalsumme Dostojewskij ergäben. So erschien auch Georgij Iwanowitsch Krayton häufig als die Verkörperung eines Teilchens seiner Seele, jenes hämischen Teufelchens des Zweifels und der Verneinung, der zuweilen in ihm auflebte. Es war etwas Verwandtes zwischen Krayton und dem Bildhauer Wassilij Sergejewitsch, nur mit dem Unterschied, daß Wassilij Sergejewitsch hinter seinen »kalten Verstandesbeobachtungen und schmerzlichen Herzensäußerungen« ein Wehklagen, Krayton dagegen ein Lachen verbarg. Wassilij Sergejewitsch erstrebte gewissermaßen die Enthüllung seiner Seele bis zum Äußersten, Krayton aber verschloß mit seinem spöttischen Lächeln sein Inneres. Georgij Iwanowitsch hatte Wehklagen und Lachen, außerdem jedoch den heftigen Wunsch, beider Herr zu werden und sich ein solches Leben einzurichten, in dem es weder das hämische Lachen Kraytons, noch das schmerzliche Wehklagen Stachanows gab.

»Ein ruhloser, ein ruhloser Mensch sind Sie!« sagte Krayton und wiegte den Kopf hin und her. »Aber Sie gefallen mir und damit basta. Und nicht nur ruhlos sind Sie, sondern auch hoffnungslos unheilbar. In der Jugend muß jeder von uns diese Krankheit wie Masern durchmachen, aber wir beide stehen schon in einem reifen Alter und es wäre Zeit, zur Ruhe zu kommen.«

»Warum? Weshalb?«

»Weil es keinen Sinn hat, Wasser in einem Mörser zu stoßen. Damit der Kluge ohne Kenntnis von Aufruhr, Sturm und der Kümmernisse des Daseins bis zu seinem späten Alter lebe, muß er klar begreifen, daß der Mensch lebt und handelt nicht allein in der Unendlichkeit des Raumes und der Zeit, sondern auch in der Unendlichkeit der Dummheit. Nur dann werden Sie das Rätsel der menschlichen Eitelkeit ergründen. Dummheit liegt dem heutigen Staat und seiner Diplomatie zugrunde, Dummheit liegt auch zugrunde der mit idiotischem Aberglauben vollgepropften Kirche, der Revolution, der Ehe, kurzum allem.«

»Was heißt das? – Anarchismus?« – sagte Georgij Iwanowitsch und zog die Brauen hoch.

»Wissen Sie, was, abgesehen von allem, in solchen Momenten das Schwerste ist?« äußerte plötzlich Georgij Iwanowitsch ohne jeden Zusammenhang mit dem, was der Bildhauer gesagt hatte. – »Das ist das Gefühl schonungsloser Einsamkeit. Bei mir ist alles zusammengestürzt, aber in Jalta, Moskau, Paris, Odessa, überall wogt das Leben weiter, als ob nichts vorgefallen wäre. Was sage ich: Moskau und Paris?! In den Nachbarvillen, die nur wenige Armlängen entfernt sind, empfindet niemand meinen Kummer mehr schmerzlich, wie mir ja auch deren Kummer, deren Verluste nicht schmerzlich waren ... Das ist das Furchtbare ...«

Der Korbsessel knarrte aufgeregt.

»Ja, haben Sie, mein Lieber, diese Erkenntnis erst jetzt gewonnen?«, sagte Wassilij Sergejewitsch leise. – »Ich habe das schon immer mit ungewöhnlicher Schärfe wahrgenommen. Alle sind einsam. Mir ist einmal in den Sinn gekommen«, fügte er noch leiser und bedeutungsvoller hinzu, wobei der Sessel noch stärker knarrte – »daß das auffälligste Symbol dieser Vereinsamung Christus am Kreuze sei. So kreuzigt die unglückliche Menschheit ständig sich selbst um irgendeines Wahnes willen, und spürt dann gekreuzigt ringsherum eine weite Leere. Ja ... Und an diesem Kreuz der Einsamkeit werden nicht nur die Genies gekreuzigt, die Auserwählten, die mit der Dornenkrone tragischer Schönheit um das geneigte Haupt – nein, es werden auch Durchschnittsmenschen, ja sogar ganz unansehnliche Individuen gekreuzigt ... Und was verwunderlich und rührend ist, daß selbst diese ganz minderwertigen Leute zuweilen von ihrem Kreuz herab große, unvergeßliche Worte reden.« Er schwieg, innerlich erregt. Georgij Iwanowitsch interessierte sich im Augenblick für seine Worte, aber letzten Endes waren es auch nur Worte, nichtige, sofort verblassende Schatten. Und er versank von neuem in seine bleierne Gleichgültigkeit und erwachte erst dann, als er die Stimme des Bildhauers vernahm, der da sagte:

»Nun, ich will Sie nicht länger ermüden ... Gehen Sie, ruhen Sie sich aus ... Gute Nacht.«

»Ach, ja ... Leben Sie wohl.«

Der Bildhauer Wassilij Sergejewitsch kehrte still in sein Heim zurück. Ihn drückte der Kummer nieder. Er wußte nicht, was er tun sollte. Er begriff nichts und die fremden Gedanken rollten über ihn hinweg, ohne in die Seele zu dringen, und alles war so fern, so fremd. Er nahm unwillig aus der rechten Schublade seines Tisches das umfangreiche Manuskript seiner unvollendeten Memoiren, aber schon der Anblick dieser, von seiner Hand geschriebenen Blätter verstärkte so seinen Kummer, daß er eilig das Manuskript wieder verschloß, um nicht der Versuchung zu unterliegen, es zu vernichten. Schon öfters war sie an ihn herangetreten. Papier, Papier, Papier! ... Wozu? Wer hat was davon? Wenn man doch die Wahrheit den Leuten ins Gesicht schleudern könnte – mit Lüge haben sie ihr ganzes Leben verbogen, aber Wahrheit fehlte auch in seinem Manuskript: wer wagt es, die *volle* Wahrheit über sich zu sagen – wer kann es? ...

Plötzlich wurde es still in ihm. Er besann sich auf den Traum der letzten Nacht, einen unklaren, aber köstlichen Traum. Er war jung und lustig, und ein entzückendes Mädchen, das Augen wie Immergrünblüten besaß, liebte ihn. Ringsum siedeten die Leidenschaften, wogte der übliche erbitterte Kampf um verschiedener Kleinigkeiten willen; da war jemand, der sie ihres Glückes berauben wollte, aber alle Feindschaft, alle Kämpfe und Anstrengungen unterstrichen nur, verstärkten ihre Liebe, die über ihrem Leben leuchtete, wie eine sanfte Frühlingsröte, und ihre Herzen mit unaussprechlichem Glück füllte ... Das war alles, aber als er erwachte, spürte er in seiner Seele, in seinem ganzen Körper eine solche überwältigende Seligkeit, daß er Lust verspürte, aus vollem Herzen zu lachen. Und jetzt tauchten in dem Halbdunkel seines Kabinetts, das nur schwach von einem bläulichen Lämpchen erhellt wurde, plötzlich jene wunderbaren Augen von dem nicht zu beschreibenden Blau der Immergrünblüten vor ihm auf und seine Seele reagierte darauf wieder mit der gleichen Wärme. Aber diese Augen waren ja in Wirklichkeit gar nicht vorhanden.

Das müde Haupt mit den ergrauenden Haaren stützte sich schwer auf die Hand. Das Herz schrie, qualvoll schluchzend, in die Wüste des Lebens nach Glück. Aber die stille, schwarze Nacht schwieg. Er kehrte sich in seinem Sessel um – hinter ihm, am fernen, dunklen Ende des Kabinetts stand gleichsam aus der Finsternis geboren, die Arme lockend und breit ihm entgegenstreckend, Sie, seine Schöpfung, jene, in der er durch die Kraft seines Talentes alle seine Träume, alle seine Phantasien, all seine

Sehnsucht vereinigt hatte, Sie, der letzte Schrei seiner Seele! Wie Gott hatte er sie aus Staub geformt, aber es fehlte ihm die Kraft, ihr den Lebensodem einzuhauchen. Er, der ohnmächtige Pygmalion, vermochte an den kalten Füßen dieses seines versteinerten Wahngebildes nur zu weinen, nur den Kopf gegen den Granitstein zu stoßen, den er, ihre Kraft versinnbildlichend, ihr zum Postament gegeben hatte. Das war alles, was ihm geblieben war... Alles! Zum tausendsten und abertausendsten Male weideten sich seine Augen – in ihnen waren die Leiden dicht gesäet – an der herrlichen Erscheinung und, wie immer, bedrückte ihn dumpf jene kleine Lüge, die er, tausend anderen Künstlern darin nacheifernd, bei seiner Schöpfung sich zu schulden hatte kommen lassen: an diesem wundersamen Körper fehlte jenes dunkle Dreieck unterhalb des Leibes, das den mystischen Mittelpunkt des Weibes darstellt. Nicht daß er die Masse mit ihren niedrigen Vorurteilen und Lügen gefürchtet hätte, nein, das Material selbst hatte ihm nicht die Möglichkeit gewährt, das Weib in seiner Gesamtheit zu bilden. Aber wie konnte er etwas fortlassen, das den Sinn des Weibes, seinen Mittelpunkt, sein Pathos, den unerschöpflichen Brunnen des Genusses, die Urquelle aller Weltgeschichte bedeutet! Seines Besitzes wegen stürzten sich Millionen und Milliarden von Menschen in ungewisse Leiden und Tod... Welch ein Geheimnis, welche Macht, welcher Abgrund! Und ist es nicht seltsam – dachte er verworren –, daß dieses Dreieck mit seiner Spitze nach unten steht, als ob es dadurch andeuten wollte, daß alle die uferlosen Ströme der Lebewesen, die aus ihm entspringen, letzten Endes dem Verderben, dem Tode, der Vernichtung geweiht sind? Sie wissen das und doch riskieren sie alles um der flüchtigen Illusion des Glückes willen, um für einen Augenblick ihre quälende Einsamkeit in warmer Zärtlichkeit zu vergessen, um sich den süßen Fesseln des Betrugs zu überlassen.

Wassilij Sergejewitsch trat in den dunklen Korridor hinaus und schritt über den schweren Kokosläufer auf Dunjaschas Zimmer zu, um Wein zu erbitten. Bei ihr brannte noch Licht. Er öffnete vorsichtig die Tür. Dunjascha lag auf der Chaiselongue in süßem Schlaf. Ihr Rock hatte sich etwas verschoben, und ihre wohlgebauten, jungen Beine waren bis an die Knie sichtbar.

Sein Atem setzte plötzlich aus, seine Beine wurden seltsam schwach, und er mußte sich an dem Türpfosten halten, um nicht umzufallen. Und mit einem plötzlichen Entschluß löschte er vorsichtig, damit der Knipser nicht knackte, das elektrische

Licht aus und schritt wie starr in die Dunkelheit – es war, als ob er in einen Abgrund stieg.

Da lag er auch schon auf den Knien und knöpfte mit zitternden Händen das Kleid auf und preßte die Wange in unbegrenztem Verzücken an ihre warmen, entblösten Brüste... Dunjascha hatte große Lust, eine kleine Komödie zu spielen, vorzutäuschen, daß sie schlafe, überrascht zu tun, sich zu wehren, aber die Leidenschaft riß auch sie in ihren feurigen Wirbel hinein. »Wenn ich schwanger werde« – blitzte in ihrem Hirn ein schrecklicher Gedanke auf. – »Ah, sei wie es sei...« Und plötzlich umschlangen junge kräftige Arme Wassilij Sergejewitsch.

Abram Terz

»Vielleicht besteht das Leben im Heranbilden der Seele«

1968

Vielleicht besteht das Leben im Heranbilden der Seele, ja, ja, derselben unsterblichen Seele, die dich verläßt und davonfliegt. Genauer gesagt, wächst die Seele nicht, entwickelt sich nicht, sondern hält sich im geheimen in dir auf, während du so weit heranreifst, daß du mit ihr in einen mehr oder weniger engen Kontakt trittst. Die Seele muß dich im Gedächtnis behalten, sich mit dir anfreunden und aus der Beziehung zu dir ein Teilchen deiner Persönlichkeit aufbewahren. Darin liegt der Sinn des Spruchs: »Es ist Zeit, an deine Seele zu denken.« Das heißt, rechtzeitig dafür zu sorgen, daß man mit seiner Seele feste Verbindungen anknüpft, damit sie sich an einen erinnert.

Bei den Menschen gibt es wohl kaum schlechte Seelen (es sei denn, im Menschen siedle sich eine fremde, unmenschliche Seele an). Die allerschlimmsten Tunichtgute sind davon überzeugt, daß sie »im Innersten ihrer Seele« doch gut sind. Und von einem ganz schlechten Menschen sagt man, daß er »keine Seele« habe. In der Tat bleibt die Seele vielleicht noch in ihm, aber sie verbirgt sich so tief, daß sie mit ihm keine Berührung mehr hat.

»Die Seele verderben« kann man nicht, man kann sich selbst verderben, indem man die Seele verliert. Die Seele hängt nicht von dir ab, sondern du hängst von ihr ab und befindest dich unter ihrem Schutz, falls es dir gelingt, das zu bemerken.

Marija Awwakumowa

»Palmsonntag«

1987

In der bedeutendsten Literaturzeitschrift der UdSSR »Novyj Mir«, erschienen sieben Gedichte der Autorin, über deren Leben und Werk bislang keine Auskünfte vorliegen: In einem der Gedichte beschreibt sie die Verwunderung über das Wieder-den-Mund-Auftun-Können.

Weidenkätzchen wurden geweiht. Der junge
Priester versprengte Wasser
aus einem metallisch glänzenden Kelch
mit güldenem Wedel,
strahlend vor jugendlichem Lächeln.
... Und das Küssen des Kruzifixes
hernach – die Knie, dann auf den Mund.
Alles war inbrünstig, heiß ersehnt.
Und die alten Mütterchen erweckten kein Mitleid;
ihre Freude war so rein
wie die Taufen im Jordan! Der Körper,
Vergebung erfleht, frohlockte;
der Geist entflammte zu leben, zu leben,
um alles Verirrte, Kranke,
alles Schwache, alles Verlassene,
alles Erloschene – zu lieben!
Ja doch! alles und alle ... segnend ...
Und kühn trat sie hinaus ins verwaiste
Leben, besprengt und glücklich:
im Herzen silbern leuchtend wie Weidenkätzchen.

Nikolaj Gogol

Ostersonntag

1847

Nikolaj Gogol wurde 1809 im Gouvernement Poltawa geboren. Erzählungen u. a. »Abende auf dem Weiler bei Dikanka« (1831), »Das Porträt«, »Der Newskij-Prospekt« (1835), »Die Nase« und die Komödie »Der Revisor« (1836). Der erste Teil des Romans »Die toten Seelen« erschien 1842. Gogol hat die Manuskripte zum zweiten Teil der »Toten Seelen« 1852 verbrannt; im selben Jahr starb er in Moskau. 1845 begann Gogol mit dem Werk »Ausgewählte Stellen aus dem Briefwechsel mit Freunden«. Neben bekannten Adressaten enthält diese Sammlung von Essays auch fingierte Briefe; manche wurden erst postum veröffentlicht, da sie die Zensur nicht freigab. Der »Briefwechsel« schließt mit dem »Ostersonntag«.

Der russische Mensch hat ein ganz eigenes Verhältnis zum Feiertag der Auferstehung des Herrn. Das wird ihm besonders lebhaft bewußt, wenn er zu dieser Zeit in einem fremden Lande weilt. Sieht er, wie sich in anderen Ländern dieser Tag kaum von den übrigen Tagen unterscheidet – dieselben gewohnten Verrichtungen, dasselbe alltägliche Treiben, derselbe Werktagsausdruck auf den Gesichtern –, dann packt ihn Wehmut, und er wendet seinen Blick unwillkürlich nach Rußland hin. Ihm ist, als begehe man dort diesen Tag festlicher und der Mensch selbst sei frohgemuter und besser als an anderen Tagen, ja sogar das Leben verlaufe anders, nicht alltäglich. Plötzlich steht ihm alles vor Augen – diese feierliche Mitternacht, das Glockengeläut allerorten, das das ganze Land in einem einzigen gewaltigen Brausen vereint, der Zuruf: »Christus ist erstanden!«, der an diesem Tag alle anderen Grußformen ersetzt, dieser Kuß, den man nur bei uns schenkt und empfängt, und er ist fast schon bereit aufzujubeln: »Wirklich, nur in Rußland wird dieser Tag in gebührender Festlichkeit begangen!« Dies alles ist freilich nur ein Traum, der sogleich vergeht, wenn man sich tatsächlich nach Rußland begibt oder selbst nur erinnert, daß dies ein Tag halbausgeschlafener Laufereien und hektischer Geschäftigkeit ist, ein Tag nichtssagender Visiten, beabsichtigten Nichtantreffens anstelle froher Begegnungen, und trifft man einander tatsächlich, dann ist es eine Folge höchst eigennütziger Berechnung, denn an diesem Tag regt sich der Ehrgeiz noch heftiger als an allen Tagen, und nicht von der Auferstehung Christi wird gesprochen, sondern darüber, wer welche Auszeichnung und wer was sonst noch erhalten wird; da trifft man selbst das einfache Volk, von dem es heißt, daß es sich mehr als alle anderen freue, trunken auf der Straße, kaum daß der Festgottesdienst beendet und die rote Morgendämmerung über dem Horizont aufgestiegen ist. Ein Stöhnen entringt sich dem bedauernswerten Russen, wenn er sich all dies ins Gedächtnis ruft und er erkennt, daß dies weit eher eine Karikatur und eine Verhöhnung des Feiertages ist, daß es den eigentlichen Feiertag gar nicht gibt. Pro forma nur drückt irgendein Vorgesetzter einem Invaliden einen schmatzenden Kuß auf die Wange, weil er den ihm unterstellten Beamten zeigen möchte, wie man seinen Bruder lieben müsse, und irgendein überlebter Patriot schreit zornig in seiner Empörung über die Jugend, die unsere alten russischen Sitten schmäht und behauptet, daß es bei uns überhaupt nichts dergleichen gebe: »Alles haben wir – ein Familienleben ebenso wie auch Familientugenden, und Bräuche halten wir in Ehren; und unsere Christenpflicht erfüllen wir, wie es nirgendwo sonst in Europa geschieht; wir sind ein Volk, auf das alle Welt voller Bewunderung schauen kann!«

Nein, es geht nicht um sichtbare, äußere Zeichen, nicht um patriotischen Lärm und nicht um den Kuß, den man dem Invaliden auf die Wange drückt, sondern darum, daß an diesem Tage tatsächlich jeder im Mitmenschen sein eigenes kostbarstes Kleinod erkennen muß, ihn so umarmen und an seine Brust drücken, wie den eigenen allernächsten Bruder, daß man sich so über ihn freuen sollte, wie über den allerbesten Freund, den man jahrelang nicht gesehen hat, und der nun mit einem Mal unvermutet zu uns gekommen ist. Ja noch heftiger, noch mehr! Weil die Bande, die uns mit unseren Mitmenschen verbinden, fester sind als unsere irdische Blutsverwandtschaft, weil wir alle miteinander verwandt sind durch unseren herrlichen Vater im Himmel, der uns um so viel näher ist als unser irdischer Vater, weil wir gerade an diesem Tage in unserer wahren Familie, bei Ihm selbst zu Hause sind. Dies ist der heilige Tag, an dem die ganze Menschheit, ohne auch nur einen einzigen Menschen auszuschließen, ihre heilige himmlische Brüderschaft festlich begeht.

Wie müßte doch dieser Tag unserem neunzehnten Jahrhundert gerade recht gelegen kommen, in dem der Gedanke an das

Glück der Menschheit fast zur Lieblingsidee aller geworden ist, da der Lieblingstraum der jungen Menschen in der brüderlichen Umarmung aller Menschen besteht, da so viele nur von dem einen Gedanken schwärmen, wie man die gesamte Menschheit umerziehen und die innere Würde des Menschen heben könne; da fast die Hälfte aller Menschen bereits feierlich anerkannt hat, daß nur das Christentum dies zu bewirken vermag; da man bestätigt, daß die Gebote Christi noch fester sowohl im Leben der Familie wie des Staates verankert werden müßten; da man sogar schon darüber redet, alles müsse gemeinsames Eigentum aller werden – sowohl die Häuser wie auch das Land; da die Taten der Barmherzigkeit und Hilfeleistungen für die vom Unglück Betroffenen selbst zum Gesprächsthema unserer tonangebenden Salons geworden sind; da wir uns schließlich kaum noch rühren können vor all den menschenfreundlichen Einrichtungen, den Asylen und Herbergen für die Obdachlosen. Wie freudig müßte doch, tröge dieser Anschein nicht, das neunzehnte Jahrhundert diesen Tag festlich begehen, der so sehr dem Herzensbedürfnis all dieser großmütigen und menschenfreundlichen Regungen entgegenkommt! Aber wie an einem Prüfstein kann man an diesem Tag erkennen, wie blaß alle diese christlichen Bestrebungen sind, wie sie alle nur in Träumen und Ideen existieren, nicht aber in der Tat. Wenn einer aber tatsächlich an diesem Tage seinen Bruder als Bruder umarmen soll, dann wird er es nicht tun. Die ganze Menschheit brüderlich zu umarmen ist er bereit, nur seinen Bruder umarmt er nicht. Sobald sich ein Mensch aus der Menschheit, die er so weitherzig zu umarmen bereit ist, ausschließt, indem er den Christen beleidigt – dem Christus geboten hat, die Beleidigung sogleich zu verzeihen –, wird er seinen Beleidiger nicht umarmen. Sobald sich jemand aus der Menschheit ausschließt, weil er mit dem Christen in belanglosen menschlichen Dingen nicht übereinstimmt, wird er den anderen nicht mehr umarmen. Sobald sich nur einer ausschließt, der augenfälliger als andere an den offenen Geschwüren seiner seelischen Gebrechen leidet, der mehr als alle übrigen des Mitleids bedarf, – wird ihn der andere zurückstoßen und nicht umarmen. Nur diejenigen wird er umarmen, die ihn gar nicht kränken konnten, weil sich keine Gelegenheit ergab zusammenzustoßen, diejenigen, die er überhaupt nicht gekannt oder denen er niemals zuvor in die Augen gesehen hat. Von dieser Art ist die Umarmung, mit der der Mensch unseres Jahrhunderts die ganze Menschheit beglücken will, und häufig genug gilt dies eben für jene, die da von sich glauben, sie seien wahre Menschenfreunde und vollkommene Christen! Christen! Sie haben Christus auf die Straße gejagt, in die Hospitäler und Krankenhäuser getrieben, statt ihn zu sich in ihre Häuser einzuladen, unter ihr eigenes Dach, und sie halten sich für Christen!

Nein, das jetzige Jahrhundert kann den Ostersonntag nicht so feiern, wie es ihm gebührte. Dem steht ein schreckliches Hindernis, ein unüberwindliches entgegen, sein Name lautet – *Stolz*. Auch den vergangenen Jahrhunderten war er nicht unbekannt, doch das war eher ein kindlicher Stolz, der Stolz auf die eigenen physischen Kräfte, Stolz auf den eigenen Reichtum, Stolz auf Herkunft und Rang, aber er hatte nicht jene schreckliche geistige Auswucherung erreicht, in der er sich heute darbietet. Jetzt äußert er sich auf zweierlei Art. Die erste der beiden ist der Stolz auf die eigene Makellosigkeit.

In der Freude darüber, um so viel besser als ihre Vorfahren geworden zu sein, hat sich die Menschheit unseres Jahrhunderts in die eigene Reinheit und Schönheit verliebt. Niemand empfindet Hemmungen, sich öffentlich der schönen Regungen seiner Seele zu rühmen und sich für besser und makelloser als die anderen Menschen zu halten. Man braucht nur näher hinzusehen, als was für ein edelmütiger Ritter sich ein jeder von uns heutzutage gebärdet, wie scharf und erbarmungslos er über die anderen urteilt. Man höre nur hin auf die Rechtfertigungen, mit denen er sich entschuldigt, weil er seinen Bruder selbst am Auferstehungssonntag nicht in seine Arme schloß. Schamlos und ohne ein Zucken seiner Seele wird er erklären: »Diesen Menschen kann ich unmöglich umarmen: er ist ein niederträchtiger Kerl, bis ins Mark seiner Seele gemein, er hat sich in der ehrenrührigsten Weise besudelt; diesen Mann ließe ich nicht einmal mein Vorzimmer betreten; ich könnte nicht dieselbe Luft mit ihm atmen; ich schlage einen Bogen, nur um ihm nicht zu begegnen. Ich kann nicht mit gemeinen und verächtlichen Menschen zusammenleben – soll ich vielleicht gar einen derartigen Mann als meinen Bruder umarmen?« Oh weh, der arme Mensch des neunzehnten Jahrhunderts hat vergessen, daß es an diesem Tage weder gemeine noch verächtliche Menschen gibt, sondern daß alle Menschen derselben Familie angehören, daß ein jeder Mensch sein Bruder und nichts anderes ist. Alles hat er mit einem Mal vergessen: vergessen, daß ihn vielleicht eben deshalb verächtliche und gemeine Menschen umgeben, damit er bei ihrem Anblick seinen Blick auf sich selber richte und er in sich dasselbe suche, was ihn so sehr bei den anderen abschreckt. Vergessen ist, daß er selbst auf Schritt und Tritt, ohne es zu bemerken, dieselbe Gemeinheit begehen kann, wenn auch in anderer Form – in einer Form, die nicht die öffentliche Achtung trifft, die jedoch, wie eine russische Redensart sagt, »dieselbe Plinse nur in einer anderen Schüssel« ist. Alles hat man vergessen. Man hat auch vergessen, daß vielleicht gerade deshalb die Zahl der gemeinen und verächtlichen Menschen so angewachsen ist, weil die besten und vortrefflichsten Menschen die anderen streng und unmenschlich von sich gestoßen haben und die Betroffenen dadurch nur noch mehr in ihren Herzen verhärteten. Als ob es leicht wäre, Verachtung, die einem entgegenschlägt, zu ertragen! Gott weiß, vielleicht war so mancher ganz und gar nicht als ehrloser Mensch geboren; vielleicht hat seine arme Seele, zu schwach, den Verlockungen zu widerstehen, um Hilfe gebeten und gefleht, vielleicht war er bereit, Hände und Füße dessen zu küssen, der, vom Mitleid übermannt, ihn am Rande des Abgrunds zurückgehalten hätte. Vielleicht hätte ein Fünkchen ihm erwiesener Liebe genügt, ihn auf den rechten Weg zurückzuführen. Als ob es schwer gewesen wäre, auf dem Wege der Liebe sein Herz zu erreichen! Als ob seine Natur bereits so versteinert gewesen wäre, daß sich kein Gefühl mehr in ihm geregt hätte, wenn doch selbst ein Räuber dankbar ist für ein Zeichen der Liebe, wenn doch selbst ein Tier die liebkosende Hand nicht vergißt! Aber der Mensch des neunzehnten Jahrhunderts hat alles vergessen, er stößt seinen Bruder von sich, wie der Reiche den mit schwärenden Wunden bedeckten Bettler von der prächtigen Freitreppe seines Hauses weist. Er will mit seinen Leiden nichts zu schaffen haben, um nur ja den Anblick des Eiters seiner Wunden zu vermeiden. Er will nicht einmal seine Beichte hören, aus Furcht, seine Nase könnte von dem stinkenden Atem aus dem Munde des Unglücklichen belästigt werden, er, der so stolz ist auf den Wohlgeruch seiner Reinheit. Ein solcher Mensch sollte den Festtag der himmlischen Liebe feiern können?

Die andere Form des Stolzes, die noch stärker ist als die erste – das ist der geistige Hochmut, der Stolz auf den eigenen Verstand. Nie zuvor hat er eine solche Macht erlangt wie im neunzehnten Jahrhundert. Man spürt ihn geradezu in der Furcht eines jeden, als Dummkopf zu gelten. Alles erträgt der Mensch dieses Jahrhunderts: daß man ihn einen Spitzbuben, einen Schurken nennt; bezeichne ihn wie du willst, er wird es ertragen – nur die

Bezeichnung Dummkopf, die allerdings erträgt er nicht. Über alles läßt er spotten – nur wenn dieser Spott seinem Verstande gilt, dann kennt er keinen Pardon. Sein Verstand ist ihm sein Heiligtum. Bei der geringsten Spöttelei über diesen Verstand ist er auf der Stelle bereit, seinen Bruder aufzufordern, sich in korrekt abgemessener Entfernung von ihm aufzustellen und diesem Bruder, ohne zu zittern, eine Kugel in die Stirn zu jagen. Niemandem und an nichts glaubt der Mensch; er vertraut allein seinem Verstand. Was er mit diesem Verstand nicht erkennt, das ist für ihn nicht vorhanden. Er hat selbst vergessen, daß der Verstand nur voranschreiten kann, wenn alle sittlichen Kräfte im Menschen wachsen und sich weiterentwickeln, und daß er stehenbleibt, ja sogar abnimmt, wenn seine sittlichen Kräfte nicht gefördert werden. Er hat auch vergessen, daß kein einziger Mensch über sämtliche Gaben des Verstandes verfügt, daß ein anderer Mensch gerade jene Seite einer Sache erkennen kann, die ihm selbst verborgen bleibt, und folglich etwas weiß, was er selbst nicht wissen kann. Er glaubt es nicht, und alles, was er nicht selber sieht, das ist für ihn Lug und Trug. Auch nur der Schatten christlicher Demut liegt ihm fern, eben wegen dieses Stolzes auf seinen Verstand. An allem zweifelt er: am Herzen eines Menschen, den er viele Jahre kennt, an der Wahrheit, selbst an Gott, aber er zweifelt nicht an seinem Verstand. Schon sind Auseinandersetzungen und Streit nicht um irgendwelcher wesentlicher Rechte willen entbrannt, nicht wegen persönlicher Haßgefühle, nein, nicht die gefühlsbestimmten Leidenschaften, sondern die Leidenschaften des Verstandes sind ausgebrochen: Schon bekämpft man einander persönlich wegen Meinungsverschiedenheiten und Widersprüchen in der Gedankenwelt. Schon sind ganze Parteien entstanden, und Menschen, die sich weder gesehen haben noch irgendwelche persönlichen Beziehungen pflegten, hassen einander bereits. Es ist verblüffend: Zu einer Zeit, da sich in den Menschen gerade die Überzeugung durchzusetzen begann, sie hätten durch Bildung und Erziehung das Böse aus der Welt verbannt, da kommt die Bosheit auf einem anderen Wege, von einem anderen Ende erneut in die Welt, auf dem Umweg über den Verstand, auf den Flügeln der Zeitungsblätter fällt sie wie ein alles vernichtender Heuschrekkenschwarm von überall über die Herzen der Menschen her. Schon ist vom Verstand selbst kaum noch etwas zu spüren. Schon beginnen selbst gescheite Leute gegen ihre eigene Überzeugung Lügen zu verbreiten, nur um nicht der gegnerischen

Partei nachgeben zu müssen, deshalb allein, weil ihr Stolz es nicht erlaubt, vor allen anderen sich zu einem Irrtum zu bekennen – schon hat die Bosheit anstelle des Verstandes ihre Herrschaft angetreten.

Und der Mensch eines so beschaffenen Zeitalters sollte lieben, christliche Liebe dem Menschen entgegenbringen können? Er sollte von dieser lichten Vertrauensseligkeit des Herzens und engelhaften Kindlichkeit erfüllt sein, die alle Menschen in einer Familie vereinte? Er sollte das Wonnegefühl unserer vom Himmel geschenkten Brüderlichkeit verspüren? Er sollte diesen Tag festlich begehen? Verschwunden ist selbst dieser äußerlich gutmütige Anschein der vergangenen schlichten Zeiten, der den Betrachter glauben lassen konnte, der Mensch sei dem Menschen näher gekommen. Der anmaßende Verstand des neunzehnten Jahrhunderts hat ihn ausgelöscht. Schon tritt der Teufel bereits ohne Maske in unserer Welt auf. Der Geist des Hochmuts hat aufgehört, sich hinter verschiedenen Figuren zu verbergen und abergläubische Menschen zu schrecken, er ist in seiner wahren Gestalt erschienen. In dem Gefühl, daß seine Herrschaft anerkannt wird, hat er aufgehört, sich vor den Menschen zu zieren. Mit dreister Schamlosigkeit lacht er denjenigen ins Gesicht, die sich zu ihm bekennen; die törichtesten Gesetze gibt er der Welt, Gesetze, wie sie bisher noch nie erlassen wurden, und die Welt sieht es und wagt nicht, ihm den Gehorsam zu verweigern. Welchen Sinn hat diese Mode, unbedeutend, nichtssagend, die der Mensch zunächst als Belanglosigkeit, als unschuldige Tändelei zugelassen hat, und die jetzt wie eine absolute Herrin in unseren Häusern schaltet und waltet und alles hinauswirft, was der Mensch an Wichtigstem und Bestem besitzt? Niemand scheut sich, einige Male am Tage die ersten und heiligsten Gebote Christi zu übertreten, und doch fürchtet sich jeder zugleich, die geringsten Weisungen der Mode nicht zu beachten; er zittert vor ihr, wie ein furchtsamer Knabe. Was hat es wohl zu bedeuten, daß sogar diejenigen, die selbst über die Mode spotten, dennoch wie leichtfertige Luftikusse nach ihrer Pfeife tanzen? Was haben diese zahllosen sogenannten Anstandsregeln zu bedeuten, die schwerwiegender geworden sind als sämtliche ursprünglichen Gebote? Was bedeuten diese seltsamen Gewalten, die sich neben der rechtmäßigen Obrigkeit breitgemacht haben, diese fremden Einflüsse, die sie begleiten? Was hat dies zu bedeuten, daß die Welt schon von Näherinnen, Schneidern und Handwerkern aller Art regiert wird, die von

Gott Gesalbten aber stehen beiseite? Menschen dunkler Herkunft, die niemand kennt, die weder Ideen haben noch aufrichtige Überzeugungen kennen, lenken die Meinungen und Vorstellungen kluger Leute, und ein zweifelhaftes Zeitungsblatt, von dem jeder weiß, daß es die Wahrheit nicht so genau nimmt, wird unmerklich zum Gesetzgeber für den Menschen, der es noch nicht einmal achtet. Was bedeuten alle diese ungesetzlichen Gesetze, die doch offensichtlich, vor aller Augen, dieser von unten kommende unreine Geist erläßt, und die ganze Welt sieht zu und wagt nicht, wie festgebannt, sich zu rühren? Was für eine schreckliche Verhöhnung der Menschheit! Wozu soll man bei diesem Lauf der Dinge noch die äußerlichen heiligen Bräuche einer Kirche bewahren, deren himmlischer Herrscher keine Macht mehr über uns besitzt? Oder ist dies noch ein neuer Hohn dieses Geistes der Finsternis? Wozu dieser Festtag, der seine Bedeutung verloren hat? Weshalb kommt er immer wieder aufs neue, um mit seinem ständig dumpfer und ungehörter verhallenden Ruf die auseinandergelaufenen Menschen in der einen Familie zu vereinen, und warum geht er davon, nachdem er sie alle traurig umfangen hat, wie ein Fremder, den keiner kennt? Ist er wirklich allen so fremd und unbekannt? Warum sind dann hier und da ein paar Menschen übriggeblieben, die meinen, ihnen wäre heiterer zumute an diesem Tage und sie feierten festlich ihre Kindheit – jene Kindheit, die wie eine himmlische zarte Berührung, wie die Liebkosung eines ewigen Frühlings die Seele des Menschen umfängt –, diese herrliche Kindheit, die der stolze Mensch von heute verloren hat? Warum hat der Mensch diese Kindheit noch nicht für immer vergessen, und warum rührt sie, wie etwas in einem fernen Traum Geschautes, noch immer unsere Seele? Warum und wozu geschieht dies alles? Weiß man es wirklich nicht, warum? Darum doch wohl, damit wenigstens einigen, die noch den frühlingshaften Atemhauch dieses Feiertages erspüren, plötzlich so traurig, so schwer zumute würde, wie ein Engel um den Himmel trauerte, damit diese wenigen mit herzzerreißendem Aufschluchzen ihren Brüdern zu Füßen fallen und sie anflehen, doch wenigstens diesen einzigen Tag aus der Kette der übrigen Tage herauszureißen, wenigstens einen Tag nicht nach den Gepflogenheiten des neunzehnten Jahrhunderts zu verbringen, sondern so, wie in jenem ewigwährenden Zeitalter, daß sie an einem Tag wenigstens den Menschen umarmen und an sich drücken, so wie der schuldig gewordene Freund seinen großherzigen Freund umfängt, der ihm vergeben hat, selbst wenn er ihn morgen schon wieder von sich stoßen und ihm sagen sollte, daß er ihm fremd und unbekannt sei. Um dies wenigstens zu wünschen, um sich wenigstens gewaltsam zu zwingen, dies zu tun, um wenigstens nach diesem einen Tag zu greifen, wie der Ertrinkende nach dem Strohhalm greift: Gott allein weiß, daß vielleicht schon um dieses Verlangens willen die Leiter bereitgehalten wird, uns vom Himmel herab entgegenzugleiten, und daß die Hand ausgestreckt ist, mit deren Hilfe wir uns nach oben schwingen.

Aber nicht einen einzigen Tag gedenkt der Mensch des neunzehnten Jahrhunderts auf diese Weise zu verbringen! Eine unbegreifliche Schwermut hat bereits die Erde erfaßt; trockener und dürrer wird das Leben; alles verflacht und versandet, und vor unseren Augen wächst nur das Bild eines einzigen riesenhaften Überdrusses, der mit jedem Tag unfaßlichere Ausmaße erreicht. Alles ist taub, Grabesstille überall. Mein Gott, öde und schrecklich wird es in Deiner Welt!

Warum mag es nur noch einem Russen so erscheinen, als ob dieser Tag gebührend gefeiert werde und daß er so nur noch in seinem Land begangen wird? Ist es ein Traum? Aber träumt diesen Traum kein anderer als der Russe allein? Was hat es tatsächlich zu bedeuten, daß der Feiertag selbst zwar verschwunden ist, seine sichtbaren Kennzeichen jedoch so deutlich wahrnehmbar über das Antlitz unseres Landes ausgebreitet sind? Da ertönen die Worte: »Christus ist erstanden!«, begleitet vom Bruderkuß, und jedes Mal wieder bricht ebenso feierlich die heilige Mitternacht an, und das Brausen aller Glocken dröhnt und rauscht über das weite Land, als wolle es uns wirklich wecken. Wo diese Zeichen so sichtbar sind, geschieht es nicht ohne Grund. Wo sie wecken wollen, werden sie auch wachrütteln. Bräuche sterben nicht aus, denen ewig zu wirken bestimmt ist. Sie mögen auf dem Papier vergehen, aber im Geiste erwachen sie wieder zu neuem Leben. Sie verblassen vorübergehend, verkümmern, sterben ab in der hohlen und ausgelaugten Menge, aber sie erstehen mit neuer Lebenskraft in den Auserwählten, um sich in einem noch strahlenderen Licht von ihnen aus über die ganze Welt zu verbreiten. Von unserem alten Erbe wird auch nicht ein Körnchen dessen untergehen, was darin wahrhaft russisch und von Christus selbst geheiligt ist. Die klingenden Saiten unserer Dichter werden es weitertragen, die Lippen unserer Bischöfe werden es verkünden, das Verglimmende wird auflodern – und das Fest des Auferstehungstages wird wieder mit gebührender Feierlichkeit begangen werden, und zwar eher bei uns als bei den anderen Völkern! Worauf aber gründet sich, auf welche in unseren Herzen verborgenen Dinge stützt sich diese Behauptung? Sind wir besser als andere Völker? Stehen wir durch unseren Lebenswandel Christus näher als sie? Wir sind nicht besser als andere, und unser Leben ist ungeordneter noch und verworrener als das aller übrigen Völker. »Schlechter sind wir als alle anderen« – das ist es, was wir stets von uns sagen müssen. Aber es liegt etwas in unserer Natur, das uns dies prophezeit. Schon unsere Ungeordnetheit sagt es uns voraus. Wir sind vorerst nur geschmolzenes Metall, das noch nicht in seine nationale Form gegossen ist; noch können wir aussondern und abstoßen, was nicht zu uns paßt, und all das aufnehmen, was anderen Völkern verwehrt ist, weil sie bereits geformt und in dieser Form erstarrt sind. Daß es vieles in unserer ursprünglichen, von uns vergessenen Natur gibt, das dem Gebote Christi nahe steht, wird allein schon dadurch bewiesen, daß Christus ohne das Schwert zu uns gekommen ist und der vorbereitete Boden unserer Herzen aus eigenem Antrieb nach seinem Wort verlangte; dafür spricht auch, daß bereits die Elemente einer Bruderschaft in Christus unmittelbar in unserer slavischen Natur begründet liegen und die Verbrüderung enger Freunde bei uns noch höher als die Verwandtschaft mit dem leiblichen Bruder steht; daß wir weder den unversöhnlichen Haß der Stände untereinander kennen noch jene erbitterten Parteien, wie sie sich in Europa befehden, die ein unüberwindliches Hindernis bei dem Zusammenschluß der Menschen und einer brüderlichen Liebe untereinander sind; daß wir schließlich eine Kühnheit besitzen, der kein anderes Volk eine ebenbürtige entgegenzusetzen hat, so daß dann, wenn eine Aufgabe vor uns läge, die kein anderes Volk zu bewältigen vermag, und wäre es zum Beispiel auch die, sofort und mit einem Male alle unsere Fehler abzuschütteln, als das, was die edle Natur des Menschen entstellt, daß wir dann, ungeachtet der Schmerzen am eigenen Leibe und ohne Rücksicht auf uns selbst, geradeso, wie wir im Jahr 1812 schonungslos unser Hab und Gut, Häuser und Landsitze verbrannten, in gleicher Weise uns danach reißen werden, uns von allem, was uns schändet und beschmutzt, zu trennen: dann wird keine einzige Menschenseele hinter den anderen zurückstehen wollen, und in diesem Augenblick wird jeglicher Streit, aller Haß und jede Feindseligkeit – da wird alles vergessen sein, die Brüder werden einander in den Armen liegen, und ganz Rußland wird wie ein Mann dastehen. Das ist es, worauf die Behauptung beruht, der Festtag der Auferstehung Christi werde bei uns vor allen anderen Völkern wieder gefeiert werden. Dies sagt mir fest meine Seele, und es ist kein in meinem Kopfe ersonnener Gedanke. Solche Gedanken werden nicht ausgedacht. Durch göttliche Eingebung werden sie auf einmal in den Herzen vieler Menschen geboren, die einander nie gesehen haben, an verschiedenen Enden des Landes leben, die es gleichzeitig, wie aus einem Munde diese Gedanken zu verkündigen drängt. Ich weiß gewiß, daß so mancher Mensch in Rußland, auch wenn ich ihn nicht kenne, fest daran glaubt und versichert: »Eher als in jedem anderen Lande wird bei uns der Auferstehungstag Christi wieder gefeiert werden.«

Alexander Solschenizyn

Die Osterprozession

1966

Es lehren uns heute die Kenner, nicht alles zu malen, wie es ist, dies wäre farbige Fotografie – vielmehr sei mit verzerrten Linien und ineinandergefügten Dreiecken und Quadraten die Idee einer Sache wiederzugeben und nicht die Sache selbst.

Ich aber vermag nicht, mir auszudenken: Welche Farbaufnahme wählte für uns mit Verstand die notwendigen Gesichter und bannte auf ein einziges Bild die Osterprozession vor der Patriarchenkirche in Peredelkino, ein halbes Jahrhundert nach der Revolution? Allein dieser österliche, heutige Umzug würde uns vieles erklären, gestalteten wir ihn auch mit ältesten Kunstgriffe, ganz ohne Hilfe der Dreiecke sogar.

Eine halbe Stunde vor dem Geläut gleicht der Vorhof der Verklärung-Christi-Kirche dem Rummelplatz vor dem Tanzboden in einer abgelegenen, ausgelassenen Arbeitersiedlung. Die jungen Dinger in bunten Kopftüchern und langen Hosen – wohl auch einige in Röcken –, allesamt mit kräftigen Stimmen, spazieren zu dritt, zu fünft umher, drinnen in der Kirche eine Schar, eine andere in der Vorhalle, wo ein paar alte

Weiblein seit dem frühen Abend Plätze besetzt halten – die werden im Vorbeigehen angekläfft –, und draußen, da kreisen sie um den Hof, quietschen ungeniert und hemmungslos, rufen einander von weitem an und bestaunen die grünen, rosaroten, weißen Lichter vor den äußeren Wandikonen und den Grabplatten vieler Erz- und Oberpriester. Und die Burschen – die stämmigen und die schwächlichen –, sie tragen durchweg siegreiche Mienen (wen bezwangen sie denn mit ihren achtzehn oder zwanzig Jahren? Es sei denn mit dem kleinen Puk das Tor), fast alle haben Kappen, Mützen auf, und wer barhäuptig geht, der tut es nicht nur hier, der geht halt immer so; jeder vierte ist angeheitert, jeder zehnte betrunken, jeder zweite raucht, raucht widerwärtig, der Stummel klebt an der Unterlippe fest. Noch vor dem Weihrauch, statt des Weihrauchs steigt im elektrischen Licht graublauer Rauch auf, vom Kirchplatz zum österlichen Himmel, den dunklen reglosen Wolken entgegen. Da spucken sie auf den Boden, dort rempeln sie sich übermütig an, da Pfiffe und dort lästerliches Fluchen; die einen heizen mit Transistoren zum Tanzen an, und die dort knutschen ihre Puppen ab, mitten im Durchgang, zerren die Mädchen vom anderen weg, plustern sich auf wie die Hähne – gib nur acht, daß sie das Messer nicht ziehen: gegeneinander zuerst und dann gegen die Gläubigen auch. Die Jungen blicken um sich, als wären sie nicht die Jüngeren vor den Älteren, nicht Gäste bei Bewirtenden, sondern die Hausherren, für die die Umstehenden lästig wie Fliegen sind.

Zum Messer kommt es nicht – drei, vier Milizmänner stapfen anstandshalber umher. Und der Mutterfluch wird nicht über den Hof gebrüllt, er wird im Ton gedrosselt, zum herzhaften russischen Zwiegespräch. So sieht denn auch die Miliz keinen Mißstand und lächelt der heranwachsenden Generation friedfertig zu. Mitnichten ist es Sache der Miliz, Zigaretten von den Lippen oder Mützen von den Köpfen zu schlagen. Wir befinden uns auf der Straße, und das Recht, nicht an Gott zu glauben, verbrieft die Verfassung. Die Miliz verhält sich vorschriftsmäßig: kein Grund, sich einzumischen, ein krimineller Tatbestand liegt nicht vor.

Verloren im Gedränge drücken sich die Gläubigen an die Umfriedung des Kirchplatzes, an die Mauern der Kirche, kein Gedanke an Widerstand, nur angstvolles Umherblicken; froh sind sie, nicht angerempelt zu werden, zufrieden schon, daß man ihnen nicht die Uhren abverlangt, von denen sie die Minuten ablesen bis zur Auferstehung Christi. Hier, außerhalb des Gotteshauses, ist ihre, der Gläubigen Zahl um vieles geringer als die der feixenden, spottenden, drängelnden Freibeuter. Bedrückt sind die Gläubigen und eingeschüchtert, ärger als unter den Tataren. Die Tataren haben gewiß der lichten Frühmesse nie derart zugesetzt.

Der Bereich des Gesetzlosen wird nicht betreten, die Gewalttat ist unblutig, die Kränkung trifft die Seele: die vulgär verzogenen Münder, das dreiste Gerede, das Geknutsche und Gerupfe, das Rauchen und Spucken keine zwei Schritt von der Passion Christi entfernt; der siegessichere, verächtliche Blick, mit dem die Flegel auszogen, um mitanzusehen, wie ihre Großväter die Bräuche der Ahnen pflegen.

Hier und da taucht unter den Gläubigen ein jüdisches Gesicht auf. Ob Getaufte oder Fremde, verängstigt blicken sie drein und harren, auch sie, der Prozession. Auf die Juden schimpfen wir alle, die Juden sind uns immerzu ein Dorn, doch besser wär's, sich umzusehen mit Bedacht – was für Russen haben wir uns derweil herangezogen? Du schaust in die Runde und erstarrst. Das sind doch, will man meinen, nicht mehr die Schläger der dreißiger Jahre, nicht mehr jene, die den Gläubigen den geweihten Osterkuchen aus den Händen rissen und johlend den Teufel spielten – nein! Diese hier trieb die Neugierde her: Vorbei ist die Hockeysaison im Fernsehen, die Fußballsaison hat noch nicht begonnen. Langeweile! Darum drängen sie zum Kerzenstand und schieben die Christenmenschen wie Strohsäcke auseinander und kaufen, auf das Kirchenbusineß schimpfend, wer weiß wozu, die Kerzen.

Seltsam ist nur: alle kommen sie von auswärts, und doch kennt jeder den anderen, selbst seinen Namen. Wie konnte sich das nur so treffend fügen? Stammen sie nicht gar vom selben Werk? Spaziert nicht gar der Komsomolleiter unter ihnen? Sollten ihnen diese Stunden als Ordnungsdienst angemerkt werden?

Da schlägt über den Häuptern die Glocke mit mächtigen Schlägen – volle tiefe Töne, kein blechernes Ersatzgebimmel. Die Glocke tönt und kündet die Prozession an. Nun ein Drängen! Doch nicht die Gläubigen sind's, nein, wieder ist's die grölende Schar. Doppelt und dreifach so zahlreich stürmen sie in den Hof, laufen, drängen, wissen selbst nicht, was sie suchen, welchen Platz sie sich freikämpfen sollen, um die Prozession besser zu sehen. Sie zünden die roten Osterkerzen an und daran ihre Zigaretten, so sieht das aus! Sie stoßen einander, wie in Erwartung eines Foxtrotts. Fehlt nur noch der Bierstand, damit die langmähnigen hochgeschossenen Kerls – unsere Gattung schrumpft mitnichten – den weißen Schaum auf die Gräber blasen.

Über die Kirchenstufen herab schreitet indes das Haupt der Prozession und schwenkt hierher, begleitet vom feinen Geläut der Gebetsglocke. Voran zwei gewichtige Männer, sie bitten die jungen Genossen zurückzutreten, soweit es geht. Drei Schritte dahinter folgt ein kahles ältliches Männlein, wohl der Kirchenvorsteher, und trägt schwer an der Stange, die geschliffene Ampel mit der Kerze daran. Er schielt ängstlich zur Ampel hinauf, ob sie auch gerade hänge, und ebenso ängstlich zur Seite ... Und hier beginnt das Bild, das ich so gerne malen würde, wenn ich es könnte: der Ampelträger, fürchtet er vielleicht, daß ihn die Erbauer der neuen Gesellschaft zu Boden trampeln, daß sie ihn prügeln werden? Das Grauen überkommt auch den Betrachter.

Die jungen Weibsbilder in Hosen und mit Kerzen und die Burschen mit Zigaretten zwischen den Zähnen, den Kopf bedeckt, die Mäntel offen (Gesichter ohne Prägung, dumm, dreist, Selbstsicherheit für einen Rubel und Verstand für fünf Kopeken, einfältige darunter mit kindlich vollen Lippen und zutrauliche – eine Menge solcher Gesichter soll aufs Bild), ein dichtes Spalier, so begaffen sie eine Vorstellung, wie sie sonst auch für Geld nirgends zu sehen ist.

Hinter der Ampel schwanken zwei Banner, nicht einzeln, jedes für sich, sondern eng beieinander in ihrer Bedrängnis.

Und dahinter, in fünf Reihen zu zweit, zehn singende Frauen mit dicken Kerzen. Sie alle gehören aufs Bild! Die Frauen, schon in Jahren, mit festen, weltabgewandten Gesichtern, bereit, auch zu sterben, wenn die Tiger auf sie losgehen, und zwei von den zehn sind junge Mädchen, Mädchen, so alt wie jene, die mit den Burschen rundum sich drängen, doch wie rein ist ihr Gesicht, wie hell der Glanz darauf.

Die Frauen ziehen singend in geschlossener Reihe. Feierlich sind sie, als schritten sie durch eine Gemeinde, die betet, das Kreuz schlägt, bekennt, aufs Knie sinkt. Diese Frauen atmen nicht den Tabakrauch, ihre Ohren sind taub für die Flüche, ihre Sohlen fühlen nicht, daß sich der Kirchhof in einen Tanzplatz verwandelt hat.

So nimmt die wahre Osterprozession ihren Anfang. Etwas davon erfaßt auch die jungen Wilden zu beiden Seiten; der Lärm läßt nach.

Den Frauen folgen, in hellen Ornaten, die Priester und Diakone, sieben an der Zahl. Doch wie beengt sie gehen, wie sie einander stoßen, einander stören: kaum bleibt Platz, den Weihrauchkessel zu schwingen, das Gebettuch zu heben. Und hier hätte – wäre ihm nicht abgeraten worden – der Patriarch von ganz Rußland durchgehen und zelebrieren sollen!

Zusammengepfercht und hastig ziehen sie vorbei; und damit schließt die Prozession. Da gibt es niemanden mehr! Keine Kirchgänger sind im Umzug, denn ein Durchbruch zurück in die Kirche gelänge nicht mehr.

Keine Betenden mehr, doch schon beginnt das Getümmel von neuem, die fröhliche Horde will auch hinein! Wie durch die zertrümmerten Tore eines Lagerhauses zwängen sich, stoßend und pressend, die Burschen und Mädchen, scheuern vorbei an den steinernen Säulen, vorwärts, rückwärts, kreisen im wirbelnden Strom, überstürzen sich, als gelte es, die Beute zu fassen, das Geraubte zu teilen – und wozu? Sie wissen es selbst nicht. Die Popen begaffen und ihren Hokuspokus? Oder einfach herumrudern in der Menge? Geht es ihnen darum?

Eine Kreuzprozession ohne Betende! Eine Kreuzprozession ohne Betende, eine Kreuzprozession ohne Sichbekreuzigende! Eine Kreuzprozession in Mützen, mit Zigaretten, mit Transistoren vor der Brust – die ersten Reihen dieses Publikums, wie sie sich hineinzwängen in die Umfriedung – das muß auch noch aufs Bild. Und damit wäre es vollständig.

Abseits bekreuzigt sich eine der Alten und sagt zu ihrer Nachbarin: »Diesmal ist's schön, gar kein Radau, und so viel Miliz ...«

So ist das also! Dies Jahr ist noch ein besseres Jahr ... Was soll denn aus diesen von uns geborenen und aufgezogenen Millionen werden? Wozu die aufklärerischen Bemühungen und die tröstlichen Prophezeiungen grübelnder Geister? Was erwarten wir Gutes von unserer Zukunft?

Wahrlich, eines Tages werden sie sich wenden und uns alle zertreten: und auch jene nicht verschonen, die sie hierhergehetzt!

FJODOR SOLOGUB

Der Weg nach Emmaus

1921

Der als Sohn eines Schneiders 1863 in St. Petersburg geborene Autor wurde zu einer der bedeutendsten Gestalten des russischen Symbolismus, der um die Jahrhundertwende zu einer Erneuerung der Lyrik führte. Neben Gedichten schrieb Sologub u. a. Romane (»Der kleine Dämon«, 1907) sowie die Trilogie »Eine Legende im Werden« (1914). Der Revolution von 1917 stand er trotz seiner Sympathien für die revolutionäre Bewegung um 1905 skeptisch gegenüber. Als ihm 1921 die Ausreise aus der UdSSR verweigert wurde, beging seine Frau Selbstmord; er selbst starb 1927 vereinsamt in Leningrad.

I

Bei den Sinegorows ging es in der Karwoche ganz wie im vergangenen Jahr, wie immer recht lebhaft zu. Am lustigsten waren die jüngsten Familienmitglieder, der zwölfjährige Gymnasiast Wolodja und die zehnjährige Lenotschka.

Es amüsierte sie, sich an der Herstellung von Ostereiern zu beteiligen: die einen wurden mittels bunter Läppchen und Resten von Bändern gefärbt, die anderen mit Abziehbildchen geschmückt. Es war so amüsant zu sehen, wie die Cochenille, die zu den Traditionen der Familie gehörte, ihr rotes Blut im kochenden Wasser auflöste. Ebenso angenehm war es, vom rohen Quarkkuchen zu kosten, der zwar noch nicht in der Presse gewesen war und erst mit dem großen Holzlöffel aus dem Topf herausgeholt wurde, aber so gut und süß schmeckte.

Die Mutter machte sich Sorgen wegen der Geschenke für die Verwandten und die Dienstboten: daß nur alle zufrieden seien und daß es nicht zu sehr in die Kosten gehe. Der Vater raschelte mit den Banknoten, verzog geärgert den Mund und brummte.

»Ach, diese Feiertage! Die hab ich aber satt«, sagte er, sich den roten Nacken unter den grauen Haaren reibend. »Ich bin ordentlich froh, daß man einen Teil der Feiertage abschaffen will. Der Erzbischof Nikon von Wologda mag reden was er will, aber die Zahl der Feiertage muß unbedingt gekürzt werden.«

Der Gymnasiast Wolodja wandte mit tiefem Ernst ein:

»Das Osterfest wird man uns aber in keinem Fall streichen. Dieser Feiertag muß bleiben.«

Alexander Galaktionowitsch Sinegorow sah das sorglose, rotbackige Gesicht und das verschmitzte Lächeln seines Sohnes mit unbewußtem Neid an und sagte böse:

»Nein, gerade diesen Feiertag würde ich zu allererst abschaffen. An keinem Tage gibt man so viel Geld aus, wie an diesem.«

Seine Frau, Jekaterina Konstantinowna fiel ihm ins Wort:

»Sascha, um Gottes willen! Wie kannst du nur so was in Gegenwart der Kinder sagen! Das sieht dir gar nicht ähnlich, und du bist gar nicht so geizig. Früher hast du doch selbst dieses Fest so gerne gemocht!«

II

In diesem Augenblick trat Nina Alexandrowna, die älteste Tochter der Sinegorows, ins Zimmer, ein blasses, schlankes Mädchen mit schwarzen Augen. Nachdem sie eine Weile dem Gespräche zugehört, lächelte sie traurig und sagte leise:

»Ja, darin bin ich mit Papa vollkommen einverstanden. Was ist uns dieses Fest? Wem können wir ›Christ ist erstanden‹ sagen? Wen in Liebe umarmen?«

Jekaterina Konstantinowna rief entsetzt aus:

»Ninotschka, Ninotschka, was sagst du! Wie kannst du nur fragen, wen wir umarmen werden? Nun, selbstverständlich einander, unsere Verwandten, Freunde, Bekannten.«

Leise und traurig antwortete Nina:

»Ach, liebe Mama! Du sagst: die Verwandten und Bekannten... Es ist doch ein Weltfeiertag, ein Fest für alle Menschen. Wir waren in der Kirche, haben kommuniziert und mußten unseren Feinden vergeben, allen, allen, die uns Böses getan haben. Und ich? Meinen Bräutigam hat man hingerichtet, in meinem Herzen ist kein Haß mehr, und ich habe es verziehen. Dem Richter und dem Henker – Gott sei mit ihnen! Doch wie soll ich meine Arme öffnen, wie soll ich küssen?«

Die Mutter sagte streng:

»Nina, Christus ist doch auferstanden, und wenn du glaubtest, so fändest du auch Trost.«

Nina lächelte. Sie wußte, daß weder die Mutter noch sonst jemand ihr tröstende Worte zu sagen vermochte, die sie auch selbst nicht wußte. Und sie ging schweigend auf ihr Zimmer.

III

Du alter, weiser Glaube, der du von der Vernunft nicht gerechtfertigt wirst, doch über sie triumphierst, was tröstest du mich nicht?

Da hat man meinen Freund hingerichtet, und er ging in den schmachvollen Tod, zur Richtstätte, von stolzen Hoffnungen erfüllt, so wie auch viele vor ihm von der Hoffnung auf die Auferstehung beseelt in den Tod gingen. Doch in meinem Herzen ist finsterer Gram, und bin ich die einzige, die sich in ohnmächtiger Sehnsucht verzehrt?

Alte Kindheitserinnerungen erwachten im müßigen, sich abhärmenden Geiste. Und plötzlich kam ihr der Wunsch, eine Seite im Evangelium zu lesen.

Nina suchte das kleine Bändchen heraus. Sie schlug es auf dem Evangelium Lucä auf. Sie las den Bericht, wie Christus den zwei Jüngern auf dem Wege von Jerusalem nach Emmaus erschienen war, den einfältigen und rührenden Bericht.

»Brannte nicht unser Herz in uns?«

Nina klappte das Buch zu. Von einer süßen, unbegreiflichen Unruhe getrieben, setzte sie sich ihren Frühjahrshut auf, schlüpfte in den Übergangsmantel und trat auf die Straße.

IV

Sonnabend in der Karwoche. Es dunkelte schon.

Zwei stark pomadisierte junge Männer mit allzu üppig gebrannten Locken traten aus einem Friseurladen und schienen sehr vergnügt. Die Hausmeister verteilten an den zwischen den Laternenpfählen gespannten Drähten farbige Lämpchen für die Festbeleuchtung. Blutjunge Näherinnen liefen kichernd vorbei. Die Droschkenkutscher waren schon betrunken und rot.

Ein junger Telegraphenbeamter begleitete irgendwohin zwei junge Mädchen, die es in den Feiertagskleidchen offenbar fror, und redete ihnen zu:

»In unserer Kirche ist es viel schöner, es ist gar kein Vergleich! Erlauben Sie doch!«

Die jungen Mädchen sagten etwas, beide zugleich, doch der Wind trieb ihre Worte fort, und Nina konnte sie nicht verstehen.

Alles ist so wie jedes Jahr in der Osternacht. Die Menschen begehen das alteingeführte Fest, das Fest der Feste, und dieser Tag, der eine Feier aller Feiern sein soll, wird natürlich zu einem gewöhnlichen gesetzlichen Feiertag werden, zu einem notwendigen Zubehör des langweiligen Lebens.

Brennt aber nicht mein Herz in mir?

V

An der Kreuzung zweier lärmender Straßen geht auf Nina jemand zu, der ihr bekannt vorkommt. Aber auf ihrem Gedächtnisse liegt ein Nebel, vor ihren Augen schwebt ein unsichtbarer, doch schwerer Schleier. Ihr Wille ist von Trauer und Langweile gelähmt, und sie spürt nicht mal den Wunsch, sich zu erinnern, wo sie ihren unerwarteten Begleiter schon einmal gesehen hat.

An ihm ist nichts Merkwürdiges, was ihn irgendwie von ihren vielen Bekannten unterschiede – gewöhnliche städtische Kleidung, ein intelligentes Gesicht. Aber die tiefen schwarzen Augen blicken so forschend, daß es Nina vorkommt, als dringen sie ihr in die Tiefe ihrer Seele hinein. Und ihr Herz brennt.

Leise fragt er sie:

»Warum sind Sie so nachdenklich? Warum so traurig?«

Und Nina antwortet:

»Warum wundern Sie sich, daß ich so traurig bin? Wissen Sie denn nicht, was bei uns in den letzten Jahren alles vorgeht?«

Er fragt:

»Was geht denn vor?«

Nina spricht lange zu ihm, sie klagt, sie weint. Sie spricht gleichsam zu sich selbst. Ihre Augen blicken in das von den Wundmalen roter Feuer zerrissene Dunkel der lärmenden Straßen. Ihr Herz zittert und brennt.

Und wie sie zu Ende ist, beginnt er zu ihr zu sprechen; leise, doch so eindringlich, wie einer, der die Gewalt hat:

»Ist es denn nicht Kleinmut? So muß eben in die Welt unsere Wahrheit kommen, nur so: in Leiden, die für den Schwachen unerträglich sind, in Taten, die das Maß der menschlichen Kräfte übersteigen. Oder haben Sie etwas Angenehmes und Leichtes erwartet, als Sie den Worten Ihrer Lehrer und Weisen lauschten? Und haben sie Sie nicht die Wahrheit gelehrt, daß es keine Gewalt auf Erden gibt, die den vom Schicksal vorbestimmten, in den Büchern geweissagten Gang der Ereignisse aufhalten könnte?«

Und er zitierte Worte aus den Büchern und erläuterte sie ihr. Und ihr Herz brannte in ihr.

Schüchtern fragte sie ihn:

»Und er? Mein vielgeliebter Bräutigam, den man hingerichtet hat? Wo ist er?«

Und sie vernahm die milde Stimme:

»Er ist mit dir.«

Sie richtete erstaunt auf ihren Begleiter und hörte:

»Ich bin immer mit dir, meine liebe Braut – tröste dich! Oder hast du mich nicht erkannt – mich, der ich im Geheimnis komme?«

Nina fragte in freudiger Erregung:

»Wer bist du?«

An ihrer Seite war niemand mehr. In der geschäftigen Menge, im verwirrenden, unruhigen Halbdunkel der lärmenden Straßen war ihr Begleiter verschwunden. Ein Student mit kurzem schwarzen Bärtchen wandte sich lächelnd nach ihr um, als er ihren begeisterten Ausruf hörte, und ging gleichgültig, an seiner Zigarette saugend, vorüber.

Doch im Herzen Ninas war die Freude, und ihre schwarzen Augen leuchteten vor Entzücken. Er ist mit ihr, er ist immer mit ihr. In ihrem Herzen, in ihren Gedanken, in ihrem Tun, überall ist er, der Geliebte! Sie darf nicht fürchten, darf den Mut nicht sinken lassen, sie muß glauben und tun, was er tut, lieben, was er liebte – mit ihm die Trauer der Niederlagen und die Freude der Siege teilen. Mit ihm, immer mit ihm!

VI

Nina ging beim freudigen Läuten der Osterglocken nach Hause und glühte vor Entzücken, und weinte vor Glück und vor süßer Trauer. Den strahlenden Festfeuern, dem Winde, der sie mit der Verheißung lenzlicher Wonnen anwehte, flüsterte sie die seligen, wahnsinnigen Worte zu:

»O, ich Glückliche! Auch ich war auf dem Wege nach meinem Emmaus, und auf meinem verdüsterten Wege sprach mit mir er, der zu mir in Stille und Geheimnis kam, und ich, glückliche, glückliche Braut, fand ihn in meinem Emmaus!«

Lew Tolstoj

»Zwei Gottesdienste«

1899

Tolstoj, der sich selbst um 1879 von der orthodoxen Kirche lossagte und 1901 vom »Heiligen Synod« exkommuniziert wurde, stellt in dem Roman »Auferstehung« zwei gegensätzliche Erfahrungen von Gottesdiensten dar. Der »Gefängnisgottesdienst« war in der Erstausgabe von der Zensur gestrichen worden. »Katjuscha« und »die Maslowa« sind ein und dieselbe.

»OSTERFRÜHMESSE«

Als er in der stockfinsteren, nur hie und da von schimmerndem Schnee etwas erhellten Nacht auf seinem mühsam durch den Schlamm watenden und beim Anblick der rings um die Kirche brennenden Öllämpchen die Ohren spitzenden Gaul vor der Kirche anlangte, hatte der Gottesdienst bereits begonnen.

Einige Bauern, die in ihm den Neffen Marja Iwanownas erkannten, führten das Pferd an einen verhältnismäßig trockenen Platz, wo er absitzen konnte, banden es an und geleiteten ihn in die von einer festlich gestimmten Menge überfüllte Kirche.

Rechter Hand standen die Männer: die alten in hausgefertigten Bauernröcken, Bastschuhen und sauberen weißen Fußlappen, die jüngeren in hohen Stiefeln und neuen, von grellfarbenen Gürteln zusammengehaltenen Tuchröcken. Linker Hand standen die Frauen in rotseidenen Kopftüchern, Samtmiedern mit grellroten Ärmeln, blauen, grünen oder roten Röcken und eisenbeschlagenem Schuhzeug. Hinter ihnen sah man bescheiden alte Mütterchen in weißen Kopftüchern, grauen Kitteln, altertümlichen Faltenröcken und in Lederschuhen oder neuen Bastschuhen; zwischen den Frauen standen feiertagsmäßig angezogene Kinder mit eingefettetem Haar. Die Männer warfen das Haar zurück, wenn sie das Kreuz schlugen und sich verneigten; die Frauen, besonders die alten, hefteten die mit der Zeit glanzlos gewordenen Augen auf das eine oder andere der von brennenden Kerzen umgebenen Heiligenbilder, drückten beim Bekreuzigen die fest zusammengepreßten Finger andächtig auf das Tuch über der Stirn, auf die Schultern und den Leib und murmelten etwas, bevor sie sich stehend verneigten oder niederknieten. Die Kinder ahmten die Erwachsenen nach und beteten eifrig, wenn sie sich beobachtet fühlten. Der goldene Ikonostas leuchtete im Widerschein der ringsum aufgestellten goldumrankten hohen Kerzen; der Kronleuchter strahlte im Lichterglanz, und von der Empore des Chores erklang der Jubelgesang der freiwilligen Sänger, in dem dröhnende Bässe mit dem Diskant heller Knabenstimmen verschmolzen.

Nechljudow ging nach vorn. In der Mitte hatte die Aristokratie Aufstellung genommen: ein Gutsbesitzer mit seiner Frau und einem Sohn in Matrosenbluse, der Landpolizeihauptmann, der Telegraphenbeamte, ein Kaufmann in hohen Schaftstiefeln, der Dorfälteste mit einer Medaille auf der Brust, und rechts vom Lesepult, hinter der Gutsbesitzerin, standen Matrjona Pawlowna in einem schillernden lila Kleid und einem von einer Bordüre eingefaßten weißen Schal und Katjuscha in einem weißen, in der Taille in Falten gelegten Kleid mit blauem Gürtel und mit einer roten Schleife im schwarzen Haar.

Alles war festlich, feierlich, erbaulich und schön: die Priester in ihren silbernen, mit einem goldenen Kreuz geschmückten Soutanen, der Diakon und die Vorsänger in feiertagsmäßigen silbernen und goldenen Chorgewändern, die freiwilligen Sänger im Sonntagsstaat und mit pomadisiertem Haar, die fröhlichen Melodien der festlichen Lieder, das unausgesetzte Segnen der Menge durch die Priester mit drei blumengeschmückten Kerzen und die sich ständig wiederholenden Ausrufe: »Christus ist auferstanden! Christus ist auferstanden!« Alles war wunderschön, doch am allerschönsten war Katjuscha in ihrem weißen Kleid mit blauem Gürtel, mit der roten Schleife im schwarzen Haar und den vor Begeisterung leuchtenden Augen.

Nechljudow fühlte, daß sie ihn, ohne sich zu ihm umzuwenden, sah. Er bemerkte es, als er auf dem Wege zum Altar dicht an ihr vorbeikam. Obgleich er ihr nichts auszurichten hatte, flüsterte er ihr auf gut Glück im Vorbeigehen zu: »Meine Tante läßt sagen, daß sie zur Beendigung der Fasten ein Fleischgericht nach der Spätmesse zu sich nehmen will.«

Wie immer, wenn sie mit ihm zusammentraf, ergoß sich ihr junges Blut über das ganze reizende Gesicht. Und den Kopf leicht senkend, blickte sie mit ihren schwarzen, vor Freude strahlenden Augen zu ihm auf.

»Ich weiß«, antwortete sie lächelnd.

Ein Diakon, der sich in diesem Augenblick mit einem Kupfergefäß in den Händen durch die Menge drängte, streifte Katjuscha im Vorbeigehen versehentlich mit dem Saum seines Chorhemdes. Offenbar aus Ehrerbietung vor Nechljudow war er diesem ausgewichen und hatte dabei, ohne es selber zu bemerken, Katjuscha gestreift. Nechljudow indes wunderte es, wie dieser Diakon nicht begreifen konnte, daß alles ringsum, ja in der ganzen Welt einzig und allein für Katjuscha da war und daß man alles in der Welt achtlos behandeln mochte außer Katjuscha, die den Mittelpunkt des Ganzen darstellte. Um ihretwillen glänzte das Gold des Ikonostas und brannten all die Kerzen im Kronleuchter und in den Kandelabern, um ihretwillen erklangen die Jubelgesänge: »Der Herr ist auferstanden, freuet euch, ihr Menschen!« Und alles, was immer es Gutes in der Welt gab, war einzig für sie da. Auch Katjuscha selbst, so schien es Nechljudow, begriff offenbar, daß alles ringsum nur für sie bestimmt war. Das erschien ihm so, wenn er den Blick auf ihre schlanke Gestalt in dem weißen, gerafften Kleid und auf ihr strahlendes Gesicht richtete, an dessen konzentriertem Ausdruck er zu erkennen glaubte, daß genau dasselbe, was in seinem Herzen jubelte, auch das ihre erfüllte.

»GEFÄNGNISGOTTESDIENST«

Die Aufseherin führte die Gefangenen in die Kirche. Die Maslowa und Fedossja gingen in der Mitte der Kolonne, die zusammen mit den aus anderen Zellen gekommenen Frauen aus mehr als hundert Personen bestand. Alle hatten weiße Kopftücher, Jacken und Röcke an, und nur hier und da sah man ein paar Frauen in ihrer eigenen und bunten Kleidung. Das waren Ehefrauen von Sträflingen, die ihren Männern mit den Kindern in die Verbannung folgten. Diese Prozession nahm die ganze Treppe ein. Man hörte das leise Getrappel der mit weichen, pantoffelartigen Schuhen bekleideten Gefangenen, Stimmengewirr und ab und zu auch Gelächter. An der Treppenwendung erblickte die Maslowa ihre Feindin, die Botschkowa, die mit wütendem Gesicht weiter vorn ging, und machte Fedossja auf sie aufmerksam. Unten angelangt, verstummten die Frauen und strömten, sich bekreuzigend und verneigend, durch die geöffnete Tür in die goldglänzende, noch leere Kirche. Den weiblichen Gefangenen war die rechte Seite des Kirchenraumes vorbehalten, wo sie nun, einander drängend und stoßend, Aufstellung nahmen. Nach den Frauen kamen mit grauen Gefängniskitteln bekleidete männliche Sträflinge, die von der menschlichen Gemeinschaft zu Zwangsarbeit und Deportation nach Sibirien verurteilt worden waren, und stellten sich laut hüstelnd und dicht aneinandergepfercht linker Hand und in der Mitte der Kirche auf. Oben, auf den Galerien, standen die bereits zuvor hergeführten Gefangenen: auf der einen Seite Zuchthäusler mit kahlgeschorenem Hinterkopf, die sich durch das Klirren ihrer Ketten bemerkbar machten, auf der andern Seite nicht geschorene und ungefesselte Untersuchungshäftlinge.

Die Gefängniskirche, die erst vor kurzem von einem reichen Kaufmann, der sich die Sache mehrere zehntausend Rubel hatte kosten lassen, neu erbaut und prunkvoll ausgestattet worden war, glänzte von unten bis oben in Gold und prächtigen Farben.

Einige Zeit herrschte in der Kirche völlige Stille, die nur hin und wieder durch ein Schneuzen, Hüsteln, das Schreien eines

Säuglings oder von Kettengeklirr unterbrochen wurde. Doch plötzlich entstand unter den in der Mitte der Kirche stehenden Gefangenen Bewegung, sie drängten einander zurück und machten einen Weg frei, auf dem der Inspektor durch die Menge geschritten kam und sich vor allen anderen in der Mitte der Kirche aufstellte.

Jetzt begann der Gottesdienst, und zwar damit, daß der Priester, der mit einem merkwürdigen, höchst unbequemen Gewand angetan war, ein Brot in kleine Stücke zerschnitt, diese zuerst auf einer Schüssel auseinanderlegte und dann in eine Schale mit Wein schüttete, wobei er verschiedene Namen nannte und Gebete zelebrierte. Der Diakon las zugleich und sang dann, mit dem Gefangenenchor alternierend, verschiedene slawische Gebete, die ohnehin schwer zu verstehen und bei dem schnellen Lesen und Singen erst recht unverständlich waren. Der Inhalt der Gebete bestand hauptsächlich aus Fürbitten um das Wohlergehen Seiner Majestät des Zaren und seiner Familie. Diese Fürbitten wurden mehrmals entweder für sich allein oder in Verbindung mit anderen Gebeten wiederholt, wobei alle niederknieten. Der Diakon verlas außerdem einige Verse aus der Apostelgeschichte, doch klang seine Stimme so unnatürlich gespannt, daß kein Wort zu verstehen war. Hingegen wurde vom Priester sehr deutlich eine Stelle aus dem Evangelium des Apostels Markus verlesen, in der es hieß, daß Christus, bevor er nach seiner Auferstehung zum Himmel hinauffuhr und sich zur Rechten seines Vaters setzte, der Maria Magdalena erschienen sei und sieben Teufel aus ihr vertrieben habe; dann sei er elfen seiner Jünger erschienen, habe ihnen befohlen, aller Kreatur das Evangelium zu verkünden, und hinzugefügt, wer nicht glaube, dem stehe ewige Verdammnis bevor, wer aber glaube und sich taufen lasse, werde gerettet sein und außerdem die Macht haben, Teufel zu vertreiben, durch bloßes Berühren mit seiner Hand Menschen von ihren Krankheiten zu heilen, er werde in neuen Sprachen reden, Schlangen zähmen, und selbst wenn er Gift tränke, nicht daran sterben, sondern gesund bleiben.

Der Sinn des Gottesdienstes beruhte auf der Voraussetzung, daß die vom Priester zurechtgeschnittenen Brotstückchen und der Wein, in den er sie gelegt hatte, sich bei gewissen Manipulationen in den Leib und das Blut Christi verwandelten. Diese Manipulationen bestanden darin, daß der Priester, obwohl ihn sein sackartiges Brokatgewand sehr dabei behinderte, beide

Arme feierlich zum Himmel hob, sich dann, in dieser Stellung verharrend, auf die Knie niederließ und den Tisch sowie die darauf befindlichen Dinge küßte. Der wichtigste Augenblick war jedoch der, in dem der Priester eine Serviette nahm und sie mehrmals feierlich über der Schüssel und der goldenen Schale schwenkte. Zugleich hiermit, so nahm man an, ging die Umwandlung des Brotes und des Weins in Fleisch und Blut vor sich, und daher wurde dieser Teil des Gottesdienstes mit ganz besonderer Feierlichkeit vollzogen.

»Insonderheit für unsere allerheiligste, allerreinste und allergesegnetste Gottesgebärerin und Jungfrau Maria!« schrie hinter der Scheidewand der Priester, und der Chor fiel feierlich ein und sang davon, daß es sehr gut sei, die Jungfrau Maria zu preisen, die nach unbefleckter Empfängnis den Heiland geboren habe und der daher mehr Ehre als allen Cherubinen und mehr Ruhm als allen Seraphinen gebühre. Nachdem die Umwandlung nun als vollzogen galt, zog der Priester die Serviette von der Schüssel, zerschnitt das mittlere Brotstück in vier Teile, tauchte eins davon in den Wein und steckte es sich in den Mund. Das sollte bedeuten, daß er ein Stück vom Leibe Christi esse und einen Schluck von seinem Blute trinke. Anschließend an diese Verrichtung zog er den Vorhang vor dem Mittelflügel des Altars zurück, nahm die goldene Schale in die Hand, trat damit vor die Tür und erklärte, wer sonst noch den Wunsch habe, von dem in der Schale befindlichen Leib und Blut Christi etwas zu sich zu nehmen, möge herantreten.

Es meldeten sich einige Kinder.

Nachdem der Priester die Kinder zuerst nach ihren Namen gefragt hatte, angelte er mit einem Löffel vorsichtig die weingetränkten Brotstückchen aus der Schale und stopfte allen Kindern der Reihe nach eins davon tief in den Mund, worauf der Diakon ihnen sofort die Lippen abwischte und dabei mit frohlockender Stimme ein Lied sang, in dem es sich darum handelte, daß Kinder den Leib Christi essen und sein Blut trinken. Nun ging der Priester mit der Schale hinter die Scheidewand, trank dort den Rest des noch vorhandenen Blutes und aß alles auf, was noch vom Leib Christi übriggeblieben war; dann beleckte er seinen Schnurrbart, wischte sorgfältig den Mund und die Schale ab und trat, mit den dünnen Sohlen der kalbsledernen Schuhe knarrend, forschen Schrittes und in allerbester Gemütsverfassung wieder hinter der Scheidewand hervor.

Damit war dieser christliche Gottesdienst eigentlich beendet;

doch der Priester, der die unglücklichen Häftlinge trösten wollte, fügte dem üblichen Ablauf noch ein übriges hinzu. Dieses übrige bestand darin, daß er sich vor ein goldgeschmiedetes Bildnis stellte, das – von einem Dutzend Wachskerzen beleuchtet – jenen Gott, dessen Leib er vermeintlich eben gegessen hatte, mit schwarzem Gesicht und schwarzen Händen darstellte, und in merkwürdig dissonanten Tönen, halb singend, folgendes ausrief:

»Süßester Jesus, Ruhm der Apostel, du mein Jesus, Lob der Märtyrer, allmächtiger Herrscher, Jesus, erlöse mich, Jesus du mein Erlöser, du mein schönster Jesus, dich rufe ich an, erlöse mich, Jesus, erbarme dich meiner, erhöre die Fürbitten derer, die dich geboren hat, und aller deiner Heiligen, du, der Prophet aller, erbarme dich meiner und laß mich der Wonnen des Paradieses teilhaftig werden, Jesus, du Wohltäter der Menschen!«

Hier machte er eine Pause, schöpfte Atem, schlug das Kreuz über seiner Brust und verneigte sich tief, was nach ihm auch alle anderen taten. Es verneigten sich der Inspektor, die Aufseher, die Gefangenen, wobei oben verstärktes Kettengeklirr ertönte.

»Schöpfer der Engel und Herr aller Kräfte«, fuhr er dann fort. »Wunderbarster Jesus, Staunen der Engel; allmächtiger Jesus, Erlöser der Vorfahren; süßester Jesus, Lobpreisung der Patriarchen; glorreichster Jesus, Stärkung der Könige; gütigster Jesus, Erfüllung der Propheten; wundertätiger Jesus, Kraft der Märtyrer; sanftester Jesus, Freude der Mönche; gnädigster Jesus, Labsal der Presbyter; barmherzigster Jesus, Enthaltsamkeit der Fastenden; allersüßester Jesus, Freude der Seligen; allerheiligster Jesus, Keuschheit der Reinen; allewiger Jesus, Erlösung der Sünder; Jesus, Sohn Gottes, erbarme dich meiner!« schloß er endlich diesen langen Satz ab, bei dem er das Wort Jesus von Mal zu Mal in einem immer stärker pfeifenden Ton ausgesprochen hatte. Er schürzte nun seine seidengefütterte Soutane, ließ sich auf ein Knie nieder und verneigte sich bis zur Erde, während der Chor seine letzten Worte wiederholte: »Jesus, Sohn Gottes, erbarme dich meiner!«

Die Sträflinge sanken auf die Knie, schüttelten, als sie wieder aufstanden, das auf der einen Seite ihrer Köpfe nicht abgeschorene Haar zurück und rasselten mit den Fesseln, an denen sich ihre mageren Fußgelenke wund rieben.

Diese Art von Gottesdienst setzte sich noch geraume Zeit fort. Zuerst wurden Lobpreisungen gesungen, die mit den Worten »Erbarme dich meiner« endeten, und dann wiederum solche, die mit dem Wort »Halleluja« abschlossen. Und immer wieder bekreuzigten sich die Gefangenen, verneigten sich und sanken auf die Knie. Anfangs taten sie dies nach jeder Epistel, doch allmählich gingen sie dazu über, es nur bei jeder zweiten oder gar dritten Unterbrechung zu tun, und freuten sich allesamt sehr, als die Lobpreisungen schließlich beendet waren, der Priester erleichtert aufatmend sein Buch zuschlug und sich hinter die Scheidewand begab. Jetzt war noch eine letzte Prozedur zu verrichten, die sich folgendermaßen abspielte: der Priester nahm ein vergoldetes, an den Enden mit Emaillemedaillons verziertes Kreuz, das auf dem großen Altartisch lag, und trat damit in die Mitte der Kirche. Als erster begab sich der Inspektor zu dem Priester und drückte einen Kuß auf das Kreuz, dann sein Stellvertreter, nach diesem die Aufseher, und schließlich folgten auch, einander stoßend und leise schimpfend, die Häftlinge. Der Priester, der sich mit dem Inspektor unterhielt, preßte das Kreuz auf den Mund oder mitunter auch gegen die Nase der herantretenden Gefangenen, die sich bemühten, sowohl das Kreuz als auch seine Hand zu küssen. So endete dieser christliche Gottesdienst, der dazu bestimmt war, vom Wege abgeirrten Mitmenschen Trost und Erbauung zu spenden.

Keiner der Anwesenden, angefangen vom Priester und dem Inspektor bis zur Maslowa, war dabei auf den Gedanken gekommen, daß gerade Jesus, den der Priester mit seiner pfeifenden Stimme unzählige Male angerufen und mit den überschwenglichsten Ausdrücken gepriesen hatte, alles das verboten hatte, was hier vollführt wurde, daß er nicht nur diesen sinnlosen Wortschwall, diese gotteslästerliche Zauberei der Priester mit Brot und Wein, sondern ausdrücklich auch verboten hatte, daß die einen Menschen die anderen Meister nennen; daß er das Beten in Tempeln verboten und befohlen hatte, jeder solle in Einsamkeit beten; daß er Tempel überhaupt verboten und gesagt hatte, er sei gekommen, sie zu zerstören, denn man müsse nicht in Tempeln, sondern im Geiste und in der Einkehr mit sich selbst beten; und vor allem, daß er verboten hatte, Menschen einzukerkern, sie zu quälen, zu verunglimpfen, zu richten und ihnen Gewalt anzutun, wie es hier gehandhabt wurde, sondern gesagt hatte, er sei gekommen, die Gefangenen zu befreien.

Niemand von den Anwesenden kam auf den Gedanken, daß in allem, was hier geschah, die gröbste Schmähung und Verhöhnung desselben Christus lag, in dessen Namen es geschah. Niemand kam auf den Gedanken, daß das vergoldete, an seinen Enden mit Emaillemedaillons verzierte Kreuz, das der Priester genommen und allen zum Kuß hingehalten hatte, nichts anderes darstellte als den Galgen, an dem Christus dafür hingerichtet wurde, weil er das verboten hatte, was man hier in seinem Namen ausführte. Niemand kam auf den Gedanken, daß jene Priester, die sich einbildeten, in Form von Brot und Wein den Leib Christi zu essen und sein Blut zu trinken, dies gewissermaßen auch wirklich tun – allerdings nicht, indem sie die Brotstückchen mit dem Wein verzehren, sondern weil sie auf solche Weise all die Geringen irreführen, mit denen sich Christus gleichgestellt hat, sie des höchsten Glücks berauben und den grausamsten Qualen aussetzen, indem sie vor ihnen jene Heilsbotschaft verbergen, die er den Menschen gebracht hat. [...]

Abgesehen von einigen wenigen Gefangenen, die klar den ganzen Betrug erkannten, der durch diesen Glauben an den Menschen verübt wurde, und die sich im stillen darüber lustig machten, glaubten alle übrigen daran, daß den vergoldeten Heiligenbildern, dem Kerzen, Ornaten, Kreuzen und den ständig wiederholten, ihnen unverständlichen kirchenslawischen Ausrufen eine geheimnisvolle Kraft innewohnte, mit deren Hilfe man sowohl in diesem als auch im künftigen Leben große Bequemlichkeiten erwerben könne ...

Wassilij Rosanow

»Demütig, schlicht, volkstümlich und allmenschlich«

1912

Rosanow wurde 1856 im Gebiet von Wetluga geboren. Von Beruf war er Lehrer. Von 1893 an lebte er in Petersburg. Autor von Bekenntnisbüchern, die durch provozierende Fragen in einem polemischen Ton Aufsehen erregten: »Solitaria« (1912), »Apokalypse unserer Zeit« (1917/18). Er starb 1919. In den »Solitaria« antwortet er kurz und bündig auf die Frage, warum er schreibe: »Warum? Wer hat etwas davon? Einfach – ich habe etwas davon.« Im selben Buch notiert er: »Meine Seele ist aus Dreck, Zartheit und Traurigkeit gewoben. Oder anders: das sind Goldfische, die in der Sonne schimmern, die aber in einem Aquarium sitzen, das mit Jauche gefüllt ist. Und sie ersticken nicht. Sogar eher das Gegenteil.«

Die ungewöhnliche *Kraft* der Kirche beruht (unter anderem) darauf, daß die Menschen in den besten Augenblicken ihrer Seele und ihres Lebens zu ihr kommen: in Augenblicken des Leides und des Kummers, in schrecklichen Augenblicken und pathetischen. »Jemand ist gestorben«, »ich selber sterbe«. Hier ist der Mensch *ein ganz anderer* als sein ganzes Leben sonst. Und dieser »ganz andere« und »bessere« kommt mit seinem Wehklagen und Seufzen, seinen Tränen und seinem Flehen zur Kirche. Wie sollte dieser Ort, wo jeder seine Last und Bürde ablegen darf, nicht der beste und mächtigste sein? Die Kirche hat sich der Herzen bemächtigt, da, wo sie den größten Schmerz verpüren: und es gibt keinen anderen Ort von solcher Mächtigkeit wie diesen.

Ein erstaunliches Urteil hörte ich von Florenskij (im Winter, wohl im Dezember 1911): »Sie suchen Christus *außerhalb der Kirche*«, »sie wollen Christus *außerhalb der Kirche* finden«, »aber einen Christus *außerhalb der Kirche* kennen wir nicht, *außerhalb der Kirche* gibt es keinen Christus.« »*Die Kirche war es*, die der Menschheit Christum geschenkt hat.«

Er sagte das ein wenig kürzer, aber noch ausdrucksvoller. Der Sinn war ungefähr der, die Kirche habe Christus für uns geboren, und wenn dem so ist – wer könnte es wagen, über die Kirche herzufallen, und dabei behaupten, Christus zu lieben.

Das war der Sinn seiner Worte, aber bei ihm kam es besser heraus.

Ich war tief betroffen von der Neuheit, die in seinen Worten lag. Heutzutage ist die Rhetorik von einem Christus ohne Kirche überall im Schwange, und hierauf stützt sich das ganze moderne liberale Christentum.

Tatsächlich. An den Kleinigkeiten wird auch das Große erkannt. »Das beste Buch binden wir in den besten Einband.« Wie stark muß die Kirche das Evangelium gefühlt haben, wenn sie es in fünfzehn Pfund schwere, mit Gold und Silber beschlagene Einbände gebunden hat. Das könnte nichtig scheinen: aber es offenbart etwas Wichtiges. Alle »Sektierer« lesen das Evangelium nur einmal in der Woche: und das im Augenblick ihres Proselytismus, ihres explosiven Beginns. »Die Kirche« aber hat in den ganzen achtzehnhundert Jahren ihres Bestehens nie begriffen, wie man, ob nun bei Tage oder bei Nacht, Gottesdienst halten könne, ohne das Evangelium zu verlesen.

Sie hat es mit riesigen Lettern geschrieben und den Einband mit Edelsteinen bestreut.

Tatsächlich: es war die Kirche, die Christus an alle Enden der Welt getragen und »als Gott« verkündet hat – ohne jedes Schwanken und bis zur Vertilgung der Widerstrebenden, Zweifelnden und Zaudernden.

Daher ist der Enthusiasmus der Kirche für Christus so gewaltig, wie ihn alle Sektierer und selbstverständlich alle »liberalen Christen« zusammengenommen nicht aufbringen können. Tatsächlich – die Kirche darf sprechen: »Das Evangelium wäre gleich Vergils Äneis gewesen – ein Buch, das man hochhält, das aber keine Wirkung tut –, und vielleicht wäre es auch einfach verlorengegangen und verschwunden. Turgenjew hat ja in seinem ganzen Leben das Evangelium nicht ein einziges Mal gelesen. *Er* hat es nicht gelesen – auch seine *Generation* hätte es vielleicht nicht gelesen – und dann wäre endlich eine Generation erschienen, die es völlig *vergessen* hätte, und die darauffolgende hätte das Buch selbst ganz einfach *verloren*. Ich habe das Evangelium für die Menschheit gerettet: wie dürft ihr es jetzt wagen, es mir aus der Hand zu reißen und von einem Christus *neben und außerhalb der Kirche* zu reden? Ich habe der Menschheit das Evangelium geschenkt: nun, und ob das Evangelium den Kranken, Armen, Leidenden und Gequälten not tut, ob sie seiner *heute*, ob sie seiner *morgen* bedürfen – darüber zu befinden steht euch nicht zu.«

Erstaunlich. So gewöhnlich und doch so ganz neu. Und natürlich steht die Kirche eben deshalb, weil sie der Menschheit das Evangelium erhalten hat, nicht nur höher als »unsere Zeit«, sondern auch höher als das ganze Goldene Zeitalter der Renaissance, die Vergil und Homer für die Menschheit gerettet hat.

Der Fortschritt ist technisch notwendig, für die Seele aber ist er durchaus nicht notwendig.

Wir brauchen ein »vervollkommnetes Gewehr«, maschinell sauber hergestellte Stiefel und Öfen, die nicht rauchen.

Aber davon wächst die Seele nicht. Eher schrumpft sie davon ein.

Es ist das jener »Topf auf dem Herd«, ohne den zu leben beschwerlich ist, dessentwegen wir aber auch oft unsere Seele erniedrigen und sogar völlig ruinieren.

Die Kirche hat alle Menschen das Beten gelehrt. [...]

Die Kirche – das heißt »wir alle«; die Kirche – das bedeutet »ich und alle andern«. Und »wir alle mit Gott«.

Zum Unterschied von jener hochmütigen »Religiosität« ist der kirchliche Sinn demütig, schlicht, volkstümlich und allmenschlich.

Die Russen haben keinen Sinn dafür, was es heißt, Vorfahren zu haben oder Nachkommen.

»Eine vergeistigte Nation« ... »Lebt kaum im Fleische«...

Daher unser Nihilismus: »Vor uns hat es nichts *Wichtiges* gegeben.« Und unser Nihilismus ist auch immer radikal: »Wir fangen mit unserem Bau *ganz von vorne an.*«

IWAN TURGENJEW

Das Gebet

1881

Was der Mensch auch in seinem Gebet erbitten mag, immer betet er um ein Wunder. Jedes Gebet läuft schließlich darauf hinaus: »Großer Gott, gib, daß zwei mal zwei nicht vier sei!«

Nur ein solches Gebet ist ein echtes Gebet von Angesicht zu Angesicht. Zu einem Weltgeist, zum Höchsten Wesen, zum abstrakten, wesenlosen Gotte Kants oder Hegels zu beten, ist unmöglich, ist undenkbar.

Aber könnte denn selbst ein persönlicher, lebendiger, leibhaftiger Gott wirklich machen, daß zwei mal zwei nicht vier ergibt? Jeder Gläubige ist verpflichtet zu antworten: »Er kann es!« Und er ist verpflichtet, selbst diese Überzeugung zu gewinnen. Wenn nun aber sein Verstand sich gegen solchen Unverstand auflehnt? Dann kommt ihm Shakespeare zu Hilfe: »Es gibt mehr Ding' im Himmel und auf Erden, mein Freund Horatio« etc.

Widerspricht man ihm aber im Namen der Wahrheit, so braucht er nur die berühmte Frage zu wiederholen: »Was ist Wahrheit?«

Und deshalb: Laßt uns trinken und fröhlich sein, und beten!

FJODOR DOSTOJEWSKIJ

Nur das ist stark

1880

»Nur das ist stark, wofür Blut vergossen wird!« – bloß vergessen die Schufte, daß es sich nicht bei denen als stark erweist, die das Blut vergießen, sondern bei denen, deren Blut vergossen wird. Und das, gerade das ist das Gesetz des Blutes auf Erden.

JOSIF BRODSKIJ

Haltestelle in der Wüste

1966

In Leningrad sind jetzt so wenig Griechen,
daß eine griechisch-orthodoxe Kirche
man abriß, um an ihre Stelle einen
Konzertsaal hinzusetzen. Solch ein Bau
hat heute etwas Hoffnungsloses. Dabei
muß ein Konzertsaal mit viertausend Plätzen
so hoffnungslos nicht sein: er ist ein Tempel,
ein Heiligtum der Kunst. Wer kann dafür,
daß die vokale Meisterschaft mehr Menschen
um sich vereint als mürbe Glaubensbanner?
Nur schade, daß wir jetzt von weitem nicht
mehr die gewohnte Kuppel sehen werden,
nur einen häßlich abgeflachten Umriß.
Doch hängt der Mensch nicht von der Häßlichkeit
der Proportionen ab, vielmehr weit öfter von
den Proportionen fader Häßlichkeit.

Ich weiß noch gut, wie man die Kirche abriß.
In jenem Frühling war ich oft bei einer
tatarischen Familie zu Gast,
die in der Nähe wohnte, wo vom Fenster
der Blick zur alten Griechenkirche schweifte.
Zu Anfang war tatarisches Gespräch;
doch drängte bald ein ratterndes Geräusch

sich ein, das unsre Rede erst nur zu
begleiten schien, dann rasch sie übertönte.
Im Kirchengärtchen stand ein Riesenbagger
mit einer Eisenbirne vorn am Kran.
Und klaglos gab die Kirchenmauer nach.
Nicht nachzugeben wär auch lächerlich
für eine so massiv bedrohte Mauer.
Es mochte außerdem der Bagger meinen,
sie sei ein unbeseelter Gegenstand
und also, in gewissem Maße, selber
ihm gleich. Gilt in der unbeseelten Welt
es doch als ungehörig, sich zu wehren.
Dann fuhren dort die Kipplastwagen vor,
Bulldozer ... Irgendwann an jenem Abend,
sehr spät schon, saß ich auf den Apsistrümmern.
Es gähnte durch die Löcher des Altars
die Nacht. Ich schaute durch die offnen Wunden
den Straßenbahnen nach, wie sie entschwanden
entlang der Kette bleicher Straßenlampen.
Und das, was man in Kirchen sonst nicht findet,
sah ich nun durch das Prisma dieser Kirche.
Dereinst, wenn wir nicht mehr am Leben sind,
genauer: nach uns, wird, wo unser Raum war,
ein Ding, ein Wesen solcher Art entstehen,
daß jeder, der uns kannte, sich entsetzt.
Doch die uns kannten wirds dann kaum mehr geben.
Die Hunde halten die Erinnrung wach
und heben noch am alten Ort das Bein.
Schon lange ist die Mauer abgerissen,
doch in den Hundeträumen steht sie noch.
Und diese Träume löschen, was real ist.
Vielleicht auch hält die Erde den Geruch:
Asphalt kann Hundenasen nicht bezwingen.
Was kümmert sie das häßliche Gebäude!
Für sie steht hier die Kirche und nichts andres.
Denn das, was für die Menschen offensichtlich,
das ist den Hunden restlos einerlei.
Und ebendas nennt man wohl »Hundetreue«.
Und wenn im Ernst ich jemals sprechen sollte
vom Staffellauf der Generationen,
so glaubte ich allein an diese Staffel.
Vielmehr: an jeden, der den Duft noch wahrnimmt.

Jetzt sind in Leningrad nur noch so wenig Griechen –
wie's überhaupt, außer in Griechenland,
nur wen'ge gibt –, zu wenig jedenfalls,
zu retten das Gebäude ihres Glaubens.
Nunmehr an das zu glauben, was wir bauen,
verlangt von ihnen keiner. Eines ist
es – allem Anschein nach –, ein Volk zu taufen,
das Kreuz zu tragen – etwas gänzlich andres.
Sie hatten eine einzge, klare Pflicht.
Sie waren nicht imstand, sie zu erfüllen.
Das ungepflügte Feld wuchs zu mit Unkraut.
»Du, Sämann, halte deinen Pflug bereit –
wir sagen dir, wann Zeit zu ernten ist.«
Sie hielten ihre Pflugschar nicht bereit.

Heut nacht schau in das dunkle Fenster ich
und denke nach: Wie weit sind wir gekommen?
Und was ist ferner uns: der Hellenismus,
der orthodoxe Glaube? Was ist nah uns?
Was haben wir in Zukunft zu erwarten?
Harrt unser jetzt nicht eine andre Ära?
Und wenns so ist, was ist dann unsre Pflicht?
Und welche Opfer müssen wir ihr bringen?

FJODOR DOSTOJEWSKIJ

»Holbeins Bild ›Der tote Christus‹«

1868

Drei Werke der Malerei haben in Dostojewskijs Leben und Werk eine besondere Rolle gespielt: dem einen begegnete er in Dresden: Raffaels »Sixtinischer Madonna«. Im Roman »Die Dämonen« wird sie zum Inbild der Schönheit. Auch auf das zweite Bild, sein Lieblingsbild, stieß Dostojewskij in Dresden – und erwähnt es in den »Dämonen«: Claude Lorrains »Acis und Galathea«. Das dritte ist Holbeins d. J. »Der tote Christus« (1521). Auf dem Weg von Baden-Baden nach Genf machten er und seine Frau Anna Grigorjewna im August 1867 eigens einen Umweg nach Basel – in ihren »Erinnerungen« schreibt sie dazu: »... um im dortigen Museum ein Gemälde anzusehen, von dem mein

Mann erzählen gehört hatte. Dieses Bild von Hans Holbein stellt Christus dar, der unmenschliche Qualen ertragen hat, bereits vom Kreuz heruntergenommen ist und der Verwesung anheimfällt. Sein aufgedunsenes Gesicht ist mit blutigen Wunden bedeckt und sein Aussehen ist schrecklich. Das Bild machte auf Fjodor Michailowitsch einen erschütternden Eindruck, und er blieb davor wie erstarrt stehen. Meine Kräfte reichten nicht aus, um das Bild länger anzusehen. [. . .] Als ich nach fünfzehn bis zwanzig Minuten zurückkam, fand ich Fjodor Michailowitsch vor dem Bild wie versteinert auf demselben Platz stehen. Es war, als zeigte sein erregtes Gesicht Spuren jenes Entsetzens, das ich meist in den ersten Augenblicken eines epileptischen Anfalls bei ihm wahrnahm. [. . .] Zum Glück blieb er aus: Fjodor Michajlowitsch beruhigte sich allmählich und bestand beim Verlassen des Museums darauf, das Bild noch einmal zu sehen.« Diese Begegnung brachte der Autor dann in seinen Roman »Der Idiot« ein (3. Teil, 6. Kapitel).

Auf diesem Bilde ist Christus dargestellt, den man soeben vom Kreuz abgenommen hat. Ich glaube, es ist bei den Malern zu einer Art Angewohnheit geworden, Christus sowohl am Kreuz wie auch nach der Abnahme vom Kreuz immer noch mit außergewöhnlich schönem Antlitz darzustellen; diese Schönheit suchen sie IHM auch noch in den Augenblicken der schrecklichsten Qualen zu bewahren. Auf jenem Bilde bei Rogoshin aber war von Schönheit keine Spur vorhanden; das war längelang nur der Leichnam eines Menschen, der schon vor der Kreuzigung endlose Qualen erduldet hatte, Wunden, Mißhandlungen, Hiebe von den Soldaten der Wache, Hiebe vom Volk, als er das Kreuz schleppte und unter der Last zusammenbrach, und schließlich die Qual des Sterbens am Kreuz im Laufe von sechs Stunden (so lange wird es gedauert haben, nach meiner Berechnung). Freilich: das ist das Gesicht eines *soeben erst* vom Kreuz genommenen Menschen, das heißt, es hat noch Leben, noch Wärme in sich, noch ist nichts erstarrt, so daß man dem Antlitz des Toten noch das Leiden anmerkt, als spürte er den Schmerz auch jetzt noch (dies hat der Künstler sehr fein erfaßt); aber dafür ist das Gesicht auch schonungslos dargestellt; hier ist alles nichts weiter als naturgetreu, und wahrhaftig, gerade so muß der Leichnam eines Menschen, wer immer er sei, nach solchen Qualen aussehen. Ich weiß, daß die christliche Kirche bereits in den ersten Jahrhunderten das Dogma aufgestellt hat, Christus habe nicht etwa nur bildlich gelitten, sondern wirklich und leibhaftig, und sein Körper sei am Kreuze vollständig und bis ins

Letzte dem Naturgesetz unterworfen gewesen. Auf jenem Bilde nun war dieses Antlitz von Stockhieben schrecklich zugerichtet, verschwollen, mit greulichen, blutunterlaufenen blauen Flekken bedeckt, die Augen sind offen, die Pupillen schielen; die großen, unbedeckt sichtbaren weißen Augäpfel haben einen seltsam toten, gläsernen Glanz. Aber wie sonderbar: beim Anblick dieses Leichnams eines zu Tode gemarterten Menschen stellt sich eine eigenartige und interessante Frage ein: wenn alle seine Jünger, seine zukünftigen wichtigsten Apostel, die Frauen, die ihm nachgefolgt waren und an seinem Kreuz gestanden hatten, wenn alle, die an ihn glaubten und ihn für den Sohn Gottes hielten, einen solchen Leichnam sahen (und er hat doch unbedingt genau so aussehen müssen), wie konnten sie dann noch glauben, angesichts einer solchen Leiche, daß dieser Märtyrer auferstehen werde? Unwillkürlich kommt einem hier der Gedanke: wenn der Tod so furchtbar und die Naturgesetze so stark sind, wie kann man sie dann überwinden? Wie sie überwinden, wenn selbst derjenige ihnen jetzt unterlegen ist, der zu seinen Lebzeiten auch die Natur überwand, dem sie sich unterwarf, wenn er ausrief: »Talitha kumi!« und das Mägdlein richtete sich auf, oder »Lazarus, komm heraus!« und der Verstorbene kam heraus? Beim Anblick dieses Bildes erscheint einem die Natur als ein unbekanntes, riesiges, unerbittliches und stummes Tier, oder richtiger, weit richtiger gesagt, wenn es auch seltsam klingen mag: als irgendeine riesige Maschine neuester Konstruktion, die ohne Sinn und Verstand dieses große und unschätzbare Wesen erfaßt, zermalmt und in sich hinein geschluckt hat, taub und gefühllos, – dieses Wesen, das allein soviel wert war wie die ganze Natur samt allen ihren Gesetzen, wie die ganze Erde, die vielleicht nur zu dem Zweck erschaffen ward, damit dieses Wesen auf ihr erschiene. Durch dieses Bild wird gleichsam gerade diese Vorstellung von einer dunklen, unverschämten und sinnlos-ewigen Macht, der alles unterworfen ist, zum Ausdruck gebracht und teilt sich einem unwillkürlich mit. Diese Menschen, die den Verstorbenen umgaben und von denen auf jenem Bilde kein einziger zu sehen ist, mußten an diesem Abend, der mit einem Schlag alle ihre Hoffnungen und fast alles, was sie geglaubt hatten, vernichtete, einen schrecklichen Gram und eine ratlose Bestürzung empfinden. Sie mußten in der schrecklichsten Angst auseinandergehen, obschon ein jeder von ihnen einen gewaltigen Gedanken in sich forttrug, der ihnen nie mehr entrissen werden konnte. Und wenn dieser selbe Meister am Tage vor der Hinrichtung sein Bild als Leichnam hätte sehen können, hätte er sich dann noch so kreuzigen lassen, und wäre er so gestorben, wie es danach geschah? Auch diese Frage taucht unwillkürlich vor einem auf, wenn man jenes Gemälde betrachtet.

NIKOLAJ GOGOL

»Die Wirkung der Göttlichen Liturgie«

1852

Zwischen 1845 bis 1852, dem Todesjahr, arbeitete Gogol an seinen »Betrachtungen über die Göttliche Liturgie«, die aber erst 1889 vom Geistlichen Zensurkomitee zum Druck freigegeben wurden. In dieser Zeit war Gogol bereits schwer krank, er hielt sich an verschiedenen Orten Europas auf (zu Kuren in Deutschland, Karlsbad, sodann in Rom und Neapel; 1848 brach er zu einer Pilgerfahrt nach Jerusalem auf). Seine Betrachtungen gründen auf der in der orthodoxen Kirche gebräuchlichen »Liturgie des heiligen Johannes Chrysostomos«, die sich in zwei Hauptteile gliedert: den Gebets- und Lesegottesdienst, mit synagogaler Tradition, an dem die Taufkandidaten teilnehmen durften (»Liturgie der Katechumenen«), und der »Liturgie der Gläubigen«, die der urchristlichen Eucharistiefeier entspricht. Nach der Einleitung – »Die Göttliche Liturgie ist ewige Wiederholung des unermeßlichen Werkes der Liebe, das für uns vollbracht ward« – folgen »die Zurüstung« (Proskomodie), »Die Liturgie der Katechumenen«, »Die Liturgie der Gläubigen« und der hier folgende »Beschluß«.

Die Wirkung der göttlichen Liturgie auf die Seele ist ungeheuer: sichtbar vor den Augen, vor der ganzen Welt vollzieht sie sich, zugleich aber im verborgenen. Wenn der Andächtige nur mit Eifer und Frömmigkeit jeder Handlung folgt und sich an die Aufrufe des Diakons hält, so erwirbt er sich schon dadurch ein hochgemutes Herz, Christi Gebote werden erfüllbar, Christi Joch wird sanft und Seine Last leicht. Verläßt er das Gotteshaus, wo er am göttlichen Liebesmahl teilgenommen hat, so erblickt er in allen seine Brüder. Ob er nun seinen alltäglichen Beschäftigungen nachgeht, sei es im Dienst, im Hause oder irgendwo, er wird unwillkürlich in seiner Seele das hohe Beispiel eines liebevollen Umgangs mit Menschen vorgezeichnet finden und bewahren, so wie es der Gottmensch vom Himmel gebracht hat. Unwillkürlich wird er gütiger und liebevoller sein im Umgang mit seinen Untergebenen. Ist er aber selbst jemandem untertan, so wird er ihm um so williger und liebevoller gehorchen, als wäre er der Heiland selber. Sieht er einen Hilfeflehenden, so wird sein Herz mehr denn je zur Hilfe geneigt sein, und desto größere Wonnen verspürt er; voller Liebe wird er dem Bedürftigen spenden. Ist er aber selbst arm, so wird er mit Dankbarkeit auch die geringste Gabe entgegennehmen; sein gerührtes Herz will vor Dankbarkeit gleichsam vergehen, und nie zuvor hat er so innig für seinen Wohltäter gebetet. Alle aber, die eifrig der göttlichen Liturgie folgten, verlassen das Gotteshaus sanftmütiger, freundwilliger im Umgang mit andern, menschenliebend und gelassen in allem, was sie tun.

Darum ist es für einen jeden erforderlich, der den Wunsch hat, vorwärts zu schreiten und besser zu werden, so oft als möglich an der göttlichen Liturgie teilzunehmen und sie aufmerksam anzuhören: unmerklich »erbaut« und erschafft sie den Menschen. Wenn die Gesellschaft noch nicht ganz zerfallen ist, wenn die Menschen nicht unversöhnlichen, grenzenlosen Haß zueinander hegen, so ist die verborgene Ursache hierfür in der göttlichen Liturgie zu suchen, die den Menschen zur heiligen Himmelsliebe dem Bruder gegenüber gemahnt. Wer also in der Liebe fest werden will, soll, so oft er nur kann, voll Ehrfurcht, Glauben und Liebe dem heiligen Mahl der Liebe beiwohnen. Fühlt er aber, daß er unwürdig ist, Gott selber, der ganz die Liebe ist, in seinen Mund zu nehmen, so möge er doch wenigstens als Zuschauer daran teilhaben, wie andere kommunizieren, um unmerklich, ohne daß er es spürt, von einer Woche zur andern an Vollkommenheit zuzunehmen.

Gewaltig und unermeßlich kann die Wirkung der göttlichen Liturgie auf den Menschen sein, wenn er ihr so beiwohnt, daß er das Vernommene ins Leben trägt.

Alle werden von ihr in gleicher Weise belehrt; in gleicher Weise wirkt sie ein auf alle Glieder der Kette, vom Zaren bis zum letzten Bettler, allen sagt sie dasselbe, aber nicht in derselben Sprache; alle unterweist sie in der Liebe, die das Band der Gesellschaft ist, die geheime Triebfeder von allem, was sich harmonisch bewegt; sie ist die Nahrung, sie ist das Leben von allem.

Wenn die göttliche Liturgie aber auf die Anwesenden schon

während der Feier so stark wirkt, um so mächtiger ist ihre Wirkung auf den Zelebranten selber, auf den Priester. Wenn er sie nur andächtig, voller Ehrfurcht, Glauben und Liebe zelebriert, so ist er schon ganz rein, ist gleichsam ein Gefäß, das später für nichts anderes mehr taugt; mag er alsdann den ganzen Tag seinen vielfachen geistlichen Obliegenheiten nachgehen, sei es nun in der Familie unter den eigenen Angehörigen, oder bei seinen Pfarrkindern, die ja auch zu seiner Familie gehören, so ist der Heiland selber Gestalt geworden in ihm, und in all seinem Tun wird Christus wirken; auch mit seinen Worten wird Christus selber sprechen. Ob er Streitende zur Versöhnung mahnt, ob er den Starken willig macht, dem Schwächeren gegenüber Milde zu üben, oder den Erbitterten, oder den Trauernden tröstet, den Bedrückten zur Geduld mahnt, seinen Worten wird die heilende Kraft des Balsams innewohnen, und allerorten werden es Worte des Friedens und der Liebe sein.

Einzig der Weg · Aussichten

Oleg Tschuchonzew

»Einzig der Weg«

1976

1938 im Moskauer Gebiet geboren, studierte Tschuchonzew Philologie, war Redaktionsmitglied der Zeitschrift »Junost'« und arbeitete als Übersetzer von Lyrik. Seit 1958 veröffentlichend, erschien 1976 sein erstes Buch »Aus drei Heften«.

Was ward dir in die Wiege gelegt? Das Schicksal und der Weg?
Nein, bitte sehr! Einzig der Weg –
ein Feldweg, ein staubiger, breiter,
der durch die Flur führt und vergrast durch den Wald.

Nichts gab es dereinst außer
der teuflischen Zugkraft der Rolle,
die sich in den Himmel schwang, auf dem Flugplatz,
oder die Böschung hinab flog.

Doch das Schicksal – es ist ein ander Maß –
wie es im Lied heißt: kein Licht im Wohnturm,
kein Obdach dem Gesang zur nächtlichen Stund,
keine Worte dem Bettelsack und dem Gefängnis.

Nein, Schicksal und Mißgeschick waren gnädig,
und der Weg – der Weg war da,
damit die Seele noch ärger lieb gewönne
alles, was sie umsonst dem Leben entwandte.

Und wenn du hernach in gelähmter Leere
daliegst, friedlich, auf dem ausgezogenen Tisch,
was wird dir verblieben sein? Einzig der Weg –
der längste, der letzte, der angestammte . . .

ALEXEJ REMISOW

Das Los der Elenden

Zwei Träume

1917

1877 in Moskau geboren, geriet Remisow 1886 als Student in eine Studentendemonstration und wurde als vermeintlicher Anführer verbannt – u. a. nach Nordrußland und in das Komi-Gebiet. Die nordrussischen Erfahrungen spielten in seinem Schreiben dann eine bedeutende Rolle. Ab 1905 durfte er in Petersburg leben – seine »Geschichte vom Untergang Rußlands«, noch vor dem Oktober 1917 verfaßt, erklärt mit seine Emigration 1921, zunächst nach Berlin, dann nach Paris, wo er von 1923 bis zu seinem Tode 1957 lebte. (Die sowjetische Staatsbürgerschaft wurde ihm immerhin 1948 wieder zuerkannt.) Remisow hat insbesondere Themen, Motive und Formen der Volkslegenden aufgegriffen; seine Buchtitel erreichen annähernd die Zahl einhundert, im Jahr 1922 schaffte er allein 17 Buchpublikationen – dazu zählen auch Tagebücher, Traumstücke. Remisow, der mit kurzen Prosastücken »private Welten« zwischen sich und die Welt baute (so Viktor Schklowskij), stellte seinem Dostojewskij-Essay »Wermut-Stern« das Motto voran: »Ist es nicht einerlei, ob etwas im Traum oder im Wachzustand geschieht?«

IWAN DER GRAUSAME

Teils in Reih und Glied, teils einander überholend, voreinander ausweichend und ungestüm vorwärtsdrängend, laufen wir durch die Marosejka zum Roten Platz. Wir eilen alle zur Richtstätte, um die Ankündigung anzuhören, deren bevorstehende Verlesung heute an allen Straßenecken und in allen Sackgassen bekanntgegeben worden war.

Die Uhr am Spaskij-Turm hatte schon zwölf geschlagen, und das Volk strömte noch immer zusammen. Die Richtstätte selbst blieb aber noch frei; einigen Gassenjungen gelang es ab und zu, sich ihrer zu bemächtigen, sie flogen aber zum allgemeinen Vergnügen sofort wieder hinaus.

Mit Hilfe eines mir befreundeten Parkettbohners von der Sazepa kletterte ich auf das Dach der Basiliuskathedrale, von wo aus ich auch das kleinste Detail verfolgen konnte.

Die Menge räusperte sich plötzlich wie ein Mann, wich etwas zurück und entblößte die Köpfe, und auf der Richtstätte erschien ein kleiner Mann in hohem Stehkragen und Smoking; sein Kopf war aber nach Weiberart mit einem Tuch umbunden.

»Es ist der Narr in Christo«, brauste es über den Platz von Mund zu Mund, »das ist er selbst!«

Die Uhr am Spaskij-Turm begann wieder zu singen und sang sehr lange: dreizehn.

»Nehmen Sie Platz, meine Damen und Herren«, sagte der Narr, nachdem er sich nach allen vier Himmelsrichtungen verneigte: vor dem Kreml, vor der Moskwa-Vorstadt, vor dem Historischen Museum und vor dem Großen Kaufhause.

Da ich schon saß, aber gegen die Aufforderung nicht verstoßen wollte, rückte ich ein wenig auf meinem Platz hin und her, als ob ich mich gerade setzte. Alle andern, die unten standen, folgten der Aufforderung bedingungslos und ließen sich, wenn es auch nicht ganz bequem war, augenblicklich auf den Boden nieder.

»Meine Damen und Herren«, begann der Narr nach der Weise des Kirchenliedes, das am Feste der Erscheinung der Heiligen Jungfrau gesungen wird: »Wir alle haben in der Schule die Gebote gelernt, und jedermann weiß, daß es ihrer zehn gibt. Nicht wahr, zehn?«

Die Menge antwortete wie aus einem Munde, wie man bei der Ostermesse in den Kirchen ›Christ ist erstanden‹ ruft.

»Nun sehen Sie es, meine Damen und Herren«, fuhr der Narr in der gleichen Weise fort. »In Wirklichkeit sind ihrer aber nicht zehn, sondern vierzehn. Unsere Väter haben sie vor uns verheimlicht; aber wir haben sie ebenso wie die weisen Väter seit jeher befolgt.«

»Wir haben sie befolgt«, blökte die Menge.

»Nun sehen Sie es selbst!« sang der Narr. »Nach den Berechnungen des Kugelheim von Gustav ist nun die Zeit gekommen, sie vollständig zu verkünden und nicht mehr heimlich, sondern öffentlich zu befolgen. Vernehmt also und schreibt euch in eure Herzen diese neuen Gebote:

Das elfte: Du sollst nicht Maulaffen feilhalten.

Das zwölfte: Du sollst deine Zunge im Zaum halten.

Das dreizehnte: Du sollst ehebrechen.

Das vierzehnte: Du sollst stehlen.«

Der Narr schüttelte sich so vor Lachen, daß das Tuch in den Nacken rutschte; vor dem verdutzten und irre gemachten Volke leuchtete blitzschnell ein Augenpaar auf und erschien das grausame Antlitz des Zaren Iwan.

Die Uhr am Spaskij-Turme begann wieder zu singen und sang sehr lange: vierzehn.

IM BOOT

Auf dem Meere zog ein Sturm auf, ich stieg aber trotzdem ins Boot, weil mein Begleiter ein furchtloser Ruderer war. Als wir die tiefste Stelle erreichten, zog mein Ruderer die Ruder ein, sah mir spöttisch in die Augen, erhob sich, packte mich wie eine Katze am Genick und schleuderte mich ins Wasser. Ich flog durch alle Schichten des Wassers hindurch: durch die grüne, die trübe, die schwarze und die tiefschwarze; dann kamen wieder eine trübe und eine grüne Schicht, und ich saß wieder im Boot. Wir fahren, als ob nichts geschehen wäre, weiter; sobald wir aber einen gewissen Punkt erreichen, zieht mein Ruderer wieder die Ruder ein, und die ganze Geschichte beginnt von neuem. Und es ist gar kein Ende abzusehen.

VALERIJ TARSIS

»Wohin stürmt die russische Trojka?«

1967

Valerij Tarsis, 1906 in Kiew geboren, veröffentlichte, nach literaturwissenschaftlichen Studien, seine erste Erzählung 1935. Während des Krieges war er Kriegsberichterstatter. Seine Satiren »Die blaue Fliege«, »Rot und Schwarz« (1962) erschienen im Ausland. Er kam in eine psychiatrische Klinik, wurde entlassen und erhielt 1966 die Ausreiseerlaubnis nach London – zehn Tage später wurde ihm die sowjetische Staatsbürgerschaft aberkannt. Er starb 1983 in Bern. Wichtige Werke: »Botschaft aus dem Irrenhaus« (1965), »Rußland und die Russen« (1967) – hieraus folgt das Schlußkapitel.

Der große Gogol stellte sich einst diese beunruhigende Frage. Denn seit den Tagen Peters des Großen nahm die Entwicklung Rußlands ein zunehmend rascheres Tempo an. Den Zaren und ihren Ratgebern brannten die stürmenden Pferde durch. Haben die Kutscher von heute die russische Trojka fest in ihrer Hand? Und wohin wird sie weiterhin stürmen? Schon Puschkin schrieb an seinen Weggefährten Peter Tschaadajew die prophetischen Verse:

> Er wird aufgehn, glaub es, o Freund,
> Der Stern des morgenhellen Glücks!
> Rußland wird aus seinem Schlaf erwachen
> Und auf die Trümmer der gestürzten
> Tyrannis unsre Namen schreiben.

Mit der bolschewistischen Oktoberrevolution des Jahres 1917 trat der russische Mensch, wie einst Dante, seinen Gang durch die Hölle an. Wohl haben die Kommunisten Rußland Macht und Weltgeltung verschafft, die es bis dahin in diesem Maße noch nie besessen hatte. Aber ungeheuerlich war der Preis, mit dem das russische Volk diesen Fortschritt bezahlen mußte. Millionen von Deportierten, Millionen von Toten! Die nachträgliche Verurteilung der stalinistischen Diktatur und der stalinistischen Verbrechen durch Leute, die zum Teil an diesen Verbrechen beteiligt waren oder doch auf irgendeine Weise von ihnen profitierten, schafft das begangene Unrecht nicht aus der Welt. Unbestreitbar ist, daß die technischen Fortschritte und Erfolge, die Sowjetrußland aufzuweisen hat, das russische Volk mit Stolz erfüllen; unbestreitbar ist, daß die Besiegung der deutschen Invasoren im Großen Vaterländischen Krieg weitgehend als ein Erfolg des Regimes gewertet wird, das die Kraft Rußlands zu organisieren verstanden hat. Aber ebenso unbestreitbar ist, daß trotz aller äußeren Erfolge das russische Volk und der russische Mensch im Vergleich zu früheren Zeiten innerlich nicht glücklicher geworden sind. Die alte Autokratie des Zarentums ist durch eine noch rigorosere Autokratie der Partei abgelöst worden; einer Partei, die als Organisation das Machtinstrument einer Oligarchie darstellt, einer neuen Klasse, die in der Machtausübung als solcher ihren Lebenszweck sieht.

Auf machiavellistische Art hat Lenin verstanden, das politische und soziale Freiheitsverlangen des russischen Volkes in den Dienst der bolschewistischen Revolution zu stellen. Im Grunde genommen hat die Hoffnung auf Freiheit die Russen bis zum heutigen Tage das bolschewistische Regime ertragen lassen. Denn das russische Volk ist von unendlicher Geduld und Langmut. Wie lange Zeit auch immer noch Rußland unter der

Knechtschaft des heutigen Regimes zu leiden haben wird, so steht trotzdem eines fest: die bolschewistischen Jahrzehnte sind nur eine Etappe des Weges, auf dem das russische Volk zur Freiheit drängt. Den Russen verlangt es nicht nach formaler Freiheit, die es den Westeuropäern so sehr angetan hat. Er sehnt sich nach einem Leben, das in sich selbst frei ist, nach einem Leben voll menschlicher Würde, die nicht an gesellschaftlichen oder materiellen Maßstäben gemessen wird.

Ich habe bereits darauf hingewiesen, daß sich in den drei legitimen Söhnen des alten Karamasow die drei Möglichkeiten des russischen Menschen verkörpern. In der bolschewistischen Ära sind Iwan, der aus leidenschaftlichem Gottsuchertum zum Atheisten geworden ist, und sein illegitimer Halbbruder, der von widerlicher Servilität triefende Smerdjakow, zum Zuge gekommen. Im geistigen Ringen zwischen Iwan und Aljoscha ist es der fromme und gläubige Aljoscha, der die Lasten und Leiden seines Bruders auf sich nimmt, am Sarge des Starez Sosima von der Hochzeit von Kana träumt und dabei des Geheimnisses inne wird, das sich in der Umwandlung des Wassers zu Wein verbirgt. Aljoscha erwacht aus seinem Traum, verläßt den Sarg und tritt ins Freie: »Seine Brust, die von Entzücken erfüllt war, dürstete nach Freiheit, nach Raum, nach Weite. Über ihm wölbte sich unübersehbar die weite Himmelskuppel, voll von ruhig leuchtenden Sternen ... Es war, als ob die irdische Stille mit der himmlischen ineinanderfließe, das Geheimnis der Erde berührte sich mit dem der Sterne ... Aljoscha war zumute, als ob sich die Strahlen all dieser zahllosen Gotteswelten in seiner Seele vereinigten. Es verlangte ihn danach, allen für alles zu verzeihen ...« und dann erhob er sich als ein für das ganze Leben gefestigter Kämpfer.

Das Rußland Aljoschas ist im Kommen – voll brennender Ungeduld und unerschütterlicher Hoffnung warte ich auf die Zeit und den Tag dieser Epiphanie.

ALEXANDER PUSCHKIN

Sendschreiben nach Sibirien

1827

Tief in Sibiriens Schächten sollt
Ihr stolz das schwere Schicksal tragen,
Denn nicht vergeht, was ihr gewollt,
Nicht eures Geistes hohes Wagen.

Des Unglücks milde Schwester, trägt
Die Hoffnung in die nächt'gen Räume
Des Kerkers lichte Zukunftsträume,
Bis die ersehnte Stunde schlägt.

Durch alle festen Schlösser dringt
Die Lieb' und Freundschaft treuer Seelen,
So wie in eure Marterhöhlen
Jetzt meine freie Stimme klingt.

Die Fesseln fallen Stück für Stück,
Die Mauern brechen. Freies Leben
Begrüßt euch freudig, und es geben
Die Brüder euch das Schwert zurück.

Autoren- und Quellenverzeichnis

Überschriften von Texten, die aus einem größeren Zusammenhang stammen, stehen in Anführung. Kürzungen sind mit [...] angedeutet. Bei den Namen wurde die ‚unreine Mischung' aus gebräuchlichen Schreibweisen verwendet. Im folgenden sind auch die im Russischen üblichen Vatersnamen angegeben.
Verlag und Herausgeber danken Verlagen und Rechteinhabern für erteilte Abdruckgenehmigungen bzw. Überlassung von Nutzungsrechten an Übersetzungen. In einigen Fällen war es nicht möglich, den Inhaber der Rechte ausfindig zu machen oder zu erreichen. Der Verlag ist selbstverständlich bereit, geltend gemachte rechtmäßige Ansprüche nach den üblichen Honorarsätzen zu vergüten.

Achmatowa, Anna: Heimaterde (S. 17), aus: A.A., Poem ohne Held. Poeme und Gedichte, herausgegeben von Fritz Mierau, Reclam Verlag, Leipzig 1979. Abdruck mit freundlicher Genehmigung des Verlages Volk und Welt, Berlin (Ost) (Übersetzer Rainer Kirsch)
Aksakow, Sergej Timofejewitsch: »Daß derlei Dinge geschehen konnten...« (S. 111), aus: S.A., Familienchronik, Philipp Reclam Verlag, Stuttgart 1982. Abdruck mit freundlicher Genehmigung des Steyer Verlages, Freilassing (Übersetzerin Eva Schäfer-Luther)
»Aufrichtige Erzählungen eines russischen Pilgers« (S. 256), aus: Aufrichtige Erzählungen eines russischen Pilgers, herausgegeben von E. Jungclaussen, Herder Verlag, Freiburg [16]1987 (Übersetzer Reinhold von Walter)
Awwakumowa, Marija: »Palmsonntag« (S. 269), in: Novyj Mir 7/1987 (Übersetzer Joseph Schütz)

Below, Wassilij Iwanowitsch: Wiedersehen morgens (S. 179), aus: W.B., Eine einzige Nacht. Moderne Liebesgeschichten aus Rußland, herausgegeben von Margit Bräuer. © 1980 by Aufbau-Verlag Berlin und Weimar. Abdruck mit freundlicher Genehmigung des Paul Zsolnay Verlages Wien Darmstadt (Übersetzer Wolfgang Köppe)
Blok, Alexander Alexandrowitsch: »Die Musik ist nämlich kein Spielzeug« (S. 24), aus: A.B., Ausgewählte Aufsätze. © 1964 by Suhrkamp Verlag, Frankfurt am Main (Übersetzer Alexander Kaempfe)
Brodskij, Josif Alexandrowitsch: »Es beginnt mit der ersten Lüge« (S. 143), aus: Joseph Brodsky, Erinnerungen an Leningrad. © 1987 by Carl Hanser Verlag München Wien (Aus dem Amerikanischen von Sylvia List und Marianne Frisch); Haltestelle in der Wüste (S. 301), aus: J.B., Einem alten Architekten in Rom. Ausgewählte Gedichte, Piper Verlag, München 1978 (Übersetzerin Sylvia List)
Bukowski, Wladimir: Das Kriterium der Wahrheit (S. 28), aus: W.B., Dieser stechende Schmerz der Freiheit. Russischer Traum und westliche Realität, Verlag Seewald und Busse, Stuttgart 1983 (Übersetzer Anton Manzella)

Bunin, Iwan Alexejewitsch: Der Gebirgspaß (S. 116), aus: I.B., Nächtliches Gespräch. Erzählungen aus den Jahren 1892 bis 1912. © 1978 by Insel-Verlag Anton Kippenberg, Leipzig (Insel Bücherei Nr. 1021) (Übersetzerin Larissa Robiné)

Dal, Wladimir Iwanowitsch: »Sprichwörter des russischen Volkes« (S. 23), aus: Poslovicy russkogo naroda. Sbornik V. Dalja, Chudožestvennaja literatura, Moskau 1984 (Übersetzer Godehard Schramm)

Dostojewskij, Fjodor Michajlowitsch: »Russische Charakterzüge« (S. 9), aus: F.D., Tagebuch eines Schriftstellers, Erster Band, München 1924 (Übersetzer Alexander Eliasberg); »Zwei mal zwei ist fünf« (S. 21), aus: F.D., Aufzeichnungen aus dem Untergrund. Eine Erzählung, in: Der Spieler. Sämtliche Romane und Novellen, Piper Verlag, München 1980 (Übersetzer E.K. Rahsin); »Raskolnikows Traum« (S. 102), aus: F.D., Schuld und Sühne, Manesse Verlag, Zürich 1985 (Übersetzer Werner Bergengruen); »Das Händchen unterm Samowar« (S. 217), aus: F.D., Tagebuch eines Schriftstellers, Erster Band, München 1924 (Übersetzer Alexander Eliasberg); »Wie es zum Tyrannisieren kommt« (S. 219), aus: F.D., Aufzeichnungen aus einem Totenhaus, Piper Verlag, München 1977 (Übersetzer E.K. Rahsin); Nur das ist stark (S. 301), aus: F.D., Tagebuch eines Schriftstellers (Notierte Gedanken aus den Jahren 1880 und 1881), Piper Verlag, München 1977 (Übersetzer E.K. Rahsin); »Holbeins Bild ‚Der tote Christus'« (S. 303), aus: F.D., Der Idiot, Piper Verlag, München 1988 (Übersetzer E.K. Rahsin)

Frank, Simon (Semjon) Ljudwigowitsch: »Entweder alles oder nichts« (S. 25), aus: S.F., Die russische Weltanschauung (Vortrag von 1925), Darmstadt 1967. Abdruck mit freundlicher Genehmigung von Herrn Wassilij Frank, München (ohne Übersetzerangabe)

Der Gang der Gottesmutter durch die Höllenqualen (S. 249), aus: Aus dem alten Rußland. Epen, Chroniken und Geschichten, herausgegeben von Serge Alexander Zenkovsky. © 1968 by Carl Hanser Verlag München Wien (Übersetzerin Elisabeth Kottmeier)

Gippius, Sinaida: Lied (S. 16), aus: Russische Lyrik. Gedichte aus drei Jahrhunderten, ausgewählt von Efim Etkind, Piper Verlag, München 1981 (Übersetzer Alexander Eliasberg)

Gogol, Nikolaj Wassiljewitsch: Man muß Rußland lieben (S. 33); Ostersonntag (S. 270); »Die Wirkung der Göttlichen Liturgie« (S. 306), sämtlich aus: N.G., Gesammelte Werke, herausgegeben von Angela Martini, Band vier, Essays und Ausgewählte Stellen aus dem Briefwechsel mit Freunden, Klett-Cotta Verlag, Stuttgart 1981 (Übersetzer Irmgard Lorenz und Reinhold von Walter)

Gontscharow, Iwan Alexandrowitsch: »Oblomows Traum« (S. 108), aus: I.G., Oblomow. © 1960 by Winkler Verlag, München (Übersetzer Josef Hahn)

Gorkij, Maxim: »Ein Maler der Gerechten: Nikolaj Lesskow« (S. 225), aus: 66 russische Essays, herausgegeben von Erich Müller-Kamp, Heinrich Ellermann Verlag, München 1967 (Übersetzer Erich Müller-Kamp)

Grossman, Wassilij Semjonowitsch: »Es gibt kein Rätsel« (S. 35), aus: W.G., Alles fließt... Alle deutschen Rechte bei Albrecht Knaus Verlag GmbH München und Hamburg 1985 (Übersetzer Nikolai Artemoff)

Jessenin, Sergej Alexandrowitsch (1895–1925): »Die schwere Seele träumt von Himmeln« (S. 15), aus: Blok, Mandelstam, Jessenin: Drei russische Dichter. © 1961 by S. Fischer Verlag, Frankfurt am Main (Übersetzer Paul Celan)

Jewtuschenko, Jewgenij Alexandrowitsch: »Unsere Kunst des Duldens« (S. 151), aus: Literaturnaja Gazeta (Moskau), Nr. 19, 11. Mai 1988 (Übersetzer Godehard Schramm); »Ehrenerklärung für den Menschen« (S. 223), aus: Godehard Schramm, Jewgenij Jewtuschenko, Importen I, Helmut Seubert Verlag, Nürnberg 1988 (Übersetzer Godehard Schramm)

Kuschner, Alexander Semjonowitsch: Rückkehr zu Puschkin. Leben mit Leningrad (S. 134), aus: MERIAN-Heft Leningrad 12/1988. © by Hoffmann & Campe Verlag, Hamburg (Übersetzerin Evelyne Passet)

Lermontow, Michail Jurjewitsch: Das Vaterland (S. 17), aus: Russische Lyrik. Gedichte aus drei Jahrhunderten, ausgewählt von Efim Etkind, Piper Verlag, München 1981 (Übersetzer Ludolf Müller)

Lesskow, Nikolaj Semjonowitsch: Der Wachtposten (S. 226), aus: N.L., Gesammelte Werke in Einzelbänden, Band drei, Der Toupetkünstler, herausgegeben von Eberhard Dieckmann, Verlag Rütten & Loening, Berlin (Ost) 1986 (Übersetzerin Charlotte Kossuth)

Lichatschow, Dmitrij Sergejewitsch: »Rus' und Rossija zusammen bilden Rußland« (S. 30), aus: D.L., Rossija, in: Literaturnaja Gazeta (Moskau), Nr. 41, 12. Oktober 1988 (Übersetzer Godehard Schramm)

Maximow, Wladimir Jemeljanowitsch: Zu beiden Seiten des Abgrunds (S. 244), in: Kontinent 1/1984 (Übersetzerin Annelore Nitschke)

Nabokov, Vladimir Vladimirowitsch: »Etwas für zarte Davids: Anton Tschechow« (S. 172), aus: W.N., Meisterwerke der russischen Literatur. © 1981 by the Estate of Vladimir Nabokov. © 1984 by S. Fischer Verlag GmbH, Frankfurt am Main (Übersetzer Karl A. Klever)

Naschiwin, Iwan Fjodorowitsch: »Welche Macht, welcher Abgrund« (S. 263), aus: I.N., Unersättliche Seelen, Verlag C. Weller & Co., Leipzig Wien 1928 (Übersetzer Valerian Tornius)

Olescha, Jurij Karlowitsch: Engel (S. 193), in: Sinn und Form 1/1979 (Übersetzerin Gudrun Düwel)

Prischwin, Michail Michajlowitsch: »Zwei Miniaturen« (S. 167), aus: M.P., Meistererzählungen, Manesse Verlag, Zürich 1988 (Übersetzerin Ilma Rakusa)

Puschkin, Alexander Sergejewitsch: Sendschreiben nach Sibirien (S. 315), aus: Russische Lyrik. Gedichte aus drei Jahrhunderten, ausgewählt von Efim Etkind, Piper Verlag, München 1981 (Übersetzer Arthur Luther)

Radischtschew, Alexander Nikolajewitsch: »Stationen auf der Reise von Petersburg nach Moskau« (S. 125), aus: A.R., Reise von Petersburg nach Moskau. © 1961 by Verlag Rütten & Loening, Berlin (Ost) (Übersetzer Günther Dalitz)

Rasputin, Valentin Grigorjewitsch: Sibirien ohne Romantik (S. 147), aus: V.R., Der Brand. © 1987 by C. Bertelsmann Verlag GmbH, München, für die

Bundesrepublik Deutschland, Österreich und die Schweiz (Übersetzer Erich Ahrndt)

Ratuschinskaja, Irina: »Widerstehen« (S. 221), aus: I.R., Grau ist die Farbe der Hoffnung. Bericht aus einem Frauenlager. © 1988 by Albrecht Knaus Verlag GmbH, München und Hamburg (Übersetzerin Marlene Milack-Verheyden)

Remisow, Alexej Michajlowitsch: Das Los der Elenden (S. 310), aus: A.R., Prinzessin Mymra. Novellen und Träume, Dieterich'sche Verlagsbuchhandlung, Leipzig 1986 (Übersetzer Alexander Eliasberg)

Rosanow, Wassilij Wassiljewitsch: »Demütig, schlicht, volkstümlich und allmenschlich« (S. 297), aus: W.R., Solitaria. Ausgewählte Schriften. © 1985 by Diogenes Verlag AG, Zürich (Übersetzer Heinrich A. Stammler)

Schmeljow, Iwan Sergejewitsch: Stjenka der Fischer (S. 200), aus: I.S., Das Licht des Geistes. Des Teufels Schaubude, Richard Scherpe Verlag, Krefeld o.J. (Übersetzer Rudolf Karmann)

Sologub, Fjodor: Der Weg nach Emmaus (S. 285), aus: Der russische Christ, herausgegeben von Alexander Eliasberg, Drei Masken Verlag, München 1922 (Übersetzer Alexander Eliasberg)

Solouchin, Wladimir Alexejewitsch: »Schwarze Ikonen« (S. 156), aus: W.S., Schwarze Ikonen. Ich entdecke das verborgene Rußland. © 1978 by Universitätsverlag Anton Pustet, Salzburg (Übersetzerin Galina Berkenkopf)

Solowjow, Wladimir Sergejewitsch: »Mitleid« (S. 255), aus: W.S., Die Rechtfertigung des Guten. Eine Moralphilosophie. Deutsche Gesamtausgabe, Band fünf, herausgegeben von Ludolf Müller, Erich Wewel Verlag, München 1976 (Übersetzer Peter Roßbacher und Ludolf Müller)

Solschenizyn, Alexander Isajewitsch: Jessenins Heimat (S. 146) und Die Osterprozession (S. 280), aus: A.S., Im Interesse der Sache, 1970. © by Luchterhand Literaturverlag, Frankfurt am Main (Übersetzerin Mary von Holbeck)

Stepun, Fjodor: Russische Eisenbahnen (S. 119), aus: F.S., Das Antlitz Rußlands und das Gesicht der Revolution. Aus meinem Leben 1884–1922, München 1961 (im Original deutsch)

Tarkowskij, Andrej Arsenjewitsch: »Rastlose Sehnsucht – und Opfer bringen« (S. 37), aus: A.T., Die versiegelte Zeit. Essays, Ullstein Verlag, Berlin 1985 (Übersetzer Hans-Joachim Schlegel)

Tarsis, Valerij Jakowlewitsch: »Pferdchen Gorbunok und der Bär« (S. 12) und »Wohin stürmt die russische Trojka?« (S. 312), aus: V.T., Rußland und die Russen, Bucher Verlag, Luzern München 1967 (ohne Übersetzerangabe)

Terz, Abram (d.i. Andrej Donatowitsch Sinjawskij): »Das Wichtigste am russischen Menschen« (S. 10); »Das häßliche Mädchen« (S. 177); »Vielleicht besteht das Leben im Heranbilden der Seele« (S. 268), sämtlich aus: A.T., Gedanken hinter Gittern. © 1968 by Paul Zsolnay Verlag GmbH, Wien und Hamburg (Übersetzer Hendrik Berinson)

Tjutschew, Fjodor Iwanowitsch: ohne Titel (Diese armen Siedlungen, S. 16), aus: Russische Lyrik. Von den Anfängen bis zur Gegenwart, herausgegeben von Kay Borowsky und Ludolf Müller, Philipp Reclam Verlag, Stuttgart 1983 (Übersetzer Rudolf Pollach); »Rußland ist mit dem Verstand nicht zu begreifen« (S. 39), aus: Russisch-deutsche Gedichte, herausgegeben von Gerhild Hobe-Fischer, Selbstverlag, 1984 (Übersetzer Joseph Schütz)

Der Tod (S. 260), aus: Zarensohn am Feuerfluß. Russische Märchen von der Weißmeerküste, herausgegeben von Isidor Levin, Erich Röth Verlag, Kassel 1984 (Übersetzerin Gisela Schenkowitz)

Tolstoj, Lew Nikolajewitsch: »Sewastopol – die Kraft des russischen Volkes« (S. 19), aus: L.T., Sewastopol, in: Die Kosaken und andere frühe Erzählungen, Winkler Verlag, München 1978 (Übersetzerin Marianne Kegel, ergänzt von Joseph Hahn); »Zwei Gottesdienste« (S. 289), aus: L.T., Auferstehung, Winkler Verlag, München 1971 (Übersetzer Wadim Tronin und Ilse Frapan)

Tschechow, Anton Pawlowitsch: Der Dicke und der Dünne (S. 175), aus: A.T., Kurzgeschichten und frühe Erzählungen 1883–1887, Winkler Verlag, München 1968 (Übersetzer Ada Knipper und Gerhard Dick)

Tschuchonzew, Oleg Grigorjewitsch: »Einzig der Weg« (S. 309), aus: Stranicy sovremennoj liriki, Detskaja literatura, Moskau 1980 (Übersetzer Joseph Schütz)

Turgenjew, Iwan Sergejewitsch: Die russische Sprache (S. 170); Christus (S. 171); Das Gebet (S. 300), sämtlich aus: I.T., Gedichte in Prosa, Philipp Reclam Verlag, Stuttgart 1983 (Übersetzerin Christine Reinke-Kunze)

Wjasemskij, Pjotr Andrejewitsch: Der russische Gott (S. 18), aus: Russische Lyrik. Gedichte aus drei Jahrhunderten, ausgewählt von Efim Etkind, Piper Verlag, München 1981 (Übersetzer Martin Remané)

Wosnesenskij, Andrej Andrejewitsch: »Der Arbat ist unser Kirschgarten« (S. 131), aus: A.W., Begegnungen mit Pasternak. Ausgewählte Prosa. © 1984 by Aufbau-Verlag Berlin und Weimar (Übersetzerin Ilse Tschörner)